한국적 영성

한국적 영성

초판 발행: 2006년 11월 30일
지은이: 엄두섭
발행처: 은성출판사
등록:1974년 12월 9일 제9-66호
ⓒ2006년 은성출판사
주소: 서울시 강동구 성내동 538-9
전화:(02) 477-4404
팩스:(02) 477-4405
홈 페이지: www.eunsungpub.co.kr
이-메일: esp4404@hotmail.com

출판 및 판매에 관한 모든 권한은 본 출판사가 소유하고 있습니다.
출판사의 사전 서면 허락 없이 상업적인 목적으로 번역, 재제작, 인용, 촬영, 녹음 등을 할 수 없음을 알려 드립니다.

ISBN 89-7236-342-1 33230
Printed in Korea

한국적 영성

엄두섭

목차

정진의 20년 나의 수도원 회고록   7

1. 이세종   67
2. 이현필   113
3. 정인세   187
4. 김현봉   247
5. 이용도   281
6. 다산 유영모   311
7. 김교신   363

정진의 20년
나의 수도원 회고록

　나 자신이 기독교인의 한 사람으로서 안타까운 것은 지금 전 세계적으로 기독교가 몰락해 가고 있다는 사실이다. 한국교회도 사회적인 영향력을 잃어 가고 있으며, 세속화하고 타락하여 교세가 급속도로 쇠잔해 가고 있다. 그 주요한 원인은 기독교가 영성을 잃어버렸다는 사실이다. 영성을 잃는 것은 주권을 잃는 일이다. 교회가 세상을 지도하고 이끌고 가는 것이 아니라, 세상이 모든 면에 있어서 기독교를 압도해 가고 있으며, 기독교는 어쩔 수 없이 세상의 영향을 받고 있으며 세상을 본받고 있다.

　한국에 기독교가 1천만 명 이상의 교세를 자랑하고 있는데, 이것을 유지해 가고 깊이 뿌리를 내리기 위해서는 더욱 더 영성을 깊이 뿌리박지 않으면 안 된다. 하비 콕스는 오늘날 교회예배는 인형극 같다고 했다. 교회의 권위를 잃어버리고 설교와 예배가 비소(誹笑) 거리가 되어 버렸는데, 이 현실을 만회하기 위해서는 무엇보다 지도자들이 영성을 살려야 하는 일이다. 교회의 권위와 안정을 위해서 지도자들이 먼저 영성을 회복해 깊이 사는 일이 필요하다.

성인 갈망

　내가 수도생활에 마음이 동한 것은 성인전을 읽기 시작하면서부터이다. 그

중에 특히 프란시스를 읽으면서부터이다. 나도 수도사들처럼 살고 싶었고 수도원이 있었으면 하는 갈망에 나는 프란시스의 전기를 모조리 사 읽었다. 후일에 나는 기어이 그의 고향인 아씨시를 찾아가서 여러 날 묵으며, 그의 유적지를 모조리 탐색했다. 나는 그의 무덤 교회에 가서 지하 그의 무덤 앞에가 무릎을 꿇고 철책을 잡고 기도했다. "프란시스 나도 당신처럼 예수를 사랑하게 해주십시오!" 프란시스를 안 다음부터 나는 교회주의를 버렸다. 그를 읽은 다음부터 나는 신학과 교리논쟁을 버렸다. 옛 친구와 거리가 멀어진 나는 고독해졌다.

가장 비천한 것의 가치를 정화 시키는 것이 종교의 정신이다. 그것을 실천한 인물이 프란시스, 그는 예수의 가난과 결혼했다. 피조물을 욕하면서 창조주는 찬양할 수 없다. 사랑하는 자에게는 이 세상이 바로 하나님의 모상이 된다. 프란시스의 경우에 있어서 가난, 고통, 죽음, 해, 달, 귀뚜라미, 늑대도 위격(位格)을 지니게 되어 생생한 모습으로 그의 앞에 형제요, 자매로, 귀부인으로 나타난다.

그는 모든 사물, 모든 사건 속에 숨어 계신 신의 선(善)을 솟아나게 한다. 그래서 생명 없는 것까지, 천하고 포악한 것까지 꼭 같은 사랑으로 안았다. 시(詩)라는 것은 기도와 마찬가지로 자연을 초자연적 빛으로 영롱(玲瓏)하게 한다. 프란시스는 신을 대하자마자 감사의 기도가 나왔다. 자연을 보면 찬송의 시가 나왔다. 산, 흐르는 시내, 부는 바람, 저녁노을, 어느 것도 하나의 시요, 노래가 아닌 것이 없었다.

자연계는 하나님으로부터 분리되지 않는 한 악한 것이 아니다. 만일 자연을 바라보는 우리의 눈이 충분한 통찰력과 사랑만 가진다면, 자연은 신과 인간 사이의 중재자가 될 수도 있다. 자연은 하나의 매개체이며 우리들의 영혼을 끊임없이 높이 하나님께로 들어 올리는 역할을 할 수 있다.

프란시스의 시는 피조물을 통하여 당신의 현존을 나타내시는 하나님께 대한 끊임없는 찬미였다. 그의 시는 모든 피조물을 다 내포하고 있다. "태양의 노래"를 읽어보라. 그것은 어떤 서정시가 아니라, 전적으로 영혼의 깊은 곳에서 흘러나오는 노래. 그 노래 속에서 우리는 영혼의 가장 심오하고 신비로운 움직임을 볼 수 있다.

성인, 수도자는 곧 시인이요, 모든 시인에게는 종교적 정서가 그의 시혼(詩魂)이다. 가장 아기자기한 육감적 연애시도 신을 향한 사랑으로 승화하면 경건한 기도문이 될 수 있다.

성 프란시스를 한 번 대한 사람이라면 누구나 교황으로부터 거지에 이르기까지, 심지어 술탄(回敎徒)과 숲속의 도적들까지 그의 갈색으로 불타는 성인의 두 눈을 한번이라도 마주 쳐 본 사람이라면, 그에게 받은 감동은 일생 동안 지속되었다. 그들을 프란시스처럼 깊은 내면의 자신에게 진심으로 관심을 가져다 준 사람은 없었다. 프란시스가 생존해 있는 동안에 이미 수백 명의 이탈리아의 젊은 남녀들이 자신들의 진정한 가치를 인정해 준 프란시스를 따르기 위해서 맨발로 탁발하며 다녔다.

나는 교회 목회 40년 동안 나 자신의 실의(失意)와 거짓과 많은 목회자들로부터 적의(敵意) 밖에 달리 받은 것은 없다. 내가 목회를 떠나 여생은 이세종과 이현필과 프란시스 사이에서 새로운 예수, 새로운 분위기와 새 호흡 속에 부침하며 살아가고 있다. 전적으로 부패, 타락, 변질된 종교계에서 이러한 종교인이 아직 남아 있다는 사실이 나를 고무한다.

이탈리아 아씨시 성주의 딸, 금발 미녀 클라라는 처음 프란시스의 남성에 반하여 가출했다. 그러나 그녀의 연정은 세월과 함께 스승인 프란시스를 닮아 하나님에게로 승화되어 갔다. 성 프란시스는 인간의 비참에 대하여 지나친 언급은 피했다. 그것은 하나님께 대한 불의한 태도이기 때문이다.

프란시스는 세상에서 당하는 모든 것을 받아들이고 사랑했다. 그는 아무것도 배척하지도, 저주하지도 않았다. 처음 젊어서 그렇게 무서워하던 문둥병자를 새로운 사랑의 대상으로 삼았다. 프란시스는 주님의 십자가에서 받은 다섯 개의 성흔을 받은 후, 클라라가 운영하던 수녀원에서 정양하던 중 "태양의 노래"를 불렀다. 누군가 "아름다운 여인을 보거든 예수를 생각하라"고 했다. 프란시스는 늑대 보고 형제라 불렀고, 새들에게 설교하고, 봄 날 종달새와 더불어 노래 불렀다.

 은성수도원이 제대로 잘 됐더라면 어떻게 됐겠는가? 내게 무슨 위대한 점이 있다고 주제넘게 뽐내고 은근히 자만했을 것이 아닐까? 가족 중에 내 후계자가 생겼더라면, 내가 큰일을 이룬 듯이 뽐냈을 것이 아닌가! 신통히 한 가지도 내 소원대로 안 되었으며, 그로 인하여 고민하고 울부짖었던 것이 오히려 잘 된 일인지도 모른다. 앞으로도 죽는 날까지 이 고민과 실패는 계속되어야 한다. 하나님께서 지금 내가 가진 모든 것을 다 빼앗아 가신다고 해도, 아직 내게는 어느 정도의 건강과 맑은 의식을 남겨주신 것, 가정에 평안을 주신 것으로도 황송할 뿐이다. 그러나 이것들마저 거두어 가신다도 해도 황송할 뿐이다.

 나 보고 성인 비슷하다고 아첨 말을 한 몇 몇 친구들이 있었다. 미친 녀석들이었다. 사람 죽일 녀석들이지! 눈이 거꾸로 달린 녀석들이다.

> "주여! 지금 이 어둠을 거두어 주시고, 저를 붙들어 달라고 애원하고 있지만, 저 같은 특종 악인을 위해서는 죽는 날까지 이 어둠이 그대로, 이 지옥 같은 삶의 삭막함이 그대로 지속된다고 해도 마땅한 일입니다."

 그나마 매일 새벽 일찍 일어나 다른 기도는 이젠 못하고 교회 잘되게, 수도원을 위한 기도는 그만두고라도, 다만 나 자신의 악을 조금씩 깨닫게 되어 간다는 것. 오늘 오후 쓰러질는지 모를 내 목숨이 시급히 그 전에 참 회개하지 않으면 영영한 지옥이라는 두려움이 느껴가는 것 만해도 성령이 아직 나를 떠나지 않은 증거로 삼고 싶다.

 "자기 마음을 정화시키고 싶은 사람은 주님께 대한 생각으로 가득 차야 하고, 또 이렇게 함으로써 마을을 열렬하게 할 연구와 실험도 계속해야 한다. 마치 금을 정련시키려는 사람이 잠깐만이라도 그 불가마의 불을 식히면 그 금속이 굳어지듯" 하나님 생각을 게을리 하는 사람도 기도로써 얻었다고 생각하는 바를 결국에는 잃고 만다. 덕행의 벗인 인간의 특성은 하나님께 대한 생각으로 지상의 것은 무엇이나 다 줄 곳 태워버리는 것이다. 이렇게 하면 차츰 악한 것은 선에 대한 불로 태우게 되고, 따라서 영혼은 한층 더 찬란하게 되어 마침내는 타고난 자기 본래의 모습으로 되돌아가게 된다.
- 사도 바울은 영원한 구도자였다. 그는 자기가 완성되었다고 생각하지 않았다. "잡은 줄 여기지 않고 지금도 좇아가고 있다고"
- 영원한 구도자로 살자! 하나님을 갈망하는 영혼이 되자.

영성의 수원지

13세기까지의 영성은 수도원적인 영성이다. 수도원이 영성이 살아서 거룩한 성자들이 일어나 수도원이 영성의 수원지가 되어 그 영성의 깊은 영향이 세속 속에 있는 교회에 영향을 끼치는 수도원이 교회 영성의 수원지가 되었다.

중세기 영성의 역사는 성 베네딕도로부터 시작하여 중세기를 지배해 오다가 13세기 스콜라 신학이 일어나면서 스콜라 신학자는 철학적 깊이를 파고들지만 기도도 안하고 영성은 없는 사람들이었다. 그래서 중세기의 영성의 역사는 성 베네딕도로부터 시작하여 문예부흥(文藝復興)으로 끝나고 말았다고 누가 평했다. 중세기의 영성은 오늘의 현대 영성의 중요한 원천과 기초가 되는 것이고, 오늘날에도 우리 영적 생활 속에 더욱 깊이 강력하게 살아나가야 한다.

영성의 역사는 한 사람에게서 일어난다. 수도원의 구심력은 성성(聖性)이요, 성자다. 한 사람 성자가 일어나 그의 영성의 영향력이 커서 그를 중심해 자연적으로 수도원이 생기게 되고, 그 수도원 성자들의 영성이 교회사와 시대를 계속 비추고 있는 것이다.

한 사람 베네딕도가 일어나 그의 수도원이 카시노 산에 세워져 중세 암흑시대를 살리고, 오늘날까지 1,500년 동안 내려오면서 전 세계에 영향을 끼치고 있다. 한 사람 베르나르도가 일어나 새로운 수도회가 생겨, 그들 영성 영향이 모든 기독교에 생명적 소생력을 일으키고 있다. 한 사람 프란시스가 일어나 예수를 본받는 그들 탁발(托鉢) 수도회의 영성은 8백년 동안 전 세계에 영성의 영향을 끼치고 있다.

수도원의 시작

예수님께서는 영생을 갈망하는 부자 청년에게 "네가 온전하고자 할진대, 가서 네 소유를 팔아 가난한 자들을 주라…그리고 와서 나를 좇으라"(마9:21) 고 하셨다. 이 복음적인 청빈 속에는 순결생활과 종순(從順)도 포함되어 있다.

수도생활이란 것은 우리 마음을 다하고 혼(魂)을 다하고 힘을 다하여 하나님을 사랑하기 때문에 예수 그리스도를 모방하려고 하는 생활이다. 수도생활의 기원은 은수사(隱修士)로 시작된다. 그 시조(始祖)는 테베의 바울이다. 그는 세속을 떠나 사막 속에 은둔하여 고독한 생활을 했다(341년 사망).

성 안토니는 재산을 흩어 가난한 이들에게 나눠주고, 어린 여동생을 동정녀 그룹에 맡기고 자기는 사막에 들어가 고독하게 살며 자기를 찾아오는 많은 제자들과 기도와 손노동을 하며 수도원 제도를 시작했다. 그는 356년에 105세로 죽었다.

수도 공동체를 처음으로 시작한 이는 이집트의 성 파코미우스이다. 그는 군인으로 복무 중 테베의 기독교 신자들이 군인들에게 대한 사랑에 감동하여 제대 후 회심하고 307년 경 세례를 받았다. 하나님의 지시에 의해 수도원 공동체를 만들어 원장과 부원장을 두고 하루 세 번씩 모여 예배를 드렸다. 순결과 청빈 생활이 수도사 되는 전제조건이었고, 공동체 안에서는 웃어른에 대한 절대적 종순이 의무였다.

이런 수도생활이 이집트에서 시작되어, 점차 그 세력이 확대되어 그 영성운동이 시나이 반도와 팔레스틴을 거쳐 북상하여 시리아, 카파도키아 지방에까지 퍼져 카파도키아 수도자들은 산 절벽에 동굴을 파고, 기도하는 수실을 만들고 그런 수도자들이 공동으로 모여 예배드릴 예배실도 절벽과 암굴에 만들었다.

　수도생활을 통한 세상을 완전히 버리고 하나님 안에 깊이 침몰해 사는 영성운동은 이집트를 비롯해서 동방교회에서 먼저 시작이 되었으나, 후에 서방교회에도 퍼져 이탈리아에서는 성 베네딕도로 그 절정을 이루었다. 베네딕도는 로마에 공부하려 상경했다가 로마시가 너무 부패하여 금방 하늘에서 불이라도 내려올 것 같은 두려움을 느껴 공부를 중단하고 로마 근처 스피아코 산 절벽 동굴 속에 들어가 3년을 은둔하며 기도했다. 그가 카시노 산의 아폴로 신당을 헐어버리고 수도원을 세운 것이 유명한 분도수도원이다. 그는 하나님의 계시에 의해 유명한 수도원 규칙을 만들었는데, 그것을 거룩한 규칙이라 한다. 그 후 모든 수도원들의 규칙의 기본이 되는 것이다.

　한 사람 베네딕도가 절벽 동굴 속에서 자기 정욕과 악마와 싸우고 일어난 영성이 당시 암흑유럽의 어둠을 비치는 빛이 됐고, 그 후 지금까지 1500년 동안 전 세계 구석구석에 분도수도원을 통해 영성의 바람을 일으키는 큰 영향을 주었다.

　그 후 서방교회에서는 수도원 운동이 매우 발달하고 개혁이 되어, 1090~1153년에는 프랑스에서 성 버나드가 일어나 그가 1115년 12명의 수도사를 거느리고 클레르보에 새 수도원을 세웠는데 그 후 40년 동안 클레르보 수도원은 전 유럽에 있어서 정신적 영성의 중심지가 되었다.

　그 후 이탈리아에서는 성 프란시스(1182~1226)가 수도사로 일어나고, 스페인에서는 성 도미니코(1170~1221)가 일어나 두 사람 다 탁발 수도회를 조직하여 새로운 수도 영성운동을 일으켰다. 탁발수도는 과거 수도원의 정주성(定住性)과는 다른 융통성이 있는 조직이고, 세상을 버리고 떠나는 것이 아니라 세속 속에 침투하며 집단적 청빈을 탁발 실천으로 실행했다.

　프란시스는 도미니코와는 달라, 이지적인 사람이 아니요, 감수성이 풍부한 소유자로서 하나님을 인식하기를 구하기보다는 하나님을 사랑하기를 구하고 하나님의 사랑을 갈망했다. 그들은 기독교적 완덕에 이르는 일을 말로보다 생활의 모본으로서 설교했다.

프란시스는 "작은 형제회"라는 수도회를 만들었는데, 수도자는 가장 작은 자로서 모든 사람들에게 복종하지 않으면 안 된다 했고 최초의 수도원은 아씨시 근처 포르치운꿀라에 있는 작은 성당과 거기 부속한 얼마 안 되는 토지뿐이었다.

성 프란시스의 수도생활이란 것은 설교보다 하나의 정신이었다. 자기 실생활로서 그리스도의 정신을 간증하는 방법이었다. 그리스도 복음적 교훈이 거의 망각 되어버린 시대에 프란시스는 인간의 지혜의 어리석음을 보이고 자기의 어리석음으로 사람들을 하나님의 지혜에 되돌아가게 한 하나님의 종이었다.

전통적 형식적 종교, 봉건적 시대 것을 보수하려는 시대착오적 종교생활을 거부하고 새로운 시대의 의식을 가슴에 품고 새로운 마음으로 그리스도의 얼을 파악하는 직접적 종교 체험을 보여 주었다.

종교 개혁

이 세상의 어떤 종교 단체든지, 천주교도 불교도 원불교도 수도원이 없는 단체는 거의 없다. 프로테스탄트 개신교가 수도생활이나 수도원이 없이 500년 동안 지내 내려온 이유는 종교개혁의 주동자 마틴 루터는 본래 수도사였다. 그는 독일 어거스틴파 수도원 에르프르트 수도원에서 수도하며 수도원장의 인격적 감화와 독일 신비주의에 대한 관심과 연구를 하던 분이었다.

루터가 종교개혁의 의지를 굳히고는 수도원에서 뛰쳐나오고, 루터의 정신에 공명한 수녀 여럿이 또한 수도원에서 나와 루터의 집에 함께 거하게 됐는데, 루터는 그 중의 한 여자를 아내로 삼아 같이 살았다. 그러니 루터는 수도자로 파계한 파계자이다. 루터의 종교개혁은 성경만이 신앙의 유일한 기본이고 구원 얻는 것은 믿음으로만 은혜로만 구원얻는다는 주장이었기 때문에, 수도원이나 수도생활의 필요를 느끼지 않았기 때문에 그는 종교개혁을 하면서 수도원은 버렸다.

개신교는 그래서 500년 동안 수도원이란 것이 없이 수도생활이란 중요성을 모른 채 지금까지 교회와 예배만으로 발전해 왔다. 루터의 종교개혁은 위대한 일을 했지만 그 후 얼마 지나지 않아 개혁교회에는 새로운 문제가 생겼다. 첫째, 개혁교회 강단이 굳어져 영성 있는 은혜의 말씀이 메말라졌다. 둘째, 개혁교회 교인들은 믿음으로만 구원 얻는다고 하여 도덕적 생활이 문란해졌다. 셋째, 개혁파 신학자나 지도자들은 크지 않은 사소한 문제로 분열을 계속 했다.

사람들은 이러한 개혁교회의 모습을 보고 걱정했다. 이런 꼴이 될 바에야 종교개혁은 하나마나 한 것이 아닌가? 그래서 독일 루터교회 경건한 목사들을 중심해서 걱정하든 차, 순결무사생활의 경건한 목사 요한 아른트가 『진정한 기독교』라는 책을 썼다(1555~1621). 이 책의 목적은 다음과 같다: (1) 신학적 논쟁을 일삼지 말자; (2) 죽은 신앙에서 산 신앙으로 들어가자; (3) 지식이나 학설보다 신앙과 경건을 실행하자; (4) 참 신앙과 일치되는 기독교 생활이 무엇임을 알자; (5) 바울이 "이제는 내가 사는 것이 아니요, 오직 내안에 그리스도가 사신다" 함은 무슨 뜻임을 보이자.

이 책을 읽는 사람들마다 감동을 받아 그 중에 "필립 야곱 스페너"라는 사람을 중심으로 해서 새롭게 일어난 운동이 "경건주의" 운동이다. 유명한 모라비아파와 진젠돌프 백작의 경건주의 운동에서 일어났다. 모라비아 파는 반(半)수도원적 단체요, 그리스도의 고난과 죽음에 일치하려 했다. 진젠돌프는 "나의 신학은 피의 신학이다. 우리 교회는 십자가의 교회다. 다른 사람은 피 없는 은혜를 가지나 우리는 피 있는 은혜를 가진다"고 했다.

개신교

그 동안 개신교는 수도원 없이 교회만 가지고 예배의 반복만으로 유지해

가려고 하니 결국 세속에 속화되고 변질되고 지도자는 영성이 메마르고 부패할 수밖에 없었다.

물론 우리가 구원 얻는 것은 "믿음으로만", "은혜로만"으로 되는 일이지만, 그것은 기본 구원이다. 그것으로 구원의 완성은 아니다. 믿음으로 구원을 얻은 후에, 우리는 구원의 완성을 위해 성화되어 가야 한다. 성화되어 가는 것도 하나님 성령 안에서 되는 일이지만, 성령 안에서의 우리 노력이 필요하다. 성화는 한 순간에 기적적으로 완성하는 것이 아니라 점진적(漸進的)인 것이다. 그날 그날 일생 걸리는 것이다. 구원의 완성은 그리스도와 일치하는데 있다.

나의 수도원 갈망

일제시대에 평양신학교를 다니던 시절 나는 학급의 급장을 시키는 것을 마다했다. 급장이 되면 매달 신학생들을 거느리고 일본 신사에 참배하러 가야 하기 때문이다. 나는 신학교 아침 채플시간에는 언제나 지각을 했다. 그 무렵 신학교에서도 매일 아침 예배시간 직전에 전체 학생들이 일본 황제가 있는 동쪽을 향해 동방요배라는 큰 절을 시켰기 때문이다. 그래서 일부러 그 시간이 지난 다음 늦게 나가 예배에 참여했다. 그 때 아침마다 나처럼 꼭 늦게 나오는 학생이 하나 있었는데, 서로 말은 안 해도 속은 같았다.

그 후, 신학교에서 특별집회를 열면서 강사는 일본 기독교계 과학자 좌승정길(佐勝定吉)이 초청되어 며칠 집회를 가졌는데, 그는 일본 황도주의(皇道主義)와 기독교를 혼합시키려고 그런 내용의 강연을 계속했다. 신사에 가서 손뼉을 세 번 치는 것은 삼위일체 하나님을 부르는 뜻이고, 신목(神木) 상록수 가지를 신전에 바칠 때 가지 끊은 쪽을 쳐들어 드리는 것은 기독교 성경에 포도나무와 그 가지 비유와 같은 것이라 했다. 그는 상당히 인기 있는 과학자여서 원자(原子) 이전에 만물의 근원은 영자(靈子)라고 주장하는 이였다.

그러나 신학교에서 이런 집회를 하다가 도중에 학생들의 난동이 일어났다.

학생들은 분개하여 손에 든 성경책을 땅에 던지며 소리를 질렀다. 나도 소리 질렀다. 이 따위 강사를 일부러 초청해 온 당시 일본인 교수였던 다나카(田中)는 신학교에서 나가버리라고 남보다 더 크게 소리를 질렀다. 큰 사건도 아닌데 얼마 후, 평양 경찰서 고등계 형사들이 들이닥쳐 주모한 학생들을 잡아 갔다. 나도 끌려가 경찰서 지하 유치장에 갇혔다. 신학교에서는 일본 경찰의 압력으로 학생 몇 사람을 퇴학시켰고, 결국 나도 퇴학을 당했다.

그후, 일본은 태평양 전쟁에서 패전하여 망하고, 8.15 광복이 왔을 때, 나는 혼자서 한탄강을 건너 서울에 와서 서울 역전 조선신학교에 다시 입학했다. 당시 서울에는 그 신학교 밖에 없었다. 그런데 이번에는 이 신학교 주임교수가 신 신학, 고등비평, 문서설을 가르친다고 해서 지금 같으면 큰 문제도 아닐 텐데 학생들이 떠들고 일어나, 50여명이 서명날인해서 진정서를 총회에 냈다.

신학교에서는 주모 학생들을 처벌했는데, 6명은 퇴학시켰다. 그 때 나도 또 신학교에서 퇴학을 당했다. 신학교에서 두 번이나 퇴학당한 사람은 나 밖에 없을 것이다. 그 후 기어이 목사가 되어 교회 목회를 시작했는데, 어쩐지 나는 자꾸 "이것이 아니다!"라는 부정적 생각이 들어서 "교회만 가지고는 안 된다. 수도원이 꼭 필요하다"는 생각으로 사실 교회 목회는 잘 못하고 수도원 생각만 하고 수도원을 세워야겠다고 생각했다. 전남 나주 남평에서 첫 교회를 맡고 있을 때 수도원으로 좋은 곳이 있다고 하여 친구 김준곤 목사 처가가 있는 나주 노안면에 수도원 후보지 구경도 갔었다. 그곳에서 닭 잡아먹고 돌아오는 길에 송정리 큰 강을 건너다가 타고 갔던 군목 손두환 목사의 지프차가 물에 빠져 모두 혼난 일도 있었다.

그후에 나는 남평에서 산중파(山中派)란 소문의 이현필 이야기를 들었고, 이현필이 세상 떠난 후 동광원에 찾아가 그들 수양회 때마다 참석하고 후에는 유영모 선생이 주강사요, 나는 설교자로서 매 집회 때마다 내 나름대로 주제님게 청빈, 순결, 순명의 수도생활 설교를 했다. 유영모 선생은 꼭 내 설교시간에 곁에 앉아 경청하고 어떤 때는 설교 칭찬도 해 주셨다.

이상 말한 이 모든 일들이 나를 몰아 수도원으로 관심을 가지게 하고, 개신교에도 꼭 수도원이 있어야 한다고, 수도원은 성경에 말한 밭에 감춘 보화와 같은 것인데, 이것 없이는 오늘 프로테스탄트 개신교의 세속, 부패, 타락을 막을 길이 없다고 느껴졌다. 개신교에도 수도원이 있어야하고, 피정의 집이 있어야하고, 영성 신학을 가르쳐야 하고, 관상기도와 영성생활을 훈련시켜야 한다.

영적 수원지

가톨릭이나 정교회는 많은 수도원이 있고 수도원의 규모도 크고, 베네딕도 수도규칙에는 관상생활의 기술이 많다. 모든 성인은 수도원에서 태어났고, 수도원은 영적 영성의 수원지가 되어 그 영향이 세속 교회에 흘러 내려가 감화를 끼친다.

수도생활의 복음삼덕이라 부르는 세 가지 서원은 청빈, 순결, 종순인데, 청빈은 소유욕, 모든 탐욕과의 싸움이고, 순결은 성(性) 정욕과의 싸움이다. 영성 회복을 위해 성(性)과의 싸움은 치열하다.

한 성인(聖人)이 일어나면 그를 중심으로 한 그룹이 자연 형성되는 것이고, 큰 나무 그늘 밑에 사람들이 모여들 듯 성인이 태어나면 그를 중심으로 수도원이 생긴다. 베네딕도가 일어나니 분도 수도원이 생기고, 어거스틴이 일어나니 어거스틴 수도원이 생기고, 프란시스가 일어나니 프란시스 수도원이 생겼다. 우리나라에선 이현필이란 성인이 일어나 그를 따르는 이들 중심으로 동광원 수도원이 생겼다. 그리고 모든 성인은 다 수도원에서 태어나는 것이다. 어거스틴도 프란시스도 모두 수도원 출신이다.

동광원

나는 어려서부터 목사가 되기를 갈망하여 신학교를 졸업하고 나이 30세에 안수를 받고 목사가 되었는데, 지방에서 8년 교회 목회를 하고 서울에 올라왔는다. 하지만 교회 목회를 하면서 계속 내 마음 속에 "이것이 아닌데‥" 하는 부정적 거부감이 들었다. 내가 갈망하던 목사 생활, 내가 이상으로 여기는 교회 상은 이런 것이 아니었다는 실망감이었다. 그래서 지방에 있을 때 소문에 들은 이현필이란 맨발의 성자의 이야기가 기억나 서울에서 일부러 그를 찾아 지방에 내려갔다.

이현필은 개신교인이지만 교회인은 아니다. 그는 목사도 집사도 아니고 평신도다. 그는 수도원도 프란시스 이야기도 모르는 분이다. 그는 다만 예수를 믿고 예수처럼 살려고 예수를 본받으려고 무척 갈망하고 애 쓴 분이다. 거지 옷을 입고 겨울에도 맨발로 다니고 쑥을 뜯어 먹고 산 한국 개신교의 성인이다. 그를 사모하고 따르던 많은 사람들이 독신으로 살면서 공동생활을 했다. 그것이 동광원이다.

동광원은 규칙도 조직도 없다. 다만 이현필 선생 감화를 받아 모든 것 버리고 청빈하게 살고, 독신으로 순결하게 사는 사람들이다. 그들은 자기네가 무슨 수도원이고 수도자란 것도 모르고 산다. 그러나 한국 개신교로서는 자생한 가장 오랜 처음으로 수도 생활한 공동체다.

영적 생활은 관상에서만 꽃을 피운다. 교회 출석과 예배 반복만으로는 영성이 살지 못한다. 관상적 영성이다. 관상의 3단계가 있는데 감각적 관상, 이지적(理智的) 관상, 초자연적 관상이다.

수도원적 영성

13세기까지의 영성은 수도원적인 영성이라 부르는데, 그것은 또한 관상적 영성이라 부른다. 스콜라 신학이 일어나면서 영성은 주춤하다가 문예부흥(르네상스)으로 끝났다.

영성의 목표는 하나님과의 일치를 이루려는 것인데, 그것은 거의 탈혼적 합일이다. 사랑 안에서 영혼이 하나님과 완전일치 한다. 어떤 이들의 표현에 영적 오르가즘이라 표현하는데 결혼적 일치다. 그러나 그것은 애정적이면서 이지적이어야 한다. 그리스도의 생애를 묵상하며 그리스도와 영적 사랑에 빠지고 그리스도의 사랑의 강권을 받는다. 특히 그리스도의 고난을 갈망하며 그 고난에 참여하려고 갈망한다. 성인도 숭배하며 본받아 성화되기 힘쓴다. 개인적 종말과 말세 심판도 관상한다.

수도원 생활의 특징이 관상인데 그리스도의 현존 임재를 꾸준히 관상하며 주부적 관상기도, 일치의 기도를 통해서만 영성이 회복된다. 그동안 5백 년 동안 수도원이란 것이 없었고, 관상생활을 모르고 관상기도를 모르고 지난 개신교 교회적 예배 반복에서 영성이 산다는 데는 문제가 있다. 영성 회복을 위해서는 수도원이 필요하고 수도적 생활이 필요하다. 세속을 긍정하는 것이 아니라, 세속적인 것 일절을 부정하고 이탈하고 복음적 청빈 생활을 힘쓰고 정욕을 억제하여 성(性)의 순결이 필요하다. 그 속에서 영성이 소생하고 회복이 된다.

수도원 회고

나는 교회 목회를 40년, 수도원 20년을 하고 났는데 목회도 어려웠지만 수도원도 어려웠다. 수도원 경영의 몇 가지 장애는 독사, 마을 사람들의 방해, 땡초들, 교계의 몰이해, 자금 부족, 내 나이가 늙은 점 등을 꼽을 수 있다.

내 일생 어디 가 보아도 운악산 수도원 자리만큼 뱀 독사가 많은 데는 보지 못했다. 처음에는 얼마나 걱정되었는지 모른다. 산 아래 마을 사람들이 모두 불신자들이어서 수도원이 세워지는 것을 처음부터 끝까지 박해하여, 수도원

진입로를 차단하고 차가 통행하지 못하게 하며 온갖 수단을 쓰다가 이런 이들이 죽기도 하고 정신병 들기도 하나 돌이키지 않았다. 땡초란 것은 수도원 초기에 수도하겠노라 찾아오는 이 들이 올 데 갈 데 없는 이, 칼갈이, 거지 대장, 시집가기 싫은 이 등이었다.

 그리고 일반 교계나 목사들이 수도원에 대해 그렇게 이해가 부족할 수 없었다. 개신교 목사들은 수도원 "수"자도 몰랐다. 이단시하고 냉소적이었다. 수도원 20년에 단 한 목사도 수도원 필요를 느끼고 격려해 주는 이 없었다. 수도원 경영하는 데 누구의 기부도 받은 일이 없었다. 그러니 좋은 건물도 짓지 못하고 초라한 집에서 수도원이라 하고 지냈다. 나는 일생 헌 작업복을 입고, 지게를 지고, 누구 도와주는 이 없이 손수 기도실을 짓고 기도 굴을 만들고 수도원 주위의 조경을 만드노라고 바위를 굴리고 나무를 팠다. 머리를 삭발한 지는 40년이나 되나 내 손수 머리를 깎았다. 맨발 10년, 음식은 육식을 하지 않고 사는데 이 모두가 수도원에 대한 갈망 때문이었다.

 나는 그렇게 수도원을 좋아한다. 그러나 나의 수도생활은 너무 늦게 시작했다. 나이 60에 시작했으니, 그때는 이미 노인이다. 세상 모든 일이 다 그렇지만 수도원도 젊어서 시작해야지, 60 늦은 노인이 수도원을 시작한다는 일은 무모한 모험이 아닐 수 없다.

 한 번은 친구 박요한 목사가 처음으로 찾아와 내가 사는 꼴을 보고 기독교 대처승이라고 놀리며 웃은 일이 있었다. 구원은 믿음으로만 얻는 것이오. 그러나 예수님의 모든 가르침을 실천하는 것은 수도생활로 하는 것이다. 수도생활의 중요한 점은 정진이다. 한 걸음 한 걸음 지극한 정성을 다해 살아가는 일이다. 그것도 더욱 정성에 사무칠 때는 용맹정진이라 한다.

 나 같은 것은 정진이란 말을 붙일 수도 없다. 개신교 교인들의 신앙생활에는 정진이 없다. 그래서 나는 수도원 깊숙이 산자락에 청년들의 도움으로 큰 바위를 굴러 높은 석탑을 사람 키의 두 배나 되는 그 꼭대기에 자연석 십자가를 세우고, 나 개인의 성무 일과를 밤마다 자정에 그 석탑 밑에 올라가 영가(靈歌)를 부르며 예수님 십자가 보혈을 우러러 보며 내 나름대로의 정진 시간을 가졌다.

수도원은 밭에 감춰진 보화요, 나의 영혼의 갈망이다. 수도생활은 몸부림치는 내 영혼의 소리다. 이탈리아 아씨시의 성 프란시스가 뽀르치운꿀라 성당에서 아씨시 성주의 딸 클라라의 금발 머리를 가위로 잘라 버리듯, 나는 수도원 20년에 수녀 허원식에 가위로 머리를 잘랐다. 감격스럽고 엄숙한 일이었다.

공자(孔子)는 "소인(小人)과 여인(女人)은 난화(難化)"라고 했지만, 우리 은성 수도원 출신은 남자들보다 여자들이 끝까지 변하지 않고 수도생활을 잘 한다. 수도정진의 정신이 없이 수도원에 와있는 이는 관상도 싫어하고, 노동도 싫어한다. 그런 이가 소위 말하는 땡초라는 자들이다. "돈도 없고 기도도 없고" 그러면 수도원은 못한다. 돈은 없어도 기도는 있어야 한다.

감춰진 보화

수도생활은 너무도 귀하여 "밭에 감춘 보화" 같이 귀한 생활이라고 한다. 아무나 수도하고 싶다고 해서 마음대로 수도자가 되는 것이 아니요, 수도자로서의 소명을 받은 자 외에는 수도생활을 해내지 못한다고 한다. 갈망이어야 한다.

돈 모으는 사람이 돈을 갈망하듯, 외도하는 사람이 여인을 갈망하듯, 예술가가 예술에 도취하듯, 수도생활은 갈망이 없고서는 못한다. 한 여대 졸업생이 비구니가 되려고 갈망하여 절에 가서 머리를 깎을 때 그 순간 가슴에 치민 기쁨이 그 후 3년을 지나도 그대로 남아 있다고 고백했다.

내가 수도생활을 갈망한 지는 무척 오래지만, 목사로 교회 목회를 계속하고 있었고, 또 수도자가 되려면 독신이어야 하는데, 나는 이미 결혼하여 처자가 있는 몸이고, 또 무슨 일이든 젊어서 시작해야 성공하는데 나는 이 궁리 저 궁리하다가 나이 60에야 결심하고 수도원을 시작했다.

처음 10년 동안은 교회일 보면서 수도원을 겸하면서 주일날은 교회에 와서 예배 인도하고, 월요일에는 산에 올라가서 수도원을 돌보고 했다. 그렇게 해서 교회일이 잘 될 리가 없다.

가정 문제에 있어서는 이현필처럼 아내를 단호히 끊을 수는 없었다. 내가 이 나이에 아내를 버리면 사실 아내는 어디 오고 갈 데가 없다. 그래서 나는 재속(在俗) 수도회인 제3회와 같은 생활을 할 수 밖에 없다고 했더니, 동광원 정인세 원장이 듣고 "수도할 바엔 제1회로 하지 왜 3회를 하는가!"라고 했다. 그래도 나는 아내를 의지 없이 무인지경에 저버릴 수 없었다. 그래서 삼척 예수원의 토리 신부와 같이 아내를 가진 채 나이 60된 노인으로 수도원을 세우고 수도생활을 시작했다.

내가 수도하러 산에 입산하는 것을 보고, 아내는 매우 충격을 받고 주저하다가 결심하고 자기도 함께 입산하기로 했다. 처음, 나의 수실과 아내의 거처와 거리를 두었다. 아내는 몸은 허약하고, 일생 병이 떠나지 않아 내가 별명을 "365일"이라 지어 주었지만, 그 아버지를 닮아 경리에 머리가 밝아 수도원 경영이나, 그 후 가정생활에 많은 도움이 되었다. 몸이 허약하여 실제로 노동은 하지 못했으나, 머리 쓰는 데는 나보다 비상했다. 수도원에서도 사람들은 나를 따르기보다 아내를 따랐다. 무슨 문제가 있어도 아내와 의논했다.

은성수도원

나는 나이 30세에 목사 안수를 받고, 교회 목회를 40년간 해오던 중 끊임없이 마음에 부정적인 생각을 금할 수 없었다. 교회들의 형식적이고, 세속화와 목사들의 세속화 타락과 태만한 모양을 보고는 "이것이 아니다"라는 부정적 저항감을 금치 못하여, 천주교 프란시스 수도회를 찾아가 보고, 개신교 동광원 정인세 원장을 찾아가 만나보기도 하고, 경기도 벽제 계명산에 있는 수녀원에 여러 번 찾아가 정한나 원장을 만나 그 곳 수녀원 생활의 극도의 청빈과 독신, 순결 생활에 많은 감동을 받았다. 그러다가 나이 60세가 되면서 나도 수도원을 세워야겠다고 통절히 느끼면서도 그 후보지를 찾아다녔다.

   내 나이 60이 되면서 진정한 회개생활이 너무도 그리웠고, 나 자신이 수도사와 수도생활을 해봤으면 하는 동경 속에서 아무 것도 모르고 수도원을 세우고, 수도생활을 하기로 결심한 것이다.

   수도원 세울 후보지를 찾아다니며, 충북 설악산 보은에도 가보고 경기도 기흥 단지도 가보았지만, 마음에 들지 않았다. 그러다가 누구의 소개로 경기도 운악산 밑에 좋은 후보지가 있다 해서 가보니 산이 좋고 영지(靈地)다워 그곳을 수도원 후보지로 결정하고 산자락 화현리 강구촌 뒤 운악산 작은 폭포로 들어가는 곳에 3천 500평 땅을 사들이고, 우선은 교회목회를 계속하면서 처음부터 "수도원"이라고 부르며 시작했다.

은성수도원(隱聖修道院) 개원 집회 일지에 보면 이렇게 되어 있다.

> 1980년 11월 3일(월요일)
> 개원예배 오후 7시
> 찬송가 387장
> 기도 조요한 집사
> 설교 엄두섭 목사
> 성경 창세기 28:10-22
> 제목 야곱의 벧엘 제단
> 참석자: 엄두섭, 조요한, 오병학, 이정원, 윤대성, 정우용, 오승치, 김덕희, 원옥경, 양현숙, 김진순, 백선희, 장응도, 김훈숙, 남궁봉, 김숙희, 기타 도합 28명

운악산은 높이가 1,000미터 가까운 산으로 전부 바위로 된 험한 산으로 경

기도의 소금강이라 불리는 산이다. 버스길에서 내려 30분정도 걸어 들어가면 수도원 후보지에 도달할 수 있다. 수도원 쪽에서는 산이 험하여 등산이 어렵고, 무지리라는 큰 폭포가 있다. 내 마음에 썩 드는 산이었다.

 인근 마을 사람들은 영산(靈山)이라 해서 고기나 비린 것 먹고는 부정을 탄다고 등산하지 않는다. 서울대학 등산대가 폭포 쪽으로 등산하다 추락해 죽어 지금도 몇 사람의 비석이 있다. 수도원이 세워진 자리는 3면이 산으로 안겨진 포근한 자리로 아랫마을 무당은 "운악산 산신령이 모래뿌린 자리"라고 했다. 수도원 이전에 그 자리서 축사를 하던 사람도 죽어버리고, 개나 고양이나 짐승도 모두 죽어버려 짐승을 기르지도 못하는 곳이다.

 수도원 바로 곁에 개울가 나무 우거진 구석에서 해마다 마을사람들이 "시제"를 지내는데, 어느 해 제사지내러 몰려와서 제물로 돼지를 끌고 와 그 자리서 때려죽이다가 돼지를 죽이던 사람이 별안간 실신졸도해서 수도원 차를 불렀으나 업고 병원에 데려 가자 죽어버렸다. 군인도 마을사람도 산에 들어갔다가 길을 잃어버리고 나오지 못하는 일이 많았다.

 수도원에 수녀들이 몇 사람 있을 때, 깊은 밤이면 굳게 잠겨 둔 앞문 밖에서 문을 두드리는 소리가 나서 문을 열면 아무도 없었다. 수녀들이 여기 저기 따로 지은 수실에 혼자 문 잠그고 있는 밤에 밖에서 목쉰 소리로 "언니, 언니" 부르는 소리가 들리곤 했다. 나의 아내가 잠든 밤에 밖에서 꼭 내 목소리로 아내를 부르는 일은 자주 있었다.

 한번은 서울에서 성경 암송회 회원들이란 남녀가 수도원에 와서 기도하는데, 그 중의 한 남자가 외딴 기도실에서 혼자 기도에 열중하고 있는데 방문이 열리더니 이마에 눈 한개만 달린 요괴(妖怪) 두 놈이 들어와 기도하는 그 사람의 목을 졸라 숨 쉬지 못하게 하여 그 사람은 급하여 자기가 아는 성경 구절을 소리쳐 외웠더니 도망친 일도 있었다.

시련

수도원이 그 자리에 세워지니 거기서 약 500미터 거리에 있는 아랫마을은 한 30호 작은 마을이지만, 근방에서 인심이 나쁘기로 소문난 마을이어서 누가 교회를 개척해 세우려다가 끝내 반대가 심해 실패하고 말았다.

수도원이 세워지니 마을 사람들은 재수가 없어 마을에 사고가 자주 생긴다고 극력으로 반대했다. 그중에도 마을에서 큰 세력을 가지고 있는 무당 부부와 수도원 근처에 자기 땅을 가지고 있는 두 사람이 반대하고 있었다. 수도원까지 들어오는 마을 길목을 큰 바위로 막고 통행을 못하게 하고, 수도원에서 흘러내리는 개울물이 홍수 때 자기 논에 범람한다고 돌담을 깨고, 수도원에 싸우려 달려들고, 무당의 남편은 수도원에 오는 김 장로의 차를 멈춰 세우고 김 장로의 뺨을 때리고 멱살을 잡아 뜯고 했다. 무당의 아들들이 싸우려고 수도원에 올라와 발악을 하고, 무당도 와서 욕지거리를 했다.

그런데 불과 1~2년 사이에 가장 반대하던 사람은 경운기를 타고 가다가 자동차와 충돌해 병원에 오래 입원해 있다가 죽었다. 무당 남편은 암으로 죽었다. 또 한사람은 간질 증세가 있었는데, 자기 논 옆에서 발작하여 논물에 얼굴을 박고 질식해 죽었다.

옛날 유명한 성 베르나르도가 12명 형제들을 거느리고 수도원을 개척하러 들어간 산이 뱀, 독, 해충이 많아 독충의 골짜기라 불렀는데, 베르나르도가 수도원을 세운 후 "광명의 골짜기"로 변했다고 하는데, 운악산 수도원을 중심한 분지는 모조리 바위들이고 그 구멍 짬짬이는 구렁이, 뱀, 독사들이 우글 거렸다. 밖에 나가면 뱀들이 옆으로 지나다니고, 나무에 기어오르고 바위 위에 똬리를 틀고 있고 심지어 수도원 내 방문 앞까지 들어오고 밤에도 방문 앞에 독사가 떠나지 않고 있었다. 담배꽁초를 뿌리면 뱀이 안 나온다 하고, 백반을 뿌리면 된다고 해도 소용이 없었다.

나는 개구리 한 마리도 못 잡는 사람이요, 뱀을 보면 무서워 꼼짝도 못하는 사람인데, 처음 수도원을 시작하면서 제일 큰 걱정이 그 많은 뱀, 독사 떼들

문제였다. 그것을 어떻게 하나, 뱀이 먹고 죽는 약이라도 있으면 좋으련만, 그런 것도 없고, 나와 수도원 몇 사람만이 아니고 매일 기도하러 이곳에 찾아오는 사람들이 많은데 그들이 뱀을 보고 질색했다. 하는 수 없었다. 내가 아직 성인은 못되고, 뱀, 독사에게까지 사랑의 감화력을 끼칠 수는 없고 해서 부득이 나로서는 큰 결심을 하고 지팡이를 들고 다니면 뱀을 만날 때마다 때려잡았다. 뱀은 몸집이 긴 파충류이기 때문에 몽둥이로 내리치면 백발백중으로 어딘가 맞았다. 처음에는 몸서리 쳤지만, 지금은 뱀이 무섭지 않다. 일 년에도 열 마리 이상은 때려잡았다.

비구니

한 동안 우리 교회에 출석하던 매우 명랑하고 인상 좋던 처녀 하나가 무슨 때문인지 수녀원에 들어갔다. 벌써 10년 가까이 되니 그동안 소식은 알길 없지만, 상당히 좋은 수녀가 됐을 것이다. 어느 처녀 한분은 누구의 안내로 교회에 몇 번 나오더니 그 후에 소식이 불교, 절간에 비구니로 머리 깎고 들어갔다고 한다. 나이 어린 젊은 처녀들이 꽃다운 시절에 화려한 세상과 가정생활에 대한 부푼 꿈이 있었을 텐데, 무슨 때문에 벌써 수녀로 비구니로 들어간단 말인가. 측은하기도하고 존경하는 맘도 인다. 수녀가 된다고 다 좋은 인간인 것은 아니지만 독신으로, 처녀로 순결을 지키며 일생을 보낸다는 그 사실만으로도 존경받을 만하고, 또 남에게 감동을 준다.

"수도원에는 공통적인 어떤 영감이 있다"고 루이 라벨은 말했다. 수녀들은 단지 수녀라는 사실 하나 때문에도 벌써 감화력이 있다.

K교수는 국가적으로 상당히 큰일을 하고 있는 분인데, 나는 그의 편지를 받은 적이 있다. "수녀원서 보내준 수녀님들의 성가 테이프를 들으면서 이현필 선생 전기를 읽으니 어찌 감격스러운지요!" 이 음란하고 타락한 사회 한 구석에 몇 사람의 수녀들이 순결 지키며 살아간다는 사실이 벌써 어둔 밤의

빛이요, 답답한 막힌 방의 공기창이요, 썩는 정신에 치는 소금인가 보다.

우리 집에 와서 얼마간 함께 지낸 L 양은 종교를 믿지 않는 부모 밑에서 자기 혼자 신앙생활을 하면서 더군다나 수녀가 된다고 우겨 부모를 펄쩍 뛰게 노하게 했다. 서울에 와서 여기 저기 공장에도 다니며 기회를 찾다가 기어이 계명산 수녀원으로 찾아 들어가고 말았다. 매우 귀엽게 생긴 처녀였는데, 자기가 맵시 부리던 옷들을 모조리 가위로 잘라서 노동할 때 함부로 입기 좋게 뜯어 고치곤 수녀생활을 시작했다. 그 후에 정배살이 같이 쓸쓸한 진도 섬 외로운 수녀원에 가 있다가 지금은 좋은 수녀가 되었다.

오늘날 교회에 다니는 처녀들 대부분은 짙은 화장에 배꼽을 드러내놓고 다니며, 남자들에게 슬슬 눈짓이나 던지는 그런 세상만 보는 나로서는 이런 수녀로 나서는 처녀들은 딴 종류의 여자들인 것 같이 보인다. 내 가정에서 내 딸 중에서도 수녀 하나 생겼으면 얼마나 반가우랴.

어느 친구에게서 들은 이야기다. 시골 어느 교회에 성가대원 노릇 하던 처녀 하나가 어느 날 저녁 성가대 연습하러 교회에 갔다 오다가 어두운 밤길에서 어떤 사내 녀석이 달려들어 겁탈을 했다. 꼼짝 못하고 욕을 당하고만 그 처녀는 통분하기 짝이 없었다. 자기가 깨끗이 지켜오던 순결이 그렇게 허무히 일그러진 일을 생각하여 울며 밤을 새던, 다음날 새벽 유서한 장 써놓고 집을 나가고 말았다. "저를 찾지 마세요. 라고, 갑자기 딸을 잃어버린 부모는 사방으로 찾았으나 도무지 알 길이 없었다. 생각다 못해 그들은 한 가지 꾀를 냈다. 딸의 사진을 40매쯤 만들어 편지 봉투에 넣어 전국의 유명한 여승 절간에 마다 보냈다. "이렇게 새긴 처녀가 갔으면 연락해 주시오"하고, 그런데 그 중 38 곳 절간에서는 회신이 왔으나 한두 군데서는 아무소식이 없었다. 그 중 하나가 부산 범어사였다. 부모들은 범어사로 찾아갔다. 아니나 다를까 한 삭발한 비구니가 합장하면서 그들을 맞았다. 어느새 그는 머리를 깎고 있었다. 부모가 아무리 권해도 그는 다시 세속에 돌아가지 않겠다고 했다. 그는 꾸준히 불도를 수도했다. 본래 머리가 좋은 그는 혼자서 공부도 하며 눈에 띄게 달려졌다. 워낙 결심을 단단히 하고 나섰기 때문이다. 그는 불교 여성 대표로 국제적 모임에 외국에도 갔다

왔다.

그의 오빠들은 기독교 교역자이지만, 그들은 서로 만나도 서로 종교가 달라진 데서 오는 소외감이나 무리는 없었다.

내가 수덕사 견성암에 찾아갔을 때 그 때 아직 생존해 계시던 유명한 김일엽(金一葉) 스님을 자청해서 면회를 청했다. 법당에서 가톨릭 수녀들하고 이야기하던 일엽 스님은 가사를 입고 나오면서 우리는 마당에 선 채 이야기를 주고 받았다. 가사를 몸에 걸친 그는 몸이 비대해 보였고, 매우 달변이었다. "청춘을 불사르고"란 그의 저서는 그 후에 나온 책이지만, 그는 본래 기독교인이었고, 기독교 어느 유명한 목사의 외딸이었다. 어린 시절엔 교회에 다녔고 신문화 여성이었다. 자기도 그것을 시인하면서 자기는 불적에 몸을 두고 있지만, 때때로 기독교에 대해서 향수와 같은 것을 느낀다고 고백했다. 춘원 이광수와도 사귐이 있었고, 일본 유학 갔다가 일본 유명한 가문의 아들과 연애하고 아들까지 낳고 실연하고는 청춘을 불사르고 기독교도 버리고 절에 들어가 버렸다. 세상도 버리고 아버지의 종교도 버리고 춘원이 본래 기독교였으면서 불교에 귀의하고 말듯이…

일엽 스님은 이곳 덕숭산에 들어와 유명한 만공 스님의 제자로 수도했다. 그는 이야기하면서 하루 2, 3 통씩 날아드는 젊은 여인들이 중이 되겠단 편지에 대해 "직접 와서 이야기 할 일이지 편지로 묻는 일은 경망스럽고 부처의 마음을 모르는 알" 이라고 꾸짖는다.

"모든 것은 부처입니다. 똥도 부처입니다" 했다. 수십 명의 제자들이 있었다. 기독교인 입장에서야 유감스럽지만 과거 교회에서 자라난 처녀들도 여럿이 이곳에 와 비구니로 수도하고 있었다. 그후 임종이 가까웠을 때 일엽 스님은 인생의 허무와 자기 평생 느껴온 소감을 75회 생신기념 수건에 프린트했다.

一生不再來今日 永劫難像比身

生來淨葉歸眞佛 今日忘却首年愁

눈이 예쁜 미녀들을 보려면 절에가 비구니들을 보라는 말이 있는데, 계룡산 동학사에 가보면 여승들이 그렇게 많고 모두 젊고 예쁜이들이 많다. 어느 여승들 큰 절의 주지라는 분의 말이 절에 중이 되려고 오는 수는 그렇게 많은 것이 아니고 가끔 중이 되겠노라고 찾아오는 이들이 있어도 대개는 가정에서 부부 싸움을 하고 온다거나, 연애에 실연하고 오는 이들이 많은데, 그런 이들은 와서도 마음의 안정을 얻지 못하고 얼마 있다가 남편이 찾아오면 영락없이 다 남편 따라 하산해버린다고 한다.

끝까지 결심이 변하지 않고 중이 되는 이는 평소에 자기가 중이 되겠다고 갈망하고 결심한 이들인데, 그들은 무슨 일이 있어도 변심하지 않는다고 한다.

기독교 가정에서 태어나 교회 성가대도 하던 여자가 불교 신자 남자와 결혼하고 어린애도 하나 낳고 살면서 남편 서재의 불교 서적을 읽고서는 중이 되고 싶은 마음이 간절하여 기어이 남편과 어린아이까지 버리고 전남 순창의 강청사에 들어가 중이 되어버렸다. 물론 남편이 찾아와 권유했으나 내려가지 않았다. 어린아이가 보고 싶었으나, 세속의 모든 정을 끊어 버렸다.

개신교 여자 수도원 원장 분을 만나 이야기하는데, 수녀가 되겠다고 찾아오는 이는 일 년에 한 사람 있을까 말까 할 정도라고 했다. 한국의 천주교 전통이 있는 갈멜 수녀원에 찾아가 본 일이 있는데 정원이 21명인데 19명밖에 안 된다고 했다. 공부하고 건강하고 예쁘게 생긴 여자들이 따라 다니는 남자들이 많고 가정행복에 대한 꿈이 있는데 왜 수녀가 되겠다고 할 것인가.

가끔 수녀가 되겠다고 찾아오는 여자들이 있어도 좋은 수녀 한 사람 얻기는 하늘의 별따기보다 어렵다. 내 경험으로도 그렇다. 수도원 20년을 했는데, 여자들뿐만 아니라 남자들도 학교도 못가고 직업도 없이 오락가락하는 이, 거지 대장, 칼갈이, 시집가기 싫은 올드미스, 히스테리 등 문제의 인물들이다. 처녀가 정신이 돌아서 찾아오는 이도 여러 사람 있었다.

수녀들은 예쁜 여자가 드물다는 말에 어떤 분의 대답이 예쁜 여자들은 술집에 가니 많더라고 했다. 얼굴뿐만 아니라 성격도 내가 잘 아는 개신교 여성계

지도자 되는 분의 말이 수녀들은 다 성격이 나쁘다고 했다.

내가 처음 수도원을 시작할 때 수도하겠다고 지망하는 이 한사람 만나기가 정말 어려웠다. 그러다가 어느 수녀원을 거쳐서 찾아온 수녀 한 사람 만나서 얼마나 반가웠는지, 그에게 착복식을 해서 수녀 옷을 입혀주고 안경을 사주고 구두를 신겨주고 남들이 보고 비소할 만큼 우대해 주었다. 그런데 그가 전에 있던 어느 수도원에서 편지가 왔는데 사고를 저지른 여자이니 받아주지 말라는 것이었다. 얼마 후 나는 그 수녀를 내보냈다. 천주교 어느 수도원에 있었다는 한 남자는 요리도 잘하고 재주도 좋았는데 알고 보니 동성연애 하는 남자였다. 밤이면 교회 청년들이 와서 자는데 몰래 들어가 못살게 굴었다.

한동안 수도하노라고 와있던 남자가 10명 가까이 있었는데, 내가 교회일 보느라고 수도원에 없는 기간이면 저희들끼리 막걸리를 사다 냉장고에 넣고 막걸리 추렴을 했다. 천주교처럼 교회서 신부가 추천해 보낸 사람들이 아니기 때문이다. 나는 그들을 모조리 내쫓았다. 항의하고 대들고 했으나, 차라리 수도원 문을 닫겠다고 했다. 여자들도 내가 없는 동안 뒷산 바위에 모여 돼지고기를 구워먹고 했다. 수녀 하나는 어느 교파의 남전도사가 오니 함께 뒷산에 데이트하러 갔다.

수도원 하기는 고아원이나 양로원보다 더 어렵다. 수녀들은 올드미스가 대부분인데 그들은 대게 히스테리가 심했다. 순종하지 않고 불평하고 따지기 잘했다. 어느 수녀원 수녀들은 자기네 지도 신부를 욕 잘하기로 소문났다.

첫 수녀

어느 신학교에서 수도원 생활에 대한 강의를 해 달라고 해서 몇 해 동안 계속했다. 한번은 학생들에게 "내가 하고 싶은 수도생활"이란 제목으로 논문을 써 내라 했더니, 한 여학생이 논문을 써가지고 직접 우리 집을 찾아 왔다. "꼭 봐주시고 앞으로 갈 길을 잘 지도해 주십시오. 했다. 써낸 글속에는 자기소감과 결심들을 많이 썼다.

"나는 어느 목사가 술 먹고 기도원에 와서 주정하는 것을 보았습니다. 잘못된 교역자를 많이 보았는데 내 생각에는 그들이 모두 수도정신이 없어서인 것 같습니다."

"신학교에서 배운 지식만 믿고 남의 영혼을 살려 보겠다고 나서는 이가 된다면 참 목자는 되기 어려울 것입니다."

"모세의 배운 학문은 살인을 하였습니다. 모세의 미디안 40년 동안은 수도생활이라 생각합니다. 궁전을 떠나 고독한 광야에서 자기를 반성하며 연단을 받으며 주님과 대화를 하였습니다."

"나는 이제는 수도사가 되려는 결심을 완전히 하고 싶습니다. 수도가 정 어려워 종신 수도를 못한다면 단 몇 해 만이라도 진정으로 하고 싶습니다."

"이런 결심은 어려서 하나님을 알기 전부터도 내 마음에 그리워하던 생활입니다. 그 때 어린 마음에도 세속에서 재미있게 사는 것보다 조용히 묵묵히 산속에 숨어 말없이 살고 싶어 했고, 입버릇처럼 "나 혼자 산속에 들어가 인간이 그리워질 때까지 나오지 않고 살고 싶다" 했습니다. 산을 그렇게 좋아한 것도 사실이지만 또한 천주교 수녀들을 볼 때 무척 부러웠습니다. 언니들이 결혼하는 것이나 마을의 처녀들이 시집가는 것을 볼 때는 부러워하기보다 불쌍하다고 한참씩 울었고, 나는 절대로 시집가지 않고 산에서 혼자 살겠다고 혼자 중얼거렸습니다."

"지금도 나는 결혼에는 마음이 없고, 내 평생 후회하지 않는 수도사가 되고 싶은 마음만이 간절합니다."

"하나님의 인도에 따라 이제는 떠나고 싶습니다. 잠시만이라도 세속을 떠나 광야 생활하면서 나의 못된 습성과 성품을 고치고 새로이 만들어지는 사람이 되고 싶습니다."

"종신토록 수도할지도 모르고 또한 수도한다고 했다가 힘들어 마음이 변하여 결혼해 버릴지도 모르나, 내일 일은 나는 모르고 오직 하나님만이 아실 일이 아니겠습니까."

이 글을 쓴 여학생은 양현숙이었다. 그는 충북 보은(報恩) 출신이다. 나는 이 글을 학교에서 점수를 따기 위해 되는대로 적어 내 놓은 그런 글이거니 생각했다. 그러나 그 여학생은 내게 전화를 걸며, 그 논문을 읽어보았느냐 다짐하고 자기를 어느 수도원으로 소개해 달라고 했다. 그 때 나는 운악산에 수도원을 시작하려고 하던 참이었으나 아직은 누구를 수도사로 받을 형편은 못되었다.

며칠 후 나는 그 여학생을 데리고 벽제 계명산 수녀원 구경을 갔다. 가서는 수녀들이 지게를 지고 노동하는 모양을 보여주고 저렇게 고생하는 것이 수도인데 각오가 서느냐고 다짐을 받았다.

얼마 후에 그는 자기 혼자 그 수녀원에 들어가 버렸다. 몸이 약하고 일 해본 경험이 없는 처녀였지만 몇 달 함께 잘 견뎠다고 한다. 거기서 배워가지고 내가 새로 시작하는 수도원에 들어온다는 것이다.

여러 달 지나 그는 검은 무명치마 저고리에 검은색 고무신을 신고 우리 집에 찾아왔다. 나와 가족들은 깜짝 놀랐다. 하이힐을 신고 멋 부리던 처녀의 변한 모습도 놀랐지만, 그 모양을 하고 서울 거리를 다녀왔다는 용기다. 깊은 시골에도 지금은 그런 옷차림의 여자들은 없다.

좌우간 그녀는 운악산에 선착으로 혼자 들어왔다. 서울에서 백리 넘는 38선 가까운 큰 산 자락에 돼지를 기르다 실패한 이의 땅과 축사를 사서 수도원을 시작하노라 했다. 땅은 3천여 평이오, 축사가 80평으로 큰 집이었다.

첫 해 겨울, 그는 나이 어린 순이라는 꼬마 처녀 하나를 데리고 그 산중에서 넉넉히 견뎌냈다. 양현숙은 신학교를 수도원에서 졸업했다. 시집 갈 생각은 꿈에도 않는 눈치였다. 도무지 무서워할 줄 모르고 깊은 산중에서 혼자 지내도 꼼짝하지 않았다. 심지가 강직하여 한 번 결심하면 마음이 흔들리지 않고 끝까지 그대로 밀고 나가는 것 같다. 오빠와 언니들이 여러 번 찾아와 그러지 말고 시집가야 한다고 해도 대꾸도 않는다. 부모도 살아계셔서 딸 걱정을 하시지만 흔들리지 않았다.

수도생활을 배우기 위해서 광주 동광원 모임에도 참석해보고 경주 월성군 어느 산 중에서 수도 생활하는 단체가 있다는 신문기사를 보고 찾아가서 견학하고 오기도 했다.

수도원 앞 뜰에 석굴 여러 개를 만들어 기도하도록 했는데, 자주 굴속에서 기도하고 밤을 새웠다. 한 동안 우리 수도원에 어느 기도원 계통의 여전도사가 책임 맡고 와있으면서 안찰기도, 예언기도 등을 한다고 하여 거리에서 그 분의 기도 받으러 많은 사람이 매일 드나든 일이 있었다. 양 양은 그것이 자기 맘에 맞지 않았다. 오래 그 문제로 고민하다가 어느 날 내게 와서 "저는 목사님 수도의 길을 따르려고 합니다. 그러나 지금 이 수도원은 기도원입니까, 수도원입니까. 기도원이라면 저는 떠나가겠습니다." 단호한 태도였다. 결국 안찰기도하던 그 전도사는 떠나가고 말았다. 양 양은 서울 출입도 하지 않고 라디오, 텔레비전도 안 보고 밤엔 적은 시간만 쉬고, 낮에는 조용히 밭에 나가 밭머리에 농사법 책을 펴놓고 읽어가며 씨를 뿌리고 농약 통을 지고 약을 뿌리고, 김을 매었다. 마을 사람에게 부탁해서 여자들이 질 수 있도록 자신의 키에 맞는 지게를 만들어왔다. 지게를 지려는 것이다. 참 좋은 수녀였다.

좋은 수녀

좋은 수녀를 기다리고 있는데 한 번은 네 사람이 찾아왔다. 나이는 20은 넘었을 눈치였다. 수녀가 되어 수도생활을 하겠다는 것이다. 알고 보니 그들은 시집가기 싫어서 단결해 다니는 분들이고 우리 수도원에 오기 전에도 농장도 경영해보고 식당도 해서 돈 버는 수단이 능한 사람들이었다. 신학교에도 다녔고 회사에 취직해 월급도 많이 받던 분들이었다. 머리가 비상하고 미녀들이었다. 신앙도 좋고, 그런 수녀가 네 사람이나 자진해 찾아오는 것을 만난다는 일은 여간 반가울 일이 아닐 수 없다.

수도원에서는 처음 1년간은 청원기간이고, 그 후 2년간은 유기서원하고 수녀 생활한다. 유기서원 마치고는 옷을 벗고 세상에 환속 할 수 있고 그 중에 드물게 어떤 이는 다시 종신서원(終身)하고 죽기까지 수도 생활하는 이가 있다.

네 사람 수녀 지망생들은 얼마동안 청원기간으로 있다가 조급하게 나는 그들의 수녀착복식을 했다. 날을 정하고 친구 목사들을 청하고 내가 목회하던 교회에서 많은 교인들이 모인 가운데서 한국 개신교로는 처음 수녀착복식을 했다. 모든 순서 절차는 가톨릭에서 하는 대로 했다.

수녀 서원을 할 때 네 수녀 한사람 한 사람 엎드린 등에 십자가를 그린 관보(棺布)를 뒤집어 씌웠다. 죽으라고, 세상에 대해 죽으라고, 그리고 청빈, 순결, 순명의 복음삼덕 서원을 했다. 수녀들의 가족들도 초청해 참석했다. 믿지 않는 아버지가 시집보내려던 딸이 수녀 옷 입는 것 보고는 말을 못하고 기가 막힌 표정으로 지켜보고 있었다. 수녀 복을 입고 목걸이 걸고 너울을 쓰니 얼마나 그럴듯하고 아름다운 수녀들인지 모른다. 처음 수녀 서원한 절차는 다음과 같다.

정배(定配)

"나는 이제야 나의 소명이 무엇이냐 함을 깨달았습니다. 나의 소명, 그것은 사랑입니다"(리주의 성 테레사)

모든 그리스도인과 수도자의 최고 목표는 그리스도와 융합 일치하는데 있다. 변형일치의 경지에선 영적 결혼 신비적 결혼(신에의 융합일치)이라 부른다. 성 버나드 "우리는 정배이다. 모두 함께 다만 한분의 정배이다. 그리고 각자의 영혼은 개별로 정배이다."

나지안주스의 성 그레고리는 "오, 순결이여, 긍지를 가지라. 그리스도는 그대의 정배이기 때문이다."

수녀 착복 예배

"내가 순결한 처녀인 여러분을 오직 한 남편 그리스도에게 바치려고 정혼을 시킵니다"(고후 1:2).

은성수도원: 경기도 포천군 내촌면 화현 2리

"나는 샤론의 수선화요 골짜기의 백합화로구나"(아가서 2:1)

착복 수녀 명단

  페베(순결) - 윤성희 1947. 9. 16
  드보라(꿀벌) - 김은진 1947. 6. 16
  에스델(별) - 박찬순 1956. 10. 29
  굿시아(향기) - 임광옥 1961. 6. 29

착복일자: 1985년 4월 13일 (토요일) 오후 3시

장소: 은성교회 (서울 동작구 상도2동 24-55)

영적 성장에 도움이 되는 것

1) 완덕에의 갈망
2) 영성 지도 받는 일: 완덕의 정상에 이르기까지 영혼을 점차적으로 이끌어 가는 기술을 익히는 일
3) 영성적 생활계획을 짜는 일:
성무일과. 심신수련의 일과. 시간표. 개인적 독수도 생활의 스케줄. 의식주
4) 양심성찰의 중요성
5) 하나님 현존실습(관상생활)
6) 영적독서 "렉시오 디비나"(Lectio divina); 성경과 기도를 연결하는 방법 전통적 4단계; 읽기(lectio) 묵상(meitatio) 기도(ortio) 관상(contemplatio)
7) 거룩한 우정: 기도의 친구, 거룩한 스승
8) 하나님 뜻에 순응

성무일과

수도원과 수도생활의 생명은 성무일과이다. 일반 수도자들은 저녁 9시에 취침하고 새벽 3시에 자리에서 일어나 종을 치고 새벽 일과를 시작한다. 간단한 묵상 후에 영적독서를 시작한다. 기도는 주로 관상기도 특히 주부적 관상기도를 드린다. 주부적 관상기도의 특징은 내가 기도하는 것이 아니라, 나는 기도를 받는다는 점이다. 주님이 기도하고 성신이 기도하고 나는 기도를 받는다. 로마서 8:26 "우리가 마땅히 빌 바를 알지 못하나 오직 성령이 말할 수 없는 탄식으로 우리를 위하여 친히 간구 하시느니라 했다." 어떤 십자가 보혈의 신

비체험을 받은 성도의 고백에 의하면 감격의 찬송을 내가 하는 것이 아니라 찬송이 터져 나오게 시켜 주시더라고 한다. 그밖의 수도원의 모든 일과는 침묵 속에서 진행된다.

아침 식사는 8시 경에 공동으로 하는데 한 수사가 나서서 "준주성범"(그리스도를 본받아서)을 큰 소리로 낭독하고, 다른 사람들은 절대 침묵 속에 식사를 해야 한다. 오전 중에 작업이 조금 있고, 점심 후 오후 시간은 전적으로 작업이다.

옛날 수도공동체는 전적으로 자급자족해야 했기 때문에 노동은 수도사들의 주요한 임무였다. 성 베네딕트는 "노동은 기도다"라는 유명한 말을 했다. 그래도 수도사들은 누구나 노동하기는 싫어했다.

어느 날이고 작업시간만 되면 말없이 내가 선두에 나서 일터로 나가야 다른 사람들이 눈치 보면서 뒤따라 나왔다. 은성수도원이 자리 잡은 운악산은 전부가 바위산이다. 나는 수도원 뜰을 조경하느라고 매일 집채 같은 큰 바위들을 굴리면서 두 손이 바위 밑에 깔려 거의 병신될 만치 깨져 피가 낭자했다.

불교에 게으른 중을 "땡초"라 부르는데, 기독교 수도자에도 땡초에 해당한 인간을 "사라바이타"라 부른다. 내가 꼭 수도하겠다고 들어온 분이 아니고 결심이 없이 와 있어 보이는 이들은 힘든 노동을 하려고 하지 않는다.

수도원의 관상기도는 일반 교회의 예배나 기도와 다르다. 요즘은 "향심기도"라는 기도가 개발이 됐는데, 그동안 교회 예배만 반복해 습관된 교인들은 예배와 관상기도를 따로 나누어 실천하도록 하면 효과적이라고 생각한다. 기독교인으로서의 깊이가 있고 영성이 살아 있고 성인이 나오지 못한다면 수도원은 무의미하다. 성인이요 오소서! 성인이여 오소서!

수도원의 수도생활에 있어서 가장 중요한 것은 매일의 일과다. 그것을 성무일과라 부른다. 보통 새벽 2시에 잠에서 깨어 일어나 명상기도하든지, 영적독서를 하는 것이고 낮에는 대개 작업을 한다.

나 개인의 성무일과는 오후 6시에 취침하고 밤 자정에 깨어 일어나 먼저 밖에 나가 산기슭을 더 올라가 큰 바위들을 쌓아 올린 꼭대기에 자연석으로 십자가를 높이 세운 석탑에 올라가 영가를 부르는 일로 그 날의 새벽을 깨운다.

석탑 바로 뒤에는 큰 밤나무들이 무성하게 서 있고, 그 가지들은 별이 총총한 하늘을 향해 힘차게 뻗어 있는 모양이 두 손 들고 기도하는 자세 같다. 맑은 밤하늘의 별들은 그 나뭇가지에 핀 금강석 꽃들 같다.

내가 영가를 부를 때 바로 발 밑 개울에 흐르는 물소리는 기도를 올리는 염송(念誦) 소리와 같다. 대부분의 경우에 밤 소쩍새가 운다. 가까운데서 혹은 먼데서 소쩍새 우는 소리가 내가 드리는 영가와 합창을 한다. 여름에는 반딧불이 나무에서 나무를 오고 간다. 산에는 산의 영감이 있는데, 자정 깊은 밤의 영감은 이루 헤아릴 수 없다.

석탑 십자가를 쳐다보며

주여, 나의 정성 나의 생명 드립니다.
이 작은 나의 생명 나의 정성 다해
주님만을 위하여서 살기 원하오니
주여 잡아주소서, 나를 잡으소서.
주님만을 위하여 살게 하소서

아, 불같은 성령으로 충만케 하옵소서.
환란이 와도 핍박이 와도
내 주만 위해 내가 살리라.

계속해서 내가 꼭 부르는 영가는 이현필 선생이 지리산 '서리내'에서 부르다가 통곡한 십자가의 노래이다.

갈보리 산에서 십자가를 지시고
예수는 귀중하신 보배 피를 흘리사
구원 받을 참 길을 열어놓으셨느니라

갈보리 십자가는 저를 위함이요
아아 십자가 아아 십자가
갈보리 십자가는 저를 위함이요

수십 년 전 지리산의 자정 이현필의 메아리다. 이 메아리는 사라지지 않는다. 계속해 부르는 이들이 끊어지지 않을 것이다. 이 자정 나는 영가에서 잊지 않고 회개의 노래를 부른다.

채찍으로 치신다면 피나도록 맞으리다.
눈물을 원한다면 강물처럼 흘리리다.
오, 탕자같이 썩어진 마음
갈기갈기 찢어서 바치리이다.

밤, 감격이 고조될 때는 계속 여러 가지 영가를 부르지만, 맨 나중에 부르는 것은

얼마나 아프셨나. 못 박힌 그 손과 발
죄없이 십자가에 매달리신 예수님
하늘도 모든 땅도 초목들도 다 울고
해조차 힘을 잃고 온 누리에 비치지 않네.

때로 안식년이 되어서 우리 수도원에 와서 보내는 목사나 지방에서 소문 듣고 찾아온 여자 권사도 밤 자정의 십자가 석탑 앞에 참예하여 함께 영가를 부르며 감격한다.

이 석탑의 영가 시간을 마치고는 나는 혼자 수실 앞에 돌을 쌓아 지은 석굴에 들어가 관상기도의 때를 보낸다. 기도는 주로 "주부적 관상기도", 이 시간은 다른 모든 기도는 중지한다. 중보기도도 않는다. 이 주부적 관상기도는 내가 기도하는 것이 아니라, 나는 기도를 받는다. 주님이 기도하고 성령이 기도하고 나는 기도를 받는 순간이다.

내가 하는 여러 가지 기도 순서는 다음과 같다.

관상기도

예수기도

"주 예수 그리스도 하나님의 아들이시여
죄인인 저를 불쌍히 여기소서."
(10분 20분씩 계속 외운다)

삼위일체 엘리자벳의 기도

"사랑하는 예수님, 나는 나의 약점을 깨닫사오니 당신 친히 나를 감싸주시고

예수님, 당신 자신의 모든 활동으로 내 영혼을 당신과 일치되게 해 주옵소서

예수님, 나를 당신 안에 침몰시켜 주옵소서.

주 예수님, 나를 당신과 바꿔 주사 나의 삶은 오직 당신 자신의 광채가 되게 하소서

오, 태워 버리시는 불이시여, 사랑의 영이시여, 내 안에 임재하사 내안에서 말씀의 화신(化身)이 반복되게 해 주옵소서"

주부적 관상기도

1. 내가 기도하는 것이 아니라 기도를 받는다.
   주님이 기도하시고 성령이 기도하신다. (롬 8:26-27)
2. 관상기도에는 청원(간구)이 없다. 예수님께서 "구하기 전에 너희에게 있어야 할 것을 하나님 너희 아버지께서 아신다. (마 6:8) 믿음으로 주님께 맡긴다.
3. 관상기도는 머릿속에 추리작용을 하지 않는다.
4. 그 대신 "느낌" 만 가진다. "하나님이 지금 여기 현존해 계시다"는 느낌이다.
5. 예수님께 대한 사랑의 고백뿐이다. 그런고로 "애정의 기도"라 부른다.
6. 관상기도의 절정은 하나님께 상승하여 하나님의 강한 사랑의 힘에 동화하여 하나님의 영과 하나가 된다. 이것을 "영적 결혼"(변형 일치의 기도)이라 부른다. 청원 간구도 그만 둔다. 머릿속에 다른 추리작용도 하지 않는다. 다만 느낌만 가진다. 그 느낌은 "하나님이 지금 여기 계시다"는 현존의 강한 느낌이다. 예수님이 지금 여기 임재하신다는 느낌이다.

이 기도는 기도의 절정이다. 다른 기도는 이 기도를 하기 위한 준비 단계이다. 운악산은 내가 사랑하는 유일한 산이다. 운악산의 깊은 자정(子正)은 내 영이 환희에 잠기는 순간이다.

　　한 폭 비단 자락 어깨에 걸고
　　운악산이 저기 서 있네.

모란 꽃 모양 피어난 수려한 능선
허리엔 구름치마 슬쩍 두른 자태
어릴 때 누나 모습 같이
정겨운 山 가슴이여

안개 자욱한
그 산자락 淨土에
십자가 돌탑 높이 쌓고

밤 子正이면
淸水에 몸을 씻고
찬란한 별 무리 속에 솟은
십자가 쳐다보며 합장하네.

수도정진

박정희 대통령이 계엄령을 선포하고 있던 시절, 나는 두 분 친구 목사와 셋이서 "기도의 삼총사"라 할 산 기도를 경기도 벽제 계명산에서 2년 동안 계속했다. 한 분 친구는 이태환 목사로 강원도 치악산에서 겨울 하얗게 눈에 덮인 산상에서 혼자 밤을 새며 기도하던 산기도 대장이고, 또 한 친구는 김현수 목사였다. 계명산 수녀원 골짜기에 현동완 총무의 별장이 있었는데 거기 모여서 초저녁이면 산골짜기에 깊이 들어가 비닐 우산을 뒤집어쓰고 밤을 새며 기도했다.
그러다가 어느 날 저녁 산에 간첩 잡으려고 잠복해 있던 군인들에게 잡혔다. 보안대로부터 헌병대에 넘겨 심문을 받고 계엄령 하이므로 시말서를 쓰고 풀려났다. 그래서 다시는 그 장소에서 산 기도를 계속 할 수 없었다. 기도의 장소를 물색하던 중 운악산을 찾게 되었고, 지금의 은성 수도원 자리에 터를 정하고 20년 동안 심혈을 다해 수도원 건설에 애썼다.

다 떨어진 헌 작업복을 입고 지게를 지고 나무를 베고 돌을 나르고 큰 바위를 굴리며 조경(造景)에 힘썼다. 바위를 굴리며 내손은 몇 번이나 바위 밑에 깔려 터지고 병신이 되는 줄 알았다. 사람들은 나를 "돌목사"라 불렀다. 꿈쩍도 않는 큰 바위가 내가 손대면 바위가 움직인다는 것이다.

아랫마을 큰길에서 수도원까지 5백 미터 거리에 전신주를 세우고, 지하수를 네 곳에나 파 끔찍이 물맛이 좋은 생수를 얻고 산소통을 잘라 종을 만들어 기둥에 달고 시간마다 종을 치고 수도원 입구에 저수지를 만들고 물레방아를 달았다. 사람들이 와서 보고 에덴동산 같다고 했다. 어느 목사는 세계 여러 곳에 다니며 수도원도 구경해 보았는데 은성수도원 만큼 좋은 자리는 없다고 했다. 매일 잠자리에서 눈 떠 일어나면 내 눈에는 일거리만 보였다. 일, 일, 일 하고 돌아다니는 사이 나는 내 개인의 수도생활은 못하고 말았다. 깊은 기도, 명상과 관상 생활의 깊이에 들지 못하고 말았다.

농사할 밭은 넓지는 않았지만, 본래 농사 경험이 없는 나는 밭을 갈고 무, 배추, 고추 등 농작물을 심고 봐주는 작업이 여간 어렵지 않았다. 버섯 재배도 양봉도 했다. 그것으로 자급자족이 되는 것은 아니지만 본래 수도원 정신이 농사로 자급자족 하는 일이다. 20년 동안 나는 누구에게 도움을 청한 일이 없었고, 기부금 받은 일이 없었다.

내가 선식을 하기 위해 산에 있는 느릅나무 외에 오갈피나무와 두충나무 등을 심어 선식재료로 삼았다. 대추나무에는 대추가 구슬같이 달리고 모과를 심고 양살구 자두는 처치 곤란하리만큼 많이 열렸다. 가을철이 되면 밤에 지붕에 주먹 같은 굵은 밤알이 떨어지는 소리가 쿵쿵 울리며 아주 정취가 넘쳤다.

한사람씩 혼자 들어가 명상하는 기도실이 20여개 있었다. 참회 굴을 짓고 관상 기도 굴을 짓고, 프란시스의 베르나 산을 본떠서 베르나암(庵)을 짓고,

이현필의 지리산 서리내를 기념해서 "서리내"(仙人來) 암과 비향실(秘香), 그리고 내 개인용 기도굴 "연주암"을 지었다. 어떤 기도실은 시험이 있었다. 중국 차철 목사가 며칠 묶던 영암실에서는 밤에 비몽사몽간에 참하게 생긴 젊은 여자가 문 열고 들어오는 것을 똑똑히 보았다.

새로 결혼한 남자 전도사가 금식기도를 하는데, 그의 아내가 찾아와 함께 자던 방에서 밤중에 이상한 비명소리가 점점 높아져 사람들이 모두 깨어 갔다. 방문을 안으로 걸었기에 높은 창문을 깨고 넘어가 보니 신혼부부 모두 혼수상태에 빠져 의식이 깨어나지 못해 그렇게 신음하고 있었다.

수도원이 에덴동산과 같이 되서야 되겠는가. 엄혹한 수도의 도장이 되어야 한다. 내가 수도원에서 물러난 뒤에는 내가심은 대추나무들, 호두나무, 양살구 모조리 베어 버리고 말았다. 물방아도 떼고, 연못도 메워 버리고 말았다. 내가 운악산 높은 골짜기에서 뽑아다 심은 엄나무, 느티나무들도 뽑아버리고 말았다. 이는 당연한 일이다. 수도원이 수도하는 곳이지, 내가 늙으막에 편안히 은거할 농장이 되서야 되겠는가.

나 개인은 넥타이 양복을 벗어 던진 지가 40년이 넘고 머리를 삭발한 지도 그렇게 되고, 맨발로 양말 안 신은지도 15년이나 되고 머리는 내손으로 깎고, 매일 새벽 냉수마찰하고 "벤넬 운동"하는 습관은 어려서부터 계속하고 있다. 벤넬 운동이란 것은 "요가" 비슷한 보건운동이다. 약 40분간 걸린다.

나는 나 개인의 그런 습관을 수도원에서 수도하는 이들에게 강요하지는 않았으나 벤넬 운동만은 매일 새벽기도회 마치고 수도자들과 같이 실행했다.

내가 시키지는 않았지만 남자들은 수도원에 와서 어느새 머리를 삭발했고, 또 한 가지 재미있는 현상은 남자들이 수염을 기르는 일이다. 젊은이들이 많지도 않은 수염을 길게 기르고 다녀 아랫마을 이장이 왜 그런 꼴이냐고 수상하다고 시비를 걸었다.

십자가를 어떻게 지는가

특별히 탁발수행을 시키지는 않았지만, 자기네끼리 두 사람 짝을 지어 돈 한 푼 없이 떠나, 며칠 서울로 벽제로 탁발하다가 돌아왔다.

특별히 기억나는 것은 김순빈 형제다. 그는 전북 농대를 나오고 자진해 수도하려고 찾아왔는데, 어느 때 내 방에 찾아와 기록한 자기 계획을 내놓고 "십자가행진"을 하겠다고 허락해 달라고 했다. 십자가행진이란 말은 나도 처음 듣는 소리여서 맘대로 해보라고 했더니, 그는 미리부터 큰 미루나무 기둥으로 사람 키보다 더 큰 십자가를 만들어 두었는데, 고난 주일 아침 예배를 드리고 그 길로 수도원 마당에 나가 미리 준비해 두었던 십자가를 어깨에 메고, 발은 벗고, 추워서 눈이 좀 내리는데 탁발 행으로 떠나려했다. 나는 측은해서 "이봐, 발에 신은 신으라고" 했더니, 시킨 대로 검은 고무신 신고 떠났다.

그는 그 무거운 큰 십자가를 메고 혼자 누구 동무하는 이도 없이 포천 화현면에 있는 수도원에서부터 경기도 관능내, 구리를 거쳐 서울에 들어가 과천으로 안양, 수원까지 탁발행을 하며 갔다가 발길을 돌려 서울에 들어와 그 다음 부활 주일 낮 예배 때 은성교회에서 나를 만났다. 얼마나 고생했던지 십자가가 다 깨졌다. 그 모양으로 길을 갈 때 아이들은 보고 "아, 십자가다!"라고 했지만 어른들은 어떤 이는 "미친놈!"이라고 욕하는 이도 있었다.

밤엔 교회에 찾아가서 하룻밤 쉬게 해 달라고 간청했는데 큰 교회서는 거절하고 작은 교회에서는 고난 주간이 되어 교회에서 모여 기도하던 이들이 친절하게 맞아주며 어서 들어와 불 좀 쬐라고 추운데 얼마나 수고하느냐고 먹을 것도 갖다 주곤 했다고 한다.

또 한 번은 내가 월례 수도원 집회 때 많은 교인들과 목사들 보는데서 "도로로사의 갈"이란 실연(實演)을 했다. 성지 예루살렘 서북문에서 골고다까지 가는 길 거리를 짐작해서 가톨릭에서 예수님이 열두 번 겪은 사적을 기념하듯 말이다.

수도생 중 가장 건강한 체구를 가져 별명을 "영남대장"이라 부르는 청년 어깨에 무거운 생나무로 만든 십자가를 메고 아랫마을에서 출발 해 언덕길을 올라 수도원 마당에 세운 십자가 기둥까지 메고 오게 하고 십자가에 실제 매달리는 것은 내가 손목을 노끈으로 매어 내가 달렸다. 우스운 연극과 같지만 안길 옹 목사는 십자가에 달린 나를 위해 소리높이 기도해주고 눈물을 흘리는 이들도 있었다.

"도로로사" 행을 한 그 다음날인가, 수도원 식구 목사 한분이 서울에 갔다가 늦게까지 돌아오지 않아 "영남대장" 수사가 수도원 오토바이를 타고 어두워가는 저녁 무렵 길원 농장 있는 높은 고개까지 몰고 가다가 어두운데 운전이 서툴러 길가의 표지판을 들이 박고 넘어져 오토바이는 깨지고 영남대장은 골짜기에 떨어졌다. 그는 목이 부러지고 실신했다.

얼마 후 의식이 회복했을 때는 깊은 밤중이었다. 움직이려 해도 목이 부러져 꼼짝할 수 없었다. 본래 대장이란 별명 듣는 건장한 체구였던 그는 있는 힘을 다해 개울에서 기어 올라와 자동차 큰길가에 엎드렸다. 이따금씩 지나가는 차에게 살려 달라고 손을 흔들었으나, 깊은 밤중이라 모두 그냥 지나가 버리고 말았다. 꼼짝없이 죽을 판인데, 다행히 일동으로 가는 경찰차가 있어 그를 보고 차를 세우고 싣고 일동 경찰까지 갔다. 중태였던 그를 서울 망우리 병원까지 실어다 입원시켜주었다.

영남대장은 몇 달이나 부러진 목을 치료하느라고 병원에 입원해서 고생을 많이 했다. 나는 이상하게 생각되었다. 십자가를 어깨에 메고 갔는데 왜 당장 목이 부러졌을까. 우연한 일이 아닌 것 같다. 십자가를 어떻게 져야 하는 가? 십자가에 달린다는 일은 연극이 아니다. 장난이 아니다. 진짜 못에 손목이 꿰뚫려 십자가에 못 박힌 대로 외람스러운 수작인데, 노끈에 손목을 묶어 십자가에 못 박혀 본다는 것은 유희에 불과하다. 피 없는 십자가 나의 설교도, 수도도 그런 것이었다. 선전용의 것이었다.

이현필 선생은 "지금으로부터 2천 년 전 예수 그리스도가 유대 골고다에서 세계 만민을 대신하여 십자가에 못 박혔다는 먼 옛날의 교리적인 이야기는 아무 소용없다. 지금 이 순간 어쩔 수 없는 내 가슴에 뚝뚝 떨어져 오는 뜨거운 피를 받아야 한다"고 했다. 이 말을 들은 그의 제자 중 가장 슬기 있는 수레기 어머니는 감격하여 물었다. "선생님, 지금 그 피를 어떻게 받을 수 있습니까?" 그 때 이현필 선생은 정색을 하면서 "내 피를 내놔야 한다"고 했다. 얼마나 깨달은 말인가! 깨달은 신앙인가!

생긴 일들

수도원이라고 처음부터 그 정신으로 시작했지만, 수도원 "수"(修) 자도 모르는 개신교인들은 일반 기도원처럼 생각하고 많이 찾아왔다. 40일 금식하려고 오기도 하고, 교인들 데리고 놀려고도 왔다.

어떤 때 젊은 목사 5~6명이 20일 작정으로 금식기도 하러 와서 각각 기도실에서 금식하고 있었는데, 그 부인들이 모여 고생하는 남편을 위로하러 와서는 통조림, 간단한 먹을 것 가지고 온 것 대접하고는 금식하던 목사들이 실패하고 나보고 "실패했습니다, 실패했습니다"라고 하면서 내려가 버렸다.

여러 사람들이 찾아 왔었다. 독일인 남자는 와서 며칠 묵으면서 수도 생활을 배우노라고 밭에 함께 나가 작업을 하곤 했다. 독일인 여자 목사도 와서 숙식을 같이 하며 그 때 "묘향" 수녀 허원식을 하는 것을 구경하며 수녀의 머리를 내가 가위로 자르는 것을 보고 감명 깊게 여기고 있었다.

대만의 허헌종 목사는 한국교회가 부흥하는 비밀은 기도원에 있다고 깨닫고 대만에 처음 기도원을 세운 분인데, 우리 수도원에서 배운다고 왔었다.

일본 오사카 가메께사키(釜崎) 빈민굴에 교회를 개척하고 매일 빈민들에게 주먹밥을 점심으로 나눠주는 가네오까(金岡) 목사도 와서 시찰하고 갔다.

석홍원(釋弘元) 씨는 본래 함북 무산 사람인데 일본에 가서 대학을 나오고 불교 중이 되어 후지산 기슭에 절간과 부랑아 시설을 가지고 있던 분으로 일본 여자 미모의 춤 잘 추는 여자와 결혼했는데, 그 후 미국에 가서 개종하여 기독교인이 되고 신학공부해서 목사가 된 분인데 내 책을 많이 읽고 여러 번 나와 만났다. 수도원에 와서는 부인이 찬송가에 맞춰 춤을 추기도 했다. 대원(大願)이란 일본 스님을 데리고 와서 우리 가족 앞에서 석 목사 부인, 그 아들과 함께 스님이 "평화의 노래"를 합창하기도 하고, 노자 "도덕경"을 염불처럼 외기도 했다.

한국목사들은 와서 모든 것이 공짜인 줄 알고, 수도원을 일반기도원처럼 생각하고 수녀들 보고도 농을 걸며 "왜 시집은 가지 않고 그러고 사느냐" 한다. 수녀들은 목사 들이 오는 것을 제일 싫어하고 제발 목사들이 오지 않게 해달라고 나에게 여러 번 간청했다.

수도원이 처음 생겼기 때문에 수도원을 일반 기도원으로 알고 매일 기도하러 오는 손님들 시중하고, 식사 대접을 맡아 대접해야 하고, 농담을 거는 것이 귀찮아 이것이 수도원이냐 기도원이냐 항의를 하고 수도원이면 수도만 해야 할 것 아닌가 했다.

그 후 수녀 네 사람은 충남 옥천에 나사렛 수도원을 세우고 머리를 써서 자급자족하여 버섯재배를 하고 수도원 건물도 아담하게 짓고 수도생활을 잘 하고 있다.

그들이 분립해 나간 후에 묘향(妙香), 빈향(貧香), 두 수녀가 종신서원하고 강원도 화천군 사창리에 성빈수녀원(聖貧)을 세우고 따로 수도생활을 하고 있다. 매일 착실한 성무일과를 지키며 기쁘게 살아가고 있다. 나사릿 수도원도 성빈 수도원도 수녀들이 똑똑하고 변심하지 않고 좋은 수녀들이다. 그들은 모두 미녀들이다.

마음의 대국

환속 승려 문인 김모 씨는 다음과 같은 이야기를 썼다. 이는 나의 수도 생활에 많은 교훈을 주었다.

어느 해 그가 지리산 천왕봉을 등산하고 내려오다가 기괴한 노인 한 분을 만났다. 백발이 성성했고, 괴상한 얼굴에 쏘는 듯한 형형한 눈빛에 우렁찬 목소리였고, 노인의 얼굴은 칠면조 같이 악마 같은 얼굴을 하다가 금새 천사 얼굴 같이 변하기를 여러 번 하였다. 그는 노인 앞에 머리 숙이고 "도를 가르쳐 주옵소서" 했다. 노인은 "도인 즉슨 길을 말하는 것이외까? 땅 위의 이치도 모르는 중생인데 어찌 하늘의 이치를 물을까… 길은 많으니 스스로 찾으면 왜 없겠소이까 마는 노부는 길을 모르오 길이라는 것이 가르쳐 줄 수도 없는 것 일 뿐인 더러 또 가르쳐 준다고 알아지는 것도 아니외다." 하면서 노인은 도보다 자기 이야기를 했다. 젊은 날 그는 구도심에 복받쳐 지리산 속에 깊이 들어가 움막을 묻고, 그 후 40년 동안을 구도 정진해 왔다 오늘까지. 입산하여 처음에는 스스로 돌을 깎아 바둑판을 만들고 혼자서 그 돌 바둑 판 위에서 인간의 선성(善性)은 흰 돌로 인간의 마성(魔性)은 검은 돌에 걸고 혼자서 대국을 벌였다. 자기 속에 있는 선성과 마성을 흰 돌과 검은 돌로 삼고 실로 긴 긴 승부를 돌 바둑판 위에서 했다.

처음 10년간은 실제 바둑돌로 흑백 승부를 하다가 다음에는 바둑돌은 치워 버리고 마음만으로 그 바둑판위에서 흑백 승부를 10년간 했다. 이럭저럭 바둑 두기 시작한지 20년 만에야 비로소 손을 움직이지 않고서도 마음으로 한 판의 바둑을 둘 수 있게 되었다.

그러나 승부는 정작 그 때 부터여서 흑이 이길 때도 있고, 백이 이길 때도 있고 엎치락뒤치락 승부는 결판이 나지 않아 중도에서 작파하고 지리한 구도생활을 거둬 치우려다간 다시하고 하여 흑백승부는 가릴 길 없이 다시 10년이 지나갔다. 이렇게 결판이 나지 않는 한집 승부 다투기 다시 10년. 마침내 노부는 화국(和局)을 만들 수 있게 되었다.

노인은 40년간의 혼자서 대국(獨對局) 끝에 드디어 승부를 초월한 바둑을 둘 수 있게 된 것이 바로 오늘 조금 전에 김 씨를 만나던 때였고, 그래서 얼굴이 악마 같다가 천사 같다가 결국 평화한 얼굴이 된 것이다. 노인 앞에는 절구처럼 가운데가 움푹 파인 돌 바둑판이 놓여 있었는데,

그것을 가리키며 "염력(念力)이 태산을 옮긴다는데 저것은 40년간 내 번뇌의 징표외다" 했다.

이윽고, 노인은 바람을 지고 다시 일어서면서 "그러나 노부가 40년 공부 끝에 조그만 깨달음이 있었다 해도, 그것은 시작에 불과하오. 이제부터 어떤 풍우에도 흔들리지 않을 금강의 경지를 증득(證得)해야 하는 거요" 하면서 바람을 짊어지고 그 어디론가 홀홀히 떠나갔다.

이 이야기는 꼭 나의 50년간의 구도 생활의 이야기 같다. 그런데 내게는 지금 시간의 남은 여유가 얼마 없다. 지리산 그 노부와 같이 화국을 아직 이루지도 못한 채, 어느새 내 인생 석양은 서산마루에 걸렸으니 당황스럽기만 하다.

당신은 어떤가? 나는 이상과 비전이 없는 기독교인을 멸시한다. 나는 어느새 자기는 모든 진리를 다 안 듯이 자만하는 기독교인을 멸시한다. 나는 구도정진의 노력 없이 교회에 놀러 다니는 기독교인을 멸시한다. 나는 종교를 생명 걸고 탐구하지 않고 오락적으로 믿는 기독교인을 멸시한다. 썩 물러가라.

좋은 일, 궂은 일

개신교로서는 생소한 수도원 경영을 해 가노라면서 틈틈이 써낸 원고로 출판한 책이 30종류나 되고 그런 관계로 여기저기서 불러줘서 강의하러 부지런히 다녔다. 책이나 강의 내용은 수도생활과 영성에 관계된 문제였다. 은성수도원에서 해마다 여름에는 공개수도 수련회를 열고 영성문제 강의를 제14기까지 했다.

장로회 신학대학에서 신대원 수련집회 강사로 두 번 천마산 기도원에서 가졌고, 집회효과는 무척 좋았고, 신학교 목연과 집회인도는 단골처럼 계속 다녔다. 그러나 한번은 목연과 집회강사로 일자까지 정하고 준비하고 있는데 신학교 학장으로부터 직접 전화가 오더니 집회강사 취소하겠다는 통고였다. "예" 하고 대답하고 그후 신학교 실천과에서 정식으로 미안하다는 서신이 왔는데 신학교 이사회에서 내 문제를 어떤 이사가 거론하여 어째서 자기네 교파에도 강사할 사람이 많은데 엄 목사만 계속 단골처럼 강사로 초청하느냐고 들고 나섰다. 그래서 날짜까지 정한 집회강사는 취소하고, 그 후는 다시 그 신학교 강사로 가지 못하게 되었다. 그 문제를 일으킨 이사가 누구였는지 짐작은 가나 내가 본래는 장로교 통합 측 목사였으나 새 교회를 개척하고 수도원을 경영하면서 초교파적이었다.

대학생선교회(C.C.C) 지도자 김준곤 목사와는 같은 신학교 동기 동창으로 졸업했고, 또 특별히 친한 사이였다. 그래서 C.C.C 특별 집회 강사로 자주 초청되었다.

1985년 5월 한일교역자 성장회(韓日成長會)란 것이 C.C.C 주최로 열려 여러 강사진 가운데 나도 끼어 21일 집회장소에 갔다. 시간 전에 김 목사로부터 한국과 일본 목사들이 모였는데, 한국 목사는 정원이 차지 못하고, 일본 목사는 젊은 목사만 뽑아 보냈는데 시간 전에 미리 앞자리에 와 앉아 있는다고 했다. 또한 그들 숙소에는 휴지 한 장 떨어지는 일이 없는데 한국목사들은 시간도 지키지 않고 늦게 와 뒷자리에 아무렇게나 앉아 질서가 없고, 동시통역을 하는데 한국목사들은 헤드폰을 나눠주었는데 한사람도 도로 가져오는 이가 없다고 탄식했다.

내 시간이 되어 나는 나서서 좀 과격하게 공격적인 어조로 설교를 했다. 그때가 부활절이 지난 지 얼마 안 되는 때였는데 나는 "한국 교회는 통합파 합동파로 분열하고, 그것이 다시 주류파, 비주류파로 분열하고, 그것이 다시 방배동파, 무슨 파로 분열하고, 그러면서 1년에 한 번씩 부활절 때 여의도에서 새벽 한 시간 연합 예배 보는데, 몇 달 전부터 신문에 준비위원이 발표되는데 수백 명 명단 회장이 누구누구, 총무가 누구누구, 회계가 누구누구, 새벽한 시간 연합예배보고 마는데 이렇게 해야만 되느냐. 부처님 오신 날이 가까워 내가 있는 수도원 고개 넘어도 절간이 있어 부지런히 목탁을 딱 딱 치는 소리가 들려오는데 내 귀에는 그 소리가 돈, 돈, 돈 하는 소리로 들린다. 마찬가지로 기독교인들이 무슨 엑스포를 열어 여의도에만 수십만 명이 모여 악악 소리 지르며 할렐루야 할렐루야 하는데 내 귀에는 그 소리가 '돈낼루야 돈낼루야'로 들린다. 이 어찌된 종교 타락들이냐…"라고 소리쳤다.

그랬더니 내가 강연하는 도중에 집회장소 뒤에 아무렇게나 되는 대로 앉았던 한국 목사들 속에서 고함소리들이 들렸다.

"강연 중지하라!"

"스님이 무슨 스님이냐, 중이지"

"어디서 저 따위 강사를 초청했느냐?"

"강사료 주지 말라"

"엄두섭 목사 세상이 다 아는데 자기나 똑바로 살라!"

강연 못하게 욕하고 빈정대고 자기네끼리도 분열하여 어떤 이는 "하라 하라!" 소리 지르고, 어떤 이는 "중지하라!"고 소리 질렀다.

앞자리에 앉았던 일본 목사들은 집회가 아수라장이 되니까 일어나 내 얼굴에 카메라를 댔다. 주최 측 김준곤 목사에게 이 일을 알려 김 목사가 달려 나왔다. 나는 뒷자리에 물러 앉고, 김 목사가 나서서 자기가 가장 존경하는 이가 엄 목사라면서 흥분된 청중을 진정시켰다. 그리고 나는 다시 나서서 강연을 계속했다. 나도 매우 긴장되었던지 입술이 말랐다. 국제적 모임인데 내가 한국 교회 수치를 폭로했다는 것이다.

나는 한국의 정통왕(正統王)이라는 박형룡 박사 밑에서 배우고 졸업했고, 내 결혼식도 박 박사가 주례했다. 나는 신앙동지회 총무로서 정통 복음적 신앙이요, 초대 NAE(복음주의 동맹) 중앙위원이었다. 그러나 입에 말이 험해서 여러 번 이런 일을 당했다. 내 저서를 꼬집어 따지는 이도 있었다.

기성교회에 정이 떨어지면서 점점 소외되어 가는 나를 북돋아 주고 회복시켜준 것은 이현필 선생의 동광원과 은성수도원이었다. 거기서 나는 안위를 얻고 상처가 싸 매임 받고, 새 희망을 얻었다.

동광원에서는 나를 동광원의 바울이라고 했다. 그러나 기독교에 실망하고 기성교회에서 소외된 나를 어루만져준 것은 동광원이었다. 특별히 정인세 원장은 서울에 올 때마다 나를 찾아주고 우리 집에 와서 자면서 영성과 수도생활에 대해 가르쳐주고, 동광원 수양회 때마다 나를 강사로 내세워 주었다.

몇 해 전부터 중국 길림성 연길교회 차철(車哲) 목사가 여러 번 나를 찾아오고 내 저서를 가져가고 북경에서와 연길에서 조그마한 나의 집회를 가지게 했다. 나는 북경에서 두 번, 연길에서 세 번 영성 모임을 가졌다. 그리고 연길 지방 교역자들 중심으로 연길 수도회가 조직이 되고, 내가 가서 수녀 허원식을 해서 중국 대륙에 개신교 수도회와 수녀가 처음 생겼다. 연길교회 뒷산에는 은성수도원을 본받아 일주문(一柱門)을 세우고 기도실을 지었다.

중국에 지하교회(가정교회) 교인수가 5천만 명으로 잡는다. 한국적 교회의 떠들고 소란한 기독교가 중국으로 들어가고 있다. 이 즈음에 연길교회 차철 목사를 통해 수도적 교회와 관상기도의 조용한 내면적 안정된 기독교가 퍼져 갈 줄 믿는다. 중국에 처음 생긴 개신교 수녀 수도명은 "클라라"다.

내가 중국에 처음 가던 날, 나는 신기한 계시적 꿈(靈夢)을 꾸었다. 내가 어느 곳 마당에 나서니 곡식밭에 주먹같이 탐스럽고 무성한 곡식알이 주렁주렁 달린 밭을 보았다. 생시에도 그렇게 무르익은 곡식 이삭은 본 일이 없다. 그 밭 옆에서 어떤 젊은이가 높은 언덕 위로 흘러가는 강물을 파이프로 연결하여 언덕 밑 밭으로 인수(引水)하고 있었다. 언덕 옆에는 비둘기들이 있고 꽃들이 만발해 있었다. 중국 연길교회에 가보니 바로 꿈에 본 장소와 꼭 같았다.

내가 이런 꿈꾸고 중국 길림 연길에 가니 거기 젊고 미모의 예술가 차철 목사는 자기가 바로 전날 밤 꾼 꿈 이야기를 했다. 자기 교회 마당에 큰 물 웅덩이가 생겼는데, 생수가 넘치더라는 것이었다. 우리는 서로 힘을 얻었다. 그리고 서로 친해졌다.

성의 순결

사도 바울은 위대한 수도자였다. 그는 일생 독신으로 육신의 순결을 지켰고

"내가 내 몸을 쳐 복종케 함은 내가 남에게 전하고 자기가 도리어 버림이 될까 두려워 함이로라" 했다. "날마다 죽는다"고 했다. "이제는 내가 산 것이 아니요, 오직 내 안에 그리스도가 사신다"고 했다. 일반교회의 예배 생활에는 형식적 기술이 필요하지만, 수도생활의 생명은 "정진"이다.

"손에 쟁기를 잡고 뒤를 돌아보는 자는 내게 합당치 않다"고 하셨다. 일일보보(日日步步) 자기를 채찍질하며 정성을 다해 나가는 생활이다. 보다 더 극렬(極烈)을 다 할 때는 "용맹정진"(勇猛精進)이라고 한다.

사람의 본능 가운데 먹는 본능보다 성의 본능이 더 크다. 인간 생활의 10분의 7은 성욕이라 한다. 성에 있어 여성은 아름답고 성에 있어 남녀는 서로 그리워하고 정이 깊어지는 것이다. 프로이드는 정신분석학 속에서 인간의 성욕은 억제하기 어렵다. 인간 본능적 세력 중에서 성욕은 중요한 역할을 연출하고 있다고 했다.

"리비도"의 갈망과 발달 요구

"리비도" 점유가 결여할 때 정신병도 생긴다. 이런 인간의 본능을 억제하려는 자아 본능과의 싸움이 수도 생활의 가장 어렵고 큰 싸움이다. 프로이드는 성욕이 순화되어 그 세력이 성적 목표에서 비껴 다른 목적에로 변향(變向)하는 경우를 말했다. 수도 생활에 있어 성적 인간에 대한 애정은 순화, 혹은 승화되어 신에 대한 그리스도에 대한 애정으로 성화하는 것이다.

성에 눈뜸과 자아에 눈뜸은 동시다

남녀 누구나 제2차 특징이 나타날 사춘기부터 급속히 자아에의 눈이 뜨는 정신적인 성장 현상을 맞게 된다. 어릴 때는 원심적(遠心的)으로 마음을 밖으로 향해 움직이는 일이 많고 외부에의 관찰이나 의문으로 가득 찼던 것이 어른이 되어가는 사춘기부터 20대 전후로 급속히 마음은 구심적(求心的)으로 움직이게 되고, 자기 몸이나 자기 기분에 대해 지그시 관찰의 눈을 돌리게 된다. 그와 동시에 성의식의 발현과 미에의 감수성의 발달이라는 마음의 성장이 동반하여 청년의 심리는 매우 복잡 미묘하게 움직인다. 무지하게 뛰놀던 어린 시절과는 현저히 마음의 양상이 달라진다. 어릴 때는 매우 쾌활하고 무사기하던 아이가 중학교에 들어가면서 갑자기 음울한 성격이 되고 말을 하지 않고, 집안 식구들에게 반항적 태도를 보이고 뚱딴지같은 행동을 취하기도 하여 어른들에게 걱정 끼치는 일도 많다. 이런 경우 소년의 심리에는 "인페리오리티 컴플렉스"(열등감)가 눈 떠 자기혐오(自己嫌惡)에 빠져 있는 경우가 많다.

창세기 하나님이 인간 창조 직후의 아담, 하와는 유아에 눈 뜨지 못하다가 소년기를 넘으면서 성에 눈뜨고 또 동시에 자아에 눈 뜬 것일 것이다.

남녀유별

엄격한 갈멜 수녀원에서는 수녀원 경내에 남자들이 얼씬도 못하게 한다. 부득이한 경우에 남자들이 들어가야 할 경우에는 남자 앞에서 안내하는 이가 종을 치며 남자가 왔다는 신호를 알려야 한다. 그리스 아토스 반도는 남자 수도원 지대인데 수도원 개설 이래로 아직까지 한사람의 여자도 들어 간 일이 없다 한다. 그런데 남자가 어찌 여자 수녀원 원장이 될 수 있는가? 더구나 나는 정식 수사도 아닌데? 수도원이 없던 개신교로서 처음 수도원을 시작하려고 할 때 무리할 수밖에 어찌할 도리가 없었다. 내가 원장이라 해서 수녀 허원식에 너울을 씌워 준 수녀들은 학식도 대학을 나왔고 누가 보아도 인물이 뛰어난 미녀들이었으니 말이다.

한 번은 어떤 남자와 약혼한 여자가 무슨 이유때문인지 몰라도 우리 수도원에 맡겨져 와 있었다. 그녀는 얼굴도 예뻤지만 걷는 모양이 매력적이었다. 도저히 수도할 만한 여자는 아니었다. 그녀가 온 후로 우리 수도원 안의 남자들은 괜히 들먹었다. 어느 날 밤에 무슨 때문엔가 그녀는 푸냥 같은 것을 뒤집어쓰고 혼자 내 방에 찾아 왔다. 나는 좋게 타일러 자기 방에 가게 했다.

서울 명문대학을 나온 L은 머리가 비상히 좋았고 미남이었다. 좋은 수도사 감이었다. 그 무렵 대학을 수재로 졸업한 미모의 여성이 수도하겠다고 함께 수도원에 와 있었다. 내가 교회일로 서울에 와 있는 동안, 또 다른 여자의 소개로 둘은 서로 수도원 안에서 약혼을 했다. 내가 수도원에 돌아와 그 사실을 알고 조용히 타일렀더니, 남녀는 약혼을 취소했다. 남자도 여자도 그 후 잡념이 없이 꾸준히 수도에만 전념했다.

예수 믿기 전에 평양 기생이었던 어느 권사가 나에게 "이런 말을 해서 어떨는지는 몰라도 목사님은 잘 생겼습니다"라고 하는 것이었다. 나 같은 것은 성자가 아니니 색수상행식(色受想行識)이 순수할 수는 없으나 교회 목회나 수도원 경영에 있어서 짐짓 돈을 탐하거나 이성에 대해서 딴 생각을 품어 본 기억은 없다. 그러나 이런 문제에 어찌 내가 예수님 앞에 담대히 설 수야 있겠는가.

남녀의 감정은 섬세하고 다정 다감한 것이다. 수도원에 와서는 억제하고 잠시 잠드는 것이지, 죽는 것은 아니다. 수도원 중에서 남녀유별이 가장 엄격한 곳이 동광원인데 한동안 예배도 남녀 중간에 방벽을 막고 예배드리고 남녀 서로 반갑게 인사도 하지 않는 곳이었다.

1977년 벽제 계명산 수녀원에는 예쁘게 생긴 이들이 많았다. 특히 "숙희"라는 수녀를 마을 청년이 사모하여 편지도 보내고, 예배 볼 때면 맞은편 숲 속에서 뚫어지게 바라보기도 하다가 어느 봄날 숙희가 광주 총회에 가고 외딴 수양반 건물에 수녀 셋과 노인 한 분이 자고 있었는데, 그 마을 청년이 군인으로 가장하고 침입하여 문에 칼을 들이밀고 "나는 이북에서 온 간첩이다. 꼼짝하지 말라"면서 이불 쓰고 벌벌 떨고 있는 수녀들을 일일이 얼굴을 치켜들고 "네 이름이 뭐야?" 묻고는 자기 찾는 숙희가 없으니 "있는 돈 다 내놔" 하여 천원 빼앗아 가지고 가면서 "누구에게 알리면 큰일 난다"며 위협하고 떠나갔다.

그는 낮에도 한 손에 낫을 들고 돌아다니고 있었다. 그러면서도 수녀원장 희옥씨만은 그가 무서워했다고 한다. 외국에도 사람 도적 당한 수녀원의 이야기가 있다. 가톨릭 수녀원에서는 수녀원 사방에 사나운 맹견(猛犬)을 매어 두는 데도 있다.

성의 극복

우리 몸의 세포 하나, 하나 우리의 존재를 구성하는 작은 입자 하나, 하나는 말하자면 "결혼적 상태"에 있는 것이다. 왜냐하면 우리는 결혼에 의한 우주적 결합을 위해 창조된 것이기 때문이다. 프로이드가 말하는 "리비도"(성적 충동 : 사람의 모든 행위의 숨은 동기를 이루는 근원적 욕망)는 신랑을 기다리며 살아가는 얌전한 처녀들의 등잔을 채우는 기름이다. 사람의 모든 욕망과 욕구 속에는 엄청난 에너지가, 정열이, 사랑이 깃들여있다. 그리고 이 에너지와 이 불이 가장 강렬하게 타오른 것은 영혼이 자기 자신을 완전히 포기하고 오직 한 가지 것, 하나의 사랑만을 원할 때이다.

수도자에게 있어 애욕적인 사랑은 십자가에 못 박혀 죽었다가 다시 살아난 사랑이다.

정절

수도서원은 처녀성을 주장하나 성령 안에 영혼이 성화되어 가는 것을 정절로 본다. 참된 깨끗한 정절은 후천적 선물이요, 재창조 받은 것이다.

예수께서 세상 밖에서 오셔서 이 세상을 정죄하셨다. "음란한 세상이여!" 음란을 허가 낸 세상이다. 유하례 여 선교사는 "혼인은 국법이 허가한 음란이다"라고 했다. 三浦 아야꼬가 쓴 "빙잠"(氷點)에는 "그 놈의 눈구멍이 병통이다. 자꾸만 보고 싶단 말이다. "여자가 그 나무를 보니 먹음직한지라"고 한 것 같이 남녀가 서로 바라보는 눈 말이야"라고 되어 있다.

이현필 선생은 "사탄의 비밀은 음란이요, 그리스도의 비밀은 정절이다"(요일3:3)고 깨달았다. 하나님의 자녀들은 그 몸과 영이 아울러 깨끗하여야 한다. 주님은 우리를 제물로 바치기 원하신다. 예수를 사랑하는 사람은 예수가 바치기 원하시는 정과 욕심을 십자가에 못 박아야 한다.

이현필 선생은 성령으로 예수 믿는 사람은 "몸"을 바쳐야 할 것을 강조하였다. 그것이 이현필 선생의 믿는 길이었다. 고린도후서 7:1 에 "그런즉 사랑하는 자들아, 이 약속을 가진 우리가 하나님을 두려워하는 가운데서 거룩함을 온전히 이루어 육과 영의 온갖 더러운 것에서 자신을 깨끗하게 하자"고 했다. 우리가 예수 믿는 것은 예수의 것이 되기 위해서, 예수 같이 살기 위해서, 예수처럼 살기 위함이다(요 14:10-23 17:21).

남근을 찍어버린 스님

수도정진 스님에게 가장 큰 마장(魔障)은 수마(睡魔)와 색마(色魔)였다. 수도 도중에 백기를 들고 하산하는 스님 대부분은 여자문제 때문이다. 정진 수도하다가 색욕의 뿌리를 뽑고자 남근을 칼이나 도끼로 자른 스님이 서너 분이나 된다.

허허(虛虛) 스님은 상주 갑장사 뒤에 있는 움막집 토굴에서 동안거(冬安居) 중 하루는 지게지고 마른 나뭇가지 주우러 눈길을 걸어가다가 양지 바른 곳에서 음독자살을 시도하여 신음하는 여인을 발견한 허허는 망설일 틈도 없이 그 여인을 안아 자기 동굴 방에 눕혀 놓고 물을 먹이며 아궁이에 불 지피며 어찌할 바를 모르며 여인을 살리려고 애썼다. 여인은 토하며 혼수상태 속에 부들부들 떨다가 깊은 잠에 빠졌다. 허허는 여인이 토한 것을 걸레질하고 물수건으로 여인의 얼굴, 손, 발을 닦아주다 보니 이마와 온 몸에 땀이 흥건히 났다. 밖에는 짙은 어둠속이었다. 혼수상태 속에서 여인의 젖가슴, 허벅지가 드러나니 스님의 손이 여인 몸에 닿기만 하면 말초신경이 감전된 듯 남자로서 처음 만난 여인이다. 인간적 본능이 불길 같아 억제하려 해도 불가능해졌다. 파계 않으려던 결심을 음독자살하려던 여인 앞에서 짐승 같은 본능에 흔들려 자기 동정을 더럽힐 수 없었다. 곧 스님은 밖에 나가 토굴 뒤에서 도끼로 나무 찍으며 합장했다. 얼마 후 이성을 진정시키고, 여인이 신음하고 있는 토굴로 돌아와 보기를 두려워하고 꺼리다가 돌아와 보니 여인은 이미 죽어 있었다. 스님은 자기 장삼과 가사를 벗어 여인 시신을 덮어주고 그날 밤 눈길을 더듬어 하산해

상주읍까지 60리 길을 걸어 경찰에 신고했다.

다음날 아침, 경찰관과 여인의 친지들이 산에 와서 죽은 여인의 시신을 운반해 간 후, 그 동안 자신의 마음이 정욕에 흔들린 사실에 절망감을 느꼈다. 그 밤 그 여인 곁을 떠나 뒤뜰에가 소나무를 도끼로 찍던 그 순간을, 자기가 여인 곁에서 그의 임종을 지켜주지 못한 자신이 너무도 미웠다. 허허는 토굴에서 임종한 불쌍한 그 여인의 극락왕생과 자신의 정신적 간음과 죽어가던 여인을 두고 방관한 자기 잔인성 등을 참회하고자 7일간의 특별 기도에 들어갔다. 주야 7일 용맹 정진한 그는 마지막 기도를 마치고 전날 소나무 찍던 그 도끼를 갈아 도끼로 사정없이 자기 남근을 찍어버렸다. 수도자의 수행에는 자기 본능 특히 성욕과의 무서운 싸움이 있다.

원옥경 전도사는 순교자 목사의 딸이요, 웅변대회에 일등한 분인데 일본 대학 나온 남편을 버리고 수도원에 와서 총무 노릇을 했다. 기도로 치유의 능력도 가지고 있었다. 남편이 산에서 내려오기를 권면하고 협박해도 안 내려가다가 장성해 결혼하고 장사하던 아들이 암으로 죽는 통에 큰 타격을 받고 고민하다가 세상을 떠났다.

오병학 전도사는 수도 생활이 너무도 귀하여 자기는 아내와 자녀들도 있었는데, 부인에게는 침술을 배워 자립하게 하고, 가정을 버리고 수도원에 들어왔다. 본래 신체가 건장한 그는 리어카에 바위를 실어다 자기 기도할 수실을 몸소 지었다. 얼마나 바위로 든든히 지었던지 남들이 보고 3차 세계대전이 나도 무너지지 않겠다고 했다. 외진 개울가 그 수실에서 혼자 수도하다가, 서울에 두고 온 집에서 소식이 오기를 아들이 아버지가 없으니 집이 가난하여 자전거를 타고 싶은데 돈이 없어서 자전거 상점에서 남의 것 훔치다가 잡혔다는 것이다. 오전도사는 부득이 산을 내려갔다.

내가 대구 삼덕교회 집회 인도하고 돌아올 때 그 교회에서 "심자매"라는 처녀가 따라왔다. 집회 설교에 감동을 받았던지 자기는 여성복 디자이너인데, 다 버리고 수녀가 되겠다는 것이다. 수도원에 와서 혼자 있을 수실을 따로 짓고 머리도 삭발하고 정진하더니 서울에 볼 일 있어 내려갔다가 그 때 한창 소동이 났던 이장림의 "휴거" 소동에 미혹되어 거기 빠져 수도원에 돌아오지 않았다. 좋은 여자였는데 아쉬운 일이었다.

이 형제는 고려대 교육과를 나오고 천주교인이었다. 프랑스 떼제에 있던 중 내가 쓴 『맨발의 성자』(이현필 전)를 읽고 귀국하여 우리 수도원에 여러 해 있었다. 그는 머리가 비상히 좋아 수도원에 관한 것은 나보다 더 잘 알고 있었다. 러시아 성 페테르부르크 수도원에 가서 수사로 있다가 정교회 수사 옷을 입고 수염을 기르고 왔더니, 그 후에 이탈리아에 가서 약 10년 동안 수도생활 하다가 귀국했다.

박종구 장로는 직접 우리 수도원에 들어와 수사 노릇은 하지 않았으나, 내게는 큰 은인이요, 농사 전문가로서 우리 수도원에 여러 종류의 나무를 심어준 사람이다. 그는 자기 돈으로 희귀한 나무들을 두충, 산수유, 오미자 등을 심어 주었다. 산수유는 밭을 만들어 주었다. 박종구 장로는 내가 신학교 졸업하고 첫 교회 목회하던 전남 나주군 남평교회 교인이었는데, 그 때는 젊은 청년집사로 누구보다 나를 사랑하고 협조해 주었다. 6.25 난리가 나서 인민군이 쳐들어와 남평에 오래 주둔 해 있었는데, 그 때 교회는 문을 닫고 내가 며칠 피난 다니다 갈 데 올 데 없을 때, 박종구 장로가 자기 집으로 나를 영접 해 나는 뒷방에 아내와 어린 애 하나 세 식구가 숨어 있고, 앞방에는 인민군 장교가 머물러 있었다. 여러 달 지나 국군, 경찰이 회복 될 때까지 박 장로는 잔소리하는 아내를 타이르면서 자기 손수 내 밥상을 들고 들어 와 나를 안위해 주었다. 생명을 걸고 나를 숨겨 주었다. 그 때 박 장로는 리 위원장이었다.

그 후 박종구 장로는 지리산에 혼자 들어가 농사하며 10년 수도하고, 전남 춘양에 가서 역시 혼자 농사하며 10년을 수도생활을 했다. 그 가문은 조상 중 두 분이나 효자로서 표창 받은 집 자손으로서 박종구 장로 자신이 성자이다. 내 나이 30대에 박종구 장로를 처음 만나 지금 90대에 접어들고 있으니, 박 장로와의 교제는 60년을 계속하고 있는 셈이다. 내 목회 42년, 수많은 교인과 사귀었으나 다 떠나고 서로 잊어 버렸으나, 박종구 장로는 지금도 우리 집 가까운 곳에 혼자 살면서 명절이나 무슨 일이 있을 때마다 나를 찾아준다. 내가 전남에서 발견한 두 사람은 이현필 선생과 박종구 장로이다. 인생 사바세계를 90평생 헤매고 다녀 봐도 그런 성인을 만나본다는 것은 축복이다.

회고

수도원 20년을 회고하면, 내가 갈망하던 생활이요, 주님 자취를 따르고 모든 성인들과 만나는 길인고로 매일이 빛과 희망에 차고 어느 날이고 가슴에 법열을 느끼는 삶이었다. 과연 수도의 길은 밭에 감춰진 보화라는 감격은 사실이다. 그러면서도 크고 작은 시련과 어려움은 있었다.

수도원이 위치한 자리가 불과 3천 500평 되는 자리요, 주위 삼면이 산으로 에워 쌓여 나무들이 무성한데 낙엽이 수북이 쌓여 한 번 산불이 나면 막을 길이 없었다. 몇 번 어려움이 있었는데 가을에 밭에 잡초가 무성한 것을 그냥 두라고 신신 당부를 했는데도, 어느 한 분이 듣지 않고 불을 질렀는데 삽시간에 불이 번져 온 밭을 태우고 산으로 번져 타오르기 시작했다. 산불은 막을 도리가 없다. 그 때 다행스럽고 고마운 것은 수도원에 기도하러 온 청년들이 여럿이 있어서 그들이 물을 길어 오고, 수도원 방안 요소에 비치해 두었던 소화기를 들고 달려와 불을 껐다. 이런 일은 한두 번 더 있었다. 하나님께서는 재앙이 일어날 때마다 막아주셨다.

산악지대가 되어 소낙비가 오고 천둥벼락이 칠 때는 낮은 지대와는 달랐다. 벼락이 자주 치고 벼락만 치면 전기는 모두 나가서 정전되었다. 높은 전신주 위에 피뢰침을 세워 봐도 소용이 없었다. 한번은 벼락이 내 수실 지붕을 쳤는데, 천지가 다 깨지는 소리였다. 전기가 끊어지고 깜깜한 칠흑 같은 세상이 되었다. 날이 밝아 이튿날 보니 바로 내 거처 수실 지붕 안의 전선이 녹고 말았다.

산에 뱀, 독사가 너무 많아 나는 그 생긴 모양을 다 안다. 사람이 가도 도망치지 않는 목이 세모진 독사도 있고, 가늘고 얼룩진 살모사, 머리와 목이 따로 없이 긴 놈, 다른 뱀을 잡아 먹는다는 재빠른 얼룩 뱀, 꽃뱀, 몸이 아주 짧은 독사, 긴 구렁이 등. 어떤 때는 우리 거실 문 앞에 와 있는가 하면, 밤에도 뒷 방문 밑에 독사가 기다리고 있었다. 수실에 사람이 거하고 있는데, 뱀이 방안에 들어와 나갈 길을 잃고 있어 겁이 난 적도 있고 기도하는 외진 곳 기도실과 참회실 천정 얇은 판자 위에 뱀이 살고 있었다. 그 방에서 거처하며 기도하던 김현수 목사는 다람쥐가 사는 줄 알고 지팡이로 쿡쿡 쳐 보기도 했다.

　가장 어려운 것은 수도원으로 올라오는 길목에 사는 아랫마을 사람들이 계속 수도원을 반대하고 핍박하는 일이었다. 심지어 나중에는 수도원 길을 막아 버리려고 큰 바위들을 차로 실어다 막아 놓기도 했다.

　김원숙 자매는 유기농업 기술자의 딸인데, 우리 수도원에 몇 번 와서 자기가 수도원에 들어오고 싶었으나, 이미 결혼하여 남편과 자녀들이 있는 몸이었다. 더구나 그 남편은 반신불수인가 병에 걸려 일도 못하고 누워 있었다. 원숙 자매는 대전 어디서 살면서 계속하여 내게 시를 써서 보내왔다. 그 시는 자기 이름만 쓰고 주소는 쓰지 않았다. 나는 그의 보낸 시를 다 모아 두었다. 30여 편의 작은 시집이라도 한 책 낼만 하다.

　　　크신 이여.
　　　이토록 냉랭한 가슴인 바
　　　저는 지금까지도 그리고 앞으로도
　　　대악의 대죄인 임에 틀림없습니다.
　　　하오나,
　　　매 맞은 흔적이 낭자한
　　　슬픔의 길로
　　　비아 돌로 로사의 길로
　　　님 그리워 묵묵히 따라 가시는

당신의 모습 그립습니다.
닮고 싶고
따라가고 싶은
당신의 그 가난의 길, 철저한
회개의 삶 사모할 뿐입니다.

임옥인의 시

"이 깊고 깊은 진리의 바다" 엄두섭 지음을 읽고

그는 표면에서 숨었다.
고요의 주님
침묵의 주님을 만나기 위해 십년 세월
이십 년의 세월을 주님과의 대화 속에
심령의 얘기를 엮고 엮어서
잇달은 책, 쏟아져 나온 책들

① 수도생활의 향기
② 맨발의 성자
③ 신비주의자와 그 사상
④ 죽음 뒤에 오는 것
⑤ 순결의 길, 초월의 길

고요의 진통
침묵의 진통

진리의 바다
그것은 알곡으로 영혼을 일깨우고
그것은 하늘소리로
막힌 귀를 뚫고
하늘위 땅 밑에서
쏟아지는 단비로 샘물로
마음의 벗으로 내 곁에 왔다
진정으로 맞는 이의 영혼의 반려여
주님만을 믿고 의지함이
이다지도 좋은 줄 알겠나이다.
찬양을 받으소서.

"내가 천국열쇠를 네게 주리니, 네가 땅에서 무엇이든지 매면 하늘에서도 매일 것이요, 땅에서 풀면 하늘에서도 풀리리라."(마 16:19)

1
이세종

내가 전하는 말씀은 천태산
바위 틈에서 들었다고 하여라

파라 파라 깊이 파라
얕추파면 너 죽는다
깊이 파고 깊이 깨닫고 깊이 믿으라

1. 이세종

천태산 이세종 산당자리 기념실

이공은 몸 갈피가 호리호리하고 키는 다섯 자도 못 되었다. 그의 목소리는 옆 사람이 겨우 알아들을 수 있을 정도로 작고 부드러웠다. 언제나 홋바지 저고리로 지낸다. 추운 때나 더운 때나 같은 옷을 입는다. 걸인처럼 떨어진 베옷을 기워 입고 구멍 난 모자를 쓴다. 그의 자비심은 세상을 덮을 듯 넓고 크다. 불쌍한 사람들을 생각하고는 밤에는 이불은 차마 덮고 잘 수가 없어서 절반만 걸치고 잔다고 한다. 정경옥(鄭景玉) 목사가 그를 찾아가 길 거리에서 그의 손목을 잡았을 때, 그는 걸인이라고 밖에 달리 볼 수가 없었다. 구멍 뚫어진 모자 누더기 베옷 헤진 고무신 모두가 거지보다 나을 것이 없었다. 그러면서도 이공은 부드러운 목소리로 힘을 들여서 정목사에게 말했다고 한다.

이세종 선생의 직계 제자로는 박복만, 이상복, 오복희, 정한나, 이철선, 수레기 어머니다. 오복희는 이세종 임종을 지켜보았고, 정한나는 벽제 계명산 수도

수레기 어머니

원을 개척했으나 그 중에 수레기 어머니가 가장 뛰어났다.

이세종 선생의 정신을 가장 바로 이은 이는 남자로는 이현필이고, 여자로는 수레기 어머니다. 남편이 있었으나 끝까지 순결생활을 지켰다. 수레기 어머니는 성녀다운 여성이었다. 밤만 되면 수레기 어머니는 옷을 입은 채 방 한쪽 구석에 새우잠을 자며, 남편을 경계하고 잠을 이루지 못했다. 남편이 신경질 부리다가 잠든 눈치를 보고선 슬그머니 일어나 기도하러 밖으로 나갔다.

이세종과 아내 문순희

이세종은 아내와 부부생활을 하지 않고 남매처럼 살려고 했다. 아내는 이에 견디지 못하고 다른 남자에게 시집을 갔다. 이세종은 찾아가서 부인과 살고 있는 그 남자에게도 "이렇게 된 것은 당신의 잘못이 아니라 모두 내 죄 때문이요, 내가 잘못해서 이렇게 되었으니 제발 저 여자를 돌려보내 주시오" 하면서 그 남자 앞에 무릎을 꿇고 부탁하였다. 그럭저럭 몇 해 동안은 살았으나 마을 사람들의 여론이 나쁘고, 그 남자는 여자가 썩 마음에 드는 점이 없어 여자를 돌려보내고, 본인은 부끄러워 이사를 가버렸다. 부인은 부끄러운 줄도 모르고 다시 이공에게 돌아왔다. 이공은 돌아온 아내를 탕자를 맞아들이듯 받아들였고 옛날과 다름없이 대해주었다. 그러나 얼마 되지 않아 또 다시 집을 나가 버렸다.

이번에는 능주 고을에 산다는 어떤 홀아비였는데, 아이들만 여럿을 데리고 살고 있었다. 부인은 다시는 되돌아오지 않을 듯이 살림을 모조리 가지고 가버렸다. 이세종은 능주로 가서 홀아비와 살고 있는 아내를 찾아갔다. 마치 사랑의 선지자 호세아가 음녀로 타락한 아내를 찾아가 타이르듯이 아내를 찾아갔다. 찾아가도 왔느냐고 하지도 않는 아내를 보고 이공은 "하나님 앞에서 죄 짓는 일은 두려운 일이니 마음을 돌이키시오"라고 했다.

이공은 이렇게 몇 번을 찾아가서 아내를 타일렀다. 하지만 이렇게 찾아온 남편에게 어찌나 싸늘하게 대하는지 버럭 소리를 질렀다. "무엇 때문에 자꾸 와. 나 망신시키러 왔어?"하며 구정물을 퍼서 이공에게 끼얹고 온갖 욕설을 퍼부었다. 그래도 이공은 비 맞은 생쥐 꼴을 하고도, "하나님을 잊어버리지 마시오, 꼭 하나님을 잊어버리지 마시오 살다 못살겠으면 꼭 돌아오시오"라며 간곡하게 권면했다. 부인은 그 남자와 몇 해를 살았으나 결국 그와도 헤어지게 되었다. 그리고는 다시 이공에게로 돌아왔다.

이런 수치스러운 여자를 누가 받아주겠는가? 부인이 다시 돌아왔다는 소문이 나돌자 친척과 마을 사람들이 품행이 나쁜 이런 여자를 우리 동네에서 살게 해서는 안 된다고 야단법석이었다. 그러나 바리새인과 서기관과 많은 사람들이 간음한 여인을 정죄했지만 그 여인을 용서해 주었던 예수님을 기억하면서 이공은 친척들과 마을 사람들을 설득시키면서 "제가 부족해서 그렇게 되었으니 용서해 주시오"라고 했다. 이세종은 이렇게 마을 사람들과 친척들의 반대를 무릅쓰고 부인을 다시 받아들였다. 그 때문에 이공의 위신은 땅에 떨어졌고 세상에 둘도 없는 바보로 낙인찍히게 되었으나 정작 이공 자신은 아무렇지 않았다.

전에는 부인에게 무관심하던 이공은 이때부터는 부인을 앉혀놓고 한글을 가르쳐 주었다. "글을 배우시오 글을 배워 성경으로 벗을 삼으시오, 성경 못

보면 외로워 못 삽니다." 그때부터 부인은 이공에게 한글을 배워 세상을 떠날 때까지 성경을 벗삼아 살았다. 이공은 참으로 한국의 호세아이다. 부인 문순회 씨는 그 후부터 마음을 고치고 변하기 시작했다.

말년에 이공이 세상을 버리고 깊은 산 속에 살 때에도, 부인은 끝까지 떠나지 않고 따라다녔고, 그녀도 남편처럼 청빈하게 살았다. "딴 생각을 버리시오, 당신은 욕심이 많으니 도회지에서는 살 수 없고 이 산 속에서만 살아야 합니다" 라고 했던 남편의 권고에 따라, 그녀는 이공이 세상을 떠난 뒤에도 남편의 무덤을 3년 동안이나 지키면서 혼자 살았다. 자녀 하나도 얻지 못한 그녀는 고독한 여생을 보냈다. 그러나 그것은 그녀의 참회의 삶이었다.

3년 동안이나 그 쓸쓸한 산중에 홀로 살면서 해마다 보릿고개가 되면 아랫마을로 내려가 보리 이삭을 주워 식량에 보태고, 벼가 나면 또 벼이삭을 주워서 연명했다. 그리고 산나물로 살았다. 남편인 이공이 세상을 떠나면서 아내에게 유언하기를 "언덕으로 벗 삼고, 천기로 집 삼고, 만물로 밥 삼으시오"라고 했다. 즉 자연으로 돌아가 자연을 떠나지 말라는 당부였다. 그녀의 말년을 아무도 돌보는 이 없이 고독했으나 꾸준히 지난날을 참회하면서 남편을 가르침대로 살았다.

"나는 세상에 와서 그렇게 예수님을 잘 믿는 남편을 만나 행복한 사람이다" 라면서 감사했다. "내가 예수를 안 믿었다면 어떻게 되었겠습니까?" 그녀는 자신 같은 여자가 좋은 남편을 만난 덕분에 예수님 믿고 구원 얻은 것을 감사했다. 누구하나 만나주는 사람도 없고 도와주는 사람도 없는 고독과 고난 속에서 감사하며 살았다. 겨울에도 내복 한 벌 없이 무명옷 한 벌로 지냈다.

이공의 부인은 깨달음이 점점 깊어갔다. 그녀는 다른 사람을 만나면 "믿어야 참이 오지. 안 믿으면 거짓입니다. 가지가 포도나무에 붙어 있지 못하면, 우리는 아무 것도 못합니다. 주님 안에 있지 않으면 정절을 지킬 수 없습니다" 라고 하면서 성경을 읽으라고 권했다.

이세종이 세상을 떠난 뒤에도 부인은 수십 년 더 살면서 77세에 임종할 때까지 남의 폐를 끼치지 않고 농사를 지으며 살았다. 믿는 사람들이 혹 나무를 한 짐씩 해다 주면 "이런 죄인이 황송해서 어떻게 이 나무를 땔 수 있겠습니까?"하면서 기어이 되돌려 보냈다. 밤에 잠잘 때는 "나 같은 죄인이 어찌 하늘을 마주 보고 눕겠습니까?"라면서 옆으로 누워 새우잠을 잤다.

　병들어 임종이 가까울 때까지 생활 일체를 자기 힘으로 했고, 다른 신자들이 도우려면 절대 사양했다. 그것은 자신의 과거를 속죄하는 거룩한 생활이었다. 이공의 부인은 임종이 가까워 오는 병상에서 돌봐주는 분에게 성경을 읽어달라고 부탁했다. 특히 그녀가 사랑한 성경구절은 "잉태치 못하며 생산치 못한 너는 노래할찌어다 구로치 못한 너는 외쳐 노래할찌어다 홀로 된 여인의 자식이 남편 있는 자의 자식보다 많음이나"(사54:1)는 말씀과 "보라 날이 이르면 사람이 말하기를 수태 못하는 이와 해산하지 못한 배와 먹이지 못한 젖이 복이 있다 하리라"(눅23:29)였다. 이공 부인은 슬하에 자녀 하나 없었으므로 이 말씀들이 더욱 감격스러웠던 것이다.

　임종 시 그녀에게 보고 싶은 사람이 없느냐고 물으나 없다면서, "나는 사랑하는 예수님을 따라가는 길인데 누가 보고 싶겠어요?"라고 하면서 "죄악 벗은 우리 영혼은 기뻐 뛰며 주를 보겠네"라는 찬송을 부르면서 눈을 감았다. 이세종은 살았을 때 "시종이 여일(如一)해야 한다. 사람은 죽은 다음에라도 안다"고 했는데, 그녀의 임종은 참으로 복되고 아름다웠다.

　일자무식하고 생각하는 것이 좁고 성격이 급하여 쉽게 화를 내었고, 남편의 사상을 이해하지 못해 자신을 불행한 사람으로 여겨 두 번이나 집을 나가 다른 남자와 결혼해 살림을 차렸던 여자, 그러나 다시금 남편의 사랑으로 집에 들어와 남편을 통하여 성경을 읽기 시작하면서 남편의 사상을 이해하고, 남편처럼 청빈과 순결과 순종을 추구하면서 산 속에서 예수님과 자연을 벗 삼아 평생을 참회하는 삶을 살았던 여자, 그리스도 안에서 승화된 삶을 사신 문순희 여사를 생각하면 이 말씀을 다시 한 번 생각해 보게 된다.

　"그리스도 예수의 사람들은 육체와 함께 그 정과 욕심을 십자가에 못 박았느니라"(갈 5:24).

말년에 자연에 묻혀 살았던 문순희 여사의 집

이세종
     1879. 7. 1 출생   1944. 3. 15 별세(족보)
문순희
     1892. 1. 13 출생   1972. 1. 15 별세(족보)

임종

이세종은 세상 떠나기 3~4일 전에 제자들을 시켜 나무 가지를 베어 오게 했다. 이공 친히 나뭇가지를 자기 팔로 재어 그것을 새끼로 엮어서 사다리 사여를 만들어 자기 좁은 방에 놓고 이불을 깔고 목침을 놓고 "나를 그 위에 올려놓으시오. 내가 목숨을 끊더라도 이대로 묻어 주시오"라고 했다. 세상 떠나기 3일 전 제자들에게 자기 놓은 상여를 어깨 위에 메라고 명하고 성경 아모스 4:12을 낭독하게 했다. "이스라엘아 네 하나님 만나기를 예비하라." 이세종은 상여에 누운 채 "올라간다, 올라간다!" 세 번 소리 질렀다. 그러고 나서 이공은 자기 곁에 있는 사람들을 모두 밖으로 나가게 했다. 있을 필요가 없다고 하면서 제자들이 기분 나빠할 정도로 냉정하게 밖으로 내 쫓았다. 밖에는 눈 내리는 마당에 제자들이 서글픈 심정으로 서로를 지켜보면서 얼마동안 말없이 서 있노라니 안에서 다시 "다 들어오시오" 하는 소리가 들렸다.

　마지막 깊은 밤 임종에 임해서 특별한 유언은 없었다. 다만 곁에서 울고 있는 부인 보고 "좁은 문으로 들어가도록 하시오. 그리고 나는 천국에 간줄 아시오" 하면서 여러 번 다짐해 부탁했다. 이세종이 세상을 떠나면서 남긴 유산이라곤 헌 가마니 한 장도 없었다. 십자가 고상 하나도 없었다. 시신에 입힐 수의도 필요 없었고 입던 옷 그대로 "좋은 옷 입혀 땅에 썩히면 죄가 되오. 나의 떨어진 옷을 벗기고 새 옷을 입히는 자는 화를 받소"라고 했다. 마지막에 그는 곁에 있는 아내에게 "내 오른 손을 잡으시오" 하고 제자 박봉만을 보고는 "왼 손을", 이상복에게는 "왼 발을", 오복희에게는 오른 발을 잡으라 했다. 그리고는 한층 목소리를 더 높여 "붙잡으라. 붙잡으라. 꽉 붙잡으라. 놓치면 너 죽는다!"라고 했다. 제자들이 선생의 누운 상여를 높이 들어 올렸다. 이공은 "나를 받들어 올리느냐? 하나님의 자녀들이로다" 하며 숨을 내 쉬었다. 잠시 후 상여를 도로 내려놓게 했다. 곁에서 부인이 울음을 터트리니 죽은 듯 누어있던 이공은 벌떡 일어나 "울음을 그치시오. 내가 예수님을 따라 가는데 울어서야 되겠소? 내가 가고 싶어 가는 것인가! 명(命)이 있으니 어쩔 수 없이 가는 것이오"라고 하여 부인이 울음 멈추자 이공은 도로 자리에 누워 있다가 얼마 후 고요히 숨을 거두었다. 한국적 영성의 근원인 이세종 선생의 과연 성자다운 임종이었다. 1944년 3월 15일 소천!

"현대 교회는 겉(外)을 말하고 나는 속(內)을 말한다. 내가 속의 문제를 말 하는데 모두 나보고 이단이라고 시비를 거는가!"

2. 조선의 성자: 숨은 성자를 찾아서

정경옥 교수, 『새사람』 1937년 7월호에서

이세종의 생애를 간략하게 정리하면 다음과 같다.

'득도'한 후 이름 대신 '이공'(李空)으로 불리길 원했던 이세종은 전남 화순군 도암면 등광리에서 태어나 어려서 부모를 잃고 남의 집 머슴으로 살다가 결혼한 후 악착같이 재산을 모아 부자 소리를 들었다. 그러나 자식이 없어 아들을 얻기 위해 산당을 세우고 정성을 드리던 중 성경을 구해 읽고 '참 도'를 발견한 후 정성 드리던 것을 폐하고 산당에서 성경 말씀을 읽고 묵상하는 독수도(獨修道)에 들어갔고, 깨닫는 대로 말씀을 실천에 옮겼다. 오래지 않아 화순과 광주 인근에 "기인이 나타났다"는 소문이 돌았고 그에게 말씀을 배우려는 제자들이 찾아 들었다. '맨발의 성자' 이현필을 비롯하여 '수레기 어머니', 박복만, 이상복, 오복희, 이철선 등 이세종 곁에 머물며 공부한 제자도 있지만 독신 전도단을 만든 강순명 목사, 나환자와 결핵환자의 아버지로 불린 최흥종 목사같이 목회를 하면서 그의 가르침을 실천한 목회자도 많았다.

그는 제자들에게 성경을 풀이해 주면서도, "행여 여러분이 밖에 이 말씀 전할 때 사람들이 그것을 누구에게 배웠느냐고 물으면, 나한테 들었다고 하지 말고 천태산 돌 틈에서 들었다고 하시오."라고 당부하였다. 그는 찾아오면 가르칠 뿐, 제자들을 묶어 단체를 만들지 않았다. '이세종파'가 생기는 것을 경계하였던 것이다. 누구나 깨끗한 마음으로 성경 말씀을 읽고 묵상하면 자기보다 더 깊이 깨달을 수 있다고 하였다. 그는 한 무리의 우두머리가 되기를 거부했다. 그런 의미에서 기성 교회에서 하는 사경회에도 종종 참석했고, 사람들이 많이 다니는 거리에 나가 전도도 하였다. 그러나 그의 수도 생활 중심은 어디나 산골짜기였다.

그의 수도 생활에 특징적인 것이 몇 가지 있는데 첫째, 그는 성경에 철저하였다. 그는 '득도' 한 후 성경 외의 다른 책은 일체 읽지 않았는데 혼자 방안에서 성경을 읽다가, "아, 그게 그렇군요" 하는 식으로 자문자답하여 제자들은 "우리 선생님이 하나님과 말씀 나누고 있다"고 하였다. 성경에 기록된 내용을 '문자적으로' 실천하였는데, 성경만이 그의 절대 순종 대상이었다. 둘째, 역시 성경 말씀에 순종한 결과지만 '득도' 한 후 절대 청빈의 삶을 살았다. 자신의 재산 일체를 처분하여 가난한 사람들에게 나누어 주었고, 이름도 아예 빌 공(空)자로 바꾸어 제자들에게 '이공'(李空)으로 부르도록 하였다. 그를 따라 그의 제자들도 '박공', '김공' 하는 식으로 이름을 바꾸었다. 한 벌 옷에 구멍 뚫린 모자를 쓰고 다녀 종종 거지로 오해를 받아 봉변을 당했는데, 그 때마다 "십자가 고난을 얻었도다"라며 기뻐하였다. 셋째, 절대 순결을 강조하였다. 그는 '득도' 한 후 "결혼이 죄는 아니지만 독신을 지키는 것이 좋다"는 성경 말씀에 근거하여 16세 아래인 아내를 누이라 부르며 성생활을 중단하였다. 정경옥의 방문기에도 나오지만 이 때문에 부인은 두 번이나 가출했고, 그 때마다 찾아가 돌아오도록 권면하였다. 이 일로 해서 그는 '호세아 성자'란 별명이 붙었다. 그는 제자들에게도 순결을 강조하였다. 넷째, 생명 경외 사상과 실천을 강조했다. 그는 '득도' 한 후 하루 한 끼만 식사했는데, 그것도 육식은 금했다. 짐승은 물론 모기나 빈대 같은 곤충도 죽이지 않았고 나뭇가지도 꺾지 않도록 주의하였다. 길 가다가 사람들에게 밟혀 줄기가 으깨진 칡넝쿨을 보고 쓰다듬으며 "얼마나 아플까"라며 눈물을 흘리곤 하였다.

이세종은 믿지 않는 사람들로부터 '기인'(奇人), '도사'(道士) 칭호를 받았고 그를 이해하는 교인들로부터는 '성자'(聖者) 칭호를 받았다. 당시 대부분 교계 인사들은 그의 금욕적인 수도 생활을 이해하지 못하고 그와 그의 제자들을 '산중파'(山中派)라 하여 이단시하는 경향이 있었는데, 그런 분위기에서 정경옥은 직접 그를 만나 대화를 나누고, 서양 교회사 속에 나오는 여느 수도자들의 그것과 비교하여 뒤질 것이 없는 청빈과 순결, 순종의 삶을 살고 있는 그의 모습을 지켜 본 후 서슴없이 '성자' 칭호를 붙여 주었던 것이다. 교권주의, 물질주의, 세속주의에 물들어 타락 증세를 보이던 당시 제도권 교회의 주류 세력들로부터 견제당하고, 비난받는 처지가 같았다는 점에서 정경옥은 이세종에게서 많은 위안과 도전을 받은 것으로 보인다. 신학 전문 서적을 읽거나 강의를 들은 적이 없는데, 신앙이나 삶에서 저절로 머리가 숙여지는 그 앞에서 자신의 초라한 모습을 보았는지도 모른다.

정경옥의 기록

I

전남 광주에서 여수로 가는 기차를 타고 한 시간 쯤 가면 능쥬(綾州)를 지나 춘양(春陽)이란 정거장이 있다. 여기서 내려 서(西)로 십오리 산골짜기 좁은 길을 타고 올라가면 5, 6십호밖에 되어 보이지 아니하는 마을이 보인다. 여기가 화순군(和順郡) 도암면(道岩面) 등광리(登光里). 길이 험하여 별로 찾아가는 사람이 드문 궁벽한 산촌이다. 그러나 도암에 영기(靈氣)가 있었든가 혹은 이 마을이 우리의 등대가 될 것을 옛 님이 미리 아셨는가! 도암면 등광리란 이곳에 놀랄만한 성자(聖子) 한 분이 계시니 그의 이름은 이세종(李世鍾)이다. 우리는 흔히 이 세대에 참된 구도자를 찾아 볼 수 없다고 한탄한다. 이 땅에 종교를 논하는 자 많거니와 참으로 도(道)를 구하고 참으로 도를 즐기는 자 그 몇 사람이나 되는가.

현대인의 생활기구와 이상은 진정한 신앙생활을 곤란케 한다. 이제 우리들의 신앙은 생명 전체에 대한 최종의 결단인 것보다 감각적인 욕구를 채우려는 일시적 수단에까지 타락하고 말았다. 우리는 참된 믿음을 소유하기 전에 앞서 현대문명의 원리인 쾌락주의와 유물사상(唯物思想)을 고집하고 우리는 그리스도의 구속을 논하기 전에 적당히 조절한 본능을 가졌다. 이 시대가 암매(暗昧)한 탓인가 혹은 너무 지나치게 냉리(冷唎)한 탓인가. 우리는 이러한 모순을 그대로 선전하고 그대로 예찬하고 있는 것같이 보인다. 이제 기독교는 막다른 골목에 다다랐다.

이러한 위기를 당하여 우리는 이공(李公)과 같은 인물을 가졌다는 것이 무엇보다 기쁘다고 할 것이다. 그는 과연 자기를 이긴 사람이오, 참된 사랑의 사도이다. 그에게는 간디의 정책도 없고, 썬다 싱의 이론도 없고, 내촌(內村)씨의 지식도 없다. 그러나 나는 간디보다도 썬다 싱보다도 내촌씨보다도 이공의 인물을 숭경하여 마지아니한다. 나는 이러한 위인들보다 그를 이 세상에 자랑하고 싶다. 물론 그는 설교가도 아니오, 신학자도 아니오, 경리가(經理家)도 아니오, 사업가도 아니다. 그러나 나는 오히려 그의 가장(假裝) 없는 인물을 존경한다.

나는 이 소박하고 순후(醇厚)한 성자를 대할 때는 마음에 넘치는 감격을 금할 수 없었다.

II

공은 화순 땅에 나서 일찍 부모를 여이고 의지할 곳 없는 고아로 자랐다. 공은 어려서부터 가난과 싸우며 이집 저집 품팔이를 하여 호구(糊口)의 책(策)을 구하였다. 남에게 눌림을 받아 바른 것을 바르다고 말 한 마디 크게 하지 못하고 먹을 것, 입을 것이 없어 굶주리고 헐벗어 눈물과 외로움으로 날을 보내고 해를 거듭하였다. 그는 골수에 사무치도록 고(苦)를 맛보았다. 공은 고를 통하여 인간을 이해하였고 고로써 사람을 동정한다.

공이 가정을 이룬 다음에 굳은 결심으로 십년을 작정하고 재산을 모아보기로 하였다. 그가 한번 뜻을 정하면 변하는 일이 없다. 공은 신앙의 사람이 되기 전부터 벌써 의지의 사람이었다. 십년이라고 정하였으면 참으로 십년을 의미한 것이오 재물을 모으기로 결심하였으면 재물을 모으는 것이었다. 공이 이러한 결심을 한 후로는 십년을 하루같이 밤과 낮을 헤아리지 아니하고 땅을 파고 곡식을 가꾸었다. 그는 시기를 엿보아 이(利)가 되는 것이면 아니한 것이 없었다. 목화를 심어서 돈을 만들고 금융조합의 빚을 내어 땅을 샀다. 고리대금도 하였고 등짐장사도 하였다. 말하자면 어디서든지 벌고 아무데도 쓰지 아니한다는 철칙을 세웠다. 이렇게 예정한 십년이 지난 다음에 자기 것이라고는 한 푼도 없던 그가 40여 두락의 토지를 장만하고 촌살림으로는 남부럽지 않게 유족한 생활을 하게 되었다.

그러나 감각은 만족을 모른다. 식(食)에 대한 공황(恐惶)이 없어지자 성(性)에 대한 새로운 욕구가 강렬해졌다. 불행히 그에게는 자녀가 없었다. 아들을 낳지 못하는 것이 무엇보다도 원통하고 분하였다.

"왜 내게는 아들이 없누? 세상에 허구 많은 사람 중에 하필 내게만 일점의 혈육도 없는가!"

이렇게 그는 운명을 저주하며 감각을 성화(聖化)하고 있었다.

"오냐, 내게 정성이 부족한 탓이다. 지성이면 감천이라니 내 정성을 다하여 보리라."

그는 동네 뒷산에 올라가 날마다 정성스럽게 산제(山祭)를 지내기 시작하였다. 맑은 물로 몸을 씻고 깊은 산숲 속에서 혼자 무릎을 꿇고 "신령님, 아들을 주시옵소서. 성주님 내게도 아들이 있게 하소서." 이렇게 여러 날 여러 달을 쉬지 않고 정성을 드렸다.

III

그러는 동안 어느 날 동네로 내려왔더니 마침 어느 점쟁이 집 하녀가 별안간 미쳐서 소리를 지르며 "이런 짓을 하면 안 된다. 하나님을 믿어야 해"라며 뛰어 돌아다니고 있는 것을 보았다. 다른 사람들은 이것을 구경하고 다 미친년이 헛소리 하는 것으로 들었으나 이공의 귀에는 이 미친 사람의 말에도 깊은 뜻이 있게 귀에 울렸다.

"이런 짓을 해서는 안 돼. 하나님을 믿어야지 하나님을 믿어야 해."

그는 어느 날 등광에서 70리를 걸어 광주의 한 선교사를 찾아갔다. 하나님을 공경하는 도를 배우려고 선교사를 만난 것이었다. 그러나 그 선교사는 산골 농부를 환영하지 않았다. 오히려 교만하고 냉정한 태도로 진리를 배우려고 헤매는 그를 상대하여 주지 않았다. 사람을 사람으로 역어주는 것 같지 않았다. 그는 할 일없이 선교사 집에서 쫓겨 나오다시피 문간을 나서서 길거리로 발걸음을 옮겨 놓았다. 그의 마음에는 의혹과 번민이 한꺼번에 쏟아져 나왔다.

"서양 사람들이 여기까지 와서 도를 전하러 왔다면서 왜 그렇게 행동할까? 내가 비록 걸인이나 광인이라 할지라도 오히려 더 불쌍히 여기고 영접할 것이 아닌가, 내가 그들에게 진리를 구하나 그들은 나를 배척함이 웬일인가."

공은 이런 생각 저런 생각으로 산란하여진 마음을 가다듬으며 그대로 거리를 걷고 있었다. 그의 발걸음은 끝까지 심중(心重)하였다. 그러나 아직도 진리를 찾으려는 열의 속에서 불타고 있는 것을 본 사람은 없었을 것이다.

그는 우연히 길거리에서 어느 전도인을 만나 창세기와 시편과 잠언을 얻었다. 그는 이 책을 얻은 것이 미칠 듯이 기뻤다. 마치 보화를 얻은 사람처럼 뛰는

가슴을 억제하며 집으로 돌아왔다. 그는 곧 하나님의 말씀을 읽어보고 싶었다. 그러나 그에게는 이때껏 한글의 상식까지도 없었다. 이때부터 그는 동네 사람에게 한글을 배우기 시작하였다. 며칠이 못 되어 한글을 깨쳤다. 그는 이제 새 세계에 눈을 뜨게 된 것이다. 성경을 손에 들고 한 글자 두 글자 말을 붙여서 읽어 내려갈 때에 그는 경이, 환희, 영감에 도취되어 참으로 날이 가는 줄을 모르고 읽고 또 명상하였다. 공은 성경을 읽은 후에 즉시 산당(山當)을 헐고 창세기에 있는 대로 하나님의 제단을 돌로 쌓고 하나님께 제사를 드렸다.

이렇게 얼마를 지난 다음에는 어떤 사람이 사도행전을 가지고 있는 것을 보고 그 책을 얻어다가 읽었고 나중에는 신약전서란 책이 있는 것을 알게 되어 비로소 신약전서를 사가지고 밤낮을 헤아리지 않고 읽었다. 공은 신약을 통하여 예수를 배웠고 참 종교의 진수를 깨닫게 되었다. 그는 신약을 읽고 놀라며 산에 올라가 제단을 헐고 은총의 세계를 명상하기 시작하였다. 이 때부터이다. 공은 감각의 세계를 벗어나 영의 사람이 되고 말았다. 그는 동네 뒷산 깊은 암자에 들어가서 성경을 읽고 진리를 명상하는 데 몰두하였다. 교회의 전통이나 교파의 신조나 제도의 구속(拘束)을 벗어나 그의 적나라한 영은 하나님의 말씀과 직면할 수가 있었던 것이다. 그는 어느 유명한 학자에게서 계통이 있는 사상의 체계를 전수한 것도 아니요 어떤 성경학자의 주석이나 비판을 참고한 것도 아니다.

그는 성경을 손에 들고 자기의 독특한 해석을 내리고 성경을 통하여 자기의 독특한 영감을 받았다. 공이 성경을 연구하고 진리를 명상하는 동안 그 자기를 잊어버리고 시절이 바뀌는 것을 깨닫지 못하였다. 철을 따라 옷을 바꾸어 입고 때를 쫓아 음식 먹는 것을 잊었다. 어느 때는 암자에서 명상에 빠져 있다가 동네로 내려오면 소를 몰아 논을 갈고 있는 것을 보고야 자기가 산으로 올라갈 때는 길 가에 눈이 허옇게 덮였었는데 벌써 봄이 되었나보다 하였고 어느 때에는 어린애들이 밭에서 참새를 날리고 있는 것을 보고야 가을이 된 것을 알았다고 한다. 이렇게 한 것이 몇 해가 지났는지 그 때부터 자기도 자기의 나이를 잊어버렸다고 한다. 옛적에 글을 좋아해서 가죽 책 가장자리가 세 번이나 해어진 분이 계셨다더니 진리에 탐(眈)하여 해가는 것을 잊은 사람이 이 시대에도 있었던 가. 학위를 간판 삼고 신학을 직업으로 여기는 속계(俗界)의 사람들에게는 공의 존재가 오히려 이해할 수 없는 수수께끼가 되지 아니할까 두려워한다. 공이 이같이 산당에서 명상에 빠져 있는 동안에 공의 부인은 간부(姦夫)를 두어 말없이 집을 떠나고 말았다. 공이 산당에서 돌아 온 후 이것을 알고 즉시 간부와 같이 사는 자기 아내를 찾아갔다. 그러나 공은 벌써 속계의 사람이 아니었다. 그의 자비로 세상을 덮을 수 있었고 그의 성품은 눈 같이 희었다. 공은 자기 아내와 간부를 한곳에 불러 앉히고 권고하는 전도를 하였다. 그리고 돌아 온 후에 자기 아내가 쓰던 가구와 의류를 다 싸서 보내며 이것을 가지고 잘 살기를 바라나 이것이 바르게 사는 것이 아닌 것만은 깨달으라고 하였다.

그 후 일 년쯤 있다가 그의 아내는 다시 옛 집을 찾아 돌아왔다. 공은 아무 말 없이 그를 영접하고 예전과 같이 한 집에서 살았다. 그러나 이때부터는 서로 부부의 관계는 맺지 아니하고 서로 사랑하는 친구로 각방을 썼다. 공은 항상 그 여자를 위하여 기도했다. 그의 영혼이 하나님 앞에 돌아오기를 바랐다. 그러나 그 여자는 다시 다른 사람에게로 시집가고 말았다. 공은 여러 날 밤 그 여자의 영혼을 위하여 눈물을 흘려가며 기도하였다고 한다. 몇 해가 지나서 그 여자는 다시 공에게로 돌아왔다. 공은 다시 즐거운 마음으로 그를 맞았다. 문중 사람들은 공의 태도를 비난하고 동네 사람들은 그를 비웃었다. 그러나 공은 언제나 그 여자를 옹호하고 자기의 사랑하는 친구로 여기고 같은 집에서 살고 있다.

공은 지금도 늘 말한다. "사람은 사람의 일을 모른다. 사람의 운명과 선악의 판단은 오직 하나님에게만 있다. 나는 끝까지 그 여자의 영혼을 불쌍히 여긴다. 나는 그를 보살펴 줄 책임이 있다. 앞으로 세상 일을 누가 아는가? 그가 구원을 얻고 내가 타락할지도 모른다. 그가 잘못된 길로 나간 것도 나의 책임이 중하다. 그로 인하여 나도 하나님께 심판을 받을 것이다."

예수를 믿은 후로 공은 물질적 욕망을 완전히 벗어나 극기의 생활을 계속한다.

"만물은 다 하나님께서 내게 주신 것이다. 그러나 나더러 소유하라는 것은 아니다. 나 자신도 내 것이 아니다. 나를 내 것으로 여길 때 사람은 가장 큰 배역(背逆)을 행하고 말 것이다. 모든 것은 다 하나님에게 속하였다. 우리는 언제나 하나님의 충실한 종이 되어야 한다."

공은 언제나 홋바지 저고리로 지낸다. 추운 때나 더울 때 같은 옷을 입는다. 그도 사람인지라 따뜻하고 부드러운 의복이 싫을 리가 없을 것이다. 그러나 그는 언제나 걸인과 같이 떨어진 베옷을 기워 입고 구멍 뚫린 모자를 쓴다. 얼핏 보아서는 너무 심한 것도 같고 일부러 극단을 취하는 것도 같다. 혹은 중세기의 걸식제도를 모방하는 것이 아닌가 생각할 사람도 있을 것이다. 그러나 그는 불교의 사니야신도 모르고 아씨시의 프란시스코도 모르는 사람이다. 공의 심경을 이해하지 않고는 그를 오해하기 쉬울 것이다. 공은 왜 그렇게 차마 먹지 못할 음식을 먹고 의복 같지도 아니한 헌 누더기를 입느냐고 물으면 그는 좋은 옷을 입거나 맛있는 음식을 먹으면 마음이 황공하고 괴로워서 견딜 수가 없다고 대답한다. 그는 천박한 절제를 가르치지도 아니하고 소극적인 금욕주의를 믿지도 아니한다. 그의 자비심은 세상을 덮을 듯 넓고 크다. 그는 고(苦)를 안다. 그의 사랑은 고로써 고를 이해하는 것이다.

혹 걸인이 공의 집을 찾아가면 자기는 땅에 앉아서 먹고 걸인에게는 좋은 상을 차려서 대접한다. 그는 참으로 요구되는 것이면 구하는 자에게 물리친 때가 없다. 몇 번이고 달라고 하기만 하면 자기 손에 있는 것이면 즐거운 마음으로 준다.

공은 이러한 말을 하였다. "나는 하나님께서 내게 맡긴 것을 어려운 사람에게 나누어 주지 아니하면 마음이 괴로워 살 수가 없다. 그들이 악한 마음으로 내게 와서 무엇을 청하는지도 모른다. 그러나 그것은 내가 판단할 것이 아니다. 나의 책임은 있는 것을 나누어 구제하는 것이다. 이 세상은 있는 사람에게 주는 것을 즐겨하고 없는 사람은 돌보지 아니한다. 불쌍한 사람이 내게 오면 내게 있는 것으로 나누어 준다 이것은 내게 덕이 될 것이 없다. 하나님께서 내게 맡긴 것이니 하나님께 돌려보내는 것이다.

지난 번 수해구제 때에 공은 자기의 식량을 전부 이재민에게 나누어 주었다. 공은 눈물로써 그들을 동정하였던 것이다. 동네 사람들은 너무나 공의 뜻에 감격하여 그를 위하여 자선비(慈善碑)를 만들어 세운 일이 있었다. 공이 이 소문을 듣고 자기를 위하여 세운 자선비 앞에 가서 벌벌 떨며 울고 있었다. 다른 사람을 구제하였다고 칭송받으려는 그가 아니다. 그는 이것이 너무 황공스러워 마음이 괴로웠던 것이다. 인간에게 감사할 것이 있으면 하나님께 영광을 돌리라. 사람을 예찬하는 것은 모욕보다 심하다고 말하였다. 동네 사람들은 공이 너무나 괴로워하는 것을 보고 그 자선비를 뽑아 없앴다고 한다.

VI

공은 때를 따라 교회의 예배에 참석한다. 그러나 교회의 절차를 따라 제도의 구속을 받으려고 하지 아니한다.

> "예배는 순종이다. 순종하는 생활과 진리를 탐구하고 묵상하는 것이 곧 예배다."

그는 이렇게 청교도적인 자유주의를 취한다. 그러나 그는 교회나 예배의 형식을 반대하지 아니한다. 다만 어떠한 형식을 갖춘 것만이 예배가 아니며 어떠한 일정한 형식을 통해서만 하나님을 예배할 수 있는 것이 아닌 것을 주장한다.

안식일은 일주간의 생활을 검사 맡는 날이다. 우리의 생명 전체가 하나님의 심판을 받는 날이다. 그러므로 순종하는 생활을 한 사람에게는 가장 기쁜 날이오, 순종치 아니하는 생활을 한 사람에게는 가장 괴로운 날이라고 한다. 공은 주일이 되면 혹 교회의 집회에 참석하기도 하고 혹은 전도나 구제하러 나가기도 하고 혹은 혼자 산에 올라가 명상하기도 한다. 그가 한 번 어느 사경회에 참석하여 본 다음에 여기서 하나님은 나타내지 아니하고 사람만이 서로 자기를 자랑하고 있는 것을 보고 낙심하였다고 말하였다.

공은 굳은 의지를 가지고 실행제일주의(實行第一主義)로 그날그날을 흠 없이 살려고 힘쓴다. 만사에 시비를 당하지 아니하도록 하라는 성경 말씀이 그의 생활 표어와 같이 되어 있다. 그리스도인은 물질을 잘못 쓰므로 세상 사람의 시비를 많이 당한다. 주님을 따르는 사람은 먼저 자기를 이기고 이 세상을 이겨야 한다. 오늘날 교회에는 소리는 많으나 빛이 없다. 교역자 자신이 먼저 중생하지 아니하면 안 된다. 사람이 하나님의 영광을 취하는 것보다 더 큰 배신이 없다. 우리는 그리스도의 성품을 나타내고 주님이 원하시는 대로 살아야만 한다.

공은 성경을 거의 외우다시피 잘 알았다. 무슨 말을 하던지 성경 말씀을 인용하였다. 그의 성경 해석에는 너무나 상징적인 것도 없지 아니하고 세밀한 자귀에 억매여 대의(大義)에 어그러진 것도 있는 것 같았다. 그러나 그가 아무에게도 지도를 받지 아니하고 단독으로 받은 영감이 비범한 것을 부인할 사람이 없을 것이다. 그는 학자가 아니다. 성경의 전문적 지식을 가진 사람이 많을 것이다. 그는 신학자도 아니다. 신학상 이론으로 공의 박식(博識)을 비웃을 사람이 있을 것이다. 그는 설교가도 아니오, 정책가도 아니다. 그러나 우리는 그가 말을 잘하는 사람이 아니오, 정책을 쓰는 이가 아니기 때문에 그를 경모(敬慕)하는 것이다. 성경을 학문으로 배우려고 하지 아니하고 신학을 이론으로 꾸미려고 하지 아니하기 때문에 그를 존경하는 것이다.

그가 받은 영감을 누가 부인하랴. 그의 엄숙한 신앙을 누가 거역하랴. 고의 얼굴은 창백하나 눈에는 밝은 빛이 비치고 그의 외양은 초췌하나 영은 산 기운이 있다.

VII

기자는 길거리에서 그와 손목을 나누었다. 그는 걸인이라고밖에 더 볼 수가 없다. 구멍 뚫린 모자, 누더기 베옷, 헤어진 고무신, 모두가 거지보다 나을 것이 없다. 공은 여전히 부드러운 목소리로 힘을 들여서 내게 말하였다. 자기는 기억력이 부족하여서 한번 본 사람을 어디서 다시 만나도 무심히 지나치는 경우가 많으니 언제든 다시 만나거든 먼저 아는 척하여 주기를 바란다는 것이었다.

그는 정을 구하고 친구를 찾는다. 공은 의지의 사람이면서 정의 인물이다. 그러나 이 거칠고 쓸쓸한 세상에서 공의 친구가 되어 줄 사람이 과연 몇이나 될까? 나는 길모퉁이로 사라지는 그의 뒷모습을 바라보고 서 있었다.

"남한 지방 화순이란 곳에 이상한 사람이 한 분 계신다. 그는 학식도 지식도 없는 산골 농부이다. 그러나 그가 그리스도의 사랑을 배운 후로는 그리스도를 위하여 모든 것을 버리고 인고를 즐겁게 받고 있다. 그는 음식을 먹어도 사람이 차마 먹지 못할 만한 것을 먹고 있다. 아무리 좋은 음식을 드려보아도 결코 먹지 않았다. 그는 불쌍한 거지나 어려운 생활을 하는 빈민들을 생각하면 부드러운 밥이나 맛있는 반찬이 목에 걸리어 넘어가지 않는다고 했다. 그는 잘 때 이불을 덮어도 몸을 절반만 덮고 잔다. 왜 다 덮지 않느냐고 물으면 추울 때 잘 곳이 없이 길가에서 떨고 있는 사람들을 생각하면 차마 이불을 다 덮기 어렵다고 한다. 우리는 그의 미숙한 사상이나 독단적인 이론을 반박할 수도 있고 그의 기괴한 생활 방식을 배격할 수도 있을 것이다. 나는 그가 이단인지 정통인지조차 심판하여 보려 하지 않았다. 나는 다만 그의 순진한 사랑과 그리스도의 곤고를 본받아 실천하려는 열성만을 존경하고 사표(師表)로 삼고 싶은 것이다."

공(이세종)은 감각의 세계를 벗어나 영의 사람이 되고 말았다. 그는 동네 뒷산 깊은 암자에 들어가서 성경을 읽고 진리를 명상하는 데 몰두하였다. 교회의 전통이나 교파의 신조나 제도의 구속을 벗어나 그의 적나라한 영은 하나님의 말씀과 직면할 수가 있었던 것이다. 그는 어느 유명한 학자에게서 계통이 있는 사상의 체계를 전수한 것도 아니오, 어떤 성격학자의 주석이나 비판을 참고한 것도 아니다. 그는 성경을 손에 들도 자기의 독특한 해석을 내리고 성경을 통하여 자신의 독특한 영감을 받았다. 공이 성경을 연구하고 진리를 명상하는 동안 자신을 잊어버리고 시절이 바뀌는 것을 깨닫지 못했다. 철을 따라 옷을 바꾸어 입고 때를 따라 음식을 먹는 것을 잊었다. 고독과 곤고—그것이 '예수의 사람' 이세종의 삶이었고 일제 말기 수난당하는 한국교회의 '양심적' 그리스도인들이 걸어야 할 운명이었다.

이처럼 신학교 교수와 화순 산골 농부가 만났다. 그 만남은 학문과 신앙의 만남이자 영성과 신학의 만남이었다. 이 만남 이후 정경옥과 이세종의 삶은 시련과 고난의 연속이었다. 이들이 산 시대, 민족과 교회가 피할 수 없는 큰 시련을 겪게 될 무렵, 등광리를 따라 더 깊은 산속으로 들어가기로 결심하였다. 이유는 간단했다.

"언젠가는 일본 경찰이 이곳 등광리까지 와서 신사 참배를 하라고 강요할 것이고 내 양심과 신앙으로 거부할 것은 당연하고 그러면 그들이 나를 잡아 고문하고 죽일지도 모르는데 내게 어찌 남을 죄인으로 만들 수 있겠는가? 내가 그 자리를 피하는 수밖에 없지."

그래서 그는 사람의 접근이 어려운 화학산 깊은 골짜기로 들어갔다. 이상복, 박복만 오복희 같은 제자들이 그곳까지 따라가 성경을 배웠다. 두 번이나 가출해서 '딴살림'을 차리다 집으로 돌아온 '고멜' 부인도 그때쯤 그를 이해하고 산속으로 들어가 산 살림 뒷바라지를 하였다. 이세종은 그곳에서 3년간 풀뿌리로 연명하며 지내다가 별세하였다. 그는 자기가 세상을 떠날 시간을 정확히 알고 있었다. 제자들을 시켜 미리 나뭇가지를 엮어 상여를 만들었고 분봉을 만들지 말고 평토장으로 할 것을 당부한 후 경고성 유언을 남겼다.

"행여 나 죽거든 지금 입고 있는 옷 그대로 입혀 묻으시오. 수의 입힌다고 멀쩡한 옷 땅에 묻어 썩히면 죄가 되오. 그런 옷 입으면 거지들 갖다 입히시오. 나 죽은 다음에 내 옷 벗기면 벌받습니다."

그때가 1942년 2월 아직 눈이 녹지 않은 겨울 끝자락이었다.

이세종의 믿음

이세종이 예수를 믿고 나서 가장 큰 걱정은 남에게 돈을 꿰어주고 빚 문서를 담보로 저당 잡힌 문서들이 가득 들어 있었다. "예수를 믿으려면 철저히 믿어야 한다. 죽도 밥도 아니게 믿어서는 안된다. 성경에 가르친 대로 실행해야 한다"면서 그는 빚 문서 보따리를 안고 마을에 나가 빚진 사람들의 집을 찾아다녔다.

"여기 있소! 당신의 문서 다시 받으시오. 모조리 탕감해드리는 것이니 안심하시오."

그는 빚진 사람을 불러다 그들이 보는 앞에서 빚 문서를 불질러버리고 물건이든 돈이든 모조리 탕감해주겠다고 선언했다. 이렇게 해서 예수 믿고 난 뒤에 마을 안에는 그에게 빚진 사람은 한명도 없게 되었다. 그는 누가복음 19장의 예수를 만난 삭개오가 회개하듯 했다. "주여! 보시옵소서. 내 소유의 절반을 가난한 자들에게 주겠사오며 만일 뉘 것을 토색한 일이 있으면 네 배나 갚겠나이다"라고 말이다.

이세종은 도암면 면사무소를 찾아가 자신의 재산 중 논 두마지기를 맡기면서 가난한 사람들을 구제하는 데 써 달라고 했다. 그런 이 세상은 남의 착한 뜻을 착하게 받아주지 못하는 세상이었다. 이세종이 내 놓은 재산을 받은 면직원들은 돈을 구제 사업에 쓰지 않고 없애버렸다. 그것을 안 이세종은 "사람의 탐욕이란 참 무서운 것이냐"라며 자기가 행한 방법이 좋지 못했다는 것을 깨달았다.

그 후부터 구제를 하되 자기 집으로 찾아와 구제를 청하는 사람들, 자기가 친히 대하는 사람들만 구제하기로 했다. 가난한 친척들에게는 토지 얼마와 집을 마련해주고 살림살이를 장만해주기도하고, 어떤 이에게는 이발기구나 필요한 것을 사주었다.

외출할 때는 반드시 몸에 구제할 돈과 자기가 사사로이 쓸 돈을 따로 가지고 다녔다. 구제할 돈을 따로 헝겊에 싸가지고 다니다가 길에서 만나는 사람, 누구라도 구제해야 할 사람이면 주저하지 않고 거리낌 없이 구제할 수 있도록 준비하고 다닌 것이다. 나라에서 세금 통지서가 나오면 그는 누구보다 먼저 납부했다. "나라에 먼저 바쳐야 한다"고 했다. 가을 추수를 해서 수입된 것으로 지출 항목을 만들 때에는 첫째 복음 전도비, 둘째는 세금, 셋째로는 남에게 갚을 것, 넷째로 구제비, 다섯째로 접대비로 책정했다.

그는 재물을 양심대로 사용하는 방법에 대하여 이렇게 가르치면서, 그리고 나서 돈의 여유가 있으면 그것으로 생활하고 없으면 굶어 죽는 경우가 있어도 그렇게 쓰라고 했다. 남을 구제하는 정신에 대해서는 다음과 같이 가르쳤다.

"구제는 자기가 쓸 몫에서 떼어내어 구제해야 참 구제이다. 자기가 먹을 것 안 먹고 해야지 먹고 입고 쓸 것을 다 쓰고 남아서 구제하는 것은 가치 없는 일이다. 헐벗은 사람에게 옷 한 벌 준다 해도 자기가 입은 옷이 다 헤어져 누더기가 되기까지 입으면서 주어야 참 동정이 된다."

옛날 예언자나 성인들의 슬픔과 눈물이 이세종의 일생을 지배하고 있었다.

이공은 금수초목에 대해서까지 자비심을 가지고 있었으며, 특히 사람들, 그중에서도 불쌍한 죄인들을 볼 때에는 "인간이 이렇게 살다가 죽은 뒤에는 심판이 있지 않습니까?"라면서 측은해서 못견뎌했다. 혹 잘못한 사람을 볼 때는 꾸지람을 했다가도 돌아서서는 눈물을 흘렸다. 특히 신앙생활을 하다가 타락한 사람을 보게 되면 "하나님 이 죄인을 잊지 말아 주소서!"하며 밤새 기도 했다. 남의 물건을 훔친 사람을 보면 답답해하며 "그것을 가져다가 유익하게 써보지 못할 것인데 왜 헛수고를 하는고"라고 안타까워했고, 다른 사람에게 피해를 끼치고 다니는 사람을 세상에서 가장 불쌍한 영혼이라고 말하면서 더욱 측은히 여겼다.

한 영혼을 깨우치고 건지기 위해서 성경을 들고 말씀을 전하는 데는 밤이고 새벽이고 구별이 없었다. 말씀을 증거하는 도중에 음식이 들어와도 "식사는 나중에 하고 공부부터 먼저 하자"면서 그냥 계속했다. 길을 걸어가면서도 마음으로 꾸준히 진리를 생각하였고, 너무 피곤해서 자리에 누워서도 마음은 잠시도 쉬지 않고 하나님을 바라보았다. 그는 "위에서 힘을 주시지 않는다면 나는 한발도 움직일 수 없는 사람입니다"라고 했다.

그는 크고 작은 무슨 일을 당해도 기도했다. 식사 때는 앉아서도 물끄러미 위만 쳐다보고 있는 때가 종종 있었다. 먹는 것이 그의 관심사가 아니었다. 그는 사람이 사는 것이 음식에 있지 않고 하나님의 능력에 있다고 믿었다. 거지가 찾아오면 자기가 먹는 대로 손수 밥그릇을 들고 나가 주면서 다 먹을 때 까지 곁에서 지켜보며 "빨리 먹고 한 집이라도 더 가서 구걸하시오"라고 했다.

그는 덕이 아니면 하지 않았다. 남에게 덕을 끼치는 일이 아니면 절대 움직이지 않았다. 그러나 덕을 위하는 일이라면 5리를 가자고 청하면 10리를 같이 가주었고 속옷을 달라는 이에겐 겉옷까지 벗어 준 사람이었다. 산상보훈을 그대로 실천한 사람이었다. 한번은 어떤 사람이 예수 믿은 뒤 이공이 딴 사람으로 변한 것을 이용해서 그의 살림살이가 전부 자기 것이라고 호통했다. 그때 이공은 한 마디도 답변하지 않고 스스로 "이제 나도 죽을 때가 되었나 봅니다"라고 할 뿐이었다.

그는 그리스도의 정신대로 빼앗기는 일이 곧 얻는 일이라고 철저히 생각했다. 그렇게 부자로 살던 그가 예수를 믿고 거지 모습으로 다니니 어떤 때는 친척들이 달려들어 자신들에게는 주지 않는다고 발악하고, 이공의 살림을 부셨다. 그러나 그는 원망하지 않았고 후에 그들이 바라는 요구 이상으로 편리를 봐주었다.

이렇게 사람이 변하니 사람들은 그를 존경하기보다 오히려 멸시했다. 마을 아이들까지 이공을 바보로 여겨 거리에서 만나면 놀려댔다. 비가 오지 않아서 가뭄이 심했던 어느 해, 이공이 들판을 걷고 있는데 농부들이 놀림삼아 말을 건네었다. "이처사 비가 왜 이렇게 안 옵니까?" 이에 이공은 "하나님의 처분이니 사람은 알 수 없지요, 하지만 인심이 돌아가는 것을 보면 짐작할 수 있지 않소?" 하고 대답했다. 농부들이 "사람들은 왜 죄를 계속 지을까요?" 하고 묻자 이공은 "사람들의 신심이 약해가니 앞으로 더 좋은 세상이 되기는 어려울 것이오"라고 대답했다. 비록 농담으로 묻는 말들이었지만 이공은 그들의 마음이 사실 얼마나 불타고 있을지 잘 알고 깊이 동정했다. "믿지 않으니 어찌할 도리가 없구나"라며 탄식했다.

이세종은 이 세상의 명예와 칭찬 따위는 털 만큼도 바라지 않았다. 그런 것은 뜬구름이요 허망한 것이라면서 "사람은 어디를 가든 자기의 이익만 생각하고 다녀서는 안 된다. 내가 남에게 무엇을 봉사하려고 해야지 아름다운 꽃 한 송이를 보고 탐내 따라갔다가는 반드시 시험에 빠질 것이다"라고 가르쳤다.

그는 칭찬받기를 바라는 일에 대하여 말하기를 "쓸데없이 칭찬하는 자도 마귀요 칭찬 받는 자도 마귀이다"라고 했다. "바울 선생은 이 세상 칭찬을 염병같이 해로운 것으로 여겼다"라고 가르치면서 "이 세상 사람들은 남에게 대접받을 이들은 남들이 자기를 대접해주지 않는다고 원망하고 불평하며 마땅히 남을 대접해야 할 위치에 있는 이들은 그것을 하려 하지 않아서 말썽이다"라고 했다. "이 세상에서 칭찬을 다 받아 버리면 오는 세상에서는 아무런 상도 영광도 없다. 이 세상에서 겪는 고통과 환란의 삶은 하나 밖에 없는 것"이라고 강조하면서 예수님 비유에 강도 만난 사람을 주막에 데리고 가서 부탁하면서 "비용이 더 들면 내가 올 때 갚으리라" 하신 것은 환난을 겪으신 보상으로 천국을 주신다는 뜻이라고 했다.

이세종은 잠시 집을 나서 길을 떠나는 때도 자기가 다시 그 길로 되돌아오지 못하는 것은 온전히 하나님 뜻에만 달린 일이라 생각했다. 가라고 하시면 가고, 가다가 머물라고 하시면 그 자리에서 머무는 자기로서는 기약이 없는 걸음이었다. "가다가 어떻게 될지 알 수 없지요." 그의 생활은 앉으나 서나 어디가나 하나님께 절대 순종하는 것만이 생활의 전부였다.

"만물들아! 다 함께 하나님을 찬양하세" 아름다운 산천과 우거진 숲을 바라볼 때면 이세종은 한없이 기뻐했다. 그는 성 프란시스에 대해서는 전혀 들어본 적 없는 사람이었지만 프란시스가 해와 달과 벌레들을 보고 하나님을 찬양하고 노래했듯이, 이세종도 황홀한 환희 속에서 그렇게 노래했다. 성 프란시스와 이세종은 서양과 동양의 서로 똑같은 성인으로서의 풍모와 감정을 나타내고 있다. 그는 한국의 기독교인으로서는 전무후무한 인물이었다.

그는 모든 성인들이 그렇듯, 사람뿐만 아니라 산천초목과 금수곤충에 이르기까지 만물을 사랑했고 모든 생명을 가진 것을 경외하고 넘치는 자비심으로 대하였다. 길을 가다가 이름 모를 초목들이 멋대로 우거진 것을 보면 손으로 풀포기를 쓰다듬어 주기도 했으며 풀잎을 잡고 춤추듯 흔들면서 마치 사람에게 말하듯 "인간들의 비정함 같아서는 너는 벌써 잘렸건만 하나님의 자비가 너를 지켜주셔서 사람이 너를 베지 않게 하셨으니 너도 하나님을 찬양하고 춤추고 감사하라"고 했다. 그리고 손으로 흔들어 놓은 풀들이 흔들리는 것을 보고 어린 아이처럼 좋아했다.

이세종은 결코 일부러 그런 행동을 하지 않았다. 그는 칡넝쿨이 다니는 길을 막아도 밟지 않고 일일이 치우며 다녔다. 길가에 있는 잡초도 안전한 곳으로 옮겨 심어주었다. 쓰러진 풀들은 걷어 세워 주었다. 산길을 가로질러 뻗어간 칡넝쿨이 지나 다니는 사람의 발에 밟혀 줄기와 마디가 다 터지고 진액이 흘러내리는 것을 본 이공은 가던 걸음을 멈추고 그 앞에 주저앉아서 "아이쿠 늬게 이렇게 짓밟혀 이렇게 물이 뚝뚝 떨어지는구나" 하고 울상이 되어 어쩔 줄 몰랐다. 때로 이공 자신의 발에 새싹이 꺾여지면 "비켜갈 것을 이 귀한 목을 부러트렸구나"라고 했다.

그래서 이공은 산길을 걸을 때면 조심하여 다니고 복판으로 다니지 않았다. 그리고 길에 사람이 다니는데 거리끼는 것들, 가시, 돌멩이는 반드시 옆으로 옮겨놓고 다녔다. 논이나 밭 가운데로 사람들이 가로질러 다녀 길이 생긴 것을 보면 "아니 단단한 길을 소가 쟁기질 하려면 얼마나 힘들겠냐"라고 했다. 누가 곁에서 바빠서 그랬다고 하면 "바쁘면 돌아가야 되는데 좀 더 빨리 나설 것이지"라고 했다.

논에 벼가 한창 파랗게 자라고 있는데 논 사이 좁은 길로 누가 바쁜 걸음으로 허둥지둥 가는 것을 보고는 행여 곡식을 밟을까 염려되어 "저렇게 바쁘면 어제부터 길을 나설 것이지"라고 했다. 그는 길을 갈 때 언제나 조심스럽게 걸었다. 그런데도 때로 자기 발밑에 개미 한 마리라도 밟혀 바둥거리는 것을 보면 이공은 울었다. "하나님 앞에서 하는 행위로 보아서는 내가 너에게 깨물려 죽어야 하는 사람인데 네가 내 발에 밟혀 죽다니" 하면서 걸음을 멈추고 서서 울었다.

이세종은 이나 빈대도 죽이지 않았다. 가끔 이세종이 길을 가다가 말고 머물러 서서 손에 무엇인가 집어 들고서는 아주 실심한 표정으로 아이처럼 훌쩍거리고 있는 모습을 사람들은 볼 수 있었다. 그것을 일부러 꾸며 하는 행동이 아니었다. 그러면서도 자기 팔에 종기가 나서 썩어가도 예배 도중에 통증을 못 참고 흔들면서도 약을 쓰지 않더니 어느새 하나님의 능력으로 낫기도 했다.

화순군 화학산 각시바위는 바위라고 부르지만 사실은 높은 봉우리이다. 소나무와 우거진 잡목 속에 있는 맵시 있는 바위로 된 봉우리가 다른 산보다 뛰어나게 하늘로 솟아 있다. 근처에 인가는 없고 단지 박복만 씨가 각시 바위 밑에서 숨어 살고 있었고 그 위쪽 산허리 너머에는 이세종이 산막을 치고 역시 숨어 살고 있었다. 지금도 이세종 무덤이 그곳 잡초 속에 묻혀 있다.

어느 날 이공의 부인이 풋감자씨를 한 되 얻어 가지고 박복만 씨를 찾아가서 "박공님 이 감자 씨를 좀 심어 주시오" 하고 부탁했다. 박복만 씨는 그녀를 따라가서 산막 근처에 있는 조그마한 밭을 파서 흙을 뒤지면서 잡초와 쑥 뿌리 칡넝쿨 등을 뽑아 던지고 나무뿌리들도 뽑아냈다. 거기다가 감자씨를 심고 재거름을 주느라고 수고했다. 그 때 이세종은 박복만 씨가 일하는 데 같이 하지는 않고 바구니를 들고 박공과 부인이 일하는 데 뒤를 쫓아다니면서 뽑아버린 잡초를 두어다 다른데 가져다 심었다.

어느 날 부엌 구정물 통에 쥐가 빠져 나오지 못하고 있었다. 이공은 부엌 구석에서 막대기를 주어다 쥐가 기어오르도록 다리를 놓아 주었다. 그리고는 빨리 도망치지 못하게 쥐에게 먹을 것을 주었다. 이공이 세상을 떠나기 사흘 전이었다. 그는 부인을 시켜 밥을 가져오라고 하여 쥐가 다니는 길목에 가져다 놓게 했다.

나무나 풀 뿐만 아니라 금수곤충에게까지 자비를 베풀고 살생하지 않았고 사람에게 해로운 동물이라도 죽이지 않았다. 해로운 동물을 죽이는 것이 선이냐 아니냐 하는 문제에 대해서는 이세종은 구약의 잠언에서 의인은 육축의 생명도 아끼는 것이라고 했다고 했다.

이공은 생선도 먹지 않았고 피는 곧 생명이라는 성경의 주장에 따라 피도 먹지 않았다. 고기를 먹지 않는 이유는 생명을 사랑하고 존중하는 마음에서였다. 모든 동물의 생명을 사랑하는 것은 동물을 해방시키는 것이라고 하였다. 이를 잡아서 죽이지 말고 버리라고 했고 파리도 죽이지 말고 두 손으로 휘휘 쫓기만 했다. 이공은 자기 거처를 언제나 깨끗이 했기 때문에 파리가 거의 없었다. 그는 파리가 사람에게 해를 끼치는 것은 사람이 하나님을 반역한 죄 때문이라고 했다. 사람이 하나님을 반역하니 만물도 사람에게 반역한다고 했다. 모든 일은 하나님의 허락 속에서 되는 일이기 때문에 파리를 아무리 잡아 죽여도 전멸시킬 수 없고 더 많이 생겨날 뿐이라고 했다. 파리가 생기지 못하게 미리 예방하는 것이 좋다고 가르쳤다. 그러나 해충들과 더불어 살 수는 없으므로 죽이지 말고 몰아내는 것이 상책이라고 했다. 노아의 방주 속에 짐승들을 종류대로 구별해 둔 것처럼 "너는 너대로 살라"고 두라고 했다.

자기 부인이 심히 고기를 먹고자 하면 소나 돼지고기는 먹지 말고 새우나 멸치를 먹으라고 했다. 사람이 짐승들을 해치지 않으면 짐승들도 해충도 맹수도 결코 사람을 해치지 않는다고 믿었다. 동물들이 사람에게 해를 끼치는 이유는 모두 사람의 죄 때문이라면서 벌레 한 마리의 목숨도 불쌍히 여기고 경외했다. 동물이나 초목이나 무엇이든지 사람을 의지하고 사람에게 매인 것들을 잘 보호하고 아껴 주어야 한다. 나뭇가지 하나라도 다니는 길에 방해된다고 함부로 베어 버리지 말고 잘 붙들어 매어주는 것이 좋다고 가르쳤다.
 "사람이 죄를 회개하여 고치지 않으면서 병이나 재난만 없애려고 해보아야 소용없다. 도리어 더 큰 병과 재난을 겪게 된다. 산짐승이 내 집에 피해를 끼치는 것은 내 집에 깨닫고 뉘우쳐야 할 잘못이 있기 때문이다. 남의 집 가축도 미리 오지 못하도록 대책을 마련할 것이요, 와서 피해를 끼친 후에 욕하고 쫓지 말 것이요 그 때문에 이웃과 원수가 되지 말라"고 가르쳤다. 닭을 길러 교회에 헌금하는 것은 좋으나 닭이 남의 곡식을 헤쳐 먹고 낳은 계란을 바쳐서는 안 된다고 가르쳤다. 남의 것을 도적질 해서 연보하지 말라고 가르쳤다.
 어느 날 그가 부엌에 나가 보니 구석에 독사가 도사리고 있었다. 이공은 이것을 때려잡지 않고 막대를 들고 조심히 몰아내어 산으로 가게 했다. 그러면서 쫓겨가는 독사를 보고 "다른 사람이 보았으면 큰일 날 뻔했다. 앞으로는 조심해서 네 몸을 간직하거라"라고 했다.
 어느 날 밤에는 자다가 깜짝 놀라 깨어보니 어두운 데서 무슨 곤충이 이공의 몸을 물었다. 일어나 불을 켜고 살펴보니 지네였다. 이공을 종이를 펴서 지네를 싸서 통속에 넣었다. "다른 사람에게 그같이 했다간 큰일 날 것이니 다시는 인가에 내려오지 말거라"라고 했다.
 어느 해 가물어 논에 물이 마를 때 이공이 길을 가고 있었다. 가다 웅덩이를 보니 그 속에 송사리 미꾸라지 올챙이들이 한 데 어울려 죽어가며 파득거리고 있었다. 이공을 입고 가던 새 옷에다 그것들을 주워 담아 냇가로 가서 물에 모두 풀어주었다. "이렇게 물 없이 죽듯이 인간들도 그렇게 되는 시기가 올지 모른다"고 했다.
 늘 이세종을 따라다니면서 이런 모습을 곁에서 지켜 본 그의 제자는 말하기를 "이공께서는 언제나 말보다 행위로 가르치셨습니다. 오늘날 어디나 가짜만 많은 세상에서 이공만큼 순금인 사람은 없습니다"라고 했다. 이공의 가르침은 누가 듣더라고 엄숙하고 두려웠다.

3. 어록

천태산 돌 틈에서 들은 소리

주님의 생명의 말씀 가지고 변론 하노라 말고 기회를 기다리라

남 보고만 미련하다 하지 말라 능력 못 받으면 누구나 다 미련한 자일뿐이다 누구나 쉽게 진리를 알아내는 것이 아니다 정통이 아닌 자, 지식, 지혜 없는 자에게 함부로 주는 것은 칼을 손에 쥐어 주는 거나 다름없다고 했다.

선지자, 성인, 사도들은 오다가 성신을 받았다. 나는 "천태산"(天笞山) 돌 틈에서 들었다. 듣기는 속히 하고 말 하기는 더디 하라.

이 말씀은 이공(李空)에게 들었다고 하지 말고 "개천산"(開天山) 돌 틈에서 들었다 하라.

    파라 파라 깊이 파라!
    얕추 파면 너 죽는다!
    깊이 파고, 깊이 깨닫고, 깊이 믿으라!
    어설프게 파면 의심 밖에 나는 것이 없다.
    나무뿌리도 생명의 물줄기 찾아서
    깊이 파고들어야 사는 것이다.

진리를 알려고만 해서는 안 된다. 밥 먹고 살려면 내 몸으로 실지 농사를 해야

함 같이 예수를 알려고만 하는 것은 한갓 욕심에 지나지 않는다. 예수를 만나려면 만날 만한 일을 해야 한다. 성인들의 교훈을 들으며 친히 예수님의 발 지취를 따라 가야 한다.

양약은 입에 쓰다

진리는 쓰다. 진리는 심령의 양약이므로 쓰다. 진리는 들을 때에 달게 들리지 않는다. 약은 입에는 쓰나 몸에는 유익한 것 같이 진리도 들을 때에는 쓰고 듣기 싫어도 들어 순종하면 영혼의 양약이 되어 우리 영이 소생한다. 반면에 이 세상 모든 것은 사탕발림이다. 입에는 달다. 그러나 몸에는 해롭다 세상 맛은 처음 에는 꿀 같이 달다. 단 맛에 도취하다간 결국은 지옥이다. 그것을 알고 살아야 지혜다.

무식하고 미련한 자의 하나님

한울임께서는 지혜 있고 통달한 자에게는 숨기시고 미련하고 무식한 자와 어린 아이에게는 나타내신다. 미친놈 정신 빠진 썩다리 미련한 놈이라도 좋다 모든 사람이 싫어하는 자에게 나타내 주신다.

예수님은 유대 고위층 서기관과 바리새인의 친구가 아니라 무식한 자의 친구요, 지혜 있는 자의 친구가 아니라 미련한 자의 친구가 되셨다. 내 처지에선 뭘 모르는 중에 다 쏟아내 놓고 주님께 받아야지 이것저것 다 알아 가지고서야 무엇을 하겠다는 태도는 어리석은 욕심이다. 다 알고 나서야 열심에 들어간다는 자는 그것 자체가 자기 욕심이다

우리를 위하여 예수님께서는 가난해지셨으니 우리도 주님을 위하여 가난해져야 한다. 빌립보서 1:29 대로 우리는 믿을 뿐만 아니라, 그리스도를 위하여 고난도 받아야 한다.

길이 끊어지는 것

내가 하고 싶은 대로 하는 자는 그리스도에게서 끊어지고 지옥에 갈수 밖에 없다. 당신이 무엇인가를 배우려고 하면 명심할 것은 그 순간 앞뒤가 딱 끊어진 것은 절대로 배우려하지 말라. 세속인 사이의 속정, 남녀지간의 애욕, 속된 지식 등…이 모든 것들은 하등 기대할 것 없는 천박한 끊어진 것들이다. 거기에 비해 볼 때 하나님의 말씀은 얼른 보기엔 허무맹랑한 소리 같으나, 그 진리가 끊어지지 아니하는 것이다.

현대 교회의 예배 모임이 얼른 보기에 좋기는 하나, 그런 이들은 어느 기간은 믿기가 어려운 환난 핍박을 당하는 날엔 예배 모임이 끊어지고 만다.

편안한 날의 예배, 그런 이들이 가르치는 진리는 길이 끊어진 것에 지나지 않는 다. 그들은 누가 보다 깊은 신앙으로 들어가는 자를 보면 무조건 이단이라 정죄 하는데, 그래도 결과적으로 그야 말로 환난 핍박 속에서도 꾸준히 인내로 걸어 가니 그들의 길은 끊어지지 않는 것이다.

나를 죽여야

우리는 예수님 안에서 나를 죽여 없애야 그 속에 하나님이 사신다. 기름과 물은 서로 화합하지 못하는 것이기 때문에 서로 자기 성분을 죽이지 않고는 하나로 화합할 수가 없다. 물과 불도 마찬 가지다. 우리는 모든 경우에 나를 죽여야 한다. 나만 철저히 죽는다면, 그때 예수님이 내 안에 들어와 사신다. 내가 살면 예수께서 죽으시고, 나를 죽이면 예수님께서 사신다. 그런고로 나를 죽이라.

내 탐욕을 채우지 말라

"마음이 가난한자가 복이 있나니 천국이 저희 것임이오"라고 했다. 무엇이든 지 내게 유익하다고 생각되는 것들에 대해서 눈을 감고, 모든 탐욕을 참고 나의 이익을 구하지 말아야 한다. 탐욕은 육신도 죽이고 영혼까지 지옥으로 몰고 간다. "죄에 대하여 죽은 우리가 어찌 그 가운데 더 살리요"(롬 6:2).

내가 하고 싶은 대로 모두 하지 말라. 자기가 하고 싶은 대로 하는 것은 마귀 세상에서 술 취한 자는 곧 돼지와 같은 생활이요, 개와 같은 생활을 하고 있는 사람이다. 나의 탐욕을 채우려고 하지 말라. 그것과 정 반대로 살라.

아무리 가까운 부부지간이라도 서로의 욕정을 가득히 채워주려 하지 말라. 그 정 반대로 살라. 자기의 사사로운 탐욕을 채우지 말라. 정 반대로 하라. 탐욕을 안 채워주는 것이 그 영혼을 구원하는 길이다.

역리(逆理)

세상에서 복을 취하는 것은 고생을 취함이다. 그 대신 죽으려고 하면 영원히 산다. 흉한 것이 사실은 복이 되고 허망한 것 같은 것이 참이 된다. 살려고만 버둥거리는 자는 도리어 죽음을 자초함이요, 그 반대로 고통을 자초하면 도리어 복이 된다.

모든 염려를 주님께 맡겨 버리고 삼가 자기 할 일이 무엇인지 헤아려 어떤 것이 하나님의 뜻인가 만 알고 배우라.

누구나 나는 죄가 없다 함으로 도리어 죄가 있고, 나는 죄가 있다 자복함으로 죄 사함을 받는 것이다. 자기 믿음도 장담하지 말지니 나는 잘 믿는다 함으로 사실은 못 믿고, 자기는 믿음이 없다 함으로 잘 믿는 이다.

행위의 진실

현대 교회는 그 증거하고 있는 말씀만은 참 이라 할지라도 그들이 하고 있는 행위에 있어서는 도저히 진실성을 찾을 수 없는 고로 위선과 의식 종교이다. 그런고로 현대 기독교회의 증거는 웃음거리에 지나지 않는 지식으로 교만을 낳는 것인데, 법대로 알지 못한 지식은 도리어 정신적 오뇌(懊惱)와 혼란을 가져올 뿐이다.

종교적 행위에 사랑이 빠지면 편벽된 행위다. 위선에 빠지지 않으려면 하나님만 거짓 없이 사랑하면 된다. 그때 하나님은 우리를 사랑 하신다.

교회생활 하는 교인들 생활은 예수를 믿는다고는 하면서도 주님 말씀으로 무조건 복종해 살지 않음으로 사실은 예수님과 싸우며 사는 격이다. "…이는 하나님의 이름과 교훈으로 훼방을 받지 않게 하려 함이라"(딤전 6:1).

신자들이 말씀대로 순종치 않음으로 도리어 하나님과 그 말씀을 욕보이는 것이다

거짓 선지자

마태복음24:11-28 말세에 거짓 선지자들이 많이 일어나 많은 사람들을 미혹하게 하여 그리스도가 여기 있다 저기 있다 하여도 가지도 말고 쫓지도 말고 듣지도 말라 하셨는데…거짓 선지자가 누구냐 사람들은 스스로는 옳다 주장해도 심령적 적그리스도가 자기 마음에 담겨 있으면서 남을 향하여 몸 밖의 적그리스도만 대적 하려하고 있다.

몸 안의 사귀(邪鬼)

몸 밖에서 사귀를 내 쫓으려고 애쓰지 말고 몸 안의 사귀를 내 쫓으려고 애쓰라고 하였다. 마음에 넘치는 탐욕을 버리라. 탐욕은 마귀다 육체는 다만 영혼의 장막이다. 예수님께서 임하셔서 더 좋은 것으로 채워주소서.

나는 이단인가?

현대 교회는 겉(外)을 말하고 나는 속(內)을 말 한다 내가 속의 문제를 말하니 모두가 나보고 이단이라고 서로 시비를 걸고 다툰다. 예수께서 유대인 보고 독사의 종류들이라 책망했기 때문에 그들에게 핍박을 받았다. 사도바울도 진리를 말함으로 유대인들이 염병 같은 놈이라고 핍박 했다.

죄의 성품을 가진 자들을 기쁘게 해 줘서는 안 된다. 나는 예수님 만날 일을 함으로 세상 사람들과 교회에서 까지 나보고 미쳤다고 한다.

바른 말

나는 잘못된 점이 가득 차 있는 사람을 만나게 되면 그대로 그저 돌려 보내지 않는다. 그 순간 에는 그 사람의 체면도 보지 않고 직접 지적해 타일러 준다. 그리고 나서 그가 듣던지 말든지 예수님을 증거 해 준다.

세상 간사한 인심은 사람들 눈앞에서는 칭찬해 주고 돌아 서선 자기 치사를 떠벌린다. 마음에 두 개의 저울추를 두고 저울질 하면서 남을 대하는 것이 속세 인심이다.

모두 잘못된 세상에서 바른 말을 해 준다는 일은 특별한 은혜다. 우리는 가장 허물없는 부부 사이라도 언제나 웃음만 가지고는 상대를 예수 바로 믿게 할 수 없다. 서로 바른 말 해 주어야 한다. 한자리에서 서로 웃고 즐기지만 제 욕정이 채워지지 않을 땐 금방 화가 터져 그 고운 얼굴을 찌푸리고 자기 이성을 잃고 발악한다.

누구에게 무엇을 주려고 할 때도 뒷일을 생각해 가면서 주어야 한다.. 뭐이든 남을 주고 싶을 때는 인색하지 말고 시원하게 주라. 주어 놓고 공치사나 하고 후회하면 그것은 도리어 죄 짓는 일이다

세속화

성신으로 거듭난 자는 세상과 화합 할 수가 없다 오늘 기독교인들은 세상 을 본받아 돈 벌어선 음란한 향락을 즐기고 남녀 할 것 없이 모두 향락주의에 흐르고 있다 생각 하는 것이 퇴폐한 음란뿐이고 음탕한 옷을 입고 창녀 같이 화장하고 향수를 뿌리고 타락한 생활을 일삼고 있다. 가정생활도 경건을 잊어버리고 혈기를 부리고 낭비하고 살면서도 교회에 모여서는 형식적 예배를 드리노

라고 기도하고 찬송을 부르는데, 그런 예배를 어느 하나님이 받으시겠는가? 바울은 교인들에게 권면하기를 "값진 옷으로 단장하지 말고 선행으로 단장하라"(딤전 2:0-10)고 하셨다. 신자들이 몸으로 산제사를 드리는 것을 하나님께서는 원하신다.

"그러므로 각처에서 남자들이 분노와 다툼이 없이 거룩한 손을 들어 기도하기를 원하노라 또 이와 같이 여자들도 아담한 옷을 입으며 염치와 정절로 자기를 단장하고 땋은 머리와 금이나 진주나 값진 옷으로 하지 말고 오직 선행으로 하기를 원하라 이것이 하나님을 공경한다 하는 자들에게 마땅한 것이니라"(딤전 2:8-10).

예수의 피

이스라엘 백성이 애굽에서 나올 때에 심판 하는 천사들이 지나 가는데 재앙을 피하기 위하여 문지방에 양의 피를 뿌렸는데 말세에도 하나님께서 천사들을 보내어 심판 하실 때 사람들의 심령에 예수의 피가 있으면 그저 지나가고 죄 사함을 받을 것이다

추수 할 때 좋은 곡식은 모아 곡간에 들이고 죽정이는 꺼지지 않는 불에 던진다. 십자가가 있는 사람은 천국으로 보내고 십자가가 없는 사람은 꺼지지 않는 영원한 불구덩이에 던져 넣는다.

환난 질고의 길

예수 믿고 나가는 길에는 환난 질고가 마치 눈섶에서 뚝 뚝 떨어질 듯 할 것이다. 믿다가 핍박을 받아 물속에 던져지면 물속에서 죽을 폭 잡고 불 속에 던져지면 거기서 죽을 각오를 하고 나가자! 예수님 십자가 오른편 강도의 말과 같이 우리가 겪을 환난 질고는 마땅히 내가 당해야 할 것인 줄 알고 서슴없이 겪어야 한다. 발악한다고 해도 당할 것이요, 순종하며 당한다면 이래도 당하고 저래도

당할 바엔 순종하며 당하는 것이 하나님께 걱정 안 끼치고 나도 면류관을 얻을 것이 아닌가!

죽은즉 사는 길

역행(逆行) 성질의 길이 우리 앞에 놓여 있다 지금 죄를 애통하고 슬퍼하면 기쁨의 날이 오고 지금 기뻐하고 즐거워하면 애통과 슬픔의 날이 닥쳐온다. 그런고로 이 세상에서는 억지로 라도 지옥살이를 해야 한다. 아브라함이 아들 이삭을 제단에 드리라고 하나님의 명령이 임했을 때는 슬픔이요 흑암이의 때 였지만, 그 시험을 이기고 넘어 갈 때는 슬픔이 변하여 기쁨이 되고 죽음이 변하여 광명이 되었다. 욥이 시험을 당할 때는 지옥이었으나, 그 시험을 이기고 넘었을 때는 더욱 풍성한 축복을 받았다. 잠시 고난을 잘 참고 받고 나면 영원토록 영광이 있다. 이 두 길 중에 어느 편을 택하겠는가? 좁은 길과 넓은 길이 있다. 그리스도 신자에게 있어서는 일반적 평범한 출발이 준비가 아니라 처음부터 십자가를 지는 것이 준비다. 우리도 십자가를 지고 예수님 발자취 따라 한 발자국 한 발자국마다 눈물 먹으며 주님 자취를 따라가야 하지 않겠는가!

고난과 영광

전에는 서양이 축복을 받았으나 이제는 동양이 축복을 받을 때가 되었다. 천국은 이 세상에서 환난 받은 자가 가고 지옥은 이 세상에서 영광과 평안을 누리는 자들이 간다. 우리는 위에 계신 하나님께서 시키시는 대로 고락간에 순종하여 준행 할 것이다 내게 맡겨주신 직분 대로 주의하며 주님의 인도하심 따라 고난 가운데서도 오히려 감사할 것이다.

우리가 이 세상에서 받는 고난과 장차 올 영광을 비교 한다면 족히 비교할 수 없다고 했다. 우리 신자들 앞에는 무궁무진한 소망이 있다. 이 소망을 생각하면 죽을 날이 와도 기쁠 뿐이고 항상 하늘 일만 생각하고 기뻐 할 것이다 항상 기뻐하라 쉬지 말고 기도하라 범사에 감사 하라. "주 안에서 기뻐하라"(빌 3;1).

십자가 지는 일

마음이 가난하고 애통 하는 것이 십자가 지는 일이다 십자가는 다른 사람에게는 거리끼는 것이다 우리가 두 팔을 활짝 펴고 서면 몸 전체가 십자가 모양이 된다. 그런 모양하고 가시덤불 속으로 들어가 보라! 얼마나 거추장스럽겠는가! 우리가 하나님 말씀대로 살려고 하면 자기 자유, 자기 영광은 없어지고 몰려오는 것은 고생과 환난뿐이다. 그런고로 예수를 믿어도 십자가 지는 일을 모두 싫어한다.

불행을 바라는 심리

약 장사는 남들이 병들기를 기다리고, 무당은 사람들이 환난을 당하지 않으면 자기 벌이가 없어질까 걱정이요, 풍수는 죽는 사람이 없으면 자기 배고플 것을 염려 하고, 군인들은 전쟁이 일어나지 않으면 자기의 임무가 없어져 시름한다.

성경에는 자기 유익을 구하지 말고 남의 유익을 구하라 했다. 선악의 길을 분별해 놓고 보면 예수의 길과 내가 가는 길이 뚜렷이 갈라져 나타난다. 그런데도 선악의 길을 분별치 못하는 자는 잘된 자기 길을 예수의 길 인줄로만 생각한다.

회개

아이 밴 여인의 뱃속에서 아이가 나오지 않을 수 없음 같이 누구나 우리 속에 있는 것도 들어 나지 않을 수 없다. 창조 이후로 감춰진 모든 것이 드러나지 않을 것이란 있을 수 없다. 그런고로 정직한 영혼은 미리 자기 속의 모든 허물을 죄다 자복하여 내놓지 않으면 안 된다. 숨긴 것, 남몰래 서방질한 것도 모두 드러난다. 자기 허물은 덮어놓고 남의 허물 만들려 하지 말고 자기 허물을 죄다 들어내 회개하고 남의 행위는 다 덮어줘야 한다. 우리 개인의 잘못과 교회로서의 잘못된 모든 행위도 용서 없이 지금 들어내 놓고 회개하되 남의 문제는 들춰내지 말고 덮어줘야 한다. 그래야 교회가 부르짖는 사랑이 옳은 줄 안다.

교회 분열

현대 교회들이 밖으로 보이는 허울은 좋으나 내면에 들어가 볼 땐 성경을 가지고 각 각 제멋대로 자기에게 유리 하게 사사로이 푼다. 그리고는 큰 문제도 아닌 사소한 일로 서로 다투고 분열한다. 저마다 서로 자기를 높이 내 세우려 하니 교회 안의 싸움이 생기지 않을 수 없다. 분열하여 대립하니 성경해석도 사사로이 풀기 쉽다. "나"(自己)라고 하는 것을 사정없이 때려 죽여야 한다. 교인 수만 명이 모인다고 해도 그 안에 예수님이 계시지 않으니 야비한 인간적 분규 속에 소란스러운 것이다. 그러나 두 세 사람이 모일지라도 그 안에 예수님이 계시면 그 것이 참 교회요 참 예배다.

형제가 원수

"내가 진실로 너희에게 이르노니 너희 중에 한사람이 나를 팔리라…나와 함께 그릇에 손을 넣는 그가 나를 팔리라"(마 26:21-23).

나는 예수 믿는 신자들 과 40년이나 싸웠다. 믿지 않는 세상 사람들이 싸우려고 올 때도 있지만 믿는 신자들이 싸우려고 올 때가 더 많았다.

"사람의 원수가 자기 집안 식구리라"(마 10:36)고 하신 대로 신자가 신자끼리 싸운다. 예수님이 잡히셨을 때 이방인 빌라도는 예수를 놓아주려고 애썼으나 같은 유대인들이 예수를 죽이려 했다. 구약의 요셉은 자기 친 형제들이 죽이려 했다. 아벨은 자기 형에게 맞아 죽었고 이스마엘은 자기 친 가족들에게 쫓겨났다.

불의한 칭찬

칭찬을 싫어한 사람은 산구약 성경 중에 사도 바울뿐이다. 만사에 사람을 기쁘게 하는 일은 하나님께서 싫어하신다. 죄악의 성품이 있는 이들을 기쁘게 하는 일은 죄의 종이 되는 일이다. 악인을 칭찬하는 것은 불의한 일이다. 칭찬은 마귀의 교훈이다. 불의한 칭찬을 하는 자도 마귀요, 그런 칭찬을 듣는 자도 마귀다.

병은 죄 값

"죄가 너희를 주관치 못하리니 이는 너희가 법 아래 있지 아니하고 은혜 아래 있음이니라 그런즉 어찌하리요 우리가 법 아래 있지 아니하고 은혜 아래 있으니 죄를 지으리요 그럴 수 없느니라"(롬 6:14-15). 무슨 병이든지 병은 다 죄 값으로 나는 것이다. 하나님께서 병 나은 자에게 은혜를 주셔서 병에서 놓아 주셨는데 하나님께 영광은 돌리지 않고 약 먹고 낳았다고 약의 신통한 효력만 찬탄 하는가?

먹기를 탐함

먹기를 탐 하는 자는 그 목에 칼을 두라! 좋지 못한 사람과 함께 앉아서 먹고자 할 때는 그 먹는 조각도 토해내리라고 했다(잠23:1). 마귀가 주는 먹이를 탐하지 말고 그 대신 하나님이 주시는 신선한 공기와 빛만 먹으면 그때가 에덴동산이다.

바른 연보 정신

현대 교회 풍속에 물질로 믿음을 평가 하는 풍속 때문에 은혜를 소멸시키는 경우가 많다. 영과 물질은 동등한 것이 아니라 그 정 반대다. 그러나 오늘날 교회에서는 물질 여하로 믿음을 재어보며 연보만 많이 하면 잘 믿는 다고 평가 함으로 연보 많이 하려는 부인이 남편이나 집안 식구들을 속여 가며 연보를 많이 하려고 함으로 가정 싸움이 일어난다. 참으로 연보를 성심으로 하려면 자기가 절제하여 좀 덜 먹고 덜 써 가면서 연보해야지 집안 식구를 속이며 도적질해서 연보 하라고 성경에 가르친 데는 없다. 그 때문에 교회에 핍박이 심하다.

남녀유별

예수님께서는 "누가 내 모친이며 내 동생이냐 오직 하나님 뜻대로 하는 자가 내 모친이며 내 동생이다"(막3:31-35)라고 하셨다. 예수 믿는 여자가 안 믿는 식구들과 같이 살면서 그 분위기에 휘말려 같이 여러 가지 속된 말이나 하고 함부로 웃고 남자들과 한 방에 앉아 지내는 일은 신자의 바른 태도가 아니다. 유서(儒書)에도 남녀칠세 부동석이라 했다. 기독교는 남녀 성(性)이 더 순결해야 한다.

예수님도 "너희 의가 서기관과 바리새인보다 더 낫지 못하면 결단코 천국에 들어가지 못하리라"(마 5:20)고 했다.

사랑은 무례히 행치 아니하는 것

사랑은 무례히 행치 아니 하는 것이다(고전13;5). 남자를 만나면 같이 밥 먹고 한 방에서 같이 놀며 웃고 애교를 떠는 행동은 믿는 자로서는 좋지 않다. 마음에 순결이 없이 성을 가득히 품은 채 남녀가 한자리에 앉아 지내는 일은 죄 지을 기회 밖에 되지 아니한 것이다. 자기 친절한 친구 집이라 해도 빈 방에 혼자 앉아 있어 지켜 주노라 하는 짓도 안 된다. 믿는 사람의 일거수일투족은 그렇게 조심스러운 것이다.

결혼

결혼문제에 대해서는 육신의 결합만 생각 하지 말고 영혼의 문제 까 고려해야 한다. 결혼은 실로 중대한 일이니 자칫 잘못하면 영혼까지 망치고 만다. 결혼하는 것이 죄는 아니다. 그러나 하나님께서 허락 하시고 도와주시는 가운데서 짝 짓는 것이 가하기는 하지만 누구나 자기 심령을 장담하지는 못하는 고로 죄를 예방하기 위해서 차라리 결혼하지 않을 때는 만물도 춤을 춘다. 자녀를 낳는 일이 죄라는 것은 아니다. 그러나 자녀를 낳아 법대로 가르치지 못해 그 영혼을 구원하지 못하는 일은 죄다.

사도 바울은 고린도전서 7:1-25 와 6:12-18 에 인간생활이 너무 음란하기 때문에 물론 장가가고 시집가는 것도 좋으나 죄의 종이 되지 않기 위해서는 결심할 수 있으면 그냥 지내는 것이 좋겠다고 했다(고전7;1-25).

"모든 것이 내게 가하나 다 유익한 것이 아니요 모든 것이 내게 가하나 내가 아무에게든지 제재를 받지 아니하리라"(고전 6:12). 우리 몸은 육의 음란을 위하여 있지 않고 예수를 위하여 있으며 예수님은 우리를 위하여 계신다. 믿는 사람은 내 몸을 거룩하게 하는 것이 육을 벗어나 그 제재를 받지 않는 길이다.

부부 사랑

인간은 식욕을 폐하면 자연 색욕(정욕)도 폐하기 마련이다. 지금은 시대가 마지막 부부지간의 사랑만 알고 부모도 국가도 모르는 시대인데 그 부부의 사랑도 완전한 것이 못된다.

유서(儒書)에도 세상이 오륜(五倫)이 폐해진다 해도 부부의 윤리는 끝까지 폐하지 못하는 것이라 했지만 부부지간의 사랑도 진정한 사랑은 못되고 정욕적이고 표면적인 것에 지나지 않는다. 사람들은 부부는 일심동체라 하나 그것은 자칫 서로 못된 짓하는데도 함께 공모(共謀)하는 악한 동무이기 때문이다. 악한 동무는 선한 행실을 더럽힌다고 하셨는데 앞으로의 세상에서는 신자들이 편치 못하고 환난이 있을 것이다. 세상 사람들이 예수 믿는 신자들을 핍박하는 때가 올 것이다.

손아래 사람 존대

나는 손자나 조카나 손아래 사람에게도 존대한다. 세상 풍속이나 예절로 보아서는 내가 나이 많다고 해서 손아래 사람들보고 "하라!"고 할 수 있으나, 나는 이 세상 풍속과 법의 영역을 초월했으니, 이제는 어린아이에게도 "해라!"고 할 수 없다. 세상 권세를 부리려는 자는 세상에서 하나님과 동등 권리 행세를 하려는 것이다. 법이란 것은 악을 제재하기 위하여 생겨 난 것인데 믿음에는 법이란 것이 없다. 마음이 양심 따라 사는데 세상법이 무슨 소용이 있겠는가!

죄의 성품

믿는 자나 안 믿는 자나 그 마음 가운데 죄의 성품이 없는 자는 없다. 그런고로 누구나 죄의 유혹을 받으면 넘어지지 않을 자 없다. 아담은 죄를 범한 후 하나님의 낯을 피하여 숨었다 죄 지은 사람은 숨는다. 그런고로 그리스도께서 우리 마음에 계시게 하여야 한다. 없으면 영적 과부다.

2.
이현필

"땅 파는 소리가 하나님 음성이다. 시래기 먹는 것이 우리의 기도이다" 이것이 이현필 선생의 마지막 교훈이다. 그가 임종하던 밤, 그 산당은 환한 빛이 있었다. 그는 무릎 꿇은 채 하늘 쳐다보며 임종했다. 겟세마네 동산에서 기도하시던 예수님 모습이었다.

이현필 선생

계명산 이현필 선생의 최후 거처

이 선생이 자주 앉던 바위

정한나는 이세종의 제자이면서 또한 이현필의 제자였다. 자 벽제 계명산에 들어가 삭발하고 땅굴을 파고 수도생활을 시작했다.

화학산 암굴: 스케치

1941년 여름 광주양림교회 유치원에서
왼쪽부터 이현필, 신성철 장로, 박석현 목사, 김학준, 이준묵 목사

동광원 기도문

주님, 사랑에 불타는 싱싱한 믿음을 우리에게 주사, 오직 당신을 사랑하는 순결한 마음으로 우리의 모든 사명을 온전히 이루게 하시며, 우리 이웃 안에 늘 당신을 뵈옵고 섬기게 하옵소서.

바위와 같이 굳고 움직이지 않는 믿음을 우리에게 주옵소서. 그로써 우리는 십자가의 노고와 생활의 실패 가운데서도 평안하고 줄기차게 머물러 있으리이다.

용감한 믿음을 주소서. 이에 우리는 감화 인도하심을 따라, 하나님과 구령을 위한 위대한 일을 서슴없이 떠맡고 버티어 나아가리이다.

우리 동광원에 불기둥이 될 믿음을 주시와, 단결하여 나아가도록 우리를 인도하시며, 하나님의 사랑의 불을 가는 곳마다 놓게 하시며, 어둠과 죽음의 그늘 안에 있는 모든 이를 비추게 하시며, 믿음이 식은 이를 뜨겁게 하시며, 죄로 죽은 이를 삶에 돌아오게 하소서.

또한 우리 자신의 발을 평화의 길로 인도하는 믿음을 주사, 한평생 싸움이 끝난 다음, 한 삶도 빠짐없이 당신 사랑과 영광의 나라에 우리 동광원이 다시 모이게 하소서.

세상을 떠난 동광원 회원들의 영혼과, 죽은 모든 믿는 이들의 영혼이 하나님의 인자하심으로 평안함에 쉬어지이다.

아멘.

기도(이현필)

1.

주님, 저로 하여금 항상 죄인됨을 기억하게 하옵소서. 죄인 된 것을 깨닫는 시간만이 제게 가장 행복된 것은 구주가 가까워지는 까닭이로소이다.

주님, 저로 하여금 항상 저의 약함을 기억하게 하옵소서. 저의 약함을 깨닫는 시간만이 제게 가장 복된 것은 크신 권능 물밀듯이 찾아주시는 까닭이로소이다.

이 험악한 세대에서 이 두 가지 위로가 제 자랑이 되나이다. 성령의 역사로 참으로 주를 우러러 보는 이들은 주님 구원만 믿고 바라게 하소서. 주님의 이름으로 들으소서. 아멘.

2.

아버지 주님의 명령을 못 받들터이면, 이 땅 위에 더 오래 살아 무엇하겠습니까?

진정으로 형제자매들을 사랑치 못한다면, 참으로 쓸데 없는 생애로소이다.

주님! 주님만을 사랑하게 하소서. 제 마음을 빼앗아 가소서. 온전히 빼앗으사 주님 수중에 두소서. 주님의 이름으로 들으소서. 아멘.

1. 동광원의 얼

    이현필 선생은 말하기를 "차라리 예수를 포기하고 적극적으로 세상으로 나가면 잘 살 텐데··예수를 믿으려면 눈 질끈 감고 지성을 다해 믿든지 세상을 버리든지··이건 예수도 세상도 둘 다 함께 붙잡으려니 이것도 저것도 괴롭고 흐지부지 되어버린다.
    육신이 건강해 지니 세상에 대한 공상(空想)이 온다. 그런 때 갈팡질팡 번뇌가 일어난다. 각혈(喀血)할 때 내 영혼은 예수님만 의지하게 된다. 사람의 마음에 딴 꿈이 생길 때가 그 영혼은 아주 큰 괴로움을 느낀다. "아이구 예수님 날 살려 주시오!" 하고 예수님 앞에 무릎 꿀 때, 그렇게 예수님께만 귀의(歸依)하는 때 내 영혼의 평안이 온다.
    이현필의 지도 방법은 "뜻을 세운 사람은 계속 시달릴 처지나 방황을 피하고 자극 받지 않는 처소를 택해야 한다"고 했다. 동광원 안에서도 세상, 가정, 죄 짓는 생활을 겪던 이들이 들어와 잘 믿고 마음에 평화를 얻는 것이지 아직 그렇지 못한 자매들은 오히려 더 번민하고 있는 것을 볼 수 있다. 남녀 교제의 경험이 있는 사람(정식 부부 아닌 경우는 간음)들은 겉보기에는 독신자로 육체적으로 범법(犯法)은 안했다고 해도 마음에서 세상적으로 범법해도 그 때문에 아주 영혼의 진통을 겪는다. (세상 생각이 올 때) 직접 육체적 범법한 일은 없어도 마음으로 세상이 침입했을 때는 죽을 것 같이 괴로운 것이다. 예수님만 사랑하게 되면 영혼이 평안하다. 예수님만 사랑하는 영혼은 성인(聖人)이 된다. 우리가 예수 믿고 성화되어 가는 데 방해가 되는 자기를 제거하라. 자기를 제거하고 예수님만 계시니 사랑뿐이다.

어떤 충동이나 막연함으로 이현필을 따라 나선 이들은 결국에는 다 그와 원수가 되고 말았다. 이세종이나 이현필의 비밀은 곧 순결사상인데 순결의 깊은 뜻을 이현필과 같이 이해하고 지키고 간 이 들에게는 이현필은 은인(恩人)이지 그 밖의 딴 문제 즉 이현필은 예수를 어떤 모양으로 잘 믿는지, 성신은 어떻게 받는지 등을 알고자 해도 이현필은 알 수 없다. 더구나 요사이 방언이니 계시니 하는 문제로는 이현필과는 아무 소용이 없다. 한 마디로 말해서 이현필의 비밀, 즉 그가 그렇게 예수 잘 믿는 비밀은 곧 정절(貞節)이다. 정절을 잘 지키고 싶은 사람에게 이현필은 길잡이다.

"예수님은 순결 왕이다 순결 완성은 곧 예수를 본 것이요 예수를 만난 것이다. 순결하게 살아야만 예수와 일치된다." 그렇게 되어 서로 알게 된 사람들만이 사생(死生)을 같이 하고 목숨을 걸고 서로 강한 힘이 되어 함께 움직인다는 것이 동광원의 얼 이다.

이현필이 지녔던 비밀은 말로 이렇고 저렇고 설명해 봐야 소용없다 경험으로 얻어진 마음의 비밀인고로 이현필에게 그런 것이 있었다는 것을 말로 아무리 설명 한닫고 해도 설명이 안 된다.

누구나 가족을 거느리고 동광원에 들어 올 때는 자녀들도 따라 들어올 수 있으나, 남자 여자 자녀들은 각각 따로 나뉘어져 산다. 그러니 뜻 없이 단지 부모 신앙 때문에 끌려 들어온 이들은 억지 고생을 하는 셈 이다. 그래서 중도에 나가버리는 사람들이 있다.

독신으로 살고 있는 경상도 어떤 단체의 사람은 자기도 계시를 받아 깨닫기를 선악과는 성(性)이라고 깨달았다고 했다. 한번은 배영진 장로와 함께 실과를 사 먹으러 가서 "선악과는 남녀의 생식기다"라고 했다.

일화

이현필 선생의 전도는 대중을 모아놓고 전도 강연하듯 하지 아니하였다.

그러나 전도는 철저했다. 한 사람의 영혼을 구원하기 위해서는 깊은 산을 넘어 30리, 50리도 도보(徒步)로 가리지 않고 찾아다녔다. 그런고로 그의 전도를 받은 이는 믿어도 골수로 믿었다. 누구에게 전도하여 회개시키려고 찾아가서는 직접 믿으란 말은 한 마디도 하지 않고, 방구석에 앉아 밤새 자지도 않고 기도만 했다. 오북환 장로가 이 선생 보고 묻기를 "예수를 어떻게 하면 잘 믿을 수 있습니까?"라고 물었더니, 이 선생 "거지 오쟁이를 지고 나서십시오"라고 대답했다.

"하루에 한번 하늘을 쳐다보고 하나님께 감사하면 잘 믿는 마음이다. 사람들은 그것도 못한다. 배추 한 잎 뜯으면서도 하나님께 감사하면, 그것이 믿는 마음이다. 사람들은 그것도 못한다."

만원 버스를 탈 때는 언제나 제자들 보고 "우리는 제일 마지막에 타자"고 해서 언제나 서 있고, 기차를 타면 "우리가 앉으면 다른 사람이 앉을 자리가 없어지지요"라고 말해서 계속 자리를 양보하다가 어떤 때는 문밖에까지 밀려나기도 했다.

어떤 물건이든 초목이나 돌이라도 천히 여기면 자기도 천해진다. 사랑과 생명은 하나요, 사랑과 빛도 하나다. 십자가 보혈은 사랑이요 생명이다.

이 선생은 누구 집에 가면 그 집에 폐를 끼치지 않으려고 음식상을 차려도 먹지 않았다. 동행한 제자들 보고도 먹으라고 권하지도 않았다. 그러나 임의롭고 진심인(眞心人)의 집에 가서는 음식을 가져오라 하고 "얼마나 배고프냐. 먹으라"고 했다.

무명 바지저고리를 입고 손수 농사한 볏짚으로 짚신 만들어 신고, 털옷을 입지 않고, 비누 쓰지 않고, 아궁이에 불 땐 잿물로 빨래하고 맨발로 다니며 성신을 순종하자 하시며 일생 손에 돈을 안 만지고, 동정(童貞) 생활을 강조하고 때때로 깡통을 든 거지차림으로 여행했다.

꿈 이야기를 하는 것을 좋아 하지 않았고, 가끔 병자들이 기도해 달라고 부탁하면 "나는 신(神)이 아니오…"라며 거절했다. 뽕 잎을 국으로 끓여달라고 한 적도 있었다.

한 번은 길 가다가 성황당 나무 가지에 걸어놓은 젯밥을 떼어가져다 먹었다. 하나님이 주시는 아까운 쌀을 낭비한다면서 말이다. 회식하는 데 음식을 준비하다가 실수해 쏟은 시래기 국물을 손으로 긁어먹기도 했다. "밥 한술 덜 먹기" 운동을 창안해서 한 끼에 1원씩 저축하면 한 달에 90원, 몇 사람이 그렇게 실천하면 한 달에 사람 하나 살린다고 했다. 그렇게 야위고 병든 몸을 갖고도 무등산에 나무하러 가서 나무 짐 지고 부들부들 떨다가 엎드러져 지게에 깔리기도 했다. 함께 간 수녀들이 보고 울어 버렸다. 남원에선 보리 지게를 지고 다녔다.

크리스마스 놀이를 해도 자기는 혼자 산으로 기도하러 갔다. 여행할 때는 여 제자 수레기 어머니와 나이 먹은 정한나를 데리고 다녔지만 절대 여자 혼자 데리고는 안 갔다. 말년에 병든 몸으로 젊었을 때 은둔해 살던 산중으로 마지막 순례할 때는 건강한 여 제자가 업고 다니기도 했지만, 산중에서도 절대 혼자 방에서 자지 않고, 모기장을 쳐주어도 밖에서 지냈다.

오고 간 이야기들

1971년 여름 이현필의 유적지 순례할 때 일행이 해남(海南)에 이르렀을 때 해남교회 어느 장로가 정인세 원장에게 대뜸 대들며 직언했다. "동정(童貞) 지키지 않는 자는 천국생활 못한다고 주장한다면, 그것은 이단이다"라고 했다. 여기에 대해서 정인세 원장의 설명은 "예수 께서 동정녀 마리아에게서 나 심은 동정성을 자기 안에서 재창조하고자 하시는 일이다‥천국엔 부부가 없다. 지상에서 부부이지만 완성된 세상엔 그런 것이 없다. 부부라는 것은 하나의 과정이다."

24시간 성령 안에서 살려는 사람에게는 그런 것이 없다고 하시며 "동정을 주장하면 장차 민족이 멸족되리라 걱정이 되는가? 동정을 지키는 우리 같은 사람은 열 명 중에 한 사람이다. 그런 걱정 말고 제발 산아제한이나 하지 말라‥ 은혜 세계는 서로 간섭해서는 안된다. 죄가 된다"고 답변했다.

오북환 장로는 "하나님 사랑이 이루어 질 때, 남녀는 서로 남매로 사귄다. 순결한 처녀로 그리스도께 중매하는 것이 복음이다. 전체 성경 내용은 이것 하나를 가르치고 있다. 부정하게 사는 일은 영혼을 죽이는 일이다. 사람이 잉태될 때 2억의 정충(精蟲) 중에서 다른 것을 다 물리치고 나 하나만 생존 하였으니 나는 날 때부터 죄인이다‥나는 두 번 결혼했는데, 또 결혼한다면 또 예수는 십자가를 져야 한다‥사람이 탄생했다는 말은 죄인이 왔다는 말과 같다. 내가 탄생할 때 예수님은 날 위해 죽으신다. 그런고로 내게서 퍼진 자손들 한 사람 한 사람은 곧 십자가 하나이다."

이현필 선생은 어떤 교파에 대해서 "옳다 아니다"라고 말하지 않았다. 구원은 개인의 신앙에 달린 것이지 교파에 있지 않다고 했다. 구원의 확신이 강하고 철저했다. 별사람이 와서 별소리를 해도 추호도 마음에 동요를 보이지 않았다. 가톨릭에서 이 선생이 세상 떠나기 2~3년 전부터 천주교로 끌려고 찾아오는 일이 있었으나 동요하지 않았다. 누가 천주교와 합치면 어떠냐고 묻는 이가 있었는데 대답이 "천주교와 합치는 것이 하나님 뜻이라면 1분도 지체하지 않고 이 시간에 실행하겠다"고 대답했다.

죄를 자복하는 일에 대하여 자기 죄를 자복 못하겠다는 것은 교만이다. 사람은 교만과 게으름을 일삼는데 주님께서 십자가에 높이 달리사 사람들 앞에 부끄러움을 당하시듯 우리도 많은 사람 앞에 그렇게 해야 한다. 세상에서 죄를 자복할 때는 성령을 받았다고 인정되는 사람에게 해야 한다. 동광원에서는 중촌 총회 때 회개(고회성사)를 받는 "자복 집사"라 해서 오북환 집사를 선택했다. 동광원 초기에는 "자복 잔치"란 것이 벌어졌다 사람 앞에 자복 못하겠다는 것은 교만이다. (처음에는 이 선생에게 자복했다).

이 선생은 배영진 장로에게 "지금도 나는 아무 자매를 보면 마음에 음심이 일어난다"고 솔직하게 고백한 일이 있었다. 이 선생은 성 프란시스에 대해서도 많이 알았고 일본의 일등원(一燈園)에 대해서도 알고 있었다. 이 선생 운동이 그들 영향을 간접적으로 받았을 수 있다.

가톨릭 오기순 신부는 동광원 수녀를 자신의 집 식사 돌보는 이로 맞아들이고, 천주교 미사에 참예하지 않아도 좋고 자기 신앙을 그대로 지키라고 했다. 그후 전주 진달래 교회 있는 동광원 곁에다 가톨릭 수녀들의 수도처를 만들고 동광원 사람들에게 배우게 했다.

순결사상

화순 도암에 이현필 선생이 계실 때 결핵환자인 그는 병이 중하여 기침과 각혈이 계속되어 다 죽어가는 시체 같은 몸으로 구주성탄 밤을 맞이했다. 교회 마당에 막을 치고 가마니를 깔고 이 선생은 그 위에 누워 예수님의 마구간에서 나신 일을 회상 했다. 제자들이 선생보고 방에 들어가자고 해도 "나, 여기 좋다"고 하시면서 절대 사양했다. 너무도 쇠약한 그는 방에서 교회까지 불과 20보도 못되는 거리이지만 걷지 못하고 비틀비틀하고 업어도 다시 흔들흔들했다 그렇게 약하면서도 꼭 무릎은 꿇고 앉으셨다. 그런 모양으로 1주간 성경 강의를 계속 했는데 엿새 동안은 윤리 도덕적 내용의 이야기 이 소리 저 소리 하시다가 맨 마지막 날 결론 내릴 때는 마치 주머니 끈 졸라매듯 계시록 2:18-29을 해석했다. 본문 중 "사단의 깊은 것"(24)을 음란으로 해석하며 "정절"(거룩)은 그리스도의 비밀이요 사단의 비밀은 음란이라고 설명했다.

이현필 사상의 주축을 찾으려면 순결사상 이다 이현필은 정식 신학 교육을 받지 못한 분이므로 교리적으로 까다로운 것은 몰랐다 연옥설이나 윤회설이나 만인 구원설 같은 것도 부정하지 않았고 순결사상(童貞)이 그 주축을 이룬다. 제1 구원은 예수 믿고 주께 나 오는 것이며, 제2 구원은 성의 순결이라 보았다. 남녀는 시금석이다. 구원은 정직과 순결이다. 음란이 죄라고 부르짖다가 맞아죽으면 그이상 더 큰 영광은 없다고 했다. 그러나 이 선생은 이것을 남에게 강요하지는 않았다. 남에게 선전하는 순결이 아니라 자기가 몸소 순결하게 살려는 갈망이었다. 이 세상에서 혼인 하지 않고 사는 사업이 제일 큰 사업이라고도 했다. 구원의 절정은 인격 완성을 이루어 예수 형상을 일우는 일인데 그것은 정절이라고 했다. 창세기의 선악과는 음란죄를 말하는 것이라고 해석했다 한 번은 김춘일 자매가 이 선생 듣는 데서 "천주교 신학자 중에도 그렇게 주장하는 이가 있더라"고 하니 누워있던 이 선생이 벌떡 일어나면서 "그래야 한다" 면서 기뻐했다.

"은혜를 받으려고만 말고 이미 받은 은혜를 간직 하도록 하라. 하나님께 받은 가장 큰 행복은 동정과 가난의 복 이다. 이것은 실로 엄청난 은혜요 어마어마한 축복 이다. 그러나 감당키 어렵다"고 했다. 이와 같은 순결이 대단히 귀하여 예수님을 기쁘게 하려면 순결하게 살아야 한다고 하나 이는 우리의 자기 힘이나 자기 사상으로는 불가능하다. 그리스도의 십자가를 쳐다보아야 한다. 십자가를 우러러 볼 때 마음의 괴로운 번뇌가 물러간다. 십자가가 효과가 있다. 이현필 선생은 동광원 원장이 된 정인세 선생에게도 동정을 강요하지는 않았다. 한번 순결의 동지가 되면 서로 한 마음이 되어 재산도 네 것 내 것이 없어지고 순결만 지킬 수 있다면 기타 모든 것은 쓸데없는 것으로 느껴진다.

이현필 선생은 처음에는 이세종 선생과 순결 사상으로 서로 논쟁 했으나 나중에는 이세종 보다 순결사상이 더 강했다. 이세종은 아내와 세상 떠날 때까지 함께 곁에 있었다. 다만 성 관계를 갖지 않았을 뿐이다. 그러나 이현필은 아내와 숨바꼭질을 했다. 동관원의 정인세도 오북환도 아내를 아예 떠났다. 더구나 동광원의 어떤 이들은 정당한 부부생활도 음란이라고 고집해서, 이 때문에 이현필과 동광원은 기성 교계의 시비 대상이 되기도 했다.

그러나 이현필은 말년에 후두 결핵으로 죽음에 임해서 스스로 그동안의 자기 금욕 고행과 자율주의를 파계했다. "나도 예수 그리스도의 십자의 피의 공로로 구원을 얻는 것이지, 내가 산 고행으로 구원 얻는 것이 아니다. 그렇다면 나는 이후 예수님 앞에 역적 같은 놈이다"라고 했다. 이현필은 개신교의 거물이다. 그 일생의 뛰어난 금욕고행 수도보다 그 서슴없는 파계가 더 지혜롭고 훌륭하다.

토막이야기들

이현필 선생은 일생에 설교란 건 두세 번 했을 정도요, 그 밖에는 언제나 좌담으로 개인 개인 상대로 묻는 문제에 대답해 주면서 개인의 인격 완성에 힘썼다. 해남 이준묵 목사의 교회 초청에 응하여 설교하신 것이 처음일 것이다.

이현필 선생은 특별히 어느 산에 가서 산 기도를 한다거나 한 일은 별로 없다. 그러나 그의 생활은 앉으나 서나 누우나 언제나 하나님과의 영교(靈交) 생활이었다. 그리고 영적 능력이 있었기 때문에 그것으로 모든 사람의 지도자가 되었다. 누구의 속의 생각을 다 알았고 미리 알고 그에게 말해 주었다.

이 선생은 자기보고 선생이라고 부르지 말라고 여러 번 당부하였고, "헌신짝"이라고 부르라고 하였으며, 그렇지 않으면 "오빠"라고 부르라고 했다. 그러나 이 선생 말년에는 수녀들을 "딸들아"라고 불렀다.

한동안 이현필 선생이 거처하던 방림의 감밭 벌통에는 해바라기 대로 움막 집을 엮고 그 속에 바싹 야윈 이 선생이 거처하였다. 동광원 수녀 두 명이 방림에서 재매로 가다가 10리 거리인데도 길을 잃고 헤매다가 날이 저무니 때마침 여름이어서 근처의 밭에 가서 하룻밤을 지냈다. 그들은 그렇게 세상을 모르고 지냈다.

이현필 선생은 회개에 대하여 (1) 말씀 들을 수 있는 회개; (2) 속죄 받는 회개; (3) 영생의 회개에 대해서 가르쳤다.

순창 출신 임낙현 씨는 고향에서 공부하다가 덮고 자던 이불을 그대로 두고 10여세 때에 집을 나와 동광원에 들어왔다. 그가 그렇게 호기심을 끈 것은 그 지방에서 오북환 집사에 대하여 평하기를 "짚신 신고 도토리나 주워 먹고 돌아다니는 사람이라"는 데서였다. 그 무렵 임낙현 씨는 1년 생활비가 고작 800원, 기차는 안 타고 몇 십 리를 걸어서 다니고 단벌로 몇 해를 지냈다.

김준호는 한때는 폐결핵 환자 400여 명을 돌보고 있었는데, 말 한 마디면 미군들이 물자를 얼마든지 대줄 수 있었지만, 그러나 그들은 입고 있는 단벌옷 한 벌로 10년을 지냈다.

나주 출신 최창익이 목포에서 고등학교를 나오고 군대에 입대하려다 폐병 때문에 광주 감밭에 이현필 선생을 찾아갔더니 이 선생은 "군인으로 안 가는 것이 좋겠다"고 했다.

일 년에 한번 모이는 총회가 되면 도암(道岩)에서 동광원 계통의 부인들이 광주로 모인다. 딸 한 사람씩 데리고 함께 참예한다. 그들은 결혼은 아예 죄로 여긴다.

이현필 선생은 그의 최후의 총회를 광주에서 마치고 서울 계명산에 들어가 7일 만에 세상 떠났는데, 그 죽음도 미리 다 알고 그리로 간 것이라고 한다. 예언하기를 "장차 이 골짜기에 찾아오는 사람들로 메어질 것이다"라고 했다. 지금 과연 그대로 되었다.

순결문제

이현필도 광주 재매에서 전도사로 목회를 해본 경험이 있다.

"내가 겪어 보니 목사들의 가장 큰 문제는 가족의 문제가 제일 큰 문제더라. 가족을 제3자가 수습해 주어야 목회를 바로 할 수 있다. 가족이 성소를 짓밟고 있었다. 그 문제 때문에 거기서 나온 것이 동광원의 공동생활이다."

동광원에 들어와 노인은 노인끼리 거하고, 아이들은 아이들끼리, 아들은 아들들끼리 공동생활을 시작하게 된 것이다. 정인세 선생이 수피아 학교 교감으로 있으면서 가족 문제로 고민하고 있을 때 한번은 거지같은 이현필이 찾아와 가족을 자기에게 맡기라고 한 적이 있었다.

동광원 수양회에 참석했던 가족과 자녀를 가진 어떤 분이 말하기를 "저는 이번 일주일간 참예하고 나서 사단의 깊은 비밀은 음란이오, 그리스도의 비밀은 정절이라는 결론 내린 것을 깨달았습니다"라고 했다. 참석한 10여명 모두가 그런 소감을 말했다. "이제 그 말을 마음에 깨닫고 얻어 졌다." "젊은이로 순결 하게 살기 원하는 이는 충동을 피해야 한다는 것을 깨달았다"고 했다.

1961년 3월, 무등산에 계실 때 이 선생은 "파리가 똥을 좋아하고 엉기는 것은 똥에서 나왔기 때문이다. 사람이 음란을 좋아함도 음란에서 생겨났기 때문이다. 인간의 씨가 더럽고 변소 옆 더러운 장소에서 자라났다. 태아가 자라나는 곳이 그렇다. 육신의 한 눈을 오래 덮어 두면 골아 지듯 마음의 눈도 어려서부터 안 쓰니 골아졌다.

순결을 주장하다 보면 이 사상이 세상을 향한 사람들에겐 더욱 압박과 번뇌를 준다. 이것이냐 저것이냐 빨리 결단해야 한다. 그 어느 한 쪽을 붙잡아야 한다.

이현필 선생도 순결사상은 그가 세상 떠나기 전 2~3년 전부터 강조한 것이고, 그 이전 에는 발표하지 않았다. 다만 이 선생 자신의 실생활이 그렇게 명실 공히 사신 것이 사람들에게 감동을 준 것이다. 이현필은 "남녀는 가까이 있으면 안 된다. 한 방에 거하게 되면 안 된다"고 했다.

오북환은 다음과 같이 말했다.

"남녀가 접촉하면 그러기 이전보다 사람이 달라진다. 그런고로 남녀 접촉을 조심하라."

"은혜의 성령을 욕되게 한다는 성구는 남녀의 부정하게 사는 것을 말한 것이다."

"아무리 쟁쟁한 신학자라도 육의 정욕의 한계를 넘지 못했다면, 그 속에 성령이 역사하지 않기 때문에 하나님의 일을 할 수가 없다. 물질 이하에서 살 뿐이다."

"우상이 우상을 버려 내겠느냐? 마귀가 마귀를 버려 내겠느냐? 내가 마귀다. 내가 우상이다."

"나는 버릴 수 없사오니, 오셔서 버리게 해 주소서."

깊은 순결의 비밀을 이해 못하면서 그냥 믿음으로만 이현필을 이해하려 할수록 이현필이란 인물은 알 수 없는 사람이다. 이현필은 대체 불교인이 아닌가 하고 생각도 되기도 한다. 그러나 그의 핵심은 다만 순결이다. 그것을 아는 이라야 이현필을 안다. 원경선 씨와 이현필 사이의 생전의 논쟁도 이 순결의 문제였다.

복음삼덕

그는 본래 전남 순창에 살면서 예수 믿고 교회에 다녔으나 마음에는 언제나 고민이 계속 되었다. "어떻게 해야 주님 뜻대로 살 수 있을까? 내가 왜 이런 헛된 세상을 못 버리고 있는가? 여생을 어떻게 살아야 하는가?" 5년간이나 이런 기도를 계속 했다. "여생을 주님 위해서만 살게 하옵소서. 주님 기뻐하신 일만 하게 하옵소서." 그러다가 동광원에 와서 이현필 선생 계신 곳과 사는 것을 보고는 저도 모르게 마음에 "이것이 아닌가!"라는 느낌이 왔다. 그 후 이 선생이 인도하는 성경 공부에 참석해서 "복음삼덕"(福音三德)을 가르치는 말씀을 들었다. "가난이 복이다." "정절(貞節)이 복이다." "순명(順命)이 복이다"라는 이 말씀은 그동안 교회의 부흥회에서는 듣지 못하던 새로운 소리였다. 그 말씀들이 어찌도 그의 마음에 평화와 감사와 기쁨을 주는 말씀이었든지 형언할 길이 없었다. 더구나 말씀만이 아니오, 실제 이 선생이 주님 본받아 비천에 거하고, 가난하고 떨어진 누더기를 입고 고생 하는 선생의 모습을 실제로 볼 때 믿음 없는 자기로서는 먼저 사람을 보지 않을 수 없었다.

이 선생의 그 모습은 곧 교훈이요, 교훈은 곧 그의 사는 모습이었다. 그렇게 살고 있는 선생의 모습을 볼 때, 그가 하시는 말씀이 곧 믿어지고 부인할 수 없었다. 그동안 마치 바다 물결 위에 떠있는 작은 배 같이 중심을 잡지 못하고 주위 환경에 요동 하고 헤매던 자아가 중심을 잡게 되었다.

동광원과 레지오단

천주교 그중에도 레지오단원은 이현필과 그 운동을 흡수하려고 일 년 이상 찾아오며 전력을 다했다(개신교 측에서는 계속 이현필을 이단적으로 몰며 공격만 하고 있었는데). 레지오단은 어떤 목적을 세우면 끝까지 계속 침투해 보려고 노력하는 재속 수도단체이다.

그들은 동광원에 의사를 보내기도하고 음악가를 보내서 가톨릭 노래 공부를 시키기도 하고, 신부들도 오고, 가톨릭 신자인 대법원장을 보내어 법에 대한 상식 공부도 시키곤 했다. 그러나 이현필 선생은 마지막에 그들에게 "여러분이 주시는 모든 것은 다 좋고 소화할 수 있어 받아들입니다. 그러나 내가 처음 예수 믿게 된 경로가 개신교를 통해 믿고 나왔으니 개신교가 없다면 몰라도 개종할 수는 없습니다. 또 나 개인문제라면 그렇게 할 수도 있을 수 있으나 동광원 모든 이들을 위해 그렇게 할 수 없습니다"라고 하며 분명히 선언했다.

그때 함께 따라 다니던 레지오 단원 중 한 사람이었던 중학교 교감 부인이었던 김천자씨는 도리어 이 선생에게 전향하고 말았다. 그 후 가톨릭에서는 이현필을 따라 다니지 못하도록 금족령을 내렸다. 김천자 자매는 동광원에 들어와서는 신구교간 연락하는 역할을 맡았다. 이와 같이 가톨릭과의 오랜 접촉 중에서 이현필이 얻은 것 중 가장 요긴한 것은 레지오단의 기도문이었다. 이 선생은 그 기도문을 그대로 동광원에서 사용했다. 동광원 식구들은 이것을 늘 외우고 있다. 유영모 선생이나 이현필 성생의 장점의 하나는 자기 사상 고집보다 남의 것 중에서 좋은 점은 서슴없이 잘 받아들여 소화시켜 내 것으로 삼는 것이다.

죄의 통회

1961년 전남 화순 도암에서 제2차 수양회가 모였을 때이다. 그때 이현필 선생은 지칠 대로 지쳐있었으며, 폐결핵으로 투병하고 있었다. 그렇게 괴로운 투병을 하고 있으면서도 움막 속에서 밤을 지새우시며 모여 온 제자들을 반겨 주시고, 그때 특히 김준 교수의 수양회 참석을 기뻐하였다. 모여든 사람들이 무슨 깨달음이라도 있는가를 늘 물으시며 말씀 안에서 마음에 평안을 누리고 살라고 부탁하였다.

그때 천사에 대해 말씀하셨는데 인간 세상에 문무백관이 있는 것처럼 천사도 문관(文官)과 무관(武官)이 있으며 문관천사는 기쁜 소식을 전하는 천사이고, 무관 천사는 하나님 편에서 우리와 함께 싸우는 천사라고 하셨다. 가브리엘은 문관 천사이고, 미가엘은 무관 천사장이라고 하셨다. 그때의 이 선생은 인간적으로는 차마 볼 수 없는 사경에서 또 한 층의 비약을 하신 것이었다.

이현필 선생은 제자들 앞에서나 공식석상에서도 가끔 자기 잘못을 자복하셨다. "내속에 구렁이 같은 것이 꿈틀 거리고 있습니다"라든가 "인간의 피 속에 세포 속에 죄의 피가 흐르고 있습니다"라든지 "예수님도 많은 사람 보는 앞에서 부끄러움을 당하셨으니 우리도 부끄러움을 당해야 한다"고 하셨다. 사람이 범죄하면 하나님과 원수가 되는 동시 마귀의 소유가 되고 만다. 우리가 마음으로 하나님께 통회하면 하나님과는 화목되지만, 마귀하고는 해결이 안 된다 유다서 9절에 천사장 미가엘이 모세의 시체를 놓고 마귀와 다툴 때에 마귀는 죄가 있으니 자기 것이라고 했다. 첫째는 하나님께 회개하고 다음에는 성령 받은 사람 앞에 자복해야 마귀의 지배에서 벗어난다고 했다(요 20:23). "마귀는 죄를 깨닫고 자복하려는 사람을 교만과 낙심으로 꼬인다. 죄를 깨닫고 자복할 마음을 갖게 되면, '그런 큰 죄를 어떻게 부끄러워서 자복 하느냐'고 하며 죄를 크게 해서 낙심하도록 유혹한다. 이 같은 마귀의 수단을 잘 깨달아서 물리치고 자복하게 되면, 그때 크게 보이던 죄는 예수님께로 가까이 나아가는 하나님의 섭리로 깨닫게 될 것이다"라고 했다.

제가 3년 만에 고향 집에 다니러 오면서 그동안 죄의 빚을 어떻게 갚느냐고 물었을 때 스승님은 "예수님이 다 갚아주셨습니다"라고 하셨다. 25년이란 세월이 흐른 지금에도 제 작은 마음속엔 그때 느꼈던 위로를 그대로 맛본다. 용서해 주시는 예수님의 뜨거운 사랑에 위로와 평화와 구원이 커간다.

이 선생은 말하기를 "예수님의 부활 보다 더 큰 기적은 말씀이 믿어지는 일이다"고 했다. "2천 년 전에 유대 갈보리에서 흘린 그 피로는 구원을 얻을 수 없다. 지금 어쩔 수없는 내 죄 위에 뚝뚝 떨어져오는 피가 되어야 구원이 된다." 제자 수레기 어머니가 감격하여 "어떻게 하면 그 피를 볼 수 있을까요?"라고 물었더니 "내 피, 내 살을 내 놓아야 볼 수 있습니다"라고 심각한 표정으로 자리를 고쳐 앉으면서 말씀해 주셨다.

탁발훈련

경기도 능곡에 있을 때 이현필 선생은 동광원 모든 식구들에게 구체적 밥을 얻어먹도록 탁발(托鉢) 훈련을 시켰다. 그것은 얼마나 자기를 죽이는 공부라고 했다. 두 사람씩 짝을 지어 시골 마을 집집으로 걸식하러 나섰다. 이 선생도 병든 거지아이 "은조"의 손목을 잡고 함께 탁발로 나갔다. 아이가 잘 걷지 못하여 천천히 저녁 무렵에야 돌아왔다.

폐결핵이 심하여 계속 각혈할 때도 남의 부축을 받아 설교하는 자리에 올라앉아 아침부터 저녁까지 그냥 설교를 계속했다. 무등산에서 각혈을 할 때는 일어나 무릎을 꿇고 깡통에 절반이나 차도록 피를 토했다. 곁에 시중 하던 수녀들이 "선생님 누우십시오"라고 해도 "눕다니, 내 더러운 피는 다 빠지고 예수의 피를 받아야 한다. 지금 이 순간은 내 신랑을 영접하는 순간인데 눕다니"라고 하면서 두 손을 합장하고 얼굴에 미소를 지으면서 각혈을 했다.

이 선생 마지막 무렵의 말씀이라고 전해지는 말에 "잘 믿는 사람은 그리스도의 지체요, 덜 믿는 사람도 그리스도의 지체요, 안 믿는 사람도 그리스도의 지체요, 만물이 그리스도의 지체다. 복음 안에서 거듭 난 심령은 한계가 없다"고 했다.

마지막 집회를 마치고 서울로 올라가 임종하실 올라갈 때 곁에서 울며 동정을 결심 못하고 있는 어린 자매를 보고 "하나님이 자매를 참 사랑하고 계세요. 그 사랑 하시는 줄만 알고 계세요. 정말 이야요. 자매가 잘 때도, 죄 지을 때도 하나님은 사랑 하고 계세요"라고 계속 말했다.

능주교회 한나 집사 집에서 30여명 모인데서 누가복음 6:23 을 가지고 청빈의 길을 가르치시면서 "한 도사리 방", "한 표주박 물", "누추한 거적"을 가지고 살면서도 청빈낙도(淸貧樂道)하라고 가르쳤다. 이 선생의 모든 교육은 설교로 멎는 것이 아니라, 구체적인 것이다. 구체적으로 탁발을 시키고 농사를 짓도록 하고 환자를 간호하도록 구체적 봉사를 하도록 시켰다.

철저히 자신은 죄인이라고 음식을 밥상에 차려 먹지 아니하고 바닥에서 먹고 일생 거지 옷을 입고, 겨울에도 맨발로 다녔다. 지리산 눈보라 속에서 맨발로 서서 십자가 사랑의 큰 파도에 압도되어 대성통곡하며 십자가의 영가를 부르셨다. 임종 하면서도 "나는 죄인이니 나의 시체는 관에 넣지 말고, 많은 사람이 밟고 다니는 길에 평토장하라"고 했다.

이 만큼 실천하면서 살아야 우리는 사회를 향하여 부르짖을 수 있고 어떤 영향을 일으킬 수 있다. 이현필 선생이 밟고 간 남겨 놓은 피 묻은 한줄기의 길이 있다. 너무도 감격스럽고 빛나는 이 한줄기의 길! 이 길은 한국 개신교인들에게 고요히 반성을 촉구하고 있다.

향기 이야기

가톨릭 교인으로 이현필 선생을 누구보다 존경 하고 따르던 김천자 수녀는 무등산에 소화 자매원을 세우다가 병에 걸려 세상을 떠났다. 그는 죽기 한 달

전에 자기 죽을 날을 예고했다. 임종 하면서 자기 시신을 동광원 묘지에 묻어 달라고 유언했으나 독일에 광부로 가서 일하던 아들이 돌아와서 반대하며 "생전에도 동광원 때문에 자기 어머니를 빼앗긴 일이 통분해 죽겠는데 사후 시체까지 거기다 묻는가?"라고 하여 아들을 기다리노라 6일장 하여 가톨릭에서 집례하여 천주교 묘지에 안장했다. 지금도 무등산 소화 자매원 마당에 서면 성모 마리아 같다는 별명을 듣던 김천자 수녀의 흰 너울 쓴 모습이 눈에 선하다.

현동완 총무는 유영모 선생과 함께 이현필 선생을 돕고 사랑하던 사람이다. 평화주의자로도 유명하다. 해방 후 미군 테일러 장군의 신임을 얻고 고아 4천 명을 수용할 때 지금의 계명산 골짜기에 댐을 막고 수영장을 만들려다가 그만두었다. 후에 동광원이 거기에 들어 왔다. 현동완 총무의 별장은 현 총무가 청년들과 같이 지은 것인데, 후에 동광원에 기증했다. 예수님이 십자가에 달려 죽으신 33세 까지 자기도 독신으로 지낸다고 하다가 결혼했다.

현동완 총무가 성지순례를 하다가 나이 80세 된 처녀 수녀에게 "그렇게 일생을 보내는 것을 비참하게 생각하고 후회하지 않느냐?"고 물었다. 수녀는 "아닙니다. 숨 끊어지는 순간에라도 예수님의 보혈을 조금이라도 부어 주신다면 다 해결됩니다. 예수님 이 저를 사랑 하신다면 주실 줄 믿습니다"라고 대답했다.

생년월일

  이세종: 1879년 7월 1일 생
         1944년 3월 15일 별세
  문순희(처) 1892년 1월 13일 생
         1972년 1월 15일 별세.

이현필　　　　　1913년 1월 28일 생
　　　　　　　　1964년 3월 18일 별세.
황홍윤(처)　　　1916년 7월 25일 생
　　　　　　　　1998년 12월 28일 별세.

이세종 선생의 아내인 문순희는 남편이 별세한 후 남편의 가르침을 꾸준히 지키고 살다가 세상을 떠났다. 이현필 선생의 아내 황홍윤은 이현필과 이혼하고 다른 남자와 재혼했으나, 결국 그 남자와도 헤어지고 재산도 남자에게 넘겨주고 혼자 살았다. 동광원에 다시 들어가 살 생각도 있었지만, 반갑게 받아주는 것 같지 않았다. 그러면서도 사람들을 만나면 이현필에 대해서 칭찬하고 "믿으려면 이현필처럼 믿으라"고 했다. 말년에 남편의 무덤 근처에 집을 짓고 살고자 했지만, 그대로 못하고 도장리에 있는 집에서 죽는 날까지 살았다. 멀리 맞은편에 있는 문순희의 무덤을 바라보며 "당신이 부럽소이다"고 늘 부르짖다가 운명하였다. 이세종 선생의 부인 문순희의 무덤 곁에 가지런히 누웠다.

현동완

현동완은 서울 명륜동에서 태어났다. 서울 보성고등보통학교를 졸업한 후, 미국 일리노이즈 주 그린빌대학에서 수학했다. 1948년 서울 중앙YMCA 총무로 취임하여 1957년까지 총무로 명성을 남겼다. 호를 창주(創主)라 하여 흰 반다지 두루마기에 장총바지 술이 많은 검은 머리에 유난히 빛나는 큰 눈을 가진 인자한 말씨로 알려졌다. "오며 감사, 가며 감사, 없어 감사"는 그의 유명한 믿음의 시이다. 현동완은 해방 후 곧장 피난민 수용에 손을 댔고, 극빈자들을 위한 무료 급식소 건설에 힘썼다. 1926년 제1차 세계대전이 끝난 날을 기념하는 "세계평화기도회"(PCM)를 창설하고, 스스로 자기가 평화주의자라고 칭했다. 그때부터 육식을 하지 않고, 가죽제품을 몸에 붙이지 않고, 오른 손은 선행을 위한 평화의 의(義)의 수족으로 남겨놓았다. 하루에 한 끼 굶으며 고아를 생각하고, 육식을 멀리하므로 노인을 위로하고, 사과를 먹지 않으므로 병자를 위문했다. 젊은이들과 어울려 시간이 있으면 여행하기를 좋아했다.

현동완은 유영모와 더불어 이현필을 존경하고 동광원을 도왔다. 미군정 장관에게 권고하여 동광원 식구들이 계명산 골짜기에 정착하도록 도왔다.

세계 일주와 여러 차례 성지순례를 하면서 맨발로 사막을 걸으면서 에덴동산 자리를 찾으러 다니다가 고혈압으로 쓰러져 반신불수가 되었다. 1963년 10월 25일 난지도 삼동 소년촌에서 소천하셨다.

골뫼 정 양

정 양은 시골 농촌에서 태어났다. 그녀는 폐결핵 환자였다. 언니들은 다 결혼해서 가정을 이루고 잘 살지만, 자기만은 병들어 결혼할 형편이 못되었다. 가난한 집 살림에 변변히 치료도 못 받고 지냈다. 그러던 어느날 누군가 지게를 지고 와서 정양에게 타라고 했다. 시키는 대로 올라앉으니 어디론가 산중으로 자꾸 들어가고 있었다. "옳지, 내가 병들어 죽게 되니 이제는 산중에 산채로 갖다 버리려는 것이구나" 하고 생각했다. 얼마 가더니 외진 산자락에 집 두어 채가 있는데, 그 마당에 갖다 내려놓고 지게꾼은 아무 말도 없이 가 버렸다.

알고 보니 거기에는 여자 폐결핵 중환자를 수용하는 "골뫼 요양소"였다. 생각하니 기가 막히고 슬펐다. 남들은 모두 인생을 행복하게 사는데, 나는 무슨 못된 팔자로 병신 몸이 되어 이제는 이런 곳에서 죽는구나 하고 생각했다.

정 양이 와서 얼마 안 되어 무등원 폐환자들을 돌보는 김준호 선생이 찾아왔다. 울고 있는 정 양에게 한다는 소리가 "정양이 가장 행복 자입니다"라고 했다. "뭐? 나보고 행복하다고? 내가 어떻게 행복자인가?" 무슨 선생이 농담을 해도 분수없이 한다"고 생각했다. 정 양은 김준호라는 사람이 밉고 원망스러웠다.

그 후에 정 양은 그곳에서 환자들의 어머니 역할을 하고 있는 인자한 김천자 수녀를 만났다. 그의 권면과 전도를 받고 예수를 믿게 되었으며, 병 중이지만 마음의 평화를 얻게 되었다.

그후 어느 날 마당에 나가 물을 퍼 담기 위해 펌프질을 하다가 갑자기 피를 토하며 쓰러졌다. 병원에 입원 치료를 받던 중 어느 날 죽었다가 다시 살아났다. 그녀는 감격하여 말하기를, 두 천사가 자기의 양쪽 손목을 잡고 천국을 구경시키는데 얼마나 화려하고 찬란한지 이루 말할 수 없었다. 그 중에도 더욱 뛰어나게 빛나는 곳이 있어서 곁에 있는 천사에게 물어보니 "동정녀 성"이라 하더라고 했다. 정 양은 너무 기뻐 찬송가를 불러 달라면서 손을 흔들면서 부르다가 죽었다.

멋있는 분들

이현필 선생은 분명 멋있는 분이었다. 동광원 중촌 총회 때는 가득히 모인 남녀들과 함께 농부가를 부르다가 흥에 겨워 "딩동 댕동" 구절에 가서는 일어나 춤출 기세였다. "어화 어화"라는 농부가는 김준 교수가 배워 준 것이었다. 이 선생에게 명주 바지나 입히고 수건을 씌운다면 사회적으로 표현한다면 한량이나 꽃미남 같이 인기 있을 분이었다.

김일남 씨(후에 목사)가 어느 날 밤 이현필 선생을 찾아갔다. 이 선생은 대접할 것은 없어서 밖에 나가서 무 한 개를 뽑아들고 들어와 털도 깎지 않은 채 물에 대충 씻어서 나누어 먹었다. 둘은 말씀 속에 깊은 정을 나누었다.

화학산 산기슭에 혼자 사는 농부 한종식은 이현필 선생을 신(神)과 같이 여기는 분이다 그는 이현필 선생의 전도를 받고 예수를 믿었다. 어느 날 밤에 이 선생은 그의 집에 찾아가 털도 깎지 않은 무 한 쪽씩 나누어 먹으면서, "앞밭에 담배를 심었는데, 담배는 사람에게 해로운 것입니다" 하면서 차근차근 타일렀다. 다음 날 아침에 한종식은 일어나서 담배를 다 뽑아 버렸다.

6.25 때 유하례 여선교사가 화학산 굴에 숨어 있을 때 한종식은 목숨을 걸고

밤마다 보리밥을 지게에 싣고 유 선교사 굴에 올라가 대접한 분이었다.

이현필 선생은 규칙 같은 것을 만드는 것은 싫어했다. 오북환 장로도 그랬다. 그러나 정인세 원장은 그렇지 않았다. 그러면서도 동광원에 두 강령(綱領)이 있다. (1) 정치에 가담하지 않는다; (2) 교파에 가담하지 않는다. 강단 위에 설교는 하지 않았다. 대중을 상대로 하는 설교는 죄악처럼 여겼다. 한사람 상대로 한사람 구원하고자 철저히 끝까지 노력했다.

이현필 선생은 광주에서 서울 능곡에 올라와 계속 그곳에 살며 탁발 수도단을 만들려고 몸소 실천했다. 그때 삼용(三龍) 씨 등 건강하고 씩씩한 유망주들이 많이 따라 왔다. 인심이 좋아서 이들이 탁발하러 가면 밀가루 한 두 자루와 밥을 얻어 왔다. 그것이면 남녀 20명 수도자들이 먹기에 넉넉했다.

여자는 김금란 자매가 지휘했다. 거지는 부지런해야 한 술 얻어먹을 수 있다. 아침 집집의 밥 먹는 시간이 비슷하니 부지런히 돌아 다녀야 한다. 어떤 집에 가면 힐끗 쳐다 보면서 "성한 색시가 밥 얻어먹으러 다녀? 밥 없어"라고 하기도 했다. 밥을 구걸하지 못한 것을 보고 다른 거지가 "제가 얻은 밥 좀 드릴까요?"라고 했다. 그녀는 "무슨 거지가 밥 주겠다 하나?"라고 하며 기막혀했다. 어떤 집에 가서 밥 달라면 어떻게 알았는지 주인이 "지금 당신 동생이 왔다 갔다"라고 했다. 어느 집에서는 밥 대신 몽둥이를 들고 내 쫓았다. 이때 옛날 아버지가 거지를 내 쫓던 기억이 났다고 했다.

이현필 선생은 임종 때, 제자들이 입던 옷을 빨아서 수의로 입혀주면, 도로 벗으면서 "내가 죽으면 수의도 입히지 말고, 분상을 만들지 말고 평토장하라"고 당부했다. 제자들은 시신에 팬티만 입힌 채, 그러나 평토장은 못하고 분상은 만들었다. 이때의 나이 53세였다.

자립, 자기완성

이현필 선생이 가장 강조한 것은 자립정신, 자기완성이다. 자신의 의식 주

문제를 해결하지 못하고서는 평화의 복음을 전할 수 없다. 동광원 분원인 계명산, 진도 등 대부분은 자급자족하고 있다. 무명옷 한 벌을 가지고 10년을 입고, 맨발로 밭에 고구마 농사를 해서 보리로 바꾸어 먹는다.

동광원은 일종의 이상촌운동이라고도 할 수 있다. 정인세 원장은 시몬의 『유토피아』를 읽고 감동했다고 했다. 『이상촌』이란 잡지를 만들어 아는 사람들을 방문하기도 했다. 기금을 만들어서 강태국과 만주에 이상촌을 건설하고자 한 일도 있었다. 그러나 그런 돈을 내 놓는 이가 없었다. 김재영 목사가 용문산을 동광원에 맡기려 했으나, 회계도 회의도 민주적이 못 되었다. 동광원은 일을 벌이는 단체가 아니라, 구심점을 가지고 뻗어가는 단체이다.

화학산 북면에 있을 때는 산의 숯 굽는 움막 속에서 자는데, 정 원장보다 키가 작은 이 선생이 누워도 머리와 발이 닿는 좁은 움막에서 그대로 살았다. 담에 손 하나 대지 않고…그러면서도 이 선생은 무슨 일을 시작 할 때는 아주 철저했다. 능곡에서 농사할 때 두어 평의 땅을 며칠 동안이나 깊게 돌 하나 없이 파고 고른 다음 배추를 심었다. 그해 농사가 배추 한 포기가 아름드리가 되었다. 이 선생은 얼른 볼 때는 거처하는 방도 닦지 않는 게으름뱅이 같지만, 그의 관심은 밤낮 한 곳에만 집중해 있었다.

한번은 이현필과 정 원장이 나무하러 산에 갔는데, 정 원장은 되는 대로 지게에 싣는데, 이 선생은 나무 한 가지 한 가지 아궁이에 들어 갈 만큼 꺾어서 지고 왔다. 이렇듯 무슨 일에 세밀했다. "동광원은 예수님 극장과 같다. 예수님만이 주역(主役)이요, 주인이 되어야 한다. 이현필도, 정 원장도, 오북환도 주인이 되어서는 안 된다. "어떤 사람이 주인이 된다면 속히 무너져야 한다"고 했다. 동광원에 들어가는 사람은 노아 방주에 들어가는 것과 같다고 했다.

동광원의 가장 인원이 많을 때는 3백 명이나 되었고, 고아는 6백 명이나 되었다. 수녀 중에 병원을 돕는 간호원은 광주 제중원에 여섯 명, 서울에 두 명이었는데, 처음에는 모두 자원 봉사를 위해 시작했고, 장차 무의촌 훈련을 위해 시작했다. 병원에서 받은 월급은 원에 바쳤다.

정한나 집사가 수녀가 되려고 할 때 그의 아버지는 딸을 칼로 치려고 했다. 하지만 그 순간 아버지의 손이 굳어져 멎었다. 그러던 아버지가 후에 예수 믿고 딸이 수도하는 벽제에 찾아오기도 했다. 정한나 집사는 혼자 자원하여 벽제 산중에 입산하여 30년 이상을 땅굴을 파고 독수도를 했다.

이재갑 장로는 수도하기 위해서 출가하려고 마음먹었다. 그런데 자녀들이 자신을 위해 생일잔치를 차리려는 것을 알고, 먼저 집에서 나와 동광원으로 들어갔다. 담양 산성에 들어가던 첫 기분은 "산들이 어서 오십시오!"라며 반기는 듯했다고 했다. 이때 "제일 좋은 갈"을 보여 주신 하나님의 은혜에 감격했다.

한 남자가 동광원에 들어와 목수 일로 오래 봉사하고 있었는데, 한번은 아내가 남편이 보고 싶어서 찾아왔다. 좋은 여자여서 잘 설득해서 그대로 동광원에 머물러 있게 했다. 얼마 있는 동안 남편과 의견이 맞아서 둘은 세상에 다시 나가 살림을 차렸다. 그 후 여자는 아이를 낳다가 세상을 떠났으며, 남자는 제중원에서 목수노릇하면서 지내면서도, 끝내 동광원에는 다시 들어가지 않았다.

4. 생애

　이현필은 한국 개신교 백년 인물사에 있어서 유일한 성자로 짐작이 된다. 내가 성 프란시스 전기를 쓰고 이탈리아로 프란시스의 유적지를 답사하면서 계속 느껴지는 것은 이현필은 한국의 프란시스란 점이었다. 이현필은 교회인이 아니다 그러나 개신교인임엔 틀림없다.

　그가 처음 예수를 믿게 된 것은 전남 영산포에 닭 장사로 다니다가 그곳에 있던 일본교회 목사에게 전도를 받았다고 한다. 이현필의 생가가 나주군 권동에 있었는데, 거기서 화순 천태산(天苔山)까지는 거리가 10리도 안 된다. 그때 천태산 밑에는 한국적영성의 성인으로 곱히는 이세종 선생이 살고 있었으며, 근방의 많은 젊은 남녀가 그에게 성경을 배웠다. 그 무리 중 이현필도 있었다.

　이세종의 청빈과 순결 사상의 영향을 강하게 받은 이현필은 그리스도의 삶을 본받아 살려고 철저한 금욕 고행을 실천했다. 결혼은 했지만 부부생활은 하지 않고 남매의 관계로 살려고 했다. 삭발하고 거지 옷을 입고 겨울에도 맨발로 살았다. 지극히 겸손하여 자신을 "헌신짝"이라 불렀다. 남보고도 자기를 그렇게 불러 달라고 했다. 차를 탈 때에는 제자들에게 제일 마지막에 타자고 하여 언제나 자리에 앉지 못했다. 기차에서 혹시 자리에 앉았다가도, 서 있는 사람이 보이면 곧 자리를 양보하였다.

　이현필은 폐결핵 3기의 중환자로서 언제나 죽음을 앞두고 비장한 생활을 했다. 전남 화순 화학산에서 4년 동안 기도하고, 지리산에서 3년 동안 기도했다. 주로 남원과 광주에서 활동했으며, 제자들과 같이 화학산, 지리산, 무등산, 계명산 등 산에 많이 다녔다고 해서 사람들은 그들을 "산중파"라고 불렀다.

이현필의 신앙은 복음적 정통 신앙이면서, 특히 예수님의 십자가를 사랑하였다. 그래서 십자가의 노래를 즐겨 부르면서 자주 통곡하였다.

서리내

29세로 32세에 이르는 동안 남원지방에서 교회 다니는 교인들에게 많은 영향을 끼쳤고, 지리산의 오감산이나 서리내(仙人來)에서 깊은 기도를 했다. 이현필에게 있어서 이 기간은 아라비아 사막에서의 바울의 체험과 같았다. 서리내는 남원 수지면에서 지리산을 등산하는 도중에 있는 선경(仙境)으로 화전민 몇 사람만이 있을 뿐이다. 이현필은 우거진 솔밭, 갈대밭 속에 한 번 엎드리면 꿈쩍도 않고 일어날 줄 몰랐다. 산에 사는 까마귀는 송장인 줄 알고 곁에서 울다가, 그래도 움직이지 않자 부리로 쿡쿡 찍을 정도였다.

그런 모양으로 밤을 지낸 다음 새벽에, 등에는 서리가 하얗게 덮이고 수염에는 고드름이 달린 채, 가슴에는 그리스도의 십자가 보혈의 사랑이 밀려와 감격하여 통곡하며 "갈보리 산" 노래를 불렀다.

> 갈보리 산에서 십자가를 지시고
> 예수는 귀중하신 보배피를 흘리사
> 구원받을 참 길을 열어 놓으셨느니라
> 갈보리 십자가는 저를 위함이요
> 아 십자가 아 십자가
> 갈보리 십자가는 저를 위함이요

눈물을 흘리며 이 노래를 부르면서 무명바지 저고리에 맨발로 산을 내려오는 이현필을 보고, 젊은 남녀는 감격하여 모두 찬송을 따라 부르면서 울었다. 이현필의 모습은 한국의 청빈 탁발 수도자였고, 자비와 겸손의 성인의 모습이었다.

이 기간에 남원 지방의 독신 신자들이 이현필 주위에 모여들었다. 그들은 교회와 가정을 버리고, 지리산의 "갈보리"(갈벌, 갈대 밭)에 있는 집으로 모여들었다. 이곳이 뒷날 동광원의 모체가 되었다.

이현필은 소년 소녀들을 모집하여 서리내에서 훈련시켰다. 성경 공부와 믿음과 사랑의 실천, 양심 훈련이었다. 먹을 식량이 없어서 쑥만 뜯어 먹었다. 어디서 쌀이 생겨서 오랜만에 쌀밥을 먹으면 훈련생들은 취해 쓰러졌다. 그럴 때면 이 선생은 "그것 봐, 쌀 독(毒)이 얼마나 무서운가"라고 말해 주었다.

이렇게 훈련한 소년 소녀를 인솔하고 이현필은 1945년 겨울에 광주로 진출했다. 때는 33세였다. 마치 비밀기지에서 철저히 훈련시킨 정예부대를 거느리고 전쟁 마당으로 나가는 장군과 같았다. 그 때 광주에서는 해방 후 재건된 YMCA 구내에 방을 얻어서 기거했다.

도시에서 교회에 다니는 기독교인들의 눈에는 지리산 속에서 훈련받고 나온 이들의 모습은 감동과 놀라움의 대상이었다. 나이 어린 그들의 겸손한 예의, 남녀의 엄격한 순결생활, 언제나 무릎 꿇고 앉은 질서 정연한 규율, 신앙과 사랑, 그리고 그들이 부르는 애처로운 영혼의 노래들…

이 같은 신기한 감격을 목도한 당시 YMCA 총무 정인세는 유도2단에 덴마크 체조 교사이기도 했던 인물인데, YMCA를 사임하고 양복을 벗어버리고, 넥타이를 풀고 이현필과 합류하기로 결심했다.

이현필은 고등학교도 대학도 다니지 못한 사람이다. 그는 교회의 집사직도 맡아보지 못한 사람이다. 그러나 이세종 선생을 만났고, 그의 제자가 된 이현필은 거기서부터 분발해 화학산에서 3년, 지리산에서 4년, 총 7년 동안의 산기도 생활에서 그리스도 십자가의 사랑에 감격하여 통곡하는 사람이 되었고, 청빈한 수도자 프란시스의 모습을 닮아 자비롭고 겸손한 성자의 풍모를 이루어갔다.

나는 그를 두고 한국의 프란시스라고 한다. 나는 일생 성 프란시스와 이현필을 연구하면서 이현필의 유적과 그의 제자들을 만나 이현필의 추억을 들어보았고, 또 이탈리아에 여행하며 프란시스의 고향 아씨시 및 그와 관계된 유적지를 빼지 않고 답사했다. 프란시스가 성흔(聖痕)을 받은 베르나 산에 올라가서 마음으로 한국의 이현필과 이탈리아의 프란시스를 비교해 보았다. 두 성인은 많은 점에서 서로 닮았다. 누가 더 우월하다고 말할 수 없다.

그의 나이 33세에 제자들을 거느리고 광주에 진출하면서부터 이현필 운동은 많은 사람들의 주목을 받으며 화제거리가 되었다. 가톨릭에서는 그와 동광원 단체를 흡수하려고 애쓰는 반면에, 오히려 개신교 기성교회 지도자들은 그들을 "산중파"라고 하면서 경계했다. 이현필은 어느 교파에도 속하지 않고 개종하려고도 하지 않았고, 더욱이 개종할 필요도 없었다.

김금란

여자의 마음을 흔들리는 갈대라고 하지만, 여심(女心)이 한 번 결심하고 나설 땐 칼날보다 날카롭고 화살같이 돌이키지 않는다.

김금란은 이현필 선생의 제자가 되기로 결심했다. 자기 완성을 이루려고 초인같이 인간의 본능마저 극복하며 살아가는 이현필 선생은 식욕, 성욕, 물욕, 명예욕을 모조리 초월한 분으로 보였다. 사람들은 그런 면에서 그를 신인(神人)같이 놀라움과 두려움으로 존경했다.

이 선생은 갈보리에 있는 동안, 줄곧 생식을 하였다. 그것도 며칠에 한번 먹었는지는 몰랐다. 그때가 초겨울이었는데도 먹다 남은 것을 보면 가루를 물에 타서 먹다가 남겨두었는데 곰팡이가 슬었다. 그런데도 그것을 두었다가 얼마 후에 그것을 또 먹곤 했다.

어느 날 밤에 뒷산에 올라가서 밤을 새고 새벽에 하산해서 초막에 돌아오는 이 선생 등에 서리가 하얗게 덮이고 수염에는 고드름이 달려있었다. 그 순교자 같은 처절하고 엄숙한 모습을 볼 때는 사람 같지 않았다. 꼭 예수님을 보는 듯했다. 떠오르는 아침 햇볕 쪽을 향하여 몸을 녹이면서, 창백한 얼굴로 해를 마주하고 서 있는 그 모습을 보노라면 마음에 형용하기 어려운 엄숙한 감격이 솟아나며 눈물이 나왔다. 평생 잊어버릴 수 없는 숭엄한 모습이었다. 그 일생 한 걸음 한 걸음을 모두 그렇게 걸었다. 구약의 예언자들과 예수님이 산에 가서 기도했던 것처럼 이현필 선생도 산에 혼자 머물기를 좋아했다.

인자락산(仁者樂山)이라 하지 않았는가! 성인과 수도자는 바다보다 산을 좋아한다. 누구든지 이현필 선생이 자주 다니던 서리내 산이나 지리산 줄기, 그리고 화학산 소반바위, 각시바위, 도구봉 등에 한번 가보라. 잡초는 우거지고 칡넝쿨은 뻗어 나무꾼의 길마저 없는 그런 산중에서 이 선생은 신비에 쌓여 하나님을 벗 삼고 때때로 혼자 지냈다. 다래, 칡넝쿨로 움막을 치고 한번 엎드리면 일어날 줄 모르는 그의 잔등에는 밤 서리가 내렸다.

오감산의 통곡

서리내에서 지리산 오감 산까지는 험준한 산길로 40리 길이었다. 어느 해 추운 겨울날 오감 산에서 강차남 수녀(후에 순교함)가 기도생활하고 있던 때이다. 서리내에서 제자들을 데리고 고생하고 있던 이 선생이 어느 몹시 추운 날 눈이 계속 퍼붓는 가운데 강차남 수녀가 기도하고 있는 오감 산까지 가 본다면서 길을 나섰다. 그 해 따라 눈이 어찌도 많이 내렸는지, 허리까지 눈이 쌓였다. 본래 인적이 없는 산중길이라 온 산은 흰 눈만 보이고 길이라고는 보이지 않았다.

이 선생이 거기에 간다는 말을 듣고 서리내에 어머니와 함께 있던 김금남도 오감산에서 기도하고 있는 이모를 만나보고 싶은 생각으로 이 선생을 따라가고 싶었다. 그러나 워낙 이 선생이 너무도 엄격하기 때문에 말 한 마디도 못한 채 한참 망설이다가, 선생이 떠난 다음 함께 있던 한 자매와 같이 몰래 뒤를 따라갔다. 눈은 계속 퍼붓고 길은 없는데, 이 선생은 뒤에서 여자들이 따라오는 줄을 아는지 모르는지 한 번도 뒤를 돌아보지도 않고 두 손으로 눈길을 헤치면서 오감산 길을 향해 갔다. 김금남 양은 가슴을 두근거리면서 선생을 부르지도 못하고 말도 못하면서 눈길을 선생이 앞에서 밟고 간 자국을 꼭꼭 밟으면서 뒤를 따랐다. 40리 지리산 산길, 눈은 멎지 않고 두 발은 얼어붙고 선생의 허락도 없이 뒤따라 나섰는데, 혹시나 중도에서 선생이 돌아다보며 "썩 되돌아가!" 하며 야단칠까 마음으로 두근거리며 계속 따라갔다.

지리산 오감산에서 기도하던 강차남 수녀는 그날따라 어쩐지 마음에 느낌이 오기를 이현필 선생이 오실 것 같은 예감이 들었다. 그래서 팥을 끓여놓고 기다리고 있는데, 정말 그 험한 눈길을 헤치며 이 선생이 거기까지 찾아온 것이다. 뒤이어 조카 김금남과 다른 자매까지도 눈을 털며 들어서는 것이 아닌가! 40리 눈 속을 헤치고 온 세 사람의 옷깃에는 고드름이 주렁주렁 달렸다. 그들의 발은 얼어서 저리고 발톱은 빠지는 것 같이 아팠다. 영원히 되돌아 볼 줄 모르던 돌부처와 같던 이현필 선생도 그제야 새파랗게 꽁꽁 언 얼굴을 펴며, 뒤따라온 두 제자를 보고 웃었다. 이리하여 사방 몇 십리, 흰 눈에 덮여 인적이 끊어진 지리산속 오감산 기도 초막에는 한 남자와 세 여인이 모여 감격의 노래를 불렀다.

> 갈보리 산에서 십자가를 지시고
> 예수는 그 귀하신 보배 피를 흘리사,
> 구원받을 참길을 열어 놓으셨느니라,
> 갈보리 십자가는 저를 위함이요,
> 아아, 십자가, 아아, 십자가,
> 갈보리 십자가는 저를 위함이요

지리산 봉우리마다 가득히 하얀 눈에 덮여 정화(淨化)된 영산(靈山) 속에서 그보다 더 심령과 육신의 순결을 수도하기 위해 세상도 청춘도 모두 바친

이 거룩한 남녀들, 좀처럼 감격하지 않는 이현필 선생도 이 노래를 부르면서 두 눈에서는 눈물을 물같이 흘리면서 통곡했다.

"아 십자가! 십자가의 길뿐이다." 이현필 선생은 눈물에 젖어 이 노래를 부르면서 옛날 복음을 전하러 다니던 모리후지라는 여자의 이야기를 들려주었다. 한 마리 양의 영혼을 건지기 위해 그가 산을 넘고 찾아다니던 이야기였다. 이 선생 자신이 전도하러 다니는 모양도 그러했다. 누구든지 이 선생이 신도(信徒) 하나를 찾으러 다니던 자취를 더듬어 본다면 감격하지 않을 수 없다. 이 골짜기에 한 사람, 저 산 너머에 한 사람, 여기저기에 흩어져 있는 양떼를 찾으러 서리내로, 갈보리, 홈실로, 구름다리로, 남원으로 지리산으로, 곡성으로 진도로, 무등산으로 신을 벗어들고 오십 리, 백리 길도 멀다않고 걸어 다녔다.

이렇게 눈물 속에 갈보리의 노래를 부르는 사이 오감산의 밤은 닥쳐왔다. 그 웅장한 만산(萬山)이 눈에 덮인 채 무서운 침묵에 잠긴 겨울 저녁 단칸방 초막에서, 아무리 순결을 지키려 수도하는 이들인들 젊은 남자 하나에 여자 셋이 그 밤을 지내야겠는데 어떻게 하면 좋은가! 그러나 남녀유별이 너무도 엄격한 이현필 선생은 앉아도 이마가 서로 닿을 좁은 방에서 무리하게 여자들과 함께 머물려하지 않았다. 자매들은 선생에게 자기들이 밖에서 밤을 지낼 터이니, 선생은 방에서 언 몸을 녹이고 쉬어 가라고 사정사정을 해도 막무가내였다. 그렇게 만류하는 그들을 작별하고 그날 밤 눈보라의 지리산 비탈길을 헤치며 떠나갔다. 자매들은 거기서 쉬도록 하고…

지금 이글을 쓰는 나는 눈물을 흘린다. "이 사람을 보아라!"

김준호

어느 눈 내리는 밤

이 선생에게 눈 오는 밤에는 배고픈 겨레들의 서글픈 얼굴들이 자꾸 떠올랐다. "준호, 오늘밤 이 거리에 가장 헐벗고 굶주린 사람이 있을 것이다. 자네는 가서 그 사람을 찾아 돌봐주고 오너라." 그 순간 이 선생이 꼭 이렇게 말씀하셨다는 것은 아니지만, 일생동안 선생님 곁에 있는 김준호는 말은 하지 않아도 선생의 뜻을 느낀다. 지금 선생의 마음은 제자에게 이렇게 명하는 것처럼 느껴졌다. 낮에 김준호는 금동시장 부근 양림 다리 밑에서 불쌍한 거지 아이 셋을 찾아 본 일이 있었다. 양림 다리 밑을 중심으로 해서 부근에는 거지가 2 백 명 가까이 살고 있었는데, 그 중에도 이 셋은 가장 불쌍한 거지였다. 김준호가 찾아 가서 보니, 그들은 추위 속에서 양철통에 나무 조각을 넣어 불을 피우고 둘러 앉아 쬐고 있었다. 그 때 문득 저 편 구석에 병들어 앓고 있는 청년 하나가 눈에 들어왔다. 혼자서 움직이지 못하기 때문에 불도 못 쬐고 있었다. 아마 임종이 가까운 듯했다. 그 젊은 거지는 추운 오늘밤에 거기서 그대로 얼어 죽을지도 모른다. 집에 돌아와서 김준호는 깊은 침묵에 잠겨 있는 이현필 선생에게 다녀 온 이야기를 했다.

> "오늘 종일 다니며 본 사람들 중에 제일 불쌍한 사람은 양림 다리 밑에 그 거지였습니다. 아마 오늘밤 얼어 죽을지도 모릅니다. 이런 추위 속에 아무 덮을 것도 없었습니다."

추운 겨울을 지내는 이 선생은 요도 없었고, 다만 선생 몫의 이불 한 자리가 개어져 있었다. 김준호의 말이 끝나자마자 이 선생은 곁에 있던 이불을 김준호 쪽으로 밀어 놓으면서 "이것을 갖다 주고 오시오"라고 했다. 무심코 한 이야기였지만, 이 선생의 결단을 보고는 김준호는 "내가 어째서 그런 이야기를 했던고" 하며 후회가 되었다. 겨울인데도 사실 이 선생의 몸차림은 처참했다. 조끼도 없는 맨 저고리에 얇은 바지를 입고, 불도 때지 않은 방에 요도 없이 추위에 떨고 있으면서도 김준호의 말을 듣자마자 지체 없이 자기가 덮을 이불을 내놓았다. 한 벌 밖에 없는 이불인데 어떻게 거지를 준단 말인가! 눈은 계속 퍼붓는데, 그 이불을 남에게 주고 나면 선생은 이 겨울을 어떻게 지낸단 말인가!

김준호는 이 겨울을 이불 없이 떨며 지내게 될 일을 생각하니 도무지 용기가 나지 않았지만, 수도사의 서원은 순명(順命)이다. 한번 내린 명령이니 불순종할 수 없었다. 할 수 없이 이불을 안고 한 팔에는 구걸하는 깡통을 걸고 이 선생의 방을 물러나와 눈 내리는 밤, 양림 다리를 향해 걸었다. 마음이 내키지 않는 걸음이라 얼마 걸어가다가 눈길에 미끄러졌다. 이불을 안은 채 넘어지고 말았다. 넘어지고 나니 왈칵 화가 났다. 사실 김준호는 그날 점심도 저녁도 굶고 있었다. "우리 선생은 남의 속도 몰라…나보고 어찌 이런 일까지 하라는 건가.."

선생이 시키는 일은 언제나 상식을 넘는 일이어서 제자에게는 힘들고 무거운 고역이었다. 눈이 너무 쌓여 길이 없어진 양림 다리까지의 길을 생각만 해도 아득했다. 더 이상 가기가 싫어진 김준호는 길가에 있는 잘 아는 박공의 집에 들어가서 "박 집사님, 나 이불을 여기 맡겼다가 내일 아침 가져가겠습니다"고 하고 이불을 맡겨두고 아무렇지도 않은 듯 시치미를 떼고 숙소로 돌아왔다. 선생은 아무 것도 묻지 않았으나 그 밤을 지나기가 양심이 괴로웠다. 이튿날 아침 일찍 일어나 박공의 집에 달려가 이불을 찾아 안고 거지굴로 찾아갔다. 걸어가면서 속으로 "오늘도 이른 아침부터 이불을 갖다 주고 어쩌고 하노라면 또 아침은 굶게 생겼구나"라고 했다. 전날의 거지굴을 찾아갔더니 병든 젊은 거지 곁에 건장하게 보이는 두 사람이 있다가, 김준호가 가지고 간 이불을 받으며 대신 "감사합니다"라고 인사를 하면서, 그 때까지 아직 채 죽지 않고 있는 병든 거지에게 이불을 덮어주었다. 그 곁에는 어제 함께 불을 쪼이던 거지 아이들이 구면이라고 호의를 베풀면서, 김준호에게 자기네 깡통을 내밀어 먹다 남은 밥을 먹으라고 권했다. 군침이 도는 쌀밥이었다. "이렇게 감사할 일이 어디 있는가. 하나님께서는 이렇게 쌀밥을 준비해 주셨는데 나는 괜히 불평만 했구나"라고 하면서 김준호는 사양하지 않고 먹었다. 거지에게서 얻어 먹는 신세가 되었지만, 인생을 살아가는 일이 감사했다.

다음 날, 김준호는 다시 다리 밑을 찾아갔다. 병든 거지가 지난밤은 그 이불을 덮고 따뜻하게 잤으리라 짐작했다. 그러나 가서 보니 그 거지는 반쪽짜리

낡은 미군 담요를 덮고 있고, 어제 준 이불은 간데 온데 없었다. 어제 곁에서 시중하는듯하던 건장한 두 거지가 보이지 않았다. 그들이 이불을 가져 것이다. 병든 거지를 위로하려고 여러 가지를 물으니, 그의 나이는 열여덟이었다. 집에 돌아와 이현필 선생에게 그동안의 전후사정을 다 말했더니, 이 선생도 관심이 돼서 다시 가보라고 했다. 며칠 지나 다시 그 다리 밑에 가 보았더니 그때는 거기 아무도 없었다. 그의 생사여부가 염려되어 김준호는 사방으로 그의 행방을 찾아보았다.

어느 날 시청 앞에서 서성거리다가 낯익은 열 두 살짜리 거지 아이를 만났다. "예, 너희들을 찾고 있던 중인데 형은 어디 갔지?" 거지 아이는 자기 뒤를 따라 오면서 골목길에 들어가 어느 빈 기와집을 가리키면서 "이 집에 있어요"라고 했다. 문을 열고 들어갔으나 빈 집에 사람이라곤 아무도 없었다.

"어디 있니?" 거지 아이는 방안에 따라 들어오면서도 큰 소리로 "성(兄) 성!"이라고 불렀다. 얼마 동안 아무 소리도 없더니 한참 뒤에야 닫아놓은 벽장 속에서 "응!" 하는 소리가 마치 어느 땅 밑에서 새어 나오듯 들렸다. 벽장문을 열어 제치니 병든 거지는 그 속에 누워 있었다. 거지들 양심에도 이불을 빼앗아 버리고는 미안했든지 그를 업어서 이 빈 집 벽장 속에 눕혀놓고 담요 한 장을 덮어주고 가버렸다. 열두 살 아이는 그래도 의리가 있어 깡통에 얻어온 밥덩이를 꺼내어 내밀고 연방 "성 먹어! 먹어!" 했으나 이미 임종이 가까운 그는 거들떠보지도 않았다. 전혀 기동을 못하니 누워 있는 채 대소변을 보아서 그에게 나는 냄새로 코를 들 수가 없었다.

김준호는 이 불쌍한 거지를 어떻게 하든지 구해야겠다는 생각이 들었다. 비록 오늘 저녁에 죽는다고 해도, 다만 몇 시간이라도 좋다. 그러나 자기로서는 어떻게 할 도리가 없어서 이현필 선생께 가서 의논하니, 구해주자고 했다. 다시 정인세 선생에게 가서 방림에 있는 예배처소에 그를 데려다 간호하면 어떨까 의논했더니 정 선생도 좋다고 하며 "비용은 내가 댈 것이지만, 간호는 누가 할까요?" "제가 하겠습니다."

김준호는 선뜻 대답하고, 동광원 청년 네 명을 곧 동원하여 가마니로 들것을 만들어 그 빈 집에 가서 병든 거지를 거기 담아 방림으로 옮겼다. 몸을 부축해 치켜드니 엉덩이 언저리는 누운 채 뒤를 보고 뭉개 놓아서 어떻게 손을 댈 수가 없었다. 모두들 똥이 무서워 똥과 사람을 같이 싣고서 겨우 옮겼다. 방림까지 운반하여서는 우선 예배 처소 뒤에 있는 묘 앞에 내려놓고 그가 깔고 있던 똥오줌으로 뒤범벅이 된 담요를 빼내고 환자를 깨끗이 목욕시킨 후 방에 누이니 제법 사람다웠다.

　어떤 수녀는 요를 가져오고, 어떤 이는 이불도 내어주고 그 거지 환자는 생전 처음이자 마지막으로 예배 처소에서 수녀들의 정성어린 간호를 25일을 받다가 끝내 숨을 거두었다. 임종 사흘 전에 뒷집 김 집사가 백 원을 내놓으면서 "환자가 먹고 싶은 것을 사 주시오"라고 해서 그것으로 배를 사다가 먹여보려고 했지만 목으로 넘기지 못하고 손에다 배를 움켜잡은 채로 고요히 숨졌다.

　그는 평생 거지의 일생을 보내다가 임종할 때는 천사와 같은 대우를 받으며 세상을 떠났다. 이런 정도는 복을 타고난 행운이 아니고서는 누리지 못할 임종이었다. 그가 세상을 떠난 뒤에도 묘 앞에 버려둔, 그가 덮던 똥 묻은 담요는 아무도 거두는 사람이 없었다. 수도하는 자매들이지만 죽은 거지가 남기고 간 똥 냄새만은 질색이었던가 보다.

창녀애화

　서울에서 5.16 혁명이 일어나면서 사회 여러 면의 부정부패가 고쳐지고 풍기가 단속되어 가던 때였다. 그중에 한 가지로는 도시의 사창가들이 문을 닫게 되었다. 이런 음란한 거리에서 몸을 팔면서 살아가던 많은 창녀들이 갑자기 살 방도가 없어졌다. 그 때 신문에는 이런 창녀들 중에 어떤 이는 음독자살하는 여자들도 있다는 비참한 보도가 날 정도였다.

　사회의 충격적인 사건이 일어나면 언제나 잠자코 있지 못하고 격분하고 의

분을 느끼고, 무엇인가 그 속에서 자기 할 사명을 찾는 이현필 선생은 가만히 앉아 있지 않았다. 이 선생은 비참한 창녀들에 대한 동정의 마음이 불길같이 일어나서 제자들을 불러 모으고 대책을 의논했다. 그러나 별로 뾰족한 방안이라곤 나오지 않았다. 제자 김준호 보고 어떻게 창녀들을 건질 길이 없겠느냐고 물었다. 김준호로서도 별로 묘한 고안이 생각나지는 않았다.

　이 선생은 우선 사창가를 답사부터 해보자고 제안하시면서, 그 일을 김준호에게 하라고 했다. 가만히 잠자코 있으면 평안할텐데 시끄러운 일을 자진해 만들어서 고생하는 것이 이현필 선생의 성미이다.

　선생의 명령이 내렸지만, 생각보다 어려운 일이었다. 어렵다기보다 기분이 안 나는 시끄러운 일이었다. 순결, 청빈을 수도하는 수도자가 무엇 때문에 더러운 인육시장을 답사한다는 말인가? 동광원은 특별히 남녀유별을 매우 지향하는 단체인데, 수도하는 남자가 부끄럽게 사창굴을 어떻게 찾아다니겠는가! 그러나 선생의 명령이니 거역할 수는 없었다. 어떤 방법으로 순종해 낼까? 이리저리 궁리하던 김준호는 수녀들 중에서 이 일을 도와줄만한 세 명을 골랐다. 거기 뽑힌 세 사람은 수녀들 중에도 뛰어난 의지와 투지력을 가진 실력가들로서 김은자, 김춘일, 김은연이었다. 이들 셋 중에 김은연 수녀는 과거에 여경 출신으로서 사회 경험이 많고, 이런 방면의 사정에 환했다. 그의 판단으로는 지금 창녀들은 무엇보다도 배가 고플 것이니, 그들이 먹을 것을 장만해 가지고 가야한다고 해서 빵을 많이 만들어 가지고 떠났다.

　김준호는 세 수녀를 데리고 구 광주역전 대인동 사창가 일대를 답사했다. 우선 지서에 찾아 들어가서 "우리는 동광원에서 왔는데 우리 선생님이 이리이리해서 창녀들을 구제하려고 왔노라"고 신고하고, 지서 순경들의 지시에 따라 창녀굴에 찾아들었다.

　일본의 성자 가가와 도요히꼬(賀川豊彦) 선생이 고베(神戶)의 창녀촌에 전도하듯이 김준호는 구호 소리를 내며 골목을 누볐다. 네다섯 명씩의 젊은 창녀들이 갑자기 무슨 일이나 생겼는가 하고 얼굴을 내밀었다.

일행은 그 얼굴들을 향하여 소리쳤다. "여러분! 이 윤락한 범죄생활에서 나오시오 여러분의 젊은 장래가 구원을 얻어야 하지 않겠소 우리가 여러분의 새로 살길을 도와 줄테니 어서 우리를 따라 오시오!" 창녀들은 손님이 온 줄 알았다가, 이상한 옷차림의 예수쟁이들이 와서 떠들고 있으니 잠시 바라보다가는 서로 눈만 껌뻑껌뻑하다가 도로 들어가 버렸다.

"여러분이 잘 곳이 없으면 우리 원에 와서 주무시고 병이 있으면 우리가 치료해 드리겠습니다."

아무리 소리를 질러도 소용이 없었다. 더구나 자기네 영업방해를 하러 온 이 위험분자들을 본 포주들의 감시 때문에 외인들은 창녀에게 접근할 수 없었다. 그래도 첫 날은 2~3명이 따라 나서려고 시도하는 듯했으나, 포주들이 뒤따라와 "이년아 어디로 도망가!" 하며 소리치는 바람에 도로 끌고 갔다. 완전 패전이었다.

그 다음날도 이현필 선생은 가라고 명해서 또 갔으나, 역시 실패였다. 그 다음 날도 또 갔다. 선생의 명대로 사흘 동안 다녀왔으나, 결국 한사람도 건지지 못하고 말았다. 처량한 생각이 들었다. 마지막 날에는 첫 날에 본 일이 있는 낯익은 한 창녀의 얼굴이 보였는데, 모슨 관심이 있는 줄 짐작하고 그녀의 뒤를 쫓아갔더니 숨어버려 놓치고 말았다. 나중에 알고 보니 그 창녀는 김준호 일행을 형사 앞잡이인 줄 잘못 알고, 보기만 하고 그렇게 도망친 것이라 했다.

사흘째 날도 실패하고는 실망감을 안고 돌아오던 길에 사창가 길가에 있는 만화점에 들렀다. 주인 청년을 만나서 이곳에 온 사연을 말하면서, "사실은 우리는 예수 믿는 사람들인데 불쌍한 창녀들을 도와주려고 왔다. 그러나 실망하고 간다. 후에라도 도움을 청하는 여자가 있으면 이런 뜻을 전해 달라"고 부탁했다. 만화점 주인은 김준호의 신분증을 보자고 해서 보여 주었더니 수첩에다 동광원의 주소를 기록해 두었다.

그후 한 달이 지났다. 가을이 무르익어가는 때였다. 방림 동광원에는 나무에 주렁주렁 탐스럽게 익은 감을 따서 팔려고 세고 있었는데, 어떤 낯선 젊은 여인 한 사람이 찾아와서 김준호 선생을 만나고 싶다고 했다. 차림새로 보아 창녀였다. 동광원 안으로 안내하기에는 망설여져서, 감 밭에 있는 파수막 안으로 안내했다. 총각 수도사로 여자 앞에서는 수줍음을 잘 타는 김준호는 그 여자 앞에서 오히려 고개를 들지 못하고 무릎을 꿇고 앉았다.

"어디서 오셨습니까?"

"그 거리에서요."

"몸이 약합니까?"

"예, 몸에 병이 있습니다."

이런 대화가 있은 후에 이현필 선생에게 알리고, 이 창녀를 동광원에서 받아들이기로 했다. 그 무렵의 동광원 살림은 몹시 어려워서 수녀들은 죽을 쒀 먹었고, 식구들이 너무 많아 숙소는 한 방에 여럿이 합숙하고 지내던 형편이었지만, 새로 들어온 이 창녀만은 귀빈같이 특별대우를 받았다.

이현필 선생은 "우리원에 귀빈이 오셨으니 제일 좋은 방을 수리하여 독방에 거하게 하고, 이 여자에게만은 쌀밥을 대접하도록 하고, 그를 시중할 보모를 정해서 병원으로 데리고 다니며 병을 치료해 주도록 하라!"고 했다. 모두는 그대로 순종했다. 탕자가 돌아왔을 때 아버지의 특별대우 같았다. 그 여자의 이름은 양자, 나이는 23세, 머리는 남자들의 장발머리만 했다.

그렇게 한 달이나 지내더니 이 여자는 사정하기를 "제발 무얼 시켜 주십시오! 제일 괴로운 일은 혼자 우두커니 방에 앉아 있는 일입니다. 언니들이 밖에 나가 밭을 매고 있으니 나도 함께 일하게 해 주십시오" 하고 간청했다.

의리를 아는 마음이고 또 마땅히 그래야 할 것이지만 이현필 선생은 빨리 그 여자의 요청대로 해주지는 않았다. 그 여자는 윤락여성이었으므로 몸에 화류병이 있기 때문에, 또 그 본인보다 순결이 생명보다 귀한 동광원의 다른 수녀들 분위기 때문에 상당히 조심스럽게 고려하는 모양이었다.

옛날에 유하례(柳下惠)라는 분은 비오는 날 불쌍한 거지 여자를 밤새 품에 안고 따스하게 덮어 주면서도 범죄하지 않았고, 마을 사람들 누구하나 의심하지 않았다지만 동광원은 아직 그럴 입장은 못 되었다. 동광원 수녀들의 대부분은 어려서부터 남자를 모르고 자라난 순결한 동정녀들인데, 이런 수녀들 속에 창녀 출신을 섞어 두어 친하게 접근시킨다는 것은 위험하기 짝이 없는 일이다. 이 여자를 받아들여 놓고는 그 처리 방법 때문에 상당히 머리를 쓰다가, 아직은 수도생활이 무엇인지도 모르고, 순결이 생명보다 귀하다는 것도 모르고, 또 창녀촌에서 나왔다고는 하지만 아직 얼마 지난 것도 아니므로, 결국 이 여자를 격리시키기로 작정하였다. 이 선생은 김은자에게 이 여자를 무등산으로 데리고 가라고 했다.

그 시절에 김은자 수녀는 무등산에서 무등원 관계의 일을 보고 있는 때였다. 무등산 중턱 개원사 자리에 그 때 폐결핵을 요양하는 몇몇 병든 자매들이 살고 있었는데, 이 창녀 출신의 여자를 데리고 거기로 갔다. 그러나 그곳 숙소는 만원이어서 함께 거처할 자리가 없었다. 무등산에 올라간 첫날은 할 수 없이 우리에서 염소들을 몰아내고, 바닥에 풀을 깔고 거기서 김은자 수녀와 함께 잤다. 임시로 그런 것이 석 달 동안이나 그곳에서 지내게 되었다.

제 몸을 팔아서라도 잘 먹고 잘 입던 창녀가 밀기울 죽을 먹으며 염소우리에서 자면서도 잘 참고, 일하고 싶어 했다. 산의 소나무 밑 빈 땅을 한 평 가량 갈아서 가을 시금치를 뿌려놓고는 얼마 후에 자기가 뿌린 씨가 돋아나왔다고 어린애처럼 기뻐하였다. 그 여자의 성격은 활발하면서도 천진난만했다. 새 생활에 희망이 부풀어 취미를 붙이게 되니, 병약하던 몸도 점점 회복이 되어갔다. 이렇게 새 희망에 차서 지내던 어느 날 양자는 무슨 일 때문인지 울고 있었다. 곁에서 보기에 무엇인가 고민하고 있는 것이 분명했다.

"왜 그러느냐? 무슨 맘에 맞지 않는 일이라도 있느냐?"고 물었더니 고개를 저으며, "그렇지 않습니다. 다 좋습니다"라고 하면서, 하는 이야기가 자기 친구 가운데 전과자로 교도소에서 징역살이를 하던 여자가 내일 출감하는데, 갈 데가 없다는 것이다. 창녀출신이라 해서 누구나 꺼렸다.

양자의 고민을 측은히 여겨서, 그 친구를 산에 데려다 함께 살라고 했다. 그녀는 기뻐서 친구가 출감하는 즉시 산으로 데리고 왔다. 두 명의 전 창녀들은 외롭지 않게 되었다.

무등산 개원사에 있는 무등원 다른 자매들은 모두 폐결핵 환자들이었지만, 양자와 그녀의 친구는 건강하고 활동적이었다. 또 무등원의 다른 환자들처럼 구제받을 입장도 아니기 때문에, 그들은 그들대로 생계를 자립할 계획을 세워야 했다. 무등산 저수지 뒤 계곡에 자리 잡은 개원사 옛 절터에 두 여자는 과거를 씻고 새 삶의 부푼 소망을 안고 자활의 노력을 했다.

생전 처음 중노동을 하며 자신들의 보금자리를 꾸미느라 산에서 돌을 날라서 손수 움막 한 채를 지었다. 보기에는 형편없는 집이었지만, 여자들의 힘으로써는 대단한 공사였다. 이렇게 손수 지은 집에서 겨울을 맞이했다. 그들은 더욱 활동해서 염소를 기르기 시작하여 서른 마리나 되는 염소를 길렀다. 재미가 나서 노래를 불러가며 금방 성녀들이라도 되어가는 듯했다.

무등산에 적막한 겨울이 오고 크리스마스 계절이 닥쳐왔다. 이 두 여인은 아직 나이가 젊고 건강하고 믿음은 아직 자라지 못하고 있었기 때문에 이런 이들은 춥고 쓸쓸한 계절이 되면 자연히 환락의 거리가 그리워지게 되는 것이다. 더구나 두 여인 모두 창녀출신인데다가 산중 생활은 너무 단조롭고 외로웠으며, 생전 처음 겪는 노동은 너무나 힘들었다. 그리고 유감스러운 것은 육신의 순결을 생명보다 더 중요하게 여기는 수녀들이나, 무등원에서 요양하는 사람들은 무의식적으로 창녀 출신에 대해서 경계하고 마음을 주지 않았다. 그런 눈치를 그녀들이 모를 리가 없었다. 어디를 가나 언제나 소외당하고, 남들이 꺼려하는 존재라는 것을 깨달았다.

"새 생활을 한다는 일은 어려운 노릇이다. 구더기는 똥물로 도로 들어가야지."

결국 일단 헤엄쳐 나왔던 옛 홍등가(紅燈街)의 환락의 밤이 다시 그리워졌다. 그 인육시장의 웃음과 사람이 가장 거짓되고 천한 것이라도 할 수 없다. 이 산에서는 인생이 쓸쓸하여 견딜 수가 없었다.

어느 날 감옥에서 나온 여인이 혼자 앉아서 훌쩍훌쩍 눈물을 흘리고 있었다. 양자가 그것을 발견하고는 측은해서 물었다.

"뭘 그렇게 생각하나?"

"내가 이전의 영업을 않으니 우리 부모가 굶고 또 동생들도…"

창녀에게도 효심은 있었다. 효심만은 아름다운 것이다. 언니 노릇을 하는 양자는, "지금은 부모고 뭐고 다 잊어버려야 한다!"면서 동광원에 부탁해서 그 여자의 부모에게 식량도 얼마 보내주었다. 그리고 아무래도 지금 흔들리고 있는 친구의 마음이 다시 세상에 나가지 못하게 하느라고 크리스마스 전날 밤 친구가 곤하게 자고 있을 때 몰래 가위로 친구의 머리를 잘라버렸다. 친구의 머리를 자르는 양자의 마음은 자기 자신의 흔들리는 마음을 자르는 다짐도 있었다.

아침에 잠이 깨어 밤사이 자기 머리가 잘려진 것을 발견한 친구는 양자를 원망하면서 몹시 울었다. 인생을 바로 살고는 싶지만, 과거에서 빠져나오는 일과 젊음의 욕정을 이기기에는 너무나 그들의 영혼은 연약했다. 무방비 도시와 같이 자기네 영혼은 유혹을 막을 자신이 없었다.

두 여인은 똑같은 자신들의 서글픈 신세를 서로 한탄하며 얼싸안고 한없이 울었다. 그래도 살아가보자. 물에 떠내려가면서도 지푸라기 하나라도 잡고자 필사적으로 버둥거려보는 익사자와 같이, 그들은 어느새 흔들리기 시작한 마음이지만 그런대로 또 살아갔다. 그럭저럭 한 달이나 지나 친구의 머리가 삼손의 머리가 자라듯이 얼마쯤 자라나더니, 어느 날 그 여자는 기어이 소돔 같은 거리를 향해 내려가고 다시 산에 오지 않았다.

양자에게는 차라리 그 친구를 산에 데려오지 않았더라면 좋았을 것을 그랬다고 후회했다. 친구가 흔들어 놓고 간 마음은 좀 채로 가라앉지 않았다. 이 세상을 사는 유일한 위로가 되던 친구를 잃은 양자는 쓸쓸히 혼자 남아서, 그래도 서른 마리의 염소를 몰고 매일 무등산 이 골짜기 저 언덕으로 헤매고 다녔다. 그로서는 안간힘을 다하여 다시 옛 구렁에 빠지지 않으려 애써 본 것이지만 어려웠다. 더구나 염소 치기는 여자 혼자로서는 중노동이었고, 앞으로 살아갈 일이 너무도 막연했다.

그의 새 삶의 첫걸음은 너무도 적막했다. 그리고 무등원은 수녀들이 아니라, 병을 요양하는 여인들끼리 산에 모여 사는 세계라서 서로 남을 보살필 겨를이 없었다. 누군가가 양자를 멸시하고 섭섭하게 한 모양이었다. 그의 주위에는 성녀 마리아도 테레사도 없었다. 모든 것을 힘껏 참아 보았다. 벼랑의 여기까지 기어 올라와 다시 굴러 떨어져서는 안 된다. 남에게 멸시받는 날도 오해받고 슬픈 날도 그는 염소를 몰고 산으로 헤맸다. 쳐다보면 무심한 구름만이 무등산 마루에 오고는 가고 오고는 가고 하루 종일 듣는 솔바람 소리는 인생의 고독이 한층 뼈 속까지 스며드는 듯싶었다.

양자는 높은 산으로 염소를 몰고 다니는데 날씨는 춥고 신발이 없어서, 거기 있는 자매들에게 신발 한 켤레 사달라고 부탁한 일이 있다. 그러나 단체생활에서는 공동으로 꼭 같은 혜택을 받지, 어느 한 사람의 요구만을 들어 줄 수는 없어 신발을 사주지 못하였다.

그 후에 그녀로서는 한계에 도달하여, 어느 날 양자는 기어이 산을 내려가고 말았다. 물론 다시는 무등산을 찾아오지 않았다. 헤엄쳐 나와 보려고 무척 애쓰다가 옛 구렁에 도로 굴러 떨어졌다. 양자는 그 길로 서울에 올라가 배운 재주가 그것뿐이니, 다시 어느 사창굴에 찾아가 옛 생활로 되돌아가고 말았다.

하나의 영혼을 건진다는 일도 어렵지만 모처럼 그 무서운 마굴에서 버둥거리며 기어 나왔던 한 영혼은 자기와 주위의 여러 가지 실수 때문에 심리적 반발이 생겼던지 다시 그 속에 빠지고 만 것이다. 누가 그를 따스하게 돌봐주는 일이 필요했었다. 양자가 무등산에 와 있는 동안 그보다 훨씬 나이어린 처녀 몇이 그를 언니라고 부르며 몹시 따랐다. 양자는 성격이 쾌활해서 인기가 있었다.

그녀가 서울로 떠난 뒤 그를 따르던 깨끗한 무등원의 어린소녀 하나가 양자를 찾아 서울로 따라 올라갔다. 언니가 서울에 좋은 데 취직한 줄만 알고 자기를 좋은 곳에 취직시켜 달라고 갔다. 그 소녀는 양자의 이런 신분을 알지 못하고 있었던 것이다.

서울 창녀굴에서 자기를 찾아온 그 소녀를 만난 양자는 깜짝 놀랐다. 자기는 비록 그 마굴에 다시 들어 왔지만, 그래도 양심이 남아있는 그녀는 찾아온 소녀를 보고 책망하며, "여기가 어디라고 찾아오느냐!"고 나무라며 차비를 꾸어 부랴부랴 광주에 데리고 왔다.

광주역에서 소녀를 되돌려 보내고 자기는 그 길로 서울에 되돌아가려 했으나 소녀가 떨어지지 않자, 다시 그 아이를 데리고 광주 시내에 거처하고 있던 김천자의 집 앞까지 왔다. 문 앞에서 소녀만 들여보내고 자기는 되돌아가려는 것을 김천자가 나와서 "이왕 여기까지 왔으니 좀 들어왔다 가랴"고 등을 밀어 방에 들여보내고는 급히 동광원에 이 소식을 알렸다.

떠나간 양자가 되돌아왔다는 소식에 김준호는 잃은 양 한 마리를 다시 찾으려고 뛰어왔다. 문 밖에 김준호 선생이 왔다는 소리를 듣자 방에 앉았던 양자는 별안간 치마를 뒤집어쓰고 얼굴을 가렸다. 그리고는 아무 말도 안하고 움직이지도 않았다. 우는 모양이었다. 불쌍한 여인! 이 자리에 간음한 여인을 회개시키시던 예수님이 계셨더라면, 이 여인도 건질 수 있으련만…그러나 한 번 변심한 양자는 여러 말로 권해 보았으나 소용없었다. 다시 돌이키려는 기색은 전혀 없었다.

얼마 후 양자는 밖에 나가 과일을 사가지고 와서 데리고 온 그 소녀를 달래어 먹이며 떼어놓고는 어느새 소녀 몰래 서울로 가버리고 말았다. 한 마리 잃은 양은 기어이 못 건지고 말았다. 더욱 안 된 것은 양자를 못 잊고 따르던 그 소녀는 며칠 후 또 다시 서울로 언니를 찾아갔다. 그래도 양자는 기어이 또 되돌려 보냈다. 그러나 그 소녀는 그동안 보고 들은 것이 그런 짓이어서, 그 소녀도 결국은 윤락의 길에 빠지고 말았다. 그 뒤에도 또 다른 소녀들까지도 이 사건에 연줄연줄 끌려 많은 피해가 있었다.

이 이야기는 참으로 애처롭고 비극적인 이야기다. 그리고 죄에 깊이 빠진 영혼 하나를 건진다는 일은 그렇게 쉬운 일이 아니고, 많은 인내와 정성과 기술이 필요하다는 점을 깨닫게 한다. 이렇게 해서 이현필 선생이 모처럼 시작한 윤락여성 구출운동은 성공을 거두지 못하고 도리어 피해가 컸다. 이 선생의 남을 건지려는 뜻은 좋았으나 그 주위 사람들의 성의가 부족했다. 이 선생이 직접 이 일에 나섰더라면 이렇게 되지는 않았을 것이다.

변화산 위에 예수님이 올라가신 동안 산 아래 있던 제자들은 간질병이 든 아이의 병을 고치지 못하여 톡톡히 망신만 당했다. 실력이 없었기 때문이다. 양자는 그러나 이런 말을 남겼다. "비록 내가 이렇게 죄 짓고 돌아다니긴 하지만 내 마지막 갈 곳은 동광원 밖에 없지 않느냐!"고 했다. 오늘도 우리는 이 말대로 양자가 돌아오기를 기다린다.

각혈

광주 재매에 이 선생이 계실 때에도 가끔 각혈을 했다. 김은자 수녀와 다른 제자들이 곁에서 걱정을 하면 선생은 오히려 제자들을 위로하면서 웃는 표정으로 "나의 부정한 피는 다 쏟아 없어져야 예수님의 피가 들어올 수 있다. 어서 내 피가 다 쏟아져 버렸으면 좋겠다"고 했다. 이현필 선생은 자기 피를 아깝게 생각하지 않았다. 제자들이 선생의 각혈한 피를 파묻으려고 땅을 한 자 이상 파고 거기에다 피를 쏟을 때는 꼭 사랑하는 선생님을 파묻는 듯이 애처롭고 황송한 생각이 들어 피를 든 채 서서 두 다리가 떨렸다. 그러나 이 선생은 자기 몸에 오는 어떤 고통에도 고통스러운 표정이 없이 언제나 감사하며 "내게 병을 주신 것은 하나님의 은혜로운 선물이다"고 했다. 그 쇠약한 몸을 일으켜 창백한 얼굴로 무릎을 꿇고 기도하고 있는 모습은 너무도 엄숙했다. 혹은 어떤 때 기쁜 일이 있어 하나님께 감사와 영광을 돌릴 때의 선생의 모습은 천진난만한 어린애 같았다. 이런 모습들은 제자들의 머리에 영원히 잊을 수 없는 그리운 추억이 되었다. 이 선생이 세상을 떠나신 뒤 제자들은 그 모습이 보고 싶어 울고 또 울었다.

이현필 선생이 세상 떠나기 일 년 전인 1963년, 무등산 삼밭실에 지은 산막에 여름부터 가을까지 있다가 내려가고, 그 해 겨울에 다시 와서 지냈다. 김상돈 의원은 멀리 이 산까지 올라와 이 선생을 찾아보고 인사를 드렸다. 그 때 이 선생은 육신의 병도 심했지만 정신적으로도 고민이 심했다. 그의 사랑하는 제자들 중 누구 하나가 수도의 길을 이탈하여 세속으로 빠져가는 일이 생길 때는 이 선생은 침식을 잊고, 하루 한 끼씩 먹던 음식조차 그만 두고 사생을 결단한 싸움을 하며 심한 고민을 하다가는 끝내 각혈을 하였다.

어느 날 이 선생이 산막 자기방 안에서 각혈을 하는데 곁에 아무도 없어서 처음에는 아무도 몰랐다. 그 때 밭에 나가 일하고 있던 영자 자매가 방 안에서 갑자기 이 선생의 기침소리가 이상하여 달려가 선생을 시중하던 수녀에게 급히 알려주어 들어가 보니 이 선생은 혼자 무릎을 꿇고 똑바로 앉아서 두 손을 합장하고 각혈을 하고 있었다. 수녀들이 좌우에서 빈 깡통을 턱 밑에 대고 선생의 입에서 터져나오는 새빨간 피를 반 깡통이나 받았다. 겁에 질린 수녀들에게 선생은 입에서 선혈을 토하면서도 계속 "기도하시오, 기도하시오"라고 말했다. 그 말씀에 더욱 감격하여 제자들은 기도보다 눈물만 흘리고 서 있었다.

"주여 내 피를 다 쏟게 해 주옵소서." 그 얼굴에는 아무 두려움이나 고통의 표정도 없이 평화스러웠다.

"선생님, 누우시지 어떻게 이렇게 앉아서··?"

"아니오, 지금이 신랑을 맞이할 때입니다. 이 기쁜 시간에 내가 어찌 누워 있을 수 있겠소!" 그 모습은 정말 육체적 고통은 전혀 의심하지 않고 신랑을 맞이하는 신부와 같은 기쁜 태도였다. 수도하는 자매들은 때때로 여러 가지 일에 불안한 마음으로 우울해지는 때가 있다가도 이 선생의 평화스러운 얼굴만 보면 어느새 저절로 마음이 밝아졌다. 그때는 참으로 선생의 임종이 가까운 줄 여기던 때였는데도 선생은 생명의 세계, 은총의 세계, 평화의 세계를 눈으로 보는 듯 역설해 가르치며 "동정을 지키는 것이 복이다" "가난이 복이다" "고통이 복이다"라고 했다.

1963년 6월 16일 무등산에서 각혈하며 말을 못하던 때, 일기에 쓰기를 "주님의 간절한 사랑은 구곡간장에 스며드는데 형용 못할 그 감격을 누구에게 알겠는가? 우리 아버지 성삼위께서 이 자리에 함께 계셔서 만사가 다 유익합니다. 빚(負債)을 다 갚으면 갑니다. 죄의 빚, 내 주의 은혜 억 억인데, 그 중 하나만이라도 감당치 못한 것 죄송합니다. 깊으신 사랑으로 섭리하신 일들을 생각할 때 감격합니다."

외로운 산막 방 안에서 선생은 각혈을 하는데 밖에는 늦은 가을 소나기가 한 차례 지나가고, 비에 젖은 무등산 단풍은 한층 더 아름다웠다. 병에 지친 이 선생은 자기 힘으로 기동을 못하고 자리에 누워 생각만 오락가락하였다.

어느 날 오후 아직 저녁 전이었는데 함평에 사는 셋째라는 형제가 무등산 삼밭으로 이 선생의 문병을 왔다. 때마침 이 선생을 시중하던 수녀들은 밤새 선생 병을 간호하느라 한 잠도 못자고 피곤하여 잠시 잠이 들고 있던 때였다. 앓아누워 있던 이 선생은 셋째를 보자마자, "아이구 잘 왔네, 날 좀 업어주게." 셋째는 영문도 모르고 시키는 대로 순종했다. 셋째는 순종이 타고난 천성 같은 분이다. 이 선생은 신발을 집어 두 손에 들고 셋째의 등에 업혔다. 아랫집이라는 곳 가까이까지 산을 내려오면서 잔등에 업힌 선생은 마치 어린애처럼 좋아했다. 지금 이 선생은 여기를 탈출하려는 것이다. 자기를 존경하는 나머지 잠시도 곁을 떠나지 않고, 감시하고 있는 제자들이 낮잠 든 새에 아무도 몰래 빠져나와 떠나간다는 일에 어떤 해방감 같은 것을 느꼈다. 아랫집 가까이 이르러서는 어느 쪽 방향으로 발길을 돌릴까 한참 망설였다. 서울로? 전주로? 이 선생은 셋째에게 자기를 좌우간 기차를 타는 곳까지만 데려다 달라고 부탁했다. 일생동안 긴 병에 지친 몸, 그보다 더 어려운 일은 제자 중 어떤 이들이 수도에 정진하지 못하고 세속으로 돌아가는 것을 볼 때마다 겪는 정신적 고민에 진절머리가 난 선생은 모든 것을 버리고 그 어딘가 멀리멀리 가고 싶었을지도 모른다. 아마 이 때 지리산 깊숙이 홀로 들어가 거기서 아무도 몰래 죽으시려는 비장한 결심을 한 듯했다.

혼자 있고 싶었다. 주위에 있는 여자들의 시중을 받지 않고 어느 깊은 산에 들어가 고요히 주님을 맞이하고 싶다는 큰 소원이 있었다. 미끄러운 험한 비탈 길을 셋째는 선생을 업고 땀을 흘리며 내려갔다. 때마침 무정한 가을 소낙비가 또 퍼부어서 두 사람은 흠뻑 젖었다. "불쌍한 제자들을 버리고 나는 도망치는 가? 순진한 형제 셋째가 내 죄 때문에 공연히 고생하는구나."

막상 떠나려 하니 선생의 마음에 자꾸 자책하는 생각이 일어났다. 업고 가던 셋째도 가는 방향이 막연하니 망설이는 눈치였다.

"가기 싫으면 산막으로 되돌아가자."

셋째는 선생이 시키는 대로 다시 산을 올라 산막에 선생을 눕혔다. 후에 이현 필 선생은 그때의 심정을 말씀하시면서 "내 일생에 그 때가 가장 좋은 기회였는데 놓치고 말았다. 그 때 소리 없이 그냥 영영 떠나 몸을 감추었더라면…참 좋은 기회였는데, 내 마음이 약해서 그것을 결행하지 못한 것이 일생의 큰 실수였다"고 했다.

보다 더 철저히, 보다 더 깊이, 보다 더 높이 자기완성과 성화에 이르려는 사람의 길은 잠시도 안온하게 편히 쉴 틈이 없는 법이다. 쉬지 않는 정진, 그것이 수도자의 길이다. 자기부인에서 자기완성으로 나아가야 한다. 거의 자기학대라고 할 정도로 육체를 이만큼 극복하고도 정신적 순결과 정화를 완성하려면 또 비약이 필요했었다.

파계

이를 잡으면 성냥갑에 넣어 개울물에 띄워 보내면 보냈지 직접 죽이지는 않는다고 하였다. 어떤 이들은 이현필 선생을 가리켜 "사람치고 저렇게 완전한 분이야 어디 또 있겠는가!"라고 했다. 먹는 것도 육식도 생선도 절대 안 먹었고, 너무도 몹시 가려 먹기 때문에 냉수와 쌀가루(보리)나 쑥, 무밖엔 땅 위에는 먹을 것이 없었다.

일평생 그의 입으로는 한 잔의 커피도, 한 점의 고기도 들어가 본 일이 없었다. 한국 기독교 백년사에 이현필 같은 인물은 없었다. 그이만큼 청빈하게 산 사람도 없었고, 그만큼 순결생활을 생명처럼 강조하고 몸소 그렇게 산 사람도 없었고, 그만큼 철저한 자기부인에서 자기완성에 이르려 애쓴 인물도 없었다. 지은 마음은 열흘 못 간다. 일부러 꾸며서 그렇게 살 수는 없다. 그는 태어나기를 그렇게 태어났다. 누구의 말과 같이 한 세기에 한 사람 날까 말까 한 인물이었다.

그러나 이현필 선생의 위대한 점은 이 같은 금욕고행이나 뛰어난 선행에 있는 것이 아니다. 그가 자기주장을 끝까지 고집하지 않고 대오각성하며 솔직하게 자기 잘못을 고발한 점이다.

> "제가 오늘 이대로 죽으면 저는 천국에서 예수님께는 역적 같은 놈이 되리라고 느낍니다. 그동안 제가 절대선행을 강조해 왔던 고로, 저를 따르는 이들을 온통 철저한 율법주의자들을 만들어 버렸습니다."

물론 이현필 선생의 과거 신앙도 예수 그리스도의 공로를 믿음으로 구원을 얻는다는 신앙이었다. 그러나 그가 일찍부터 그리스도를 본받으려고 무척 애를 썼고 자기완성에 이르려 애썼던 관계로 강조하는 면이 달랐기 때문에 남들에게 착하게 살아서 구원받겠다는 인상을 남겨주는 수도 있을 수 있다. 그는 자기 생애의 마지막이 가까이 왔을 때, 자기 근본 신앙을 분명히 천명하므로 제자들의 오해나 잘못 나감을 미연에 예방한 것이다.

> "나는 위선자입니다. 나도 그리스도의 보혈을 의지하여 구원 얻을 사람이지 선행이나 금욕고행으로 구원을 얻으려는 사람이 아닙니다."

이현필 선생은 이때에 자기의 심혼을 다해 필사적으로 이 태도를 천하에 밝히려 했다. 성령님은 사랑하는 아들에게 이때에 크게 역사했다. 그동안 남들이 이현필을 다른 기독교인들보다 더 잘 믿는 분이라 존경해 온 점은, 그가 절대 독신주의를 강조했다든지, 거지같이 살았다든지, 살생을 안했다든지, 약을 안 썼다든지 하는 따위의 점이었으나, 이현필 선생은 이날 신촌 거지굴에서 죽음을 앞에 놓고 누운 채 엄숙히 자기를 반성하면서 세상 사람들의 그런 부질없는 이현필 관(觀)을 뒤집어엎은 것이다.

오늘 죽기 전에 나는 예수 보혈로만 구원을 얻는 것이다. 완전한 선행으로 구원을 얻으려 함은 기독교 신앙이 아니요 위선자다.

"2천년 전에 유대 골고다에서 흘렸다는 예수의 피만 가지고는 부족합니다. 바로 지금 이 순간 어쩔 수 없는 나의 마음에 뚝뚝 떨어져 오는 예수님의 보혈이 되지 않아선 안 됩니다."

이 선생은 이렇게 일기에 기록했다.

이현필이란 인간 하나가 세상에 왔다간 뒤에 그를 따르는 이들 중심으로 이상한 교파가 생겨서는 안된다. 이것은 내가 일생 조심하던 문제이다.

그는 매우 지혜로운 분이었다. 사실 그가 그렇게 살다가 그대로 죽고 난 뒤, 그를 존경하고 따르던 많은 추종자들을 중심으로 그런 이상한 파, 기성교회를 멸시하고 특별 선행을 강조하는 율법주의가 생겨나게 마련이다.

이현필은 자신을 따라온 남녀 제자들을 모두 곁에서 떠나보냈다. 그날 밤 이현필은 칠성판 위에 누워 그동안 금욕 고행자로 살아온 자신의 일생을 정리하고 싶었다. 그리고 제자들이 자기를 본받고 그렇게 믿어야 한다고 생각하는 제자들의 바른 신앙을 위하여 자기가 예수 그리스도를 향하는 솔직하고 올바른 태도를 정리하려 했다.

"주여, 저는 이 순간까지 예수님을 섬기는 데 있어서 선행위주로 해왔습니다. 오늘 저는 그동안 잘못 믿어온 점을 자백합니다. 제게 있어서는 선행이 귀한 것이 아니라, 예수님의 보혈이 귀할 뿐입니다. 저는 앞으로 주님의 보혈을 의지하는 신앙으로 뛰어 들어갈 것입니다."

그날 밤 사경을 헤매면서도 이 모든 고백을 하였고, 곁에서 그의 고해를 받고 있는 일생의 동지 정인세에게 그대로 기록하게 했다. 새벽녘에 넝마주이 "셋째"를 부르더니 "무슨 고기든지 좋으니 먹을 고기를 사오라"고 했다. 셋째가 시키는 대로 굴비 한 마리를 사서 동냥 다닐 때 쓰는 때 묻은 깡통에 물을 붓고 끓여 가져왔다.

선생은 "수고했소. 그 국물을 내 입에 떠 넣어 주시오."라고 했다. 셋째는 시키는 대로 했다. 조기 국물은 후두결핵으로 말을 못하는 이현필의 목으로 넘어갔다. 그는 이 파계가 하나님의 뜻이라고 생각했다. 생전 새우 한 마리 입에 넣은 적이 없는 선생의 이 파계를 놓고 곁에 있던 제자들은 의아하게 여겼다.

선생님이 지금 시험에 들었다며 제자들은 셋째가 고기 국물을 떠 넣는 것을 저지했다. 그러자 이현필은 "당신이 하나님이요?"라고 책망하면서, 셋째에게, "어서 고기를 내 목에!"라며 재촉했다.

그 아침에 염려하여 찾아온 정인세에게, "이 개 같은 것을 보려고 왔습니까? 원장님, 제가 고기를 먹었습니다. 동광원에서 저를 책벌해 주십시오"라고 했다. 정인세 원장은 이현필의 파계에 대해 깊은 경의를 표했다. 이 선생은 그에게 "광주로 내려갑시다"라고 했고, 그는 패잔병 같이 광주로 돌아갔다. 평생 약을 쓰지 않고 제자들 전체가 병들어도 약을 쓰지 않던 그가 광주에 도착하자마자, 제중병원으로 가자고 했다.

병원에 다시 입원해 누워 있으면서도 장차 비상한 사태가 올 것을 예상하고 무의탁인들을 돕는 운동과 "일작운동"(一勺運動)을 일으켰다. 이것이 오늘

귀일원(歸一園)의 시작이다. 현재 귀일원에는 정신질환자 2백 명이 넘는다. 수녀들은 그들과 침식을 같이하며 봉사하고 있다.

　병원에서 퇴원하고 다시 서울로 가기를 결심했다. "종로 거리에서 사람들에게 깨끗하게 살 것과(순결), 청빈생활을 사랑할 것을 전해야 겠다"고 했다. 이것이 이현필이 정든 광주와 동지와 제자 수백 명과 마지막이었다. 그의 몸은 극도로 쇠약하여 스스로 몸을 가누지 못했다. 마지막 고별집회를 열고 새벽, 낮, 밤 성경을 가르치러 집회소에 나갈 때는 제자들이 업고 나갔다. 보통 강의 시간이 두세 시간씩 걸렸는데, 집회를 마치고 거실로 돌아와서는 송장같이 뻣뻣이 누워 정신을 차리지 못했다. 그래도 설교 시간만 되면 어디서 그런 용기가 나는지 우스운 이야기도 하고 질문도 하며 "아, 기쁘다. 참 기쁘다"고 했다. 마지막 집회 때 성경 본문은 누가복음 14:25-35였다. "무릇 내게 오는 자가 자기 부모와 처자와 형제와 자매와 및 자기 목숨까지 미워하지 아니하면 능히 나의 제자가 되지 못하고…먼저 앉아 일만으로서 저 이만을 가지고 오는 자를 대적할 수 있을까 헤아리지 아니하겠느냐…"

　마지막 집회 때에는 수도단체로는 격식밖에 춤도 추고, 노래도 부르게 했다. 이현필 자신도 회중과 함께 어울려 기뻐서 그가 즐기는 농부가를 발을 맞추어 가며 농부가를 불렀다. 모두는 천국의 어린아이처럼 되었다.

　　　딩동 댕동 보슬비는 단비를 주고
　　　철썩 철썩 저친다도 집터를 닦네
　　　둥실 둥실 밝은 달은 길을 밝히고
　　　송이 송이 꽃 송이는 힘을 주누나

　　　빛나는 대한 빛나는 대한
　　　아름다움 강산이라 얼싸 좋구나

임종

임종을 맞은 이현필은 아랫목에 누워있었다. 그 왼편에 동광원 분원인 계명산 원장 정한나 어머니가 앉아 있었다. 오른 편에 잠시도 선생을 떠나지 않았던 김준호가 지켜보고 있었다. 그밖에 이희옥 수녀, 조정은 수녀 등이 방구석에 둘러 앉아 있었다. 이현필은 그중에 가장 나이 어린 수녀가 마음이 동요되는 것이 걱정되어 임종하면서도 그 수녀보고 계속해서 "생각해 보셨습니까? 어떻게 하시렵니까?"라고 물었다. 숨이 막혀가면서도 그 수녀의 대답을 기다렸다.

"나는 지금 곧 숨이 끊어져갑니다. 내 숨이 떨어지기 전에 대답해 주시오…어떻게 하시렵니까?"

그러나 그 어린 수녀는 울기만 하고 대답을 못했다. 순결의 길은 초월의 길이다. 이현필은 일생 그것을 얼마나 강조했는지 모른다. 전신에서 땀이 비오듯 흘리며 숨이 급해 헐떡이면서도 계속 말했다. "한 사람(결혼하여 남편)을 기쁘게 하려다가 많은 성인 성녀들께나, 천군 천사들에게 눈물 드리지 마시오…나, 곧 죽습니다. 대답하시오." 그러나 그 수녀는 울기만 하고 끝내 시원한 대답을 못했다.

수녀들이 깨끗이 빨아 두었던 선생의 누더기 바지저고리를 수의로 입혀 드렸다. 그러나 이현필은 입었던 옷을 다시 벗으며, "이것은 내가 깨끗이 입은 것이니 내가 죽으면, 이 옷을 없애 버리지 말고 헐벗은 사람에게 주어 입게 하시오"라고 했다. 그리고 자기 시체에 수의를 입히지 말라고 부탁했다.

벽제 수녀원에는 새로 준비해 둔 관(棺) 한 개가 있었는데 이현필이 운명하면 거기 모시려 했다. 이것을 안 이현필은 자기 시신에 관을 쓰지 말라면서, 자기는 죄인이니까 거적에다 싸서 아무 데나 묻되, 죄인의 시체니 아무나 함부로 밟고 다니게 길가에 평토장해 달라고 유언했다. "분상을 만들어 놓는 이는 화 받는다"고 했다.

　최후 순간이 가까워지면서 몸은 불덩이같이 뜨거워지고 호흡은 금방 끊어질 듯했다. 그런 중에서도 그는 기도하면서, "주님, 저는 주님을 사랑하고파 무척 애썼습니다. 제가 주님을 사랑하고자 할 때마다 주님을 저를 피하셨습니다. 주님, 저는 지금 주님의 십자가를 지고 갑니다"고 했다. 잠시 쉬었다가 일 분 뒤에 열이 더 오르고 숨이 금방 끊어질 듯 막혀 오는 중에서도, 이현필에게는 마지막 이상한 기쁨, 영열의 파도가 밀려왔다.

　"오, 기쁘다! 기쁘다! 오 기뻐! 오매 못 참겠네. 아이고 기뻐!"

　숨이 가라앉는 듯하다가도 다시 돌아올 때마다, "아이고 기뻐! 오 기쁘다. 못 참겠네. 이 기쁨을 종로 네거리에라도 나가서 전하고 싶다"고 했다.
　환희의 물결이 터져 나왔다. 성령의 기쁨이… 임종 수일 전부터 기쁨이 몰려와서 어쩔 줄 모르더니, 이제 절정에 이른 것이다. 필경에 임종이 왔다. 선생은 주위를 둘러보시며 안타까이 지켜보고 있는 제자들보고 마지막 인사를 했다. "제가 먼저 갑니다. 다음에 오시오!"하고 고요히 눈을 감았다. 무릎을 꿇고 앉은 채로 얼굴은 하늘을 향하여 쳐다보면서 임종했다. 마치 겟세마네 동산에서 기도하시던 예수님의 모습 같았다. 수의를 입지 않고 속옷 차림으로 말이다. 그날 밤 그 산당은 환한 빛으로 둘러싸였다.
　좌우에 부축하던 제자들이 숨이 끊어진 뒤에 조심히 바닥에 뉘였다. 이현필 선생의 임종을 시종 곁에서 지켜보던 이희옥 수녀는 임종하는 이 선생의 모습은 꼭 겟세마네 동산에서 기도하시는 예수님 성화와 같다고 했다. 이글이글 타던 태양이 서해에 지듯 그렇게 장엄한 임종이었다. 1964년 3월 17일 새벽 3시 정각이었다. 그 전날에 미리 예고한 바로 그 시각이었다. 그 때 이현필 선생의 나이는 53세였다.
　멀지 않아 꽃피고 새가 우는 4월이 닥쳐오려는 봄의 문턱에서 이현필 선생은 한 알의 밀알이 되어 파묻혔다. 메마른 이 땅에서 앞으로 이런 인물이 또 나올 수 있느냐 하는 문제는 두고 봐야 할 일이지만, 그래도 나는 이현필 선생이 묻힌 씨알 속에서 앞으로 제2, 제3의 이현필이 또 일어나기를 손 모아 기다린다. 또 다른 한국의 프란시스를 또 기다리겠노라.

이현필 선생의 일생동안 언제나 그 곁에서 아들같이 동생같이 사랑받던 제자 김준호는 스승의 죽음을 애도하면서 이렇게 노래를 지었다.

저 서산에 해가 지고 동산 위에 달 떠오니
우리 주님 따라가신 스승 생각 새로워라
그 물속에 비친 저 달 내 마음과 흡사하네.

백합 같은 그 순정을 그리스도에게로만
십여 년을 하루같이 말씀하신 그 비밀은
그 피 속에 스며들어 귓전에 사무치네.

샛별같은 네 동정을 주님께만 바치라고
그 피땀이 다 진하고 그 숨결이 다하도록
못잊어서 못잊어서 다시 말씀하시었네.

귀양살이 다 풀리고 주님 앞에 가시던 날
감격함을 못이기고 오 기뻐라 오 기뻐라
하시던 그 음성이 지금까지 들려오네.

십자가에 달리셔서 목마르다 하시던 님
그 사랑의 목이 말라 부르짖던 그 음성이
가시던 님 연상하면 또 다시 들려만 오네.

6.25 화학산 순교자들의 최후 등정

 이현필 제자 강차남 어머니는 각시 바위 부근의 인민군과 빨치산들이 우글거리는 속에서 목숨을 내걸고 그날그날 간신히 살아가고 있었다. 2, 30명 되는 고아들도 돌아오고 밭에는 무, 토란, 메밀 등 큰 밭이 있었다. 정인세 원장은 유하례 선교사를 모시고 이양으로 간 후 그때 이현필 선생은 화학산 문바위에 있었다. 강차남 어머니는 소재 위 각시바위 부근에 살고 있었는데, 거기는 그때 이현필 선생 부친과 수레기 어머니도 살고 있던 곳이다. 이분들은 그때 광주에는 국군이 들어와 수복되고, 화학산은 완전히 국군의 포위 속에 있었지만 광주에는 안가고 있으며 이현필 선생에게 인민군들의 동향과 정세를 알려주었다.
 어느 날 이현필 선생은 김준호를 시켜 각시바위 강차남 어머니께 보내며 거기 있는 피난 속에서 재배한 무 따위를 다 버리고 떠나 소재 마을에는 빨치산 유격대가 있으니 지혜롭게 빠져나와 이 선생이 있는 문바위로 오라고 일렀다. 강차남 어머니는 성격이 강인한 분이어서 아무리 이 선생의 명령이라도 예수님의 뜻이 아니라 생각되면 순종하지 않을 분이었다. 이현필 선생은 다시 문공을 김준호에게 보내어 강차남 어머니에게 해가 진 후에 찾아가보라고 했다. 김준호가 시키는 대로 가보았더니 강차남 어머니는 문을 꼭 닫아 놓고 혼자 있었는데, 방안에는 소금, 고추, 보리쌀이 조금 있을 뿐이고, 아궁이의 솥을 보니 불을 땐지도 오래 된듯 보였다.
 "무얼 먹고 사시오?"
 "심심하면 소금 조금, 무, 들깨도 조금씩 먹습니다"라고 하며 밥해 먹은 지는 오래 된 것 같았다. 밭에 나가보니 무 농사가 잘되어 무 한 개가 무거울 정도였다. 밭에 가득한 배추를 뽑아 어느 새 절구에 절여 놓고 있었다. 때 마침 문공이 오니 무를 주었다. 한참을 이야기하다 밖이 캄캄해지기를 기다려 김준호는 문공에게 강차남 어머니가 내어 준 이불 짐을 지게 하고 함께 떠나 가다가 잡혀 죽어도 좋다고 했으나, 김준호는 혼자 산등성이 길로 멀리 돌아 문바위로 가고 강치남과 문공은 "늙은이는 괜찮다"면서 마을 길로 들어섰다.

김준호는 혼자 가는 길에 도토리가 많았다. 배고플 때라 바지 가랑이를 묶고 주어 넣었다. 도구 밖 골에 이르니 거기 문바위에 있던 화순 어머니도 와있고, 강차남, 서울 어머니 세분이 거기 모였고 문공은 이불 짐을 저다주고 떠났다.

이현필 선생의 명은 "여자들은 다 속히 광주로 나가도록 하라"고 하고 수레기 어머니와 그 남편과 이현필 아버지도 속히 나가라는 전달이었다. 거기 함평 배재 어머니와 화순 어머니가 있었는데 둘 중 한사람은 남아야 한다고 배재 어머니는 순종해 나가고 남은 화순, 강차남 두 사람은 서로가 나가라고 "언니, 동생" 하면서 서로 나가라고만 했다. "그러면 동생이 여기 있소" 하다가 결국 화순 어머니가 양보하고 이양으로 나갔다. 그러나 그때 화학산 분위기는 국군에 완전 포위된 인민군과 빨치산이 무시무시할 정도로 살기가 등등하여 어디로 피난을 가던 아무리 형제 집에 간다고 해도 순교를 각오해야 할 형편이었다.

서울 어머니는 동광원 단체 사람이 아니고 개인으로 섞여 있는 형편이었고, 이현필을 붙잡으려고 야단이던 그때 이 선생은 갈대 밭 속에 숨어 있었다. 광주로 가는 길은 1개월 동안이나 길이 완전 차단되어 있었다. 산에는 서울 어머니는 도구밖골 농사하는 자신의 집에 혼자 있으며 하루 한 끼씩 먹으며 지냈고, 결국 강차남 어머니가 혼자 남아 이현필 선생을 돌보는 총책임을 맡았다.

때는 11월 화학산, 이현필 선생은 그대로 문바위 산정에 머물러 있는데, 날은 추워오는데 홑바지 저고리에 이불도 없고 신발도 없고 먹을 것이 없어서 배가 고프니 산의 다래도 따먹었다. 낙엽도 다 지고 추위가 피부에 베어 드는데 인색해 남은 양식은 세 사람의 일주일 분뿐이었다. 강차남 어머니는 자기가 덮는 이불 하나 뿐이었으나, 헐벗은 이현필 선생에게 양보하기 위하여 자신은 서울 어머니 댁으로 가서 합치고 이불을 이 선생에게 주었다.

이현필 선생에게서 "강차남 어머니는 속히 이 선생 계시는 문바위로 오시랍니다"는 소식이 왔지만, 강차남 어머니는 "제 생각은 여기서 이대로 순교하렵니다. 나 같은 계집이 세상에 무슨 미련이 있겠습니까? 이 선생님 명령이니까 가보지만, 내 소원은 순교입니다"라고 했다. 그녀는 이현필 선생의 말에 순종

해 문바위에 왔지만 그때 이미 거동은 살아있으나 죽은 사람 같았다. 털끝만큼
도 땅위에 살아보려는 미련은 없고 하늘나라만 그리워하고 있었다. 그러다가
문바위를 떠나 도구밖골 서울 어머니 댁에 내려가 합쳤다. 그리고는 소식이
끊어졌다. 강차남 어머니의 소식을 들은 것은 그것이 마지막이었다.

그후 일주일이 지나도 아무 기별이 없고 소식은 감감이었다. 한 번은 이현필
선생이 문바위 산정에서 멀리 내려다보니 한 무리의 죽창을 든 유격대 수십
명이 문바위 쪽으로 몰려가고 있었다. 밤이 되어 염려가 되어 김준호가 내려가
보니 세 사람은 보이지 않고 부엌에 솥도, 오가리도, 이불도 아무 것도 없었다.
이사를 갔는지 소개를 받아 갔는지 문공 댁에 찾아가 보아도 사람 흔적은 전혀
없었다.

이현필 선생은 그들의 소식을 초조하게 기다렸다. 그러는 동안 소재에 있는
조연암 자매가 쌀 5승을 이 선생에게 가져온 일이 있었다. 그것으로 1개월은
살아야 할 터임으로 처음엔 반승으로 두 사람이 살았고 나중엔 2홉으로 나눠
먹다가 마지막 남은 것을 나눠 먹고 말았다. 얼음을 깨서 밥을 했다. 크리스마스
도 그렇게 지나고 그 후에도 20여일을 더 있었다.

어느 날 이현필 선생은 멀리서 바라보니 서울 어머니 집에서 연기가 나는
것 같고, 서울 어머니가 온 것 같다고 김준호에게 가보라고 해서 이른 새벽에
김준호가 가보니 아무도 없고 마당에서 흩어진 보리쌀 3홉이나 주어 종이에
싸들고 방에서 고사리 한 줌 호박 하나 있어 움켜쥐고 문바위 산으로 올라갔다.
그것으로 또 한 달을 먹었다.

날이 너무 추워서 이현필 선생 발에 돌을 구워 덥혀 드리려고 냄비에 불을
피워 보리를 넣어 끓여드리는데, 물 한통에 보리 한술 넣어 툭툭 튀겨 선생에게
드리면 이 선생은 마시면서 "아 맛있다. 내 생전 언제 보리 먹어본 일이 있었던
가"라며 좋아하셨다. 폭설이 내리는데 막을 잘못 쳐 춥고 발은 시리고 그 고생
은 이루 말할 수가 없었다. 이 선생은 소식이 끊어진 제자 강차남, 서울 어머니,
문공의 안부만 목이 빠지게 기다렸다.

김준호는 이 선생에게 애원하며 "선생님 광주로 갑시다"라고 하면, 선생은 머리를 흔들며 "난 못가, 내가 만일 여기를 떠날 수 있다고 해도 광주로는 갈 수 없다. 부끄러워 어떻게 가겠는가? 아무도 아는 사람 없는 지리산에나 가서 종적을 감추든지, 아니면 서울에 가서 종적을 감춰야지, 어떻게 광주로 가겠는 가?"라고 했다.

이런 속에서 이현필 선생의 유명한 시 "주님 가신 길이라면 가시밭도 싫지 않소 방울방울 피 방울만 보고 따라 가오리다"가 나왔다. 하루는 수레기 아버지가 백발 늙은이로 헐떡거리며 산에 들어왔다. 정보를 전달하며 남평에서 목수 노릇하던 부자도 거기서 학살당했고, 수레기 아버지도 체포되었다가 도망쳐 나왔다며 "이제는 광주로 갑시다"라고 했다. "광주에는 국군이 왔는데 여기서는 늙은이도 못 견딘다"고 했다. 그는 그날 밤 그 길로 광주로 가다가 도중에서 학살당했다.

결국 고집 부리던 이현필 선생의 마음도 조금 흔들려 김준호가 "선생님 뭐 드시고 싶습니까?"라고 물으면 "나는 밥 한술!"이라고 했다. 김준호는 바싹 선생에게 달라붙으며 "선생님 배가 고픕니다. 밥이요, 제발 먹고 싶어요"라고 했다. 이에 선생은 김준호에게 가겠으면 어서 혼자 가라고 하시며, 김준호는 며칠 동안 시험을 많이 당했다. 나중에 이 선생은 준호의 등을 밀며 왜 안가느냐고 따졌다. 김준호는 아예 누워 버렸다. "선생님 배고파요."

그렇게 계속한 끝에 어느 날 이현필 선생은 "그럼 가보자!"고 동의했다. 기뻐 떠나가려고 했으나 신발이 없었다. 김준호는 여자 고무신과 남자 고무신 각각 한 짝씩 있어 신었으나, 이현필 선생은 짚신을 얻어 신고 떠났다. 그나마 그것도 얼마 안 되어 잃어버리고 말았다.

살기등등한 빨치산들 속을 뚫고 떠나려고 비장한 각오를 하며 최후로 있는 호박을 끓여 먹었다. 짚신에다 헝겊으로 발을 감쌌다. 김준호가 살림을 짊어지고 일어나 새벽 한 시인데 이현필 선생은 한 걸음 내딛더니 다시 주저앉으며 "아이고 아무것도 안보여서 못가겠다"라고 했다. 절망스러웠다. 할 수 없이 잠깐 누워 잠이 들었다. 일어나 보니 새벽 동이 텄다. 다시 일어났다. 이 선생과 김준호는 결사적으로 문바위를 빠져 나왔다. 그길로 광주까지 돌파해보려고 시도한 것이다. 이현필의 짐작에는 국군이 화순 등광리까지 들어 온 것으로 생각되었다. 마음이 정해지니 힘이 생겼다. 등광리로 나오는데 어디선가 "누구요?"라고 하는데 국군은 아닌 것 같았다. 이 선생은 직감에 "안 되겠다"고 느껴서 논두렁으로 내려가 숨어 걸어 평소에 잘 아는 오복희 씨의 집까지 돌아가 방문 앞에 서니, 느낌이 이상했다. 윗채로 가서 "계십니까? 준호요"라고 하니, "들어오십시오"라고 하면서도 부들부들 떨고 있었다. 그때 그 방에는 공산당 반장이 있었다. "잘 왔소. 이현필을 잡으라는 명령이 내렸는데 잘 왔소" 그들이 스파이인줄로 알고 "분주소로 갑시다"라고 위협하고 있을 때 뒷방에서, 순경 신자가 들어와 김준호를 동정하여 "여기 계시면 좋으나 같이 죽을 것이니, 살려면 어서 빠져 나가라"고 귀뜸해 주었다.

생명이 아까우니 지고 온 이불 짐(성경이 들어있는)이라도 좀 맡아달라고 해도 절대로 안 된다고 하며 누굴 죽이려고 하느냐며 벌벌 떨었다. 밖에 나오니 눈이 계속 오고 있었다. 이현필 선생은 그 소리를 다 들었는지 자기가 이불을 지고 나가고 있었는데, 하나님께 감사한 것은 계속 눈이 내려서 그들의 발자국을 덮어 주어 무모한 피해가 없게 막아주었다.

일단 밖으로 나오자 김준호는 좌우간 광주로는 가야 안전하기 때문에 가다가 잡혀 죽을 셈치고 혼자 앞에서 가고 있었는데, 이 선생은 산꼭대기에 앉아 듣고 있는데 사방에서 개 짖는 소리가 들리며 "누구요"라고 하는 소리가 들려 안 되겠다고 했다.

"이렇게 어렵고 길이 막힐 때에는 골짜기 길로 가서는 안 되고 산꼭대기로 가야 한다"고 가르쳤다. 두 사람은 그래도 천신만고 끝에 화순 도암, 천태산까지 와서 젖은 옷을 말렸다. 이에 생기가 난 김준호는 선생에게 묻지도 않고 혼자 10리 길이나 앞서서 산을 내려가니 이현필 선생도 할 수 없이 뒤따라 하산해 왔다. 이 선생은 문바위에서 죽을 고비였으나, 김준호에게 끌려 결국 광주까지 나오게 되었다.

순교자들: 강차남, 서울 어머니, 문공

이현필 선생과 김준호씨가 화학산을 빠져 나오다가 도중에 등광리에 들렀을 때, 오복희 전도사에게서 비로소 강차남 수녀와 서울 어머니와 문공 세 분이 도구밖골 어느 산중에서 빨치산들에게 끌려가 순교 당했다는 소식을 들었다.

강차남 수녀도 서울 어머니도 일생에 여러 번 사선을 넘어 다닌 분들로서 자신의 목숨 따위는 초개같이 여기는 여장부들이었다. 그들은 이 세상에서 이현필 선생을 가장 존경하며 정신적으로 뜻을 같이 하면서도 육신적으로는 선생을 의뢰하지 않고 자주자립하여 살아가느라고 거처도 선생 가까운 곳에 있지 않고 하나는 소재 각시바위에 하나는 도구밖골에 지낸 개성이 강한 사람들이었다. 마지막 때에 이 선생이 걱정하여 사람을 일부러 보내어 문바위로 오든지 광주로 빠져 나가라고 했더니, 순종하여 강차남 수녀는 서울 어머니 댁으로 합쳐 있다가 기어이 빨치산들에게 끌려가 희생당하고 말았다.

그들이 끌려가서 순교하면서 마지막 어떤 태도로 무슨 말을 하고 죽었는지 우리는 대충 이야기는 들었지만 자세히는 모른다. 순교한 장소도 분명히 모르고 시신도 찾지 못했다. 여러 해 후에 그들의 것인 듯한 뼈를 주웠지만 확실한 것은 아니다. 그들의 최후가 지상에서는 영영 침묵 속에 파묻혀버렸다. 모든 것은 이후 하늘 위로 가면 알게 될 것이다.

서울 어머니는 키가 작고 가는 몸매에 다부지게 생긴 여자였다. 끝까지 그는 자신의 이름을 밝히지 않았다. 다만 서울에서 왔다기에 서울 어머니라고 불렀다. 그는 서울에서 가방 하나만 들고 화학산 도구밖골에 혼자 들어와 세상을 등지고 살았다. 거기서 손수 조그만 밭을 가꾸며 쓸쓸히 살았다. 양식은 일 년 열두 달 도토리나 주워 먹고 손수 심은 채소와 산나물을 먹었다. 쌀이라고는 이양에 나가서 한말 사오면 그것으로 손님이 오면 대접하고 일 년을 먹고도 남았다. 무슨 음식이든 똑같은 건 거듭 두 끼를 먹지 못했다.

고구마를 먹고 나면 그 다음 끼니는 보리밥이었다. 초인 같은 생활을 했다. 그러나 젊어서 얼마나 고생을 했는지 때로 온몸의 신경통으로 앓아누워 고생을 했다. 그가 마지막 순교하기 직전 무렵에는 무, 들깨 등을 요리하지 않은 채 날것으로 먹었고 요리한 음식은 먹지 않았다. 맛으로 먹지 않고 배고프니 겨우 먹는 정도였다.

그가 순교하기 며칠 전 어느 날 저녁 김준호가 찾아갔더니 숙연한 태도로 "나 같은 것은 사나 죽으나 마찬가지이니 굳이 살겠다고 광주로 가지는 않겠습니다"라고 하면서, 자신의 앞에 닥쳐오는 운명에 대해 무슨 예감이 있었는지 그동안 누구에게도 말하지 않던 자신의 신상을 김준호 앞에서 쓸쓸히 술회하였다.

"나는 일생 사람에게 신물이 난 여인이니 이젠 사람에게는 가지 않습니다. 내가 지금 사는 것은 살고 싶어 사는 것이 아닙니다. 죽지 못해 사는 것입니다"라고 말하며 가지 않았다. 이만큼 고집이 센 분이니 이현필 선생을 그처럼 존경하면서도 선생이 하산하여 광주로 가라는 권면에도 순종하지 않았다.

서울 어머니는 앞으로 국군이 이 산을 포위하고 토벌 작전하는 날에는 인민군과 빨치산뿐만 아니라, 이 산중에 남아 있는 사람들은 피아의 격전 속에서 모조리 살아남지 못할 것을 내다보았다. 그는 만주로 중국 대륙으로 다니면서 공산주의가 어떤 것인지 그들의 생리를 밑바닥까지 알고 있었다. 만일 인민군이나 빨치산을 만나게 되면 그들을 설득시켜 한 두 사람이라도 좋으니 사상을 전환시켜 예수를 믿게 해 보겠다고 했다. 그냥 여기 있다가 죽으면 여기서 죽고, 살면 국군이 올 때 자수하겠다고 했다. 자신의 긴 과거를 이렇게 김준호 선생에게 이야기하면서 "나의 일생에 처음으로 만나보는 거짓이 없는 참 인격! 나의 목숨이 살아있는 동안 이현필 선생 같으신 분 곁에서 한 끼 밥이라도 더 시중하고 싶다"고 했다. 서울 어머니가 누구에게 자신의 과거를 이렇게 고백하기는 처음이었다.

무엇인가 그의 영은 자신의 앞으로 다가오는 운명을 느껴서일는지도 모른다. 이렇게 자신의 과거를 침통한 어조로 이야기하면서도 그는 끝까지 그 독립 운동을 함께 하던 청년(지금은 서울에서 유명해진 인사)의 이름은 말하지 않았다. 그리고 자신의 본명이 무엇인지도 말하지 않았다. 다만 그가 서울에서 왔다기에 사람들은 그를 서울 어머니라고만 불렀다. 그날 저녁 해가 유달리 붉게 비취는 산막 안에서 찾아간 김준호 선생에게 단 한 사람에게 마지막으로 한번 자신의 기구한 일생을 털어놓고 그는 갔다.

보통 때는 서울 어머니가 산막에 혼자 살고 있는 것을, 간혹 앞으로 지나다니는 빨치산이 있어도 별 간섭 없이 내버려두었다. 그날 아침도 빨치산 하나가 그리로 지나가다가 서울 어머니 혼자 있는 것을 보고 인사까지 하고 지나가더니 저녁때 김준호 선생이 가서 서울 어머니와 두 사람이 이야기하는 모양을 아침에 지나가던 빨치산이 다시 보고 이상한 남자가 연락하러 다니는 줄 알고 의심을 품기 시작한 듯하다. 산의 인민군들의 정보를 광주국군들에게 연락이라도 해주는 간첩이 아닌지 의심한 듯하다. 여러 사람의 증언을 종합해 보면 빨치산이 처음엔 서울 어머니와 그 근처에 산막을 치고 사는 강차남 수녀 두 여인을 데리고 가서 심문하기 시작한 듯하다. "어디서 피난 왔는가?"

이에 서울 혹은 광주에서 왔다고 했을 것이다. 차차 심문하는 중에 그들은 기독교인들이고 더구나 동광원 관계자들임이 드러났을 것이다. 그때 이현필, 유화례, 정인세 등을 미국 스파이 두목으로 알아 혈안이 되어 찾고 있을 때이니 이현필이 숨어있는 곳을 대라고 고문했을 것이다. 누구보다 믿음이 좋고 담대하여 죽는 것 따위는 무서워하지 않던 두 여인은 모든 고문을 참고 굴복하지 않았을 것이다. 예상 밖에 당돌한 두 여자의 태도는 더욱 그들의 의심을 받아 광주로 산의 인민군 정보를 탐색해서 연락해주는 산의 간첩으로 몰렸을 것이다. 용감한 두 여인은 자신들이야 간첩으로 몰리건 말건 이현필 선생만 안전하면 그만이었다. 이현필 선생은 그들에게 있어 예수 같은 분이다.

아무리 고문하고 취조해보아도 그들은 이현필 선생이 숨어있는 곳은 끝내 밝혀내지 못했다. 6.25사변이 지나간 뒤 마을 사람들의 보고 들은 이야기를 종합해보면 두 여인을 인민재판하고자 두 손목을 줄로 묶고 마을 사람들을 불러 모았다. 강차남 수녀는 빨치산에게도 전도하고 찬송을 불렀다. 마지막에 두 여인의 얼굴을 수건으로 가렸다.

그때 도구밖골 근처 마을에서 처자를 거느리고 살림을 하면서 이현필 선생의 감화를 받은 문공이라는 남자가 있었다. 어느 날 문공이 이현필 선생에게 몰래 찾아와서 마지막 인사를 드렸다.

"선생님 용서하십시오. 처자 때문에 부끄럽습니다만 저는 소재(거기서 좀 떨어진 곳에 있는 산골짜기 마을)로 이사갑니다."
"아무 염려 말고 가시오."
"제가 죽으면 처자가 안 잊혀집니다."

그 무렵 화학산은 국군에게 완전히 포위당하고 있었다. 그 산에 갇혀 있던 인민군과 빨치산들은 살길이 완전히 막혔다. 살기 돋은 그들은 모든 사람들을 의심했다. 그리고 전과 같이 민심을 얻으려고 일부러 친절하지도 않았다. 많은 인명이 피해를 입었다. 무시무시했다. 문공의 가족들은 문공을 방안 이불 속에 숨겨두고 있었다. 이불 속에서 더욱 신경을 돋우고 밖의 동정을 듣노라니 사람들이 벌벌 떨면서 수군대는 소리가 귀에 들렸다. 그것은 서울 어머니와 강차남 수녀 두 자매를 죽이려고 묶어 끌고 나갔다는 소식이었다.

"무슨 소리야! 존경하는 두 자매를 죽이려고 끌고가다니"

문공은 이불을 차고 밖으로 뛰쳐나갔다. 놀란 가족들이 매달려서 왜 이러느냐고 말리니, 잠시 스스로 감정을 진정시켜 보려는 듯 망설이더니 사람들이 두 자매를 죽인다는 말을 듣자 "아이고 이걸 어쩌나 못 참겠다"라고는 맨발로 뛰어나갔다. 빨치산들이 두 자매를 취조하는 곳까지 가보았다. 거기 서울 어머니와 강차남 두 자매는 둘러싼 구경꾼들 속에 눈을 가리고 전신이 피투성이가 되어 무릎을 꿇고 앉아있었다. 구경꾼들은 자신의 생명을 유지하기 위해 일부러 입을 삐죽이며, 그들을 멸시하는 시늉을 하고 있었다. 그런 가운데 문공이 뛰어 들어갔다.

"누가 이분들을 죽이려느냐?"

그의 표정은 분노한 것 같기도 하고 애소하는 것 같았다. 문공은 그렇게 충직한 분이었다. 빨치산들은 처음에는 어리둥절했으나, 곧 한 무리라며 문공을 묶었다. 그후 세 사람에 대해서 어떻게 묻고 어떻게 대답했는지 자세한 내용은 아무도 모른다. 세 사람을 죽이기로 결정하고 새끼줄에 묶어 문바위 앞의 큰골로 해서 화학산 깊은 골짜기 어느 구석으로 끌고 올라왔다. 큰골이 있는 논 기슭에는 지금도 큰 바위 하나가 있다. 이 근처는 지난 일제 시대에 신사참배 문제를 피해서 오북환 집사가 들어와 숨어 살던 곳이다. 그 큰 바위 위에다 세 사람은 신고 가던 신발을 가지런히 벗어 놓았다. 자신들이 이 근처에서 죽었다는 것을 표시해 두어 알리려는 뜻에서 그렇게 했던 것 같다. 그 신발들은 뒷날 그리로 지나가던 어느 부인이 발견해 가지고 왔다.

빨치산은 그들을 총살하지 않았다. 한 알의 탄환이라도 아껴야 할 처지였기 때문에 그들 한 사람씩 따로 끌고 가서 칼과 대창으로 찔러 죽였다. 인간이란 그렇게 무자비했다. 이렇게 이현필의 제자, 동광원의 첫 순교자 세 사람은 화학산 속에 깨끗한 순교의 피를 부었다.

살아있을 때부터 그들을 생사를 달관했던 사람들이다. 평소의 그들의 소행은 세상을 완전히 버리고 인간의 모든 희노애락의 감정도 초월했었고 달다, 쓰다, 맛있다, 없다 하는 음식의 맛까지 초월한 사람들이었다. 살아있을 때도 그들 육신의 모습은 거룩하고 깨끗한 인상을 주었다. 보통 인간이라기보다 생령 같은 분들이었다. 마지막 최후 순간의 자세한 이야기는 알 수 없지만 전해 들은 이야기를 통해 보면, 죽을 때 아무 반항도 발악이나 불평도 없이 고요히 기도하는 마음으로 죽음에 임하였더라고 한다. 서울 어머니는 끝까지 자신의 이름을 알리지 않은 채 죽었다. 그들이 순교한 장소는 워낙 깊은 산중이어서 이 세 사람이 큰골로 끌려가는 것까지는 본 사람이 있으나, 순교당한 장소는 아무도 모른다. 더구나 그들이 순교당한 후에도 약 1년 동안 이 산은 완전 소탕

되지 못하여 인민군들이 득실거렸고 누구나 함부로 다니지 못했으며, 인적이 완전히 끊어진 지대라 누구 하나 그들이 순교한 장소를 찾아가 보지 못했다. 몇 해 동안 그들 시체는 발견되지 않았다. 2, 3년이 지나 세상이 평안해진 뒤에 야 동광원 식구들이 그 일대로 찾아가 보았다. 소재 마을에 사는 한 사람이 그 때 세 순교자가 끌려가서 죽는 현장까지 동행해보았다는 이가 있어서 이현필 선생은 그의 안내로 순교 현장까지 찾아가 보았다. 그들은 문바위 골짜기로 들어가 산중에 탄광이 있는 곳을 채 못가서 산중 으슥한 오솔길에서 죽은 것 같다. 이현필 선생은 우거진 잡초 속에서 누구의 것인지 분명치 않아도 흩어져 있는 뼈들을 발견했다. 파묻지도 않은 뼈들은 분명 여자들의 것이었다. 이 선생은 그 유골들은 주워서 신문지에 잘 싸서 끈으로 묶어 들고 돌아왔다.

그 무렵 화순군 중촌 부락 근처 대포리 산기슭 기도실에서 정인세 선생이 기도생활을 하고 있었는데, 이현필 선생은 종이로 싼것을 들고 들어갔다.

"뭐요?"

"아마 그 사람들 뼈인가 보오."

정 선생에게 잘 보관해 두라고 맡겼다. 정 선생은 그 유골들은 방 중 천정에 매달아 두었는데, 그 후 그 기도실이 무너지면서 유골들도 그 속에 파묻혀 버리고 말았다.

서울 어머니는 얼른 보기에는 매우 겸손하게 보여도, 그의 일평생의 기구한 운명의 시달림이 그를 굳센 성격의 여자로 만들었다. 그가 순교할 나이는 47세 가량이었다. 강차남 수녀는 그의 4 형제 모두가 이현필 선생을 절대 숭배하고 따르던 열정적 성격의 사람들이었다. 그는 아예 순교할 것을 각오하고 산을 떠나지 않고 있다가 그렇게 장렬한 순교의 영광을 차지한 것이다.

5. 편지

정한나 믿음의 어머니

부활절을 맞이한 이 때 심령에 새로운 힘을 격별히 얻으시와 만물로부터 재생의 찬송을 올리시기 바랍니다. 늙고 약하신 어머니들에서 떡빈지에 은혜 중 평안하시기만 엎드려 원하고 합동해서 노유(老幼)를 막론하고 잘 지내셔서 부활의 주님께 영광 돌리시기를 빕니다. 이곳은 몇 분 몸 약한 분들도 계시나 모든 일이 합동하여 선을 일울 것으로 믿고 잘 있답니다. 봉사가 봉사를 인도하면 둘다 구덩이에 빠진다는 말씀은 참말 빛보다도 더 밝은 진리인 줄 압니다. 봉사인 이것 사람들을 눈 뜬이나 감은 이, 나를 막론하고 함부로 이끄는 외람되고 철없고 못나고 무엄하에도 외람스런 이것 나면서부터 눈먼 저인 줄도 모르고 나대든 이것. 아! 참 얼마나 중벌을 받아야 옳을지 몰으겠습니다. 눈먼 주제에 눈 본 이들마저 그릇 인도했으니 말입니다. 이제 와서 잘못을 뉘우쳐도 뉘우쳐도 할 수 없고 막아나합이다. 다만 빌 뿐입니다. 구덩이에 든 이들을 건저 주시나이 눈띠움 받기 전에 행여 누구를 인도할까 두렵고 떨리나이다.

회개하고 싶습니다. 거듭나고 싶습니다. 새 사람 되고 싶습니다. 예수에서 한 울림이 심만 믿고 저를 믿고 싶지 않습니다. 가난하고 싶어집니다. 교만 않고 싶습니다. 자랑도 않고 싶습니다. 범죄하고 싶지 않습니다. 남을 미워도 않고 싶고 편벽되지 않고 공평하고 싶습니다. 음란도 절대로 하고 싶지 않아요. 그러나 악마의 사슬에 꼭 매어져 저랍니다. 누가 이 사망의 몸에서 구해 주실런지 구주가 필요합니다. 율법의 선생이 제게 필요하지 않고 군대나 많은 재물이 지식이 필요한 것 아니고 죄악에서 건져주실 선하신 사마리아 사람이 오셔주셔야겠습니다.

의인을 불으러 오시지 않으시고 죄인을 불으러 오신 삭개오의 집에 들려 유(留)해 주시는 구주가 당장에 필요합니다. 믿브다 이 말이여 그리스도께서 육체로 임하심은 죄인을 구원하시려 하심이니 그 중에 제가 제일 흉측스러운 놈이로소이다.

세리들과 죄인들과 창기들을 불러 회개 식히시든 주님 지금은 어디서 그 일을 하시고 계시는지 알고 싶습니다. 가고 싶습니다. 영접해 드리고 싶습니다. 엎드려 말음을고 싶습니다. 순종하고 싶습니다.

           1959년(年) 5월(月) 18일(日) 수요일
              삼가 이현필 올리님이다.

1. 갈보리 십자가

3.
정인세

충장로 큰 거리에
삭발머리에 맨발로 나서서
자나가는 목사를 붙잡고
"속지 마! 속지마!"
부르짖었다.

좌로부터 엄두섭, 유영모, 정인세

은수녀를 찾아서(1960년 겨울)

아름답게 산다는 일은 향(香)이다. 그리고 모든 사람은 자기는 아직 아름다운 생활을 못할망정 아름답게 살고 있는 사람들의 소식을 들으면 몹시 그리워하고 보고 싶어 하는 것이다.

우리 일행 세 사람이 길을 잘못 들어 의정부로부터 벽제에 이른 것은 낮 오시(午時)를 지난 때였다. 주소도 분명히 모르고, 이름도 모르고, 그래서 나비가 향을 따라 찾아가듯 우리도 동리 사람과 길가는 사람에게 물으며 계명산에 이르렀을 때는 갑자기 흐린 하늘에서 함박눈이 쏟아져 내리고 있었다. 지나가는 마을 사람들에게 물어도 그저 "여자들만 모여 사는 동네"라 해도 다 잘 알고 알려주었다.

계명산이라 부르는 높지 않고 깊지 않은 산기슭, 아직 얼어붙은 냇가에 원시적인 오두막 서너 채가 마치 송이버섯 같이 서 있었다. 우리 일행이 도착했을 때 마침 산에서 나무를 해가지고 온 처녀들이 지금 막 지게에서 나무를 내려 마당 구석에 높이 가리고 있었다.

처녀들의 나이는 보기에 20세 미만인 듯했다. 머리는 뒤로 땋아 가정부인들이 쪽지듯 얹혀놓고 있었다. 이들이야 말로 자기네 스스로 온 몸을 주님께 바쳤다는 뜻으로 머리를 이렇게 하였다고 한다. 절의 비구들처럼 머리를 아주 빡빡 깎지 않는 데는 수도하는 결심이 애매하다 할 수도 있겠으나, 기독교 동정녀로서는 이런 표현 방법 밖에는 더 달리 방법은 없을 것 같다.

처녀들 몸에 지게를 지고 남자 못지않게 씩씩하게 나무를 나르고 있었다. 그러면서도 처녀다운 수줍음과 조심성으로 곁눈질도 않고 말한 마디 없었다.

우리는 이곳 원장님의 방을 물었다. 안내하는 이의 인도로 도착한 곳은 어른이 겨우 허리를 굽혀야 들어갈 오두막이었다. 어두운 방안에는 나이가 60이 훨씬 넘게 보이는 할머니가 말없이 우리를 맞이하고 있었다. 이분이 바로 여기 있는 분들의 "어머니"라 불리는 원장이었다.

뱃사공 같은 검은색 긴 저고리를 입고 허리를 고름으로 묶었다. 아래는 치마 대신으로 동자복 같은 바지를 입고 있었다. 머리는 삭발한 듯, 실로 뜬 푸넝같은 것을 쓰고 있었다. 바싹 야윈 몸이 한쪽 무릎을 새우고 단정히 앉아 아무 말이 없었다. 우리가 묻는 말에만 겸손하고 낮은 목소리로 천천히 대답한다.

지금 이곳에는 약30여명의 여자들이 살고 있다. 그중에서 나이 먹은 늙은이는 목화씨를 뽑아 물레를 돌리고, 중년인 이들은 베를 짜고, 좀 더 젊은이들은 어린 아이들의 공부를 가르치기도 하고 산에 올라가 나무를 해오거나, 혹은 농사일을 해야 한다. 그밖에 이곳에는 어린아이들도 있었다.

이곳에 사는 모든 이들은 일제히 검소한 무명 옷차림에 옷 모양도 같다. 우물가에서 쌀 씻는 수녀를 보니, 그릇 속에 있는 것은 노란 황조미와 보리쌀이다. 고기는 생선까지도 일체 안 먹고 사치한 옷이란 입어본 적이 없다고 했다. 이곳에서는 누구든 자신의 학식이나 자신의 잘난 점을 자랑해서는 안 된다.

오두막같은 초가집 지붕에 짚으로 이녕을 이는 것도 다 여자들의 손으로 하고, 도시의 주택에 비해 변변치 않은 집이지만, 그것도 여자들 손으로 짓고 가꾸고 농사도 방아 찧는 것 다 여자들 몫이다.

하루에 예배를 새벽, 낮, 저녁으로 세 번 드리며, 예배시간은 한 시간이다. 특별한 인도자도 없고, 설교라 할 것도 없이 찬송가를 부르고, 성경말씀을 읽고 기도한다고 한다. 그들에게는 교회 다니는 교인들이 떠드는 성령의 은혜 받고 능력을 얻었다거나, 이적기사의 체험 같은 것은 없다.

우리 일행이 왔다고 특별히 점심상을 차려왔다. 알루미늄 그릇에 밀국수 한 그릇씩, 그리고 그들이 바위틈에 손수 심어 담근 김치 한 접시이다. 그 김치는 서울에서는 돈 주고도 못 볼 손가락 같은 무 배추였다.

20대의 피 끓는 젊은이 중에는 이런 고생을 못 견디고 산을 빠져나가려고 올린 머리를 풀어 내리고 보따리 꾸려 안고 도망쳐나오다가도 산기슭에 와서는 차마 발이 떨어지지 않아 되돌아 들어간다는 이야기도 있다.

계명산 이곳의 소문난 베틀집의 베짜는 방을 구경하였다. 나이 30남짓한 젊은 수녀 두 분인데, 그중 한 분은 매우 명랑한 표정을 짓고 있었다. 부지런히 베를 짜다가 우리가 온 것을 보더니 공손히 인사하며 일손을 멈추었으나 안내하는 어머니가 시키는 대로 다시 베를 짜보였다. 상당히 재빠른 솜씨였다. 존경하는 마음이 일었다. 그들에게는 "베를 짜는 은수녀"라는 노래가 있다. 긴 가사의 맨 마지막 구절은 다음과 같다.

> 정성으로 꾸리감고 씨를 삼아 짜는 베를
> 사랑으로 수를 놓고 의바늘로 꾸며내여
> 님 오시는 그날이며 그 예복을 바치리다

이 순종의 손끝이 짜낸 베를 심부를 하는 사람이 서울에 가져다 서울 특수교회인 아현교회에 판다. 그 교회는 전 교인들이 이 옷감에 먹물을 들여 옷을 해입고 사는 특별한 교인들이다. 베를 팔아서는 그 돈으로 소금을 사가지고 돌아온다고 한다. 그 교회 교인들은 계명산 수녀들의 순정과 겸손의 손길이 짜낸 옷감으로 옷을 해 입고, 이 죄 많은 세상에서도 모든 사치와 허영을 버리고 순정과 겸손으로 살려는 것이다. 듣기에 얼마나 아름다운 이야기인가?

이 세상 어디에서도 찾아 볼 수 없는 아름다운 이야기이고 아름다운 향이다. 원정되시는 어머니는 말씀하기를 "우리들에게는 예수 밖에는 다른 생의 목적이 있을 수 없습니다"라고 했다. 계명산에서 부르는 노래 수첩에서 그들이 가장 즐겨 부르는 "향합"(香盒)의 노래를 읽어 보았다. 이 노래 작사는 역시 리들 어느 곳에서 은둔 생활을 하고 있는 남자 수도사가 지은 것이다.

1. 물소리 적막한 깊은 산속에 나 홀로 앉아 고독한 마음 이때가 그때라

고 하시던 주님 행여나 이 산골에 오시려는지

2. 새 울고 달뜨는 산 숲 속에서 가냘픈 순정을 모아 바치며 밤이면 산에 올라 밤새던 주님 행여나 이 산상에 안오실런지

3. 서산에 달이 지고 두견이 울면 계명성 떠오를 때 소식 오려나 순정의 향합 어려 눈물지으며 행여나 이 새벽에 안오시려는지

4. 하루가 천년같이 그리웠건만 뜻밖에 참말로 찾아오시면 이 몸이 부끄러워 차마 못맞고 정절을 이루도록 기다리겠소

5. 완덕을 그리워해도 이룸이 없고 오신 님 못 맞는 안타까운 맘, 내 어찌 수도를 더디 했던고 불붙는 부끄러움이 가슴 울리어

6. 땅위에 사랑할 사람이 없고 한 시럼 귀양살이 풀릴 때까지 이 몸을 제물로 드려 바치며 절세의 무후동정 님만 그리어

7. 감격의 눈물 젖어 정욕버리고 동정의 정배를 지금 모시고 상한 맘 상한 몸 성총 받아서 영이신 주님을 지금 보겠소

사람들이 기독교를 믿는다는 태도가 여러 가지여서 어떤 이들은 열광적으로 떠들고 고함을 지르는 교인들이 있고, 혹은 이론만 따지며 지나친 싸늘한 가슴으로 믿는 교인들도 있지만, 이곳 계명산에 있는 은수녀들은 다만 고요한 정온과 평화, 겸손, 감격, 정절 속에서 님되신 예수를 부르면서도 그들 가슴 속에는 이곳 계곡을 흐르는 맑은 샘물 같은 법열의 감격이 뚜렷하다. 영감이 흐르는 이 산, 다른 곳에서는 찾을 수 없는 종교적 정서가 향기롭다.

그리운 계명산을 떠나면서 우리는 그들을 위해 기도하고 원장 어머니는 지극히 꾸밈없는 말로 고요히 떠나는 우리를 위해 기도해주셨다. 우리가 사진을 찍으려 했지만 그들은 극구 사양했다.

원장어머니는 멀리 마을 밖까지 따라오며 우리를 전송해주었다. 이 냄새나는 속세, 오욕의 정욕 도가니, 탐욕의 썩은 거리를 생각할 때 이곳에서 꽃다운 청춘을 그리스도께 바쳐 계명산 골짜기 깊이 묻혀 초목으로 더불어 썩어 파묻

히려 하는 이들 은수녀들이야말로 님께 바쳐지는 향합의 향이 아니고 무엇이 겠는가?

    계명산 깊은 곳에 외로이 홀로앉아
    꽃다운 그 청춘이 베틀을 마주 잡고
    죽고저 썩으려고 님께 바친 향이고저
    애끓는 비원 속에 향합은 타오른다

1. 나와 정인세 선생

내가 동광원을 40여 년 동안 쫓아다닌 일은 참 잘한 일이었다. 신학교에 가기보다 목사 안수 받기보다 더 잘한 일이었다. 그러나 나는 동광원 40년간 누구의 감화도 받은 것은 없다. 나는 이현필 선생에 대해서는 감동스러운 이야기를 들었으며, 정인세 선생에 대해서는 그리스도인의 본을 보았다. 부족한 나를 사랑해 주고 아끼고, 나를 친히 건져준 것은 정인세 선생이다. 나에게 20년 동안 수도생활을 일깨워 주고, 지도해 주고, 나를 내세워 준 은인은 정인세 선생이다. 내가 이현필, 이세종의 전기를 쓰게 되고, 수도원 사상을 담대히 전하게 된 것도 정인세 선생의 은근한 덕 때문이었다.

첫 방문기

벌써 여러해 전부터 정인세 선생을 한 번 꼭 만나고 싶었으나, 나는 서울에 살고, 그는 전남에 살고 있으며, 더욱이 그분은 일정한 주소가 없어서 쉽게 만날 수가 없다는 말을 들었다. 내 일생에 그를 만나 볼 기회는 없는 것 같았다. 다행히 그 해 광주에서 열리는 UBF 집회를 인도해 달라는 초청을 받게 되었고, 내심 광주에 들리는 길에 정 선생은 만나지 못하더라도, 그를 따르는 제자들이 광주 근교 교회묘지 근처에서 집단생활을 하고 있다고 들었기 때문에, 이번 기회에 꼭 한번 찾기로 결심했다.

1965년 9월 22일(水) 오후 2시에 호남신학교 교수 하종관 목사와 양림교회 앞에서 만나기로 약속하고 둘이서 방림동을 향해 걸어갔다. 공동묘지를 지나서 감이 익어가는 동리를 지나 저수지까지 갔다. 거기서 동광원을 찾았으나 알 길이 없었다. 지나가는 나무꾼에게 물으니 찾는 수녀원이 조금 더 가면 있다고 한다. 걸어가다가 논두렁 좁은 길에서 어떤 무명옷을 입은 남자 한 분을 만났는데, 우리가 길을 양보하기 전에 자기가 재빨리 논두렁에서 내려서면서 우리에게 길을 양보해 주었다. 얼른 보기에 우리보다 나이가 위이고, 모습이 이인(異人)같았으며 겸손했다. 우리가 좀 더 가자 집을 짓는 곳에서 한 젊은 여자를 만났는데, 촌 부인들처럼 머리카락을 뒤로 쪽 져 올리고 있었다. 동광원의 수녀라는 직감이 들어서 "정인세 선생이 계신 데가 어딥니까?"라고 물으니 바로 여기라 한다.

안내하는 그를 뒤 따라 갔다. 천재일우(千載一遇)의 기회라 할까! 마침 정인세 선생이 집에 있었다. 우리가 왔다기에 초라한 사무실로 들어서는 정 선생의 모습을 보니, 조금 전에 논두렁에서 길을 양보하셨던 바로 그 분이였다. 인사를 교환하니, "엄 목사라면 좀 들은 기억이 있다"고 한다. 예배실로 자리를 옮기자마자 나는 단도직입적으로 정 선생에게 "이현필 선생이 이 운동을 해 온 경로를 들려달라"고 청했다.

정 선생은 요령 있게 이 운동의 첫 시작인 이세종 선생의 이야기부터 시작했다. 이세종이란 분이 화순 도암 등광리에서 남의 집 머슴살이를 하다가 나이 마흔에 기독교를 믿게 되어 성경을 애독하면 그대로 행하며 살았다. 자기 소유를 남에게 나눠주고, 입고 있는 옷도 헐벗은 이를 보면 벗어 주면서 진실하게 살았다. 그가 자기 집에 성경 공부로 오는 이웃 동네에 사는 이현필을 주목하고 특별히 가르쳤는데, 그 정신을 잘 받아 이리하여 이세종, 이현필, 정인세 선생이 이 운동을 계승하게 된 것이다. 그러나 사실은 정인세 선생은 이세종을 한두 번 보았을 뿐이라 한다. 정인세 선생은 머리는 삭발하고 있었다. 이발소에 가본지가 20년이나 된다고 한다. 옷은 굵은 무명 바지저고리를 입고, 큰 키에 얼굴은 야윈 편이었다. 젊었을 때 앓았던 폐병이 다시 도졌다고 한다. 세상이 너무 시끄럽고, 자기가 한 일이 너무도 잘못이 많아서 지금은 어디도 가지 않는다고 한다. 정 선생은 자기가 세상에 태어나서 발견한 것이 있다면, 자기는 죄인이란 것밖에는 없다고 겸손히 말했다.

이곳에 사는 남녀 제자들의 수도생활이란 것은 강제로 하지 않고 정한 규칙도 없으나, 다만 누구나 여기에 들어오면 삭발하고, 무명옷을 입고, 독신으로 살며, 검소하게 생활한다는 것이다. 이 중에 가장 엄격한 부분은 사치를 금하는 것과 독신생활이다. "생각해 보시오, 여자, 더구나 새파란 처녀가 분단장 화장하고 사치한 옷을 입고 다니는 일은 남자들에게 '날 좀 봐 주소!' 하는 소리가 아니고 뭐이겠소?"

정 선생은 과거 6.25 때 유하례 여선교사를 화학산 속에 숨겨놓고 있었는데, "정인세, 이현필 등이 서양인을 숨겨두고 무전기를 가지고 다니며 스파이 노릇한다"는 헛소문이 돌아서 인민군들이 지명 수배하여 두 사람을 잡으려고 온 산을 누비듯 탐색했다는 이야기를 했다.

정 선생은 이야기하는 도중에도, 오늘 어려운 국가 정치 형편과 교회가 거기에 말려들어가는 일에 대해 우려하는 눈치가 역력했다. 자기는 불교의 영향을 받은 일은 없고, 가톨릭에서 자기를 흡수하려고 신부들이 오가기도 했지만, 가려고 마음먹은 일은 없었다. 다만 그들의 『준주성범』(그리스도를 본받아서)이나 성인전은 읽으면 감명이 깊었다고 했다. "가톨릭에서는 자기들을 포용하려고 애쓰는데 반해, 개신교에서는 내 쫓으려고만 하니 천주교가 마음이 더 넓은 것이 아니겠느냐? 그러나 자기는 장로교 출신"이라며 미소지었다.

이렇게 이야기에 열중하고 있는데, 한 수녀가 익은 감 몇 개와 설탕물을 우리 앞에 내 놓았다. 오랜 시간 여러 가지 이야기를 주고받다가 내가 정한 집회시간이 가까워 아쉬웠다. 작별 인사를 하며 나오다가 기념으로 함께 사진을 찍자고 했으나, 끝내 사양하며 "나는 바로 살지 못하는 부끄러운 사람이니 사진 찍을 수 없다"고 했다. 그래서 사람은 못 찍고 경치만 찍고 말았다. 정 선생은 떠나는 우리를 앞길까지 전송해 주었다.

계명산을 다시 찾아가다

내가 시무하던 교회 여 집사 셋과 아내, 다섯 명의 일행은 간신히 택시를 잡아타고 벽제 계명산 밑으로 갔다. 큰 길에서 내려서, 길을 물어가면서 오솔길을 올라가니 집집마다 일하는 여자들의 모습이 다르다.

여기서부터 수도하는 여자들의 마을이다. 7년 전에 한번 왔었는데, 그동안 많이도 변했다. 산밭이 새로 많이 개간되었고, 밤나무는 우거지고 복숭아나무도 컸다. 밭에는 고구마 넝쿨이 무성하게 뻗어가고 있었다. 수녀들의 소문난 부지런함을 나타내고 있었다. 새로 집 짖는 마루에서 점심 먹던 이들이 우리 일행을 보자, 황급히 점심상을 밀어놓았다. 그 중에 검은 털모자를 쓴 여자 노인 한 분이 우리를 마중하여 걸어 나왔다. 이곳 계명산에서 어머니라고 부르는 한나 원장이다. 7년 전 모습 그대로다. 하나도 더 늙지 않았고, 입은 옷도 7년 전 그대로 뱃사공 같은 긴 저고리를 여기저기 기워 입고 있었다. 내 얼굴을 유심히 쳐다보며, "어디서 뵌 것 같기도 하고‥?"라고 했다.

"예, 제가 7년 전에 한번 여기 찾아왔던 일이 있습니다."

"글세요‥"

우리는 안내를 받아 밖의 마루에 앉아서, 곁도 보지 않고 일하고 있는 은수녀들과 농번기에 그들을 도우려고 멀리 전남 광주에서 온 남자 수사들을 바라보았다. 수녀라고 해야 가톨릭 수녀들처럼 하얀 너울을 쓰고 경건한 수녀복을 입고 맑은 얼굴에 로자리오를 목에 건 그런 모습은 아니다. 매일 노동에 지쳐 시꺼멓게 탄 얼굴에, 옷은 수십 군데나 기워 입은 베적삼에 검은 물들인 베치마 차림이다. 맨발에 지게를 지고 다니는 처녀들이 계명산 수녀들이다. 머리가 저절로 숙여진다.

깨끗한 무구동정(無垢童貞)을 지키며 님 그리워 수도하는 처녀들이다. 수도라야 아침저녁에 예배하는 일과 가끔 정인세 선생이 오면 강의를 듣는 일 외에는 종일 노동이다. 수녀들이 지게를 지고 산에 올라가서 나무해서 져오고,

밭을 개간하여 과수를 심고, 방에서는 베를 짜고 하는 노동이 전부다. 예배보다 노동에 더 주력하고 있는 듯하다. "노동은 기도다"라고 하던 중세의 수도자들의 표어처럼 이들은 그대로 실천하고 있다.

나는 광주 동광원 본원에서 왔다는 오북환 집사와 인사하고 광주 정인세 원장의 안부를 묻고 동광원 운동에 대해 여러 가지로 물었다. 대체로 이 분들은 침묵이 많고 말을 하려 하지 않는다. 우리가 묻는 것 외에는 다른 말은 묻지도 않고, 하지도 않는다. 우리가 묻는 말을 대답할 때도 매우 수줍은 태도로 낮은 목소리로 겨우 대답하는 형편이다.

밭에서 노동하는 은수녀들은 우리가 곁에 가도 쳐다보지 않는다. 묵묵히 수건을 쓴 채 고개를 숙이고 일만 한다. 원장 어머니의 안내로 개울가 골짜기 길로 한참 올라가 계곡 시냇가에 세운 초막에 이르자, 원장 어머니는 우리에게 거기서 쉬라고 하고는 내려갔다. 외딴 집에 문을 걸지도 않고, 방안에는 도둑당할 만한 물건도 없었다. 벽에 걸린 밀대모자 하나, 그 곁에 걸어놓은 기운 회색 와이셔츠, 베 팬티 하나가 있었다. 남자의 것이니 아마 광주에서 왔다는 오 집사의 것으로 짐작된다. 방구석에 얇은 회색 이불, 베개 두어 개가 선반 위에 있다. 그밖에 특히 눈에 띠는 것은 자수로 만든 허줄한 책상 위에 성경책 한 권, 여기저기 노트 몇 권, 이 닦는 소금 그릇이 있다. 여기가 예수 믿는 은수녀 마을이라지만, 지붕 위에나 방안에나 십자가 하나 단 곳이 없다. 물론 벽에 성화 한 장 걸어놓은 것도, 성구를 써 붙인 것도 보이지 않는다. 무(無), 공(空), 검소한 분위기가 물씬 난다.

우리가 여기 와서 놀란 것은 이곳의 화장실만은 유별나게 깨끗한 모양이었다. 좋은 판자로 서양식 좌변기를 만들어 앉아서 일을 보게 만들었다. 이것은 이현필 선생이 한국사람 생활에서 가장 불편한 것이 화장실이라고 해서, 특히 화장실 개량을 지시했기 때문이다. 그리고 불과 수십 명 식구들이 앞개울에서 목욕해도 되는데 목욕실을 따로 지었다. 수녀들의 식사는 하루에 쌀밥은 한 끼 먹고, 그 밖에는 밀가루, 고구마가 주식이라고 했다. 지나친 노동에 영양실조가 올까 염려되었다.

나와 함께 오늘 여기 온 여 집사들은 초막 안에 들어가 10분도 못되어 밖으로 뛰쳐나갔다. 문 닫은 방 안에서 남자들의 땀 냄새가 나서 역겹다는 것이다. 성자가 임종한 방인데, 건방지기 짝이 없었다. 괜히 같이 왔다는 생각이 들었다.

아침도 못 먹고 왔기 때문에 마당에 담요를 펴고 우선 점심부터 먹기 시작했다. 뒷산 앵무봉에서 흘러내리는 맑은 개울가 서늘한 그늘에 둘러앉아 우리가 준비해온 음식을 먹으려는데, 원장 어머니가 와서, "우리가 점심 준비를 하려고 했는데, 미안합니다"라면서 내려갔다. 겸손한 분들이다.

이 은수녀의 수도의 성스러운 도장에 대체 우리 일행은 무엇인가? 너무나도 거리가 먼 속된 인간들이었다. 대학을 나왔다는 고자세, 사치한 옷, 생전에 노동해 보지도 못한 상아 같은 고운 손, 그리고 가지고 온 하얀 백반에 너무 고급 반찬‥도대체 나라는 인간은 이런 속된 유한마담들을 거느리고 천당 가겠다고 하는 쓰레기 목사인가? 나는 스스로가 슬퍼졌다.

여 집사들은 그래도 산으로 기도하러 간다고 해서 보내고, 나는 혼자 이현필 선생의 무덤을 찾아 앞산으로 올라갔다. 나지막한 뫼봉 위에 잔디에 덮인 말없이 누운 외로운 작은 무덤! 여기 한국 교회에서 처음으로 난 성자가 누워있다. 허영과 거짓에 찬 이 사회에서 참 되게 걸으려고, 참된 호흡을 해 보려고 무척이나 애쓰던 우리의 성인! 그는 성인을 감당할 수 없는 이 땅에 더 오래 계시지 않고 1964년 3월 18일 새벽 3시에 바로 이 초막에서 운명하셨다. 속된 여자들이 금방 남자 냄새가 난다고 뛰쳐나갔던 바로 그 방에서 말이다.

여 집사들과 아내가 골짜기 바위에 올라가 기도하고 있는 동안 나는 이현필 선생이 임종한 방에서 우연히 등사 출판물을 발견했다. 이현필 선생의 수기와 일기였다. 동광원 수녀들이 비장해 보는 문서들이었다. 너무도 감격된 마음, 마치 값진 보물을 발견한 심정으로 노트를 꺼내 오후 5시까지 옮겨 썼지만, 몇 장하지 못하였다. 감격스럽다. 참으로 감격스럽다. 오탁(汚濁)된 땅에 떨어진 진주와, 이 땅에서 참되게 살아 보려고 필사적으로 애쓴 한 사람이 남기고간 기록이 이렇게 영향력이 크고 향기로울 수가 없다.

"이 땅이 성인을 숭앙해야 땅에 사는 백성에게 축복하사 계속해서 성인을 보내 주실 줄 믿습니다…이세종, 포싸일, 두 분을 기념하고 늘 알려야겠습니다…내가 택한 자의 지팡이에는 싹이 나리…" 이것은 이 선생의 일기문의 한 절이었다.

관악산, 삼각산 등에 산 좋고 물 좋은 곳에 기도원도 많으나 기도하러 다니는 교인들이나 일반인들이 자연을 훼손함이 극심한데, 이곳 계명산에는 은수녀들이 있어 자연과 산수가 더욱 활기를 띠고 의미가 깊다. 밤나무 꽃은 향기를 뿜으며 한창 피어나고, 산밭에는 보리가 누렇게 익어 가는데, 어디서 우는지 뻐꾸기와 꾀꼬리 우는 소리가 그윽하다.

1966. 6. 16.

다시 벽제 계명산으로

1969년 1월 24일 나는 세 번째 벽제 계명산을 찾았다. 동행은 아내와 우리 교회에서는 가장 점잖은 남궁봉, 백선희, 박임순, 김숙희, 이금녀 등 여러 여 집사들이었다.

벽제 동광원 수녀원은 4년 전에 왔던 옛 그대로였다. 더한 것도 없고 덜한 것도 없었으나, 다만 눈에 띄는 것은 정한나 어머니 원장 얼굴이 몹시 더 늙어 뵈였다. 금년 70 고령이니까, 이분은 이현필 선생의 직제자이다. 우리 일행이 오는 줄 미리 알고, 전례 없이 환대해 주시면서 우리가 도착하자마자 예배실로 쓰는 넓은 방에서 우리 일행과 이곳 은수녀 40명이 합석해서 예배를 보았다. 앞마당에 달아 놓은 산소통 종을 울리니, 20대 전후의 꽃 같은 처녀들이 검은색 무명 치마저고리에 검은 너울을 머리에 쓰고 들어와 반듯이 줄지어 앉았다. 자세히 보면 기운 치마는 벌서 몇 해나 입었을까? 그래도 고상하다. 나이 먹은 노인들은 천주교 수녀들처럼 흰 너울을 썼다. 내가 목사니까 할 수 없이 예배를 인도하고 간단한 설교도 해야 했다.

여기서는 찬송가의 가사를 조금 고쳐서 부른다. 은수녀들의 합창하는 순서가 있어 "향합(香盒)의 노래"를 불렀다. 주님께 몸 바친 은수녀가 깊은 산속에서 정절을 지킨다는 가사이다. 애조(哀調)를 띤 처량한 곡조에 교회에서 행복하게 자란 우리 일행은 눈물이 나올 지경이었다. 수녀 중 한분이 이현필 선생의 설교 노트를 낭독해 주기도 했다. "사랑은 주고자 해야 사랑이지 받고자 할 땐 미움이 된다"는 내용이었다. 흥에 겨웠든지 김준호 선생의 작사인 "스승 생각"이란 합창도 들었다.

예배를 마치고는 수녀원에서 주는 점심 대접을 받았다. 고구마나 얻어먹고 가기를 기대했던 우리에겐 너무 과분한 쌀밥에 감자국, 김치, 도토리묵, 콩나물, 무짠지 등 이곳 수녀원으로서는 최상의 접대였다. 물론 음식에 고기라곤 멸치 한 마리도 없었다. 이들은 이 한 마리도 살생하지 않는 분들이다.

점심 식사 후에 이곳 수녀들이 부르는 노래들을 노트에 베끼고, 그 곡조를 함께 불러 배우기도 하고, 이곳 총무격인 이희옥 수녀의 간증도 들었다. 그는 본래 서울 남대문 교회의 교인이었으며, 그 후에 동대문 감리교회서 직분을 맡았다. 그러나 심령의 갈급함 때문에 이곳저곳 교회로 전전하며 설교를 들어 보았지만 만족을 얻을 수 없어 헤맬 때, 계명산의 정한나 집사를 만났으며, 자신의 심경을 이야기를 했더니, 그러지 말고 자기가 있는 계명산 수도원에 와보라는 권면을 여러 번 들었다. 처음에는 귀 담아 듣지 않았지만, 한 번은 결심하고 계명산에 갔다. 그곳에서 나이 20대의 젊은 처녀들이 뒷산에 올라가 나무 한 짐 잔뜩 지게에 지고 내려오면서 "하늘가는 밝은 길이"라는 찬송을 부르는 광경을 보면서, 마음으로 "이것이다! 이 길이다!" 하는 함성이 일어났다. 그 길로 집에 돌아가 모든 것을 정리하고 계명산에 들어 왔다고 했다. 그녀는 병원 원장의 딸이었는데, 이현필 선생은 그의 자기를 높이는 자고심을 낮추어 주려고 처음에는 그를 도암, 능곡 등의 분원으로 보내어 지도를 받게 했다고 한다.

김춘일 수녀는 나이 마흔에 가까운 처녀요, 목사의 딸로서 목포 고등성경학교 출신이다. 이현필 선생에 대해 이야기하면서 "한 마디로 말하자면, 이 선생은 예수님의 그림이라고 할 수 있습니다. 그리스도의 사신 길을 걸어간 분입니다. 고등성경학교를 다니며, 영혼의 참 지도자를 찾다가 이 선생을 알고는 집과 학교를 떠나 여기에 들어 왔습니다. 지금 후회가 없습니다. 마치 맛있는 진수성찬 먹은 사람 같이 만족 합니다"고 했다. 김춘일 수녀는 자기들이 선생의 제자 구실을 못해서 그렇게 찾아오시는 분들에게 이 선생을 바로 소개하지 못해서 죄송하다고 겸손히 말했다. 오후 YMCA 전 총무였던 현동완 씨가 지어서 이현필 선생에게 기증한 별장(수양실)을 구경했다. 그 방에서 이 선생이 임종했다. 맞은편 앞산에 이 선생 무덤도 찾아보고 돌아왔다.

이희옥 수녀와 김춘일 수녀들이 이공(李空)과 이현필 선생에 관한 이야기는 다음과 같다.

화순 도암리에서 수도하던 고 이공(李空)은 임종할 때 제자들을 모아 놓고 자신의 사지를 붙잡게 하고 "내가 받았던 영이 아무 것도 아닌 사람에게 옮긴다"고 유언하고는 스스로 만든 사다리 상여 위에 가서 누웠다.

이세종 선생 별세 한 후 그의 직제자인 이현필 선생은 새 옷을 입고 밖에 나가기만 하면 거지 옷과 바꿔 입고 돌아오고, 돌아오고 했다. 동광원의 모든 수도사나 은수녀들은 이현필 선생을 어머니 같이 따른다. 이 선생은 자기 보고도 "선생"이라고 부르지 못하게 했다. 성경 강의하는 도중에 찾아오는 사람에게는 모르는 체 하다가, 한 시간이고 두 시간이고 강의를 끝맺고 나서야 "무슨 용건으로 왔느냐"고 물었다.

그가 강의를 시작할 때는 처음엔 들릴 듯 말듯이 말하다가도 열을 올릴 때는 쨍쨍 울리는 음성으로 말했다. 그의 설교를 듣고 앉았으면 모든 이들이 묻고 의논하고 싶었던 해답이 저절로 그 속에서 모두 나왔다. 그의 제자들은 그가 사람의 속을 다 들여다보는 것 같아서 숨길 수 없었으며, 그래서 거짓말을 못했다.

한 동안 김춘일 수녀와 몇 분이 몇 해 동안 탁발하러 나가서 넝마주이, 깨진 유리 줍기 등을 한 일이 있는데, 남이 보기에는 쓰레기통 뒤지는 거지같이 보였다. 그러다가 한번은 어떤 집의 개에게 물린 일이 있었다. 몹시 놀랐으나 수치스러워 아무 말도 못하고 원에 돌아와 예배를 보는데, 설교를 하던 이 선생이 별안간 "이 중에 누가 오늘 가슴 놀란 일 당한 일 없는가?"라고 묻는 것이었다. 김춘일 수녀는 자기와는 관계없는 질문으로 생각했는데, 이 선생은 거듭 네다섯 번이나 계속 물었다. 이 선생은 김춘일 수녀가 사실대로 이야기한 다음에야 설교를 계속했다.

이 선생은 6. 25가 일어 날 것도 먼저 알고, 동광원 식구들 모두 피난시켰다. 4. 19가 일어날 때도 아주 당황하면서 예고하더니, 4. 19가 일어날 때는 안도하는 듯했다. 만일 4, 19가 일어나지 않았더라면 공산주의자가 쓸어내려왔을 것이라고 했다. 그러면서 이 선생은 장차 앞으로 6.25보다 세배나 더 무서운 일이 일어 날 것이라고 예고했다. 1914년 전남 광주에서 동광원 총회가 모였을 때, 자기로서는 마지막 집회가 된다고 예고하고, 피를 토할 각오로 가르치고 강의를 두세 시간씩 계속했다. 강의를 마치고 일어설 때는 제자들이 부축했다.

이 때 이현필 선생은 광주 집회를 마치고 마지막 걸음으로 서울에 올라가 벽제 계명산에서 일주일 만에 세상을 떠나셨다. 이 선생은 임종 며칠 전부터 너무 기뻐서 어쩔 줄 몰랐다고 한다. 폐병에 시달리면서도 기쁨이 충만했고, 자기가 죽으면 시체에는 수의를 입히지 말고 평토장하라고 유언했기 때문에, 제자들은 스승의 시신에 옷을 입히지 않고 팬티바람으로 안장하되, 유언대로 평토장은 못하고 묘를 길게 만들었다. 53세에 별세하셨다.

그는 우리 한국에 성인이 없음을 슬퍼했고…계명산, 이 길은 앞으로 의인의 발걸음이 그치지 않을 것이라 했다. 이 세상이 벌서 진작 멸망했을 것이로되, 아직 어느 구석구석에 바로 살고자 하는 이들이 있어서 그들에게 기회를 주시느라고 참으시는 것이라고 했다. 이 선생은 평소에 제자들에게 완덕과 성빈(聖貧) 생활과 자급자족을 역설하며, 우리나라에서 생산할 때까지는 모 내의는 입어서는 안 된다고 주장했다.

동광원에 대해서는 "동광원은 이현필의 것도 아니요, 장인세의 것도 아니요, 하나님의 것이다. 이현필의 동광원이라면 하루 빨리 망하라고 했다. 그는 평소에는 특별히 기도하는 모양은 없었으나, 일상생활 하나하나를 기도화 했다. 어떤 때는 어디에 가려고 기차표를 사 들고 차에 올라탔다가도, 하나님의 뜻이 아니라고 느끼면 그대로 하차했다. 그 시절에는 산길이 없었는데, 계명산 뒤 앵무봉에 차가 다니게 되리라고 예고했다. 지금 그대로 실현되었다.

이현필 선생은 평소에 자기가 친히 노동은 하지 않았으나, 자급자족을 강조했으며, 우리가 하나님 뜻대로만 살면 하나님께서 까마귀를 통해서라도 먹을 것을 주실 것이라고 했다. 좁은 문으로 가라고 늘 강조 하며, "병과 고생은 이 세상에서 받을수록 좋다. 마치 쇠(鐵)의 동록을 벗기듯 유익하고 오는 세상 지옥고(地獄苦)를 면하기도 한다"고 했다.

김춘일 수녀는 스승의 모습을 이렇게 말하면서, 이 선생의 반짝이는 눈이나 그 순결한 인격은 그저 예수님을 그대로 그려 놓은 인상이라고 그리워했다. 스승의 임종을 모신 애제자 김준호는 스승의 임종에서 느낀 대로 다음과 같은 노래를 지었다.

스승 생각

저 동산에 해가 지고 동산 위에 달떠오니
우리 주님 따라가신 스승 생각 새로워라
그물 속에 비친 저 달 내 마음과 흡사하네

백합 같은 그 순정을 그리스도에게로만
십여 년을 하로 같이 말씀하신 그 비밀은
그 피 속에 스며들어 귀 이전에 사무치네

샛별 같은 네 동정을 주님께만 바치라고

그 피땀이 다 진하고 그 숨결이 다하도록
못잊어서 못잊어서 다시 말씀하시였네

네 동정을 주께 봉헌 하겠느냐 물으실 때
예 말하고 대답하니 다시 말씀하시기를
너 지극히 적은 이를 섬기라고 하시였네.

2. 정인세 선생의 방문기

1966. 6. 29

내가 목회하는 교회의 어려운 문제가 있어 L 장로와 의논하고 있는데, 갑자기 아내가 뛰어 들어와 "정인세 선생이 오셨습니다"라고 알려주었다. 미리 편지를 받고, 오늘 올 줄로 알고 기다리고 있던 참이었다.

아침 일찍, 교회에 가서 사찰부인 보고도 "오늘 옷을 허줄하게 입고, 키가 큰 사람이 찾아오거든 잘 안내하라"고 미리 부탁 해 놓았다. 그리고 우리 집 심부름 하는 아이가 아침 동냥 온 거지에게 줄 것이 없다고 욕하고 쫓아 보내는 것을 보고 마음이 상해서 기도실을 뛰쳐나가 "그러지 말라"고 타이르면서 "오늘 한복 바지저고리 입고 키 큰 어른이 들어오면, 그렇게 하지 말고 잘 영접하라"고 주의를 주었다. 아내에게는 며칠 전부터 "거지 차림을 한 정인세 선생이 올 텐데, 성자 같은 분이니 내 쫓지 말고 잘 맞아 드리라"고 신신당부했다.

그러고 지금 기다리고 있던 참인데, "정 선생이 왔다"는 소리를 듣고 나는 뛰어 나가 마당에 서 있는 정 선생 손목을 두 손으로 꽉 잡았다. 예상했던 대로 좋게 말하면 스님차림이요, 나쁘게 말하면 거지차림이었다. "약속대로 와 주셔서 감사합니다"고 진정으로 감사했다.

요즘은 내가 시무하는 교회문제나 모든 사정이 가장 어려울 때이다. 이런 때 정 선생의 내방은 구세주를 만난 것 같은 기분이다. 손목을 잡고 쳐다보니 나보다 큰 키의 정 선생의 야윈 얼굴, 중처럼 깎은 삭발 머리, 때 묻고 헤진 무명 두루마기에 밀대 모자를 쓰고, 손 에는 무엇을 싼 무명 보자기를 들고 있었다.

방에 들어와 우리는 생전 두 번째 만나는 사이지만, 10년이나 친한 사이 같았다. 서로 마음을 털어놓고 나는 마치 소녀처럼 두근거리는 가슴으로 그의 한 마디 한 마디 말씀에 귀를 기울였다.

정 선생은 기독신자에게는 실생활이 얼마나 중요하다는 것을 말하며, 동광원에 찾아 왔던 미국인과 캐나다인들로 조직된 "생활 운동" 그룹 조직의 이야기를 하면서, 세계적 조직을 갖고 있지만 단체의 명칭도 없고 특별한 조직도 없이 한 자리에 모이면 연장자가 사회를 본다고 한다. 그들은 어느 나라에 가든지 그 나라의 음식을 먹고 맨 땅에서 살며 결코 누구에게 대하며 말할 때 고자세로 가르치는 태도로 이야기하지 않고, 그들의 설교는 간증하듯 고요한 음성으로 이야기하는데, 듣는 이들에게 큰 감동이 있더라고 했다. 그들은 한국에 오기 전에는 한국은 아주 미개한 나라인줄 알고 철저한 생활 훈련을 받고 왔는데, 실제로 와보니 너무 살기 좋다고 하며, 더구나 기독교인이 많은데 놀랐으나, 유감스러운 것은 참 교인을 찾을 수 없고, 또한 사랑을 찾을 수 없다고 하였다. 전국 여기저기 다니며 성경을 가르치는데, 대학생들도 많이 모인다고 했다. 그들 중 40여세가 되는 여자 단원에게 동광원에서 식량으로 쌀 얼마와 마른 고사리 얼마를 보냈더니 사양하면서, 자기네는 여기저기 돌아다니는 고로 먹을 쌀은 있으니 필요 없다고 받지 않고, 고사리는 귀한 것이니 받노라고 했다고 한다.

여러 가지 이야기하면서, 내가 교회 목회를 그만두고 가정과 식구들과도 떨어져 나 홀로 수도생활을 하고 싶다고 하며 지도를 바랬더니, 정 선생은 자기로서는 이래라 저래라 할 수 없고, 다만 주님의 인도하심이 있기를 바랄 뿐이라고 했다. 그러면서 과거를 정리하고 신생애에 나서는 어려움을 참고로 해서 동광원의 몇몇 인물들의 결단했던 이야기를 들려주었다.

이세종 선생이 아내는 남편을 버리고 다른 남자에게 시집갈 때, 이공은 아내의 세간을 지게로 져다 주었다는 이야기, 그 지방 사람들은 이세종 선생은 성자라고 하며, 이현필 선생은 "작은 예수"라고 한다고 했다.

이현필 선생도 처음에는 결혼하여 부부 금실이 좋았으나, 이 선생이 신생애에 나서면서 순결사상에 따라 부부로 지내지 않고 남매로 살려고 했지만, 아내는 그런 관계를 견디지 못하여 결국 다른 데로 시집가버렸다고 했다. 정 선생 자신도 그런 문제가 있는데, 이것이 동광원이 기성교회와 세상으로부터 비난받고 있는 점이라고 솔직히 말했다. 오북환 집사도 역시 그런 문제가 있었다. 처음에는 부부가 함께 동광원에 들어와 부인은 솔선하여 수도 봉사생활에 열성을 보였지만, 결국 나갔다. 그러나 오집사와 그 자녀는 꿋꿋한 정신으로 수도 생활을 하고 있다.

동광원 운동이 지금까지 세상의 비난을 받고 있는 점은 가정문제인데, 혹은 아내를 버렸느니, 혹은 자녀 교육을 희생시켰느니 하는 비난들이다. 그들은 가정을 일부러 버린 일은 없고, 신생애에 나서는 사람에게는 피할 수 없는 문제인 듯하다.

정 선생은 겸손히 "지금 내 생각은 무엇을 한다든가, 누구를 지도한다는 것보다 나 자신이 더 철저히 회개하고, 고요한 곳에 물러서서 참회생활을 하는 문제에 있으나, 이런 내 갈망은 어느 공석에서 말하거나, 혹은 누구와 단 둘이 마주 앉은 자리에서 이야기한 적은 없지만, 이렇게 나가는 길만이 바른 길이라는 생각이 날이 갈수록 더 강해진다"고 했다. 동광원이라는 일종의 수도 공동체를 운영하는 데 있어서, 이현필 선생의 의견은 조직화하는 것을 반대했으나, 정인세 선생은 사업가와 YMCA 총무 경력도 있어서 조직과 규율을 만들어야 한다는 생각을 자주 했다. 그러나 겸손하게 다만 이현필 선생 의견과 상치될 때는 두 말없이 자기 의견은 양보하고 하나님 뜻에 맡기고 이 선생의 주의를 따랐다. 지금에 와서는 이 운동은 아무런 조직이나 특별한 명칭이나, 어떤 틀에 넣고 싶지는 않다고 했다. 현재 이 단체는 능곡, 벽제, 곡성, 도암, 함평, 진도, 광주 등지에 분원을 갖고 있다.

우리는 낮 12시 가까이 이야기했다. 아내가 토마토와 알사탕 얼마를 들여와 몇 번이나 권해도 들지 않았다. 점심도 준비했지만, 연희동 어디서 제자들을 만날 약속이 있다면서 기어이 사양하고 떠나면서, 우리가 정성껏 내 놓은 것을 안 받고 가는 것이 미안했던지 알사탕 한 개만 손가락으로 집어 들고 떠났다. 큰 길까지 나가 전송 하는 나에게 "벽제에도 방이 있으니 와 있도록 하시오"라고 했다. 내가 차비를 드렸으나 기어이 안 받으려 하시는 것을 버스에 매달려가며 억지로 쥐여드렸다. 정 선생은 못 받을 것을 받은 듯 어색한 표정이었다. 억지로 드리고 난 후 도리어 내 마음이 미안했다.

솔직히 말해서 기성교회 목회 수십 년 동안 경험이 부족한 내가 많은 시련과 고통을 느끼며 방황할 때, 나를 구원해 준 것은 이현필과 정인세 선생이었다. 이현필 선생은 그 생전에 내가 만나 뵙지 못했으나, 정인세 원장은 나를 자주 찾아주며, 격려해주고 교회 목회가 아닌 수도자의 길을 안내해 준 내게는 은인이다.

1969년 4월 21일

새벽 2시 기상, 꿈에 어느 분이 내게 금광석 부스러기 여러 개를 주어 금비녀 몇 개 등과 함께 내 주머니에 넣다가 잠을 깼다. 오후 한 시, 서소문교회에서 강호원 씨와 유설자 양의 결혼식 주례를 하고 집에 돌아오니, 그 사이에 누가 나를 찾아와서 만나지 못하고 편지 한 장 써 놓고 갔다. 편지 끝에 "광주 정인세"라고 이름이 적혀 있었다. 몹시 반가웠으나 만나지 못해 유감이었다.

저녁 무렵 정인세 선생이 유숙 하시는 김상돈 장로 댁에 전화를 걸었더니, 여아의 목소리가 정 선생이 내일 아침에 우리 집을 다시 방문한다는 대답이었다.

내가 없는 사이에 정 선생이 우리 집에 오셔서 함께 왔던 고아원 보모 윤순님 씨와 방에서 담화하던 내용을 내 딸 성옥이가 들었다가 내게 알려주었다.

보모: "엄 목사님은 제3 수도회를 조직하겠다고 합디다."

정 선생: "제3 회를 조직할 것 있나. 제1 회를 조직하지."

보모: "가족이 있잖아요!"

정 선생: "가족이야 생각하기 탓이지…"

정인세 선생은 밖에 나와서 우리 교회 위치와 앞이 탁 열린 전망을 바라보시며 "허, 참 좋은 곳에 자리 잡았군. 조용도 하구!"라고 하며 좋아했다.

4월 22일

이른 아침에 열어 놓은 대문으로 누가 들어와 "계시오! 계시오!" 하고 부른다. 나가 보니 정인세 선생이다. 약속과 시간에 대한 신용이 어김없는 분이다. 여전히 삭발 머리에 동광원에서 직조한 회색 무명 두루마기에 고무신 차림이다. 털실로 짠 중 모자에 가방 대신 회색 보자기 꾸러미를 들고 있다. 방으로 안내하여 마주앉아 담화하는데, 나는 듣기만 하고 정 선생은 떠나기까지 계속 이야기했다. 이야기에 열중하여 방석을 내 놓는 것도 깔지 않고, 코코아를 내 놨는데도 드시지 않고 계속 두 무릎을 꿇고 있었다. 서로 주고받은 이야기 내용은 주로 현대 교회에 대한 탄식과 수도생활에 대한 이야기였다.

행당동 교회서도 분규가 일어나 목사를 배척하고 있는데, 목사는 함흥 그룹을 배경으로 기어이 나가려하지 않는데, 목사는 설교 때마다 목사를 배척하는 자는 차사고로 죽는다고 거짓말을 했다고 한다.

김상돈 장로는 아무리 바빠도 꼭 새벽에 성경을 봉독하고 검소한 생활을 엄격히 실행하고 지낸다고 한다. 전에 감리교 신학교 교수였던 정경옥(鄭景玉) 교수는 밤에는 연구실에서 자며 애써 써놓은 심대한 원고를 모조리 불 태워 버리고 고향 진도에 들어가 호미를 들고 김 메면서 기독교란 것은 이것이라고 했다고 한다.

6. 25 직전에 정인세 선생이 상경하여 역전에 조신학교의 송창근 박사를 방문했더니, 큰 적산가옥 방에서 헌 이불을 뒤집어쓰고 있다가 일어나면서 "신학교 운동도 희망이 없소…나는 교장을 그만 두었소!"라고 하더라고 했다.

교회도, 신학교도 희망이 없다.

　전남대학교 농과대학장이던 김준 교수는 정인세 선생이 설교하는 교회에 몇 번 나와 듣더니, 즉시 학장을 사면하고 동광원에 뛰어 들어와 함평 농장에서 땅을 파고, 원생들과 딸기 장사하노라고 리어카를 끌고 시장에 나가더니, 그 후 순창 어느 산중에 들어가 오늘날 대학교육에 불만을 품은 학생들과 함께 나무를 심고 개간사업을 하였다. 학교 교실 책상머리에 앉아서 농업이 어쩌고 하는 것은 소용이 없다고 하며 다녔다. 그러는 동안 어느 교회의 장로인 그의 부친과 승마까지 하는 세찬 아내의 심한 반대에 직면했다. 심지어 미쳤다는 등 별별 소리를 다 들으면서도 잘 견디더니, 지금은 서울 어딘가에 올라와 협동대학을 경영하고 있다고 한다. 그는 "그때 내가 동광원에 좀 더 있었더라면 했을 걸…아무래도 밑천이 딸린다"라고 말했다고 한다.

　정인세 선생이 한 번은 김현봉 목사를 찾아 갔더니, 지하실 방에 상점처럼 선반을 많이 달아놓고 성냥갑부터 심지어 과자까지 가득 얹어놓고 있었다. 그것들은 그가 교인 심방갈 때 가지고 가는 것이라고 한다. 주일이면 큰 솥에 점심을 해서 교인에게 대접했고, 교인이 죽으면 리어카로 장사를 하는데 누구도 본받기 어렵다고 했다. 교회 연보는 자기가 관리하는데, 자신의 주머니에 넣고 다니며 마음대로 사용하지만, 이것 또한 그 분 외에는 다른 이는 함부로 흉내낼 수 없는 일이라고 했다. 서울 염리동 일대에 수십 동의 판잣집을 마련해서, 지방에서 올라와 갈 데 없는 이들에게 거처를 제공해 주며, 특히 교인들 살림에 깊은 관심을 갖고 있었다고 한다. 지혜로운 목회자이다. 그러나 김현봉 목사가 세상 떠난 뒤에 그 부인이 망쳐 놨는데, 판잣집 집세를 비싸게 받았고, 어떤 집을 팔겠다고 강제로 내 쫓았다는 것이다. 물론 그렇게 하지 않으면 안 될 사정이 생겼겠지만, 정 선생은 시국에 대해서 위급한 정세를 걱정했다. 언제나 짓는 이 따로 있고, 채우는 이 따로 있지 않더냐고…

4월 23일

나는 종일 관악산에 가서 수도실 주위에 가시울타리를 심고 지난 태풍에 날려간 곳간 지붕 등을 수리하다가 독감과 허리를 다쳐 간신히 집에 돌아왔다. 저녁 6시경 정인세 선생이 왔다. 들어서면서 현관에서 내게 사정이나 하듯 "지금 종일 여기저기 다녀서 몸이 몹시 피곤한데, 어디 조용히 쉬고 싶습니다··예배당 안이 좋을 것 같습니다"고 하였다. 나는 그를 교회 내 조용한 수실로 안내했다. 얼마 있다가 문을 열고 보니 정 선생은 눕지 않고 앉은 채 멍하니 천정을 쳐다보고 있었다. 창백한 얼굴, 영양 실조된 여윈 몸, 중처럼 삭발한 머리… 고독한 수도자의 모습처럼 가련한 것은 없다. 일생 정처 없이 유랑인처럼 혼자 외롭게 사는 그의 모습이 불쌍하게 보였다. 저녁 식사를 물었더니, 설교하기 전에는 안 먹고 냉수 한 그릇만 청했다.

밤이 되자 천둥이 치며 비가 쏟아졌다. 삼일 예배시간인데, 모처럼의 기회였지만 교인들이 원만히 모이지는 못했지만, 30, 40명은 되었다. 정 선생에게 밤 설교를 부탁했는데, 매우 인상적이었으며 교인들 마음에 파고드는 설교를 한 시간 이상했다. 이날 밤 설교 후 저녁상을 받고 나서, 정 선생은 몇몇 교인들이 둘러앉은 자리에서 여러 신앙담을 말해 주었다.

전국 각지에 있는 동광원 단체는 함평, 진도, 능곡, 광주 등지에 있다. 그 중에 오북환 원장이 인도하는 벽제 계명산 동광원과, 이세종 선생이 수도하던 곳이자 이현필 선생의 고향인 화순 도암에 있는 동광원, 이 두 동광원이 가장 분위기가 좋다. 이곳은 불신자들까지도 동광원의 분위기에 동화되어 있으며, 길손이 동광원이 있는 곳을 물으면 하던 일을 중지하고 길을 안내해 준다고 한다. 그곳 사람들은 예수 믿는 사람이라면 동광원 사람들처럼 옷을 입어야지, 양복에 넥타이를 매면 예수 믿는 사람이 아닌 줄 안다고 한다.

이 선생은 갈멜 수도회 착복식에 특별히 허락을 얻어 참석해 보았는데, 거기에서 두 젊은 프랑스 수녀를 만났다고 한다. 그들은 모두 선족회(跣足會) 회원들로서 꽃다운 처녀들이 맨발 벗고 수도에 전력하는 모양이 참으로 감격스러웠다고 했다. 내가 일본의 일등원(一燈園)에 대한 이야기를 꺼냈더니, 그 이야기는 김준 교수에게 들었다면서, 그들의 운동은 어느 종교에 치우치지 않지만, 보다 기독교적이 아니냐고 반문하였다. 어떤 사람이 일등원에 들어가 50일 동안 남들은 일하는데, 자기만은 매일 잠자고 밥 먹고 매일 낚시질하러 다녀도 누구 하나 책망하는 이가 없었으며, 이러한 분위기에 자기가 감복 했다고 한다. 감화시켜 동지로 받아들이는 것이지, 명령이나 강제로 하지 않더라고 했다.

이야기가 끝난 뒤 정 선생이 들고 다니던 회색 꾸러미를 끄르더니 책 몇 권을 끄집어냈다. 『완덕의 길』, 『준주성범』, 『성녀 젬마 갈가니전』이었다. 모두 가톨릭의 수도에 관한 책이었다.

정 선생: "이 밖에 『심전(心戰)』, 『십자가 성 요한의 잠언』, 『하나님 현존 체험』 등을 보십시오. 개신교에서는 이런 책이 안 나옵니다."

나. "개신교에서는 신학의 이론적인 책만 나옵니다. …개신교에도 수도원이 꼭 있어야겠습니다. 개신교에서는 기도원이 많이 있지만, 그것은 산중집회 장소이지 수도원은 아닙니다."

정 선생: "예, 꼭 필요합니다."

나. "대체로 개신교에서는 예배만 보는 예배교인들이지 수도생활이 없으니까요."

정 선생은 『준주성범』을 나보고 가지라고 했으나, "사 보지요" 하고 받지 않았다.

지금 내가 보고 있는 은성교회는 빨리 부흥할 것 같지는 않다고 하면서 "좀 이상하게 어렵게 믿으려는 데는 잘 믿으려는 신자들만이 찾아와 자리를 붙이기 때문에 빨리 부흥하지는 않을 것입니다"고 했다.

정 선생은 하루에 2식(日 二食)하는데, 오전엔 아무것도 안 먹고, 설교 전에는 아무 것도 안 먹고, 거처는 극히 조용한 방에 독거하기를 좋아 하며, 식사와 거처에 대해 사전에 사정하듯 부탁한다. 그가 가장 감격스럽게 한 이야기는 소위 이공(李空)으로 알려진 이 세종선생의 이야기였다.

4. 우리의 거울

이 글은 정인세 선생이 내게 들려준 이야기들이다.

이세종 선생에 관한 전기는 옛날 감리교 정경옥(鄭景玉) 교수가 1937. 7월호 『새 사람』에 "조선의 성자를 찾아"라고 소개한 바가 있고, 이세종의 제자로 가장 친숙했던 이현필 선생이 "우리의 거울"이라 하여 이공의 기억을 구술한 것을 필기한 것이 있다고 한다. 이공은 정인세 선생도 생전에 몇 번 만나 봤다고 한다. 그는 예수 믿기 전에도 심성이 착한 분이였다고 한다. 남의 집 머슴 노릇 하다가 40세에 예수 믿기 시작하여 성경 말씀대로 꼭 지켜 살려고 일구일행주의(一句一行主義)로 살았다. 누구에게 돈 빌리는 일 없었고, 누가 돈을 빌려 달라면 그냥 주고 다시 받지 않았다. 예수 믿기 전에 머슴살이하며 모은 재산을 팔아서 남 구제하는데 다 써 버렸다. 후에 그 지방 사람들이 그의 자선행위에 고마워 몰래 송덕비(頌德碑)를 세워 놓았는데, 이공은 그것을 알고는 집집으로 울며 다니면서 제발 그 비를 없애달라며, 내가 하나님 나라에 가서 상급 못 받는다고 너무 사정하기 때문에 할 수 없이 그 비를 땅에 묻어버렸다고 한다. 이공은 밤에 잘 때는 가난한 사람들 생각해서 가슴까지 덮지 못하고 잤다. 거지가 자기 집에 구걸하러 왔다가 부인이 냉대해 보내면 가슴이 아파서 왜 일반 다른 사람들과 차별 없이 똑같이 대우하지 못하느냐고 탄식했다.

옷은 다 떨어진 거지 옷을 입고 다녔으나, 깨끗이 빨아 입고 다니다가 헐벗은 사람을 보면 그마저 벗어 입혀주었다. 한 번은 선교사 노나복 목사가 그를 방문 왔다가 이공이 없어서 그냥 돌아갔는데, 후에 그 이야기를 듣고는 "하나님 종이 우리 집에 왔다 갔는데 그냥 갔어야 되겠느냐"고 하며 계란 한 꾸러미를 들고 70리 길을 뒤쫓아 가서 사례했다. 선교사들도 이공을 친히 대해보고는 소문에 남들이 이공을 중상하는 말을 믿지 않았다.

이공은 지극히 겸손해서 어느 때 교회에 가서 20세쯤 되어 보이는 어린 시골 전도사가 설교하노라고 횡설수설 하는 것을 들으면서도 하나님 말씀을 대언하는 것이라고 공손히 끝까지 들었다.

이공은 언제나 오래되어 다 떨어진 모자를 쓰고 다녔는데, 그와 허물없는 사이로 친한 어느 장로가 한번은 그가 없는 사이에 그 모자를 아궁이에 던져 넣어 불질러버렸다. 그리고 새 모자를 대신 걸어뒀다. 이공이 와서 자기 헌 모자를 찾다가, 그 사실을 알고는 그 장로와 절교하면서 그 장로에게 신세 진 것을 돈으로 계산해 갚고 말았다.

이공은 보통 때는 말하는 것도 나지막하게 하는 어진 분이나, 외유내강(外柔內剛) 한 분이었다. 그는 향(香)을 맡을 줄 몰랐다. 사치한 것은 보지 못했다. 이공이야 말로 성령인이었다. 감리교 신학교수 정경옥 씨는 이공을 찾아와 만나보고 당장 "성인을 만났다"고 글을 썼다.

이공은 말년에는 깊은 산중에 초막을 짓되, 좁은 문으로 하고 몇 달 동안이나 식음을 폐하고 공기만 먹고 사노라 했다. 사람들이 그의 움막을 찾아와 문을 닫으면, 이공은 "나는 공기만 먹고 사는 사람인데 문을 닫으면 어떻게 합니까?"라고 했다.

이공과 그의 젊은 아내와의 관계는 부부생활이 아니라, 남매로 지냈는데, 아내가 못 견디고 다른 남자에게 출가하면 이삿짐을 옮겨다 주고, 후에 아내가 다시 돌아오면 다시 받아들였다. 이공은 자기 죽을 날이 가까워지는 줄 알고 손수 싸리로 엮어 돗자리를 만들고 냉수 목욕하고 그 위에 누워 움직이지 않게 되니 곁에서 모든 것을 지켜보며 참고 있던 아내가 남편이 죽은 줄 알고 통곡이 터졌다. 죽은 줄 알았던 이공이 벌떡 일어나 우는 아내를 나무라면서 "왜 우느냐!"고 했다. 마지막 임종 할 때는 제자들로 자기 사다리 상여를 들게 하고 "높이! 더 높이!"라고 소리 질렀다. 이 모든 이야기를 하시면서 밤 11시까지 하고

난 정인세 선생은 "나도 이제는 산 중에 암자나 짓고 공기나 먹다가 죽어야 겠다"고 하면서 가볍게 웃었다.

유하레 선교사

강순명 목사는 목사되기 전부터 위대하였다. 평양 숭실전문학교에서도 그의 감화를 받고 농촌운동에 투신한 분들이 많았다. 그는 선교사 마펫 등에게도 회개하라고 고함지를 만한 분이었다.

강순명 목사의 동지들이 독신 전도단을 조직하여 활동할 때, 그 멤버에 이현필 선생도 있었다. 정인세 선생이 광주 YMCA 총무로 있을 때 이현필 선생은 가끔 그를 회관 숙소로 방문하였다. 밤 11시쯤 되면 밖에 와서는 유리창을 두드리며 방에 들어오는 이현필 선생의 모습이란 형편도 없었다. 다 떨어져 궁둥이가 내민 바지를 입고, 그야말로 거지 차림이었다. 들어와 앉아서는 나지막한 목소리로 "우리가 이러고 있을 때가 아니라, 바로 사는 무슨 일을 좀 해야 하지 않겠습니까?" 하며 정인세 선생을 은근히 유인했다.

한번은 광주 수피아여고를 좀 일신해 개혁해 보려고 백영흠 목사와 정인세 선생이 맡고 들어가 교감으로 있을 무렵이었는데, 어느 날 낮에 이현필 선생이 찾아왔다. 어느 쓰레기통에서 주운 것 같은 모자를 쓰고, 옷은 다 헤져 군데군데 살이 나온 궁둥이를 손으로 움켜잡고 있었다.

"어디 나가서 이야기나 합시다."

둘은 함께 남광주 역까지 걸었다. 그때 이 선생은 남원으로 가려던 참인데 걱정이 되어 정 선생을 보면서 "앞으로 멀지 않아 많은 피 흘릴 어려운 일이 생길텐데, 우리가 무엇을 해야 될 것 아닙니까?"라고 했다. 이현필 선생은 앞을 내다 보는 능력이 있었다. 공부는 많이 못했지만 총명했고, 또 그의 감화력이 커서 어디에 숨어있던지 사람들은 그를 찾아내고 따라 다녔다. 이때는 바로 여순사건과 6.25를 예견하고 있었다.

그에게 "식구들은 내게 맡기시오"라고 했다. 그때 정인세 선생은 부모님과 재혼한 아내와 전처 자녀 셋과, 그 밖에도 다른 식구들을 거느리며 고민하고 있을 때였다. 거지 중에도 상거지 꼴을 한 이현필이 그 대가족을 자기가 맡겠다는 것이었다. 이현필 선생은 정인세를 자신의 운동에 동참하게 하려고, 이렇게 찾아와 암시를 주곤 했다. 이런 점잖으면서도 꾸준한 추격은 계속되어 한번은 정인세 선생이 이상농촌운동하는 데까지 찾아왔다.

그는 "나와 함께 다녀 보십시다"라고 했다. 그들은 주로 도보로 다녔다. 조반은 안 먹고, 더구나 이 선생은 맨발로 걸었다. 가다가 점심이나 저녁 때가 되면 길가 집에 들어가 걸식했다. 탁발한 것이다. 이때부터 정인세가 이현필 운동에 본격적으로 참여하기 시작했다.

두 분이 이런 모양으로 강진에 이르니, 그 고을은 야단법석이었다. 마침 여순사건이 터져 반란군이 밀고 올라오는데, 곧 강진까지 들어온다고 온 거리가 피난보따리 옮기느라 야단이었다. 둘은 강진의 장성철 목사를 찾아가, 몇몇 교인들과 걱정하면서 피난하려는 의논을 하고 있는 중이었다.

이현필 선생은 "피난 다니다가 죽는 것 보다, 여기 있으면서 해야 할일이 있지 않겠습니까?"라고 했다.

"무슨 일입니까?"

"정 총무는 의사기술이 있으니 부상자 간호를 하고, 장 목사님은 교인 댁에 서 있는 식량을 거두어다가 교회 마당에 큰 솥을 걸고 피난민들에게 음식을 제공해야 하지 않겠습니까!"

이 선생은 벌써 많은 인명(人命)이 살상될 것을 내다보았다.

피난기

　화순 화학산은 전남 장흥군, 보성군 등 7개 군의 주산(主山)이어서 골짜기가 깊고 나무가 우거져 있다. 6.25 전부터 이 산에는 이현필 선생의 제자들이 수도하는 곳이 여기저기 있었다. 그때 산의 수도처에서 이현필, 정인세 두 선생이 예배나 성경공부 하고 있을 때면 그 산중에 잠복하고 있던 빨치산들이 어깨에 총을 메고 와서는 신기한 듯이 뒷자리에 함께 앉아 듣다가 갈 때는 감을 던져 주기도 하며, 가끔 이들과 함께 지냈다. 사람들이 여럿이 올라앉을 수 있는 "소반바위"도 있고 거처할 수 있는 굴도 있다.

　6.25가 발생해 인민군들이 서울을 점령하고 파죽지세로 밀어와 전남 광주까지 점령했다. 큰 교회에 시무하던 목사들은 누구보다 먼저 정보를 듣고, 인민군이 서울에 있을 때 이미 처자와 이삿짐을 상무대 장교 가족들 군 트럭에 함께 싣고, 교회도 교인도 아랑곳하지 않은 채 자신들만 부산으로 도망쳐 버렸다.

　그때 광주 양림에 살던 미국인 유하례 여선교사는 아무것도 모르고 그냥 머물러 있다가 인민군이 점령한 전화 속에 빠지고 말았다. 외국여자라서 어디 숨을 데도 없어서 당황하다가, 그의 서기 조용택과 운전기사가 의논한 끝에 광주 방림(芳林)에 있는 이현필 선생이 거처하던 곳에 찾아왔다. 유하례 선교사가 전에 동광원과 어떤 유대를 갖고 있었던 것도 아니나, 죽음의 위기에서 의지할 사람은 이현필 밖에 머리에 떠오르지 않았던 것이다.

　이현필 선생은 즉시 여 선교사를 자기에게로 보내라고 했다. 수백 명 피난 속에 유 선교사는 한복을 입고 양산으로 얼굴을 가리고 왔다. 그날은 마침 주일이어서 다른 사람 눈에 띌까봐 이 선생은 유 선교사를 얼굴을 가리고 방 한쪽 구석에 눕게 하고 사람들이 곁에 가지 못하게 했다.

　이현필 선생은 정인세 선생에게 와서 이렇게 말했다.

　"큰 일 좀 해야겠습니다."

　"무슨 일입니까?"

"여기서 화순 도암 까지 70리 길인데, 오늘 밤중으로 유 선교사를 모셔야겠는데‥뒤처리는 여기서 내가 할 터이니, 정 선생이 좀 모시고 가십시오."

유 선교사의 서류와 물건은 서기와 이 선생이 남아서 처리했다. 그 날 밤 산중 샛길로 이현필 선생의 지휘에 따라 10여 명씩 10여 대(隊)가 화순 도암으로 빠져 나갔다. 한꺼번에 무리를 지어 너무 많이 가다가 몰살당하는 일이 없기 위해서 이렇게 대를 지은 것이다.

동광원 식구들은 이현필 선생의 책임 있는 지휘로 모두 피난할 수 있었다. 정인세 선생은 한 대를 만들어 그 속에 유 선교사를 모시고 갔다. 믿음직하고 말이 적은 여자 회원 2~3인을 선택하여, 유 선교사 곁에 동행하고, 힘센 장정 3인을 택해서 지게에 유 선교사를 눕혀 그 위를 덮어 짐짝으로 위장하였다. 지게꾼 3인이 교대로 유 선교사를 지고 깊은 밤중 산길 70리를 걸었다. 뒤가 위험하다고 생각이 들면, 정 선생이 뒤로 가 섰지만, 주로 선두에 서서 길 안내하며 갔다.

그 후 동광원 식구들은 화학산에 들어가서는, 여기저기 전전하면서 숨어 살았다. 유 선교사는 때마침 산에서 내려오는 빨치산들과 마주쳤지만 무사했다. 이 산 소반바위 밑 산 아래에 이현필 선생이 전도한 한종식이라는 농부가 살고 있었다. 그는 이것에서 나무하러 다니다가 발견한, 아무도 모르는 자연암굴이 하나 있다. 그 굴에 유 선교사를 숨겼다.

이 굴은 벼랑에 있으며 앞은 숲이 우거져서 아무도 쉽게 찾을 수 없었다. 농부 한종식은 혼자 사는 사람이었는데, 집에 가서 보리밥과 국을 지게에 싣고 매일 밤 빨치산을 피해 생명을 걸고 유하례 선교사가 숨어 있는 굴에 올라와 대접했다. 유하례 선교사는 너무도 감격하여 "내가 피하지 못하고 있다가 여러분을 이렇게 고생시켜 미안합니다"라면서, 목이 메어 밥을 넘기지 못하고 울기만 했다. 성경에 엘리아에게 하나님 보내신 까마귀가 떡을 물어다 먹이듯이, 농부가 하나님 보내신 사자였다. 이렇게 여러 날 계속한 후, 한 번은 유 선교사가 갖고 있는 돈 3만원 중 만원을 꺼내 농부 한종식에게 내밀었다. 그러나 그는 돈을 유 선교사 앞으로 밀면서 "내가 이것을 받으려고 이런 어려운 때, 이 짓을 합니까?"라고 했다. 한국 사람이라면 모두 돈이면 다 되는 줄만 알았던 서양인, 더구나 선교사들까지 그런 인식을 하게 되는 이런 나라에서 이현필 주위에 있는 사람들의 거짓 없는 사랑에 유 선교사는 새로이 깨닫고 지극히 감격했다.

그 후 날이 지나가면서 어떻게 말이 샜는지, 이현필과 정인세가 미국인을 데리고 화학산에 들어가 무기와 무전기를 가지고 스파이 노릇하고 있다는 거짓 소문이 퍼졌다. 빨치산은 인근 마을사람들을 동원해서 산을 포위하고, 이들을 잡으려고 했다. 같은 화학산 속에서 숨바꼭질하듯 찾아다니고 숨고 헤매는데도, 하나님께서 그런 위기에서 그들의 눈을 가려주고, 때에 따라 뜻밖의 사람들을 보내서 보호해주셨다. 그리고 어려움이 닥쳐 올 때면 먼저 예감도 주셨다.

어느 날 밤 유 선교사는 그 굴에 숨게 하고 이현필 선생은 아무리 선교사라도 남녀가 가까이 있는 것은 언제나 꺼리는 분이므로, 정인세 선생과 함께 건너편 산에 있는 외딴 수도막에서 밤을 지내려고 가 있었다. 무슨 예감이 느껴졌는지 이 선생은 "여기는 너무 더우니 밖에 나가자"고 했다. 둘은 밖으로 나가 근처에 있는 원두막으로 기어 올라가 누웠다. 그런데 밤중에 인민군인지 빨치산인지는 모르나, 14명이 총을 메고 수도막까지 올라와 집을 포위하고, 그 집에 여신도 한 분이 있었는데 가슴에 총을 겨누고 "이현필, 정인세 어디 숨었나? 대라! 안대면 죽여 버린다"고 위협했다. 그 여신도는 이 선생이랑 그 방에 그냥 있는 줄로 알았는데 없어졌으니, 속으로 이상히 여기면서도 대담하게, "나는 몰라라우"라고 했다. "안대면 쏴 죽인다!"고 해도, 그는 "알아서 하시우"라고 할 뿐이었다.

그때 근처 원두막 위에 누워있던 두 분의 귀에는 이들 대화가 다 들렸다. 어쩌면 좋을까 하고 두 분은 새벽까지 있다가 이 선생은 "자, 우리가 이대로 여기 있다가 둘 다 잡히면, 유 선교사의 일이 걱정이니 누구 한 사람은 피합시다"라고 하였다.

정 선생은 그 때 흰옷을 입고 있었고 이 선생은 검은 옷을 입고 있었다. 흰옷을 입은 정 선생이 움직이면 띄지만, 검은 옷을 입은 이 선생은 눈에 띄지 않을 것이었다. 이 선생은 어느새 고양이 같이 민첩한 동작으로 원두막을 내려가 밭고랑 사이로 기어서 빠져나갔다.

빨치산들은 새벽이 가까울 때까지 있다가 하는 수 없이 물러가면서, 원두막 바로 밑으로 지나갔다. 그런데도 한 사람도 원두막 위를 쳐다보지 않고 지나쳐 갔다. 하나님께서 그들의 눈을 가려 주신 것이다. 그 다음부터 인민군과 빨치산은 근처 마을 사람들을 동원하여 온 산을 포위하고, 토끼 몰이하듯이 뒤지기 시작했다. 이젠 우거진 풀을 낫으로 베면서 유 선교사가 숨어 있는 암굴가까이까지 오고 있었다. 그러나 해가 저물게 되니 "오늘은 이만 하세…내일 또 계속하자" 하고 내려갔다. 그날 밤 억수 같이 비가 퍼붓고, 그 다음 날도 비가 계속해서 그들은 어려움에서 벗어날 수 있었다.

화학산과 마을을 치안대들이 구석구석을 지키고 있어서 이현필 선생이나 정 선생도 한 곳에 오래 머물러 있을 수 없었다. 유하례 선교사도 암굴 속에만 늘 있었던 것은 아니다. 마지막에는 어느 집 지하실에 숨어있었다. 밤에 동리를 지날 때는 개가 짖을까봐 소리를 내지 않으려고 맨발로 다녔다. 어떤 때는 그들의 고생하는 모양을 측은히 여겨 믿음직한 분이 찾아와 산에는 위험하니 자기 집에 오라고 해서 그 집 천정 속에 유하례 선교사와 여신도 두 명이 올라가 숨게 하였다. 그동안 면도하지 않아 수염이 길게 자란 정 선생은 환자로 위장하여 방구석에 눕고, 젊은이들은 마당에서 새끼를 꼬며 있게 했다. 세상이 온통 빨갛게 되고 인심들이 변하여, 그 몇 달 동안은 참으로 살기 어려운 기간이었다.

그러는 사이에 10월 1일경 광주에 국군이 다시 들어와 수복되었다. 일본에 있는 미국 대사가 이승만 대통령에게 "유하례 선교사가 행방불명이니 찾아 달라. 만일 죽었으면 시체라도 찾아 달라"고 부탁해왔다. 경찰이 백방으로 유 선교사의 행방을 찾는다는 것을 알게 된 어느 동광원 사람이 그녀의 행방을 알려주었다. 무장한 경찰대가 차를 몰고 유 선교사가 숨어있는 동네로 쳐들어왔다. 그 지역은 아직 인민군들 세력이 장악하고 있는 곳이었다.

경찰이 쳐들어온다는 연락을 받은 이 선생은 걱정했다. "하하! 큰 일났군… 왜 일을 이렇게 처리했는가! 기왕 우리가 숨어있는데, 조금만 더 참으면 되는데, 경찰이 이렇게 공개적으로 덮쳐왔으니, 우리는 구출된다고 해도, 그동안 우리를 숨겨준 이 집이나, 이 동네가 빨치산들에게 참변을 당할 것이 아닌가!"

그래서 의논한 끝에 꾀를 내었다. 비밀리에 경찰에 연락하기를, 여기에 쳐들어와서는 이현필과 정인세 등이 숨어 있던 집의 모든 사람들을 인민군에 부역한 자들로 몰아서, 밧줄로 묶어 끌고 가도록 했다. 그래야 모든 동민들의 눈에 사실처럼 보이겠기 때문이다. 그래서 유 선교사는 얼굴을 수건으로 가리고, 다른 이들은 밧줄로 묶어 경찰이 차로 끌고 가서 구출해냈다.

산에 있을 때 이현필 선생은 유하례 선교사와 "유 선교사를 구출한 것은 이현필이나 동광원 사람들이다"라는 선전은 절대로 하지 않기로 약속했다. 그래서 성경의 "오른손이 하는 것을 왼손이 모르게 하라"는 그리스도의 정신을 살리려 했으나, 어떻게 새어 나갔는지 그 이야기는 널리 퍼졌다. 1년 후에 미국에서 그 실제 장면을 영화로 촬영하러 나오기까지 했지만, 이현필, 정인세 선생은 거절했다.

그 후 광주 도청에 있던 미군 작전본부에서 정 선생을 오라고 해서 갔더니, 벽 전면에 한국지도를 붙여 놓고 좌익이 한 사람이라도 있는 동네는 빨간색 표식을 해 놓고 있었다. 정 선생에게 그 동안 산에서 지낸 이야기를 묻고 참고로 삼으려는 듯 했다.

5. 정 선생과의 계속된 교제

1969. 7

정인세 선생이 상경하면 대개는 전화를 했고, 오기로 약속한 시간은 어기지 않았다. 이번엔 전화로 자기는 몸이 불편하여 찾아 갈까 말까한다고…자기는 지금 백춘성 장로 댁에 머물고 있다는 연락만 있더니, 아침에 내가 일 하고 있는 데 일찍 찾아 왔다. 몹시 수척해 보였다. 어제 주일은 서울 마포 노고산에 있는 대흥교회에서 설교하다가 빈혈증세로 설교 끝을 흐지부지하고 숙소에 돌아가 좀 쉬다가, 아침에 이곳으로 찾아온 것이다 "이번 서울 길이 마지막 길이라는 예감이 든다"고 했다. 워낙 생명을 내 던지고 사는 분이어서, 몸에 병이 있으면서도 죽는 날까지 다니려는 결심이다. 과거에도 거의 죽을 지경에 이르러 주위에서 장례위원까지 구성하여, 최홍종 목사가 위원장이 되기까지 한 일도 있었다고 한다. 금년이 환갑이다. 과거에는 몸이 너무 쇠약하여, 여 제자들이 부축하고 다니기도 했으나 남 보기에 이상한 것 같아서 그만두고, 지금은 혼자 다닌다. 수도하느라 아내도 단란한 가정도 떠나서 불쌍하다는 생각이 든다. 사실은 누가 더 불쌍한지는 모르지만…

정 선생은 은성교회에 올 때 마다 위치가 좋다고 하였다. 그리고 예배당에 들어설 때마다, 대흥교회나 여기나 아늑하고 영감어린 분위기가 돈다고 했다. 내가 교회 목회에 별 의미를 못 느껴서 그만 두고 산에 들어가고 싶다고 말하니, 정 선생은 만류하시면서 "이것도 필요합니다"라고 하며, 자신도 평양신학교 출신이며 광주 재매교회에서 목회한 적이 있다고 했다.

젬마 성인은 천하의 모든 교역자들을 위해 기도하기로 서원했다는데, 교회도 필요하다고 하며 천주교회에 제1회, 제2회, 제3회가 있듯이. 기독교는 산중의 수도 단체만 아니라, 같은 정신의 목회의 필요한 것도 인정했다.

이현필 선생도 세상이 귀찮으면 화순 도암이나 지리산에 아주 안 나올것 처럼 들어갔다가도, 얼마 있으면 다시 나와 동광원 일에 간섭한다고 했다. 우리 은성교회 노회가입 여부를 물으면서, 자기는 지금이라도 기독교가 분열하지 않고 하나가 된다면 한 평신도로 교회에 나갈 마음이 있다고 했다. 지금으로는 교회에 관심이 없으나, 하나가 되면 관계하고 싶다고 했다.

최흥종 목사는 위대한 분으로서 좋은 사업도 많이 한 분이다. 정인세 선생과는 동지지만, 그의 성격 때문에 분열하고 함께 일 못했다. 정 선생은 도리어 나보고 "어떻게 분열하지 않을 수 없을까?" 하며 내 얼굴을 쳐다보았다.

과거 일제하에 신사참배 문제로 교계가 평안치 않을 때, 정 선생은 이세종 선생에게 "차라리 세상을 버리고 숨을까요?"라고 묻자, 그는 "섞여 있어야지오"라고 대답했다고 한다.

최 목사는 이세종 선생에게 배운 분이다. 최흥종 목사와 정 선생이 좋은 콤비가 되어 함께 일한 시절은 최 목사는 광주YMCA의 회장이었고, 정인세 선생이 총무였다. 그리고 강순명 목사는 그 안에서 독신전도단을 만들어 지휘했다. 강순명 목사는 어비신 서교사의 전도를 받았다. 그때 그 전도단원 중 한 사람이 이현필 선생이었다. 그때 최 목사는 들고 다니는 조그만 집을 지어 광주 양림교회 언덕 밑 YMCA 뜰에 두고 거기서 거처하였다. 그 집은 들고 다니는 집이었다. 그후 그 집을 "유산각"이라 불러 방림동광원 내에 보존하고, 정인세 선생도 거기 거처하였다.

내가 "전국에 동광원 단체가 몇 곳이나 있느냐?"고 물으면 언제나 그 수는 밝히지 않았다. 오북환 집사나 계명산 원장 어머니도 마찬가지다. "2~3인씩 있는데도 있고…" 하며 흐지부지 해 버린다.

"정 선생께서 몸을 아끼지 않고 다니다가 세상을 떠나기라도 하면 후계자라도 있어야 하지요" 하고 물으면 "아니올시다. 내가 세상 떠나도 오히려 보다 더 착실히 잘해 갈 것입니다. 나는 아무 것도 안 합니다‥그저 이렇게 돌아다닐 뿐이지‥"

오북환 집사는 계명산에 있는데, 훌륭한 분이나 도대체 말을 하지 않아서 누가 묻는 것에 대답만 겨우 한다. 그래서 "그저 나는 전국을 돌아다니며 유대를 맺어 주는 역할이나 하고 있다"고 했다.

강원도 삼척 예수원의 토리 신부는 5년 전부터 동광원 운동을 알고 사람을 보내어 내용을 수탐해 보았고, 그곳의 수녀 한사람을 계명산에 보내어 3개월 동안 침식을 같이 하며 배워갔다고 한다. 그 아내는 화가인데 그림으로 예수원 비용에 쓴다고 했다. 토리 신부 자신이 계명산에 구경와서 "나는 아내를 가진 사람이니 여러분에게 죄송하기만 합니다. 동광원은 이대로 좋소" 하며 자기를 낮추며 찬사를 보내더라고 한다. 토리 신부의 의견은 "인간 역사의 과학이나, 문학이나, 교회 정화 등의 중보기도의 역할은 오직 수도원이 맡은 사명이므로, 수도원의 존재의 의미는 크다. 그만큼 여러분들은 귀중한 부분을 차지하고 있는 것이다. 여러분들은 가톨릭에도, 성공회에도, 개신교에도 가지 말고 지금 이대로가 좋다. 이대로 있으라. 그런데 동광원에는 법과 규칙이 없는데, 이렇게 질서를 유지하고 통솔해 가는 비책은 무엇인가? 그렇다. 그것은 은혜. 은혜 있는 지도자이다"고 하며 격려했다고 한다.

정 선생은 동광원 운영에 과거에도 무척 애로가 많았던 이야기를 하며, 원의 조직과 법규 만드는 일 때문에 서로의 의견차가 많았던 점을 암시했다. 한번은 서울역전 조선신학교에 김재준 목사를 방문한 일이 있었다. 정 선생은 그때도 역시 원의 조직과 규칙 문제를 걱정하면서 자기는 그만둘 생각이라고 했더니 곁에 송창근 박사가 끼어들며 "그만두어 내지 못하지!" 라고 하고, 김재준 목사는 "그릇이 있으면 음식이 있고, 음식이 있으면 그릇이 있는 법이지‥" 라고 그분 나름대로의 명담을 하시더라고…

나는 영성적 감화를 받을 데가 없다. 하지만 정인세 선생이 왔다 가면 내 영성, 내 생활, 내 기분이 새로 정(淨)해 진다. 새 소망 새 생기가 도는 것 같다. 정 선생도 우리 교회에 오면 수도원 분위기가 난다고 하며, 누구나 생각이 있으면 저절로 되는 것이라고 하였다.

정 선생이 우리 집을 떠나면서, 남북애육원의 윤순임 보모를 만나러 간다고 했다. 내가 동행했는데, 길을 같이 걸으면서 정 선생은 "그릇에는 금 그릇도 있고, 은그릇도 있고, 뚝배기도 있는데, 이현필 선생은 금 그릇이요, 나는 뚝배기 같습니다"라고 했다. 고아원에 들어가니 마침 보모는 외출 중이었다. 고아 하나가 도망을 쳐서 찾으러 나가는 길이라고 했다. 정 선생은 자기 제자인 그를 보고 "내 경험으로 보니 아이를 잃었을 때, 내가 잘못한 것을 회개했더니 뜻밖에 아이가 나타나더라"고 했다.

오북환 집사

1969. 8일, 나는 아내와 함께 계명산을 다시 찾아갔다. 두 시간 가까이 버스를 타고 벽제리에서 내려 한참 걸어가는데, 개울 다리너머로 양산을 쓴 젊은 여자 셋이 우리를 마주오고 있었다. 두 손을 흔든다. 자세히 보니 이틀 전에 여기 와 있던 백선희, 이금녀 집사와 김효순 전도사가 마중 나오고 있는 것이었다.

그동안 이곳에서 오북환 집사를 만났던 이야기와, 지금 서울 아현교회에서 40여명 교인들이 지금 와 있어서 방이 찼다는 이야기를 나누었다. 반 정도 걸어 갔을 때, 맞은편에서 머리 깎고 삼베옷을 입은 남자와 소년 하나가 오고 있었다.

"아현교회 교인인가 봐요?"

"아니…오 집사 같은데…그래, 오집사야!"

과연 오 집사였다. 우리가 온다고 마중 나오는 길이다.

그는 본래 말 없기로 소문난 분이다. 나 역시 말하지 않는 인간이니, 이렇게 정면으로 대면하면 무슨 대화를 할 것인가 걱정스럽다. 함께 어깨를 가지런히 하고 걸으면서 내 편에서 애써 입을 열어 여러 가지 질문을 했다.

계명산 수녀의 마을에 이르니, 어머니라고 부르는 분원장이 깎은 머리에 흰 모자를 쓰고 마중 나온다. 우선 시원한 계곡 물에서 세수하고 어머니가 거처하는 단간 오두막에 오집사와 함께 앉아서 여러 가지 이야기를 펴보았다.

어머니와 봉사 잘하는 우리교회 여 집사가 미숫가루와 토마토를 가져왔다. 오 집사는 손님에게 먹으라는 말 한마디 없이 묵묵히 앉아서 내가 묻는 말에만 겨우 대답할 뿐이었다. 옥수수, 복숭아, 그리고 이곳의 명물인 도토리묵에다 김이 무럭무럭 나는 고구마로 만든 시루떡까지 내왔다. 떡을 먹기 시작하는데 김찬호 목사가 왔다. 오늘 온다는 말은 들었는데, 나보다 늦게 도착했다. 그분은 전혀 계명산 내용을 모르는 분이므로 내가 소개했다.

조금 지나자 점심 먹으러 오라고 연락이 왔다. 준비한 이들의 성의를 무시할 수 없어서 김 목사를 권유하여 함께 개울 건너 식당으로 갔다. 오 집사도 함께 가자고 권했으나 사양했다. 그는 하루에 한 끼도 먹고, 때로는 며칠간 금식도 하고, 그나마 고구마만 먹고산다.

식당에 우리 교회 여 집사들이 자기네 목사를 대접 하노라고 점심을 잘 차려 왔다. 점심 후 오 집사 안내로 지금 여기에 와 있는 아현교회 목사님을 방문하고 한참 이야기하다가, 이곳에서 예배실로 쓰는 작은 방에서 예배를 드렸다. 내가 수도생활에 대하여 간단히 설교하고, 마지막에 수녀들이 부르는 "계명산의 노래" 합창을 듣고 폐회했다.

나와 아내가 먼저 하산하는 데 수녀들이 나와 전송해 주었다. 그들은 모두 모양 없는 옷차림, 자기들이 손수 짠 토목으로 해 입은 베적삼에 검정색으로 물들인 치마 차림이다. 예배 보는 시간만은 머리에다 흰 너울을 쓴다. 그것도 천주교 미사 때 같이 맵시 있는 모양은 아니다. 이들은 전혀 미(美)라는 것과 형식과 소유를 버리고 무시하고 살아가려는 사람들이다. 젊은 나이 20대 처녀들인데 이렇게 수도하면서, 누구에게 함부로 웃지도 못하게 교육을 받았다. 이러한 사실을 모르는 사람들에게 이들은 무척 냉정해보인다.

동광원의 분원은 여러 곳에 있으나, 그 중에 광주, 함평, 기타 3개 처는 재단

법인에 들어있다. 수도하려는 이는 누구나 받아 들여서 함께 지낼 수 있지만, 이곳 생활에 적응하지 못해서 다시 나가는 것도 자유다. 가족을 데리고 오는 이들은 남자는 남자들끼리, 여자는 여자들끼리, 아이들은 아이들끼리 따로 분산하여 살게 된다. 그런데 젊은 자녀들은 대부분 중도에서 이탈하고 만다.

정인세 선생

정인세 선생은 서울 혜화동 교회에서 교회 분규를 수습하기 위해서 1년 동안 시무한 일이 있었다. 그때 정 선생이 내 세운 표방은 (1) 여자가 강단에 나서지 못하게 할 것; (2) 젊은이들이 교회 내에서 무슨 모임이나 연습이나 난잡하게 서로 교제하지 못하게 할 것; (3) 교인의 생일이나 돌잔치 등에는 일체 교역자가 참석을 거절하고, 교인 댁에 가서 식사 대접 받는 것을 거절할 것(그래서 "안 먹는 사람"이란 평이 돌았다.); (4) 심방을 하지 않는다는 평이 있어 월 1회하기로 했는데 김상돈 장로가 매번 따라다녔다.

정 인세 선생은 혜화동교회 외에도 광주 재매교회도 3~4년 보았다. 정 선생은 간혹 교회에서 설교를 부탁하면, 미리 고요히 설교 준비하는 방을 원했다. 무질서하게 성가대 연습하노라고 피아노를 뚱땅거리며 치는 것을 불쾌하 했다. 주일날 아침 경건한 마음을 준비해야 하는 때, 성가대 연습은 그 분위기를 깨는 것으로 보았다. 그럴 때는 매우 괴롭게 여겼다. 그러면서도 한번은 서울 명륜동에 있는 수도원에서 수녀 착복식에 참석한 일이 있, 그때 들은 성가대 노래는 참으로 천사의 노래 같았다고 극찬했다. 라틴어로, 성가대원들도 동녀(童女)들로만 조직되었는데, 그들에 대한 대우도 교역자와 같았다고 했다.

정인세 선생은 일정한 주소가 없는 사람처럼 일 년 내내 전국을 순회하고 지낸다. 광주 방림, 함평 귀일원, 곡성, 도암, 진도, 서울, 계명산, 능곡 등으로… 왜 그렇게 자꾸 돌아다니시느냐 물으면 신경통 때문이라고 했다. 그냥 쉬고 있으면 중풍으로 쓰러지기 쉬우니 자꾸 다녀야 한다고 대답했다. 그러면서도 겸손히 이현필 선생에게는 깊이가 있는 감화력이 컸지만 "나는 깊지 못하다"

고 했다. 그러나 사실은 쉬지 않는 순례는 그가 전국을 심방다니는 일이다. 서울에 올 때는 꼭 우리 집에 전화로 연락하고 몸이 불편할 때도 일부러 찾아와서, 비록 잠시라도 이야기를 나누고 떠나곤 했다.

그의 폐에는 구멍이 있었다. 건강은 늘 약했다. 늘 죽음을 각오하고 전국을 순회 심방하였다. 감기는 그의 병에 가장 해로웠다. 정 선생은 일이식(日二食) 하지만, 조반 때 정 권하면 우유 한 잔 마시기도 하고, 생선도 조금 먹고, 너무 깨끗한 방이나 잘 꾸민 방은 남의 집 같아서 불편하고 잠도 잘 안 온다고 한다. 그래서 수수한 집이 좋다고 했다. 이 세종 선생은 무늬 있는 벽지를 바른 방에는 들어가지 않았다고 한다.

정인세 선생은 모든 교파에 대해선 독선적인 것 같으면서도 사실은 이해가 깊었다. 가톨릭은 피상적으로 볼 땐 매우 오만한 종교 같이 보이지만, 실제로 알고 보면 그렇지도 않더라고 했다. 그들도 역시 믿음으로 구원얻는 교리를 믿고 있다고 했다. 천주교 수녀들이 이화대학에 공부하러 다니고 있는 점을 지적하면서 헌신이 기초가 된 가톨릭에서는 지식이고 기술이고 모든 것을 배워서 자기 교(敎)에 헌신한다고 했다.

가톨릭에서는 신비신학이 한 과목으로 공부하고 있더라고 했다. 신비주의가 기독교의 한 경향이니, 그렇게 해야 할 것이라고 했다. 십자가의 성 요한은 신비주의 극치의 인물이지만, 그는 말하기를 "그런 것보다 겸손이 더 낫다"고 했다.

동광원 안에는 방언이니 탈혼 등 현상이 별로 없으나, 간혹 무엇을 보았다거나 체험한 이가 있으면 묵살해 버린다고 한다. "네가 봤으니 어쩌냐?"며 "본 대로 살라"고 한다. 조금 이상한 사람이 있으면 주의를 주고, 또 평소에 언제나 신앙생활을 떠들지 않고 조용히 한다고 했다.

수도가 없으면 신비에서 탈선하지만, 고린도전서 12장에 각종 신비 은사를 언급하고는 13장에 가서는 "그 중의 제일은 사랑이라" 하지 않았느냐?"고 했다. 신구교 어느 교회든지 사교화(邪敎化)하면 따를 필요가 없다고 했다. 천주교 번잡한 규칙에 시달리던 어떤 수녀가 거기서 나와 동광원에 들어갔는데, 신부가 처음에는 그 수녀보고 잘못이라고 "미사 참예도 못하니 타락한다고… 구원이 없다"고 반대 했으나, 그후 점차 그 수녀의 순결을 보고 옳다고 했다고 했다.

내가 시무하는 교회가 독립교회로 여러 면으로 새롭게 하려는 말을 듣고는 "나비는 향(香)을 따라 깊은 산에도 찾아간다. 교회가 특성이 있으면 그런 교인들이 찾아오는 법"이라고 했다.

기러기가 백조에게 내려와 나는 법을 배워주려고 애썼으나 기어이 날지 못했고, 나중에는 기러기마저 나는 법을 잊어버렸더라고 하며, 넌지시 자기 사명의 어려움과 나 보고도 그 점을 깨달으라는 듯이 말했다. 이 비유는 나보고 두 번이나 했는데 요는 "저나 혼자 날아가라"는 귀뜸도 된다.

공산당이 그 정신을 철저하게 훈련시키듯 동광원에서는 원의 정신으로 결속하게 가르친다. 정 선생은 우리 집 세 아이들의 성격은 정적인 것 같으나, 막내는 동적인 것 같다고 하며, 잘되면 좋으나 잘못 걸으면 위태롭다고 했다.

1970년 2월

오늘 은성교회에서 정인세 선생을 모시고 3일간 집회를 가졌다. 그러던 어느날 정 선생이 자청하여 우리 식구를 위해 가정예배를 보시면서, 누가복음 2:40 이하를 읽고 가족들에게 "너희 아버지는 교회 목사다. 하나님의 종이다. 내 아버지라기보다 하나님의 종으로 여겨라. 그리고 가정은 동지적으로 결합해야 한다. 공산당은 아기가 젖을 떼자마자 탁아소에 보내어 그 정신으로 철저히 기른다"고 했다.

우리교회 교인 중 몇 분은 좋은 교인으로 보인다고 하며, 그분들이 귀하다고 했다. 떠나는 날 내복을 선물로 드리니 웃으시며 "원(園)에 가면 나보고 타락했다 하겠소"라고 했다.

어린아이 같은 동심(童心)! 한 번은 불구자 수용소에서 봉사하고 있는 한 자매와 함께 왔는데, 우리교회가 참 좋다고 하며 예배실을 구경하고 가라며 함께 방마다 다니며 벽에 써 붙인 표어들을 가르치면서 좋아하면서, "마치 내 집 같다" 하며 기뻐하였다.

5. 설교

필사적 신앙

고린도후서 5:17

수도는 고행주의가 아니다. 은혜가 아니면 이것을 해내지 못 한다. 무한히 높은 곳에서 무한히 낮은 곳으로 떨어지는 것이 겸손이다. 우리는 그것을 배우려는 것이다.

갈멜 수도원은 수도원 중에서도 가장 엄격한 곳인데 수 천 명 중에서 단 20명만 뽑는다. 그 중에 한 명이 죽기 전에는 더 가입을 받지 않는다. 그 엄격한 수도적 교육으로 사는 사람은 아직 기독교인이 아니다. 영으로 사는 사람은 그런 육적 교만한 자리에 못 올라간다.

사도바울이 "우리는 세상과 사람의 구경거리가 되었도다…세상과 물의 찌끼같이 되었도다"고 했다. 이것이 기독교인의 길이다. 본문에 "누구든지 그리스도 안에 있으면 새로운 피조물이라 이전의 것은 지나갔으니 보라 새 것이 되었도다"라고 했다. 세상 부귀 다 버리는 것이 그리스도인이다. 다 버리고 예수만을 알기로 한 것이 기독교인이다. 누구나 예수를 진실히 믿으면 부모에게, 남에게, 동생들에게도 멸시를 받는 것이다.

세상에 선(善)이 있을 리 없다. 착한 사람은 없다. 머리끝부터 발바닥까지 음란하고 더러운 것이 인간이다. 완전한 부정의 세계로 들어가는 것이 기독교인의 세계이다. 나도 수백 명을 돌보고 있는데, 그들이 좁은 길 걷겠다는 사람들이지만, 그러나 믿을 건 한 사람도 없다.

어느 교육가(유영모)는 오산학교 교장직을 맡고 있고, 우리나라 유수한 철학자이지만 "교육의 효과가 무엇이냐?"며 탄식 했다. 이것저것 다 해봤지만 이제는 모두에 절망할 뿐이고 75세 일평생 체험에서 믿을 건 예수 그리스도 밖에는 없다고 말했다.

인간들이 모두 노력한다고 되는 것이 아니다. 하나님이 하셔야 된다. 365일 수도 한다고 해도 인간 속에서는 선(善)이 나오지 않는다. 우리 안에 조금이라도 선한 것이 있다면 하나님께 받은 것이지, 예수 안에 새로 지음 받기 전에는 선이 없다. 육을 죽이려고 아무리 애써도 혈기를 죽이고 밥을 굶고 별짓을 다 해 보아도 죽는 것이 아니다. 성령으로 거듭 나기 전에는 안 된다.

동광원을 고행주의라고 비판하지만, 우리처럼 행(行)의 무의미를 깨닫는 이들도 없다. 사람이 하는 것 하나도 선(善)되는 것이 있을 리 없다. 예수를 믿는 것은 예수의 마음을 갖고자 하는 일이다. "죽기까지 순종한 그리스도의 마음"을 갖고자 하는 일이다. 그것이 거듭난 사람이다. 새로 지음 받은 사람이다.

해산할 때의 진통은 무서운 고통이다. 우리도 그만한 고통을 겪어야 예수를 닮게 된다. 그것이 기독교인이다. 예수 믿기는 참 어렵다. 그래서 "나더러 주여 주여 하는 자마다 천국에 들어가는 것이 아니라"고 하였다. "쭉정이 되지 말고 알곡 신자가 되라"고 말씀하였다.

그 마음에 예수 없는 사람이 무슨 신자인가? 신구약 66권이 가르치는 바는 우리가 전심전력 하나님만 사랑하라는 것이다. 필사적으로 죽느냐 사느냐의 문제다. 천국을 잡느냐, 지옥에 떨어지느냐이다. 물에 빠진 사람이 막대기 하나라도 잡고 매달리듯, 그렇게 믿는 것이 기독자이다. 그렇지 않으려거든 그만두라! 기독교를 무슨 도(道)라고 믿는가? 좁은 문으로 들어가라! 십자가를 지라! 모든 것 버리라! 단호하라!

예수께서는 송장치고 오겠다는 사람보고도 못하게 했다. 조금도 뒤돌아보는 것을 용서치 않았다. 그런 사람만이 구원을 얻게 된다. 여러분이 마음 품지 못하면, 그것은 성경에 "너희가 이 큰 구원을 경홀히 여기는…"에 해당한다.

그 놀라운 하나님 나라 얻는데, 재산 조금 버리는 게 무엇이 아깝나? 버리는 일이 힘든 것 같으나, 버리는 버릇되면 점점 더 즐거움이 커진다. 버릴수록 기뻐서 버린다. 보이는 세계보다 보이지 않는 세계가 더 크고 나은 법이다. 내 귀중한 영혼이 아닌가? 구원을 얻으면 여기 앉아도 하늘나라에 마음대로 왔다 갔다 하는 영이다.

롱펠로의 시에 "감옥 속에 앉아 있어도 나는 맘대로 더 날라 다닐 수 있네!"라고 했다. 그런 것이 영이다. 왜 이 귀중한 사람의 영혼을 육(肉) 속에 갇혀 일생을 보내는가!

갈라디아서 5:24에 "그리스도 예수의 사람들은 육체와 함께 그 정과 욕심을 십자가에 못 박았느니라"고 했다. 육정이란 더러운 것이다. 좁은 것이다. 이것을 십자가에 못 박아야한다.

기차 여행을 하면 좌석이 없는데도 어린아이를 앉혀 놓고도 기어이 자리를 양보하지 않는 이들이 있다. 곁에 사람이 죽어도 비켜주지 않는다. 인심이란 더러운 것이다!

돈에 대한 애착이 인간을 더럽게 하는 것이다. 서울은 돈밖에 모르는 곳이다. 이는 성경에 미리 예언한 대로의 세상의 모습이다. "말세에 사람들은 자기를 사랑하며 돈을 사랑하며"라고 했다. 그리스도 예수의 사람들은 육체와 함께 그 정과 욕심을 십자가에 못 박는 것이다. 이것을 해 내는 것, 이 은혜를 받고자 하는 것이 우리들이다. 정말 어렵다. 예수 믿으려면 바보 소리도 들어야 하고, 금식 철야도 해야 한다.

세례 요한의 일생을 본다면 인간 30년을 완전히 부정했다. 그리고 그리스도만 증거했다. 바울이 "내게 사는 것이 그리스도요 죽는 것도 유익하다"고 했듯이 말이다.

로마서 8;1에 "그러므로 이제 그리스도 예수 안에 있는 자에게는 결코 정죄함이 없나니"라고 했다. 예수 안에만 있는 자에겐 죄가 침입 못한다. "예수 안에 있는 생명의 성령의 법이 죄와 사망의 법에서 해방된다"고 했다. 육신을 쫓지 말고 성령을 쫓아 살라! 그것도 않는다면 할 수 없지!

그 싸움 못한다면 할 수 없다! …우리에게도 겟세마네는 있다. 육정을 끊으려면 내 살이 빠지고, 내 뼈가 끊어지는 느낌이 있다. 더 잘 믿으려면 겟세마네가 있다. 여기 대하여 나는 내 이야기는 될 수 있는 대로 않겠다. 하나님 명령 순종하는 일은 쉬운 것 아니다.

아브라함이 외아들 이삭을 바치는 일과 같다. "자식 목에 칼 대는 알"이 있다. 그럴 때가 있다. 오늘 신자도 여기까지 감당해야 한다. 뼈가 부수어지는 것 같은 때가 있다. 피가 마르고…참 어려운 때가 있다. 피 땀 흘려야 된다. 그러니 그것이 해산의 수고를 겪어야 하는 일이다.

아무리 예수 믿는다고 해도 육신을 쫓는 자는 육신의 일만 생각한다. 예수 믿으면서 새벽마다 하는 기도의 제목이 아이 병 낫기 위해서, 어떤 이는 돈 모으게 해 달라고 기도하기도 한다…육신 쫓는 자는 믿어도 육신대로 믿는다.

6.25 때 화학산에 숨어 있을 때 7개 군 접경의 농민을 총동원하여 우리들을 잡으려고 토끼몰이 하는 듯 했는데, 우리가 그 산에 숨어 있다는 것은 어떤 교인이 "이현필과 정인세가 미국인과 함께 무전기로 스파이 노릇한다고 밀고했기 때문에 그랬다. 그 밀고한 이는 5년, 10년 동안 새벽기도회에 열심히 다니던 사람들이었다. 자식들이 모두 좌익이어서 밀고해서 무슨 상을 얻으려고 했을 것이다. 그는 아주 육신의 복만 바라고 새벽기도를 한 모양이다.

현대 기독교인 특히 도시교인들은 예수를 믿어도 육신을 위해 믿고, 육의 일만 생각한다. 육신의 생각은 사망이다. 내가 예수교인이라면 내 속에 예수님이 계셔야 한다.

나는 누가 물으면 "예, 믿으려고 애씁니다"라고 대답한다. 여러분 중에 "나는 예수 믿습니다!"라고 할 수 있는 이가 있다면, 나는 그를 선생으로 모시겠다. 여러분이 지금 부른 노래가사에 "주님이여 천한 맘에 오시옵소서"라고 하듯 그렇게 자꾸 원하라. 내가 고행주의자여서 인간의 행위로 구원 얻겠다고 하는 줄로 생각해서는 안 된다. 내가 교회를 세우나? 내가 전도하나? 몸은 죄로 죽으나, 영은 의(義)로 산다. 의(義)는 믿음이다.

내가 했나? 하나님이 하신 것이지. 혹시, 내가 했다고 하지 마시오 "내가 …을 했다"고 하지 마시오. 내가 했다면 나쁜 짓만 했지, 조금이라도 선(善)이 이루어졌다면, 내 안의 하나님이 하신 것이다. 예수 믿는 사람의 목표가 어디 있는가! 그것이 분명해야 한다. 그래야 신앙생활에 낭비가 없다. 마귀와 싸워도 허공을 치지 말고 정통으로 싸워야 한다. 현재 있는 그 상태에서 앞을 내다보라! 일취월장하라. 그리스도의 장성한 분량이 충만한 데까지 이르라!

1970. 2.

하나님 사랑

요한일서4:7; 마태복음22:4 이하. 모든 성인들의 공통된 소리는 하나님을 사랑하라는 것이다. 그런데 하나님을 사랑하는 방법에 대하여 성경에는 "네 마음, 뜻, 성품, 힘을 다하여 사랑하라는 것이다. 그런데 우리가 그렇게 사랑할 수 있는가 가 문제이다.

"마음"=지, 정, 의, 의 바탕
"뜻"=지향(志向), 목적
"힘"=육체적 힘
"목숨"=숨 쉬는 것

하나님은 폭군 같이 우리에게 절대적 사랑을 요구하신다. 하나님 홀로 사랑이시다. 하나님 아니고는 피조물 세계에서는 사랑이 날아간지 이미 오래다. 우리는 모두 타락했고 사랑이 없는데…인간으로 어찌 하나님을 사랑 할 수 있는가! 그것은 인간이 할 수 있는 것 전부를 포로로 삼아 끌어 올리는 것, 돌멩이 같고, 타락된 인간성을 끌어 올리는 것, 이러한 것들이 반드시 필요한일이다. 그렇지 않고는 안 되는 것이다. 우리 인간 기능을 총동원해서 하나님께 집중

시키는 일이다. 사랑에 메마른 인간을 자기 품 안에 안고, 그 속에 사랑을 넣어 사랑으로 인간을 어떻게 재창조해 보자는 것이다. 그렇게 하면 그때 인간들은 하나님의 사랑을 희미하게 느끼게 된다.

"화살기도"는 같은 말을 반복하는 기도이다 그 중에 "하나님, 제가 하나님을 사랑합니다. 하나님, 사랑합니다"를 반복한다. 거짓말 같으면서, 다시 말해서 사랑이 없는데 자꾸 하라는 것이며 몸부림치며 하도록 하는 것이다. 어떤 청년이 산에 가서 "기독교는 사랑인데 내게는 사랑이 없다"면서 바위를 치면서 기도하다가 손에 피가 흘렸다. 그렇게 해보면 사랑이신 하나님이 그 충심을 보시고 자기 사랑을 우리에게 부어 주시는 것이다.

가문 땅에 하늘에서 단 비를 내려주시듯, 그것 그렇게 되어야만 순수한 사랑이다. 이것이 인간이 인간 구실하는 첫 단계이다. 이것이 없으면 고린도전서 13장에서 말하는 것같이 헛된 것이다. 큰 교회, 모든 집회도 사랑으로 하지 않으면 울리는 꽹가리에 지나지 않는다. 이것이 성경 중심이요, 기독교의 중심이요, 인간을 가장 고귀하게 만드는 일이다. 이것은 다른 짐승에게 준 계명이 아니라, 인간에게만 주신 계명이다. 이렇게 함으로 인간은 하나님 사랑을 조금씩 알게 되고 뿌리가 나게 된다. 그제서야 인간은 조금 사람다운 것, 하나님 흉내 내는 것, 그것이 믿음에서 우러나는 사랑이다. 믿음과 결부된 사랑, 즉 그 사랑 외에는 다른 것은 못쓴다는 것을 믿으라는 것이다. 이 사랑이 조금씩 자라서 하나님과 화합하는 데까지 이른다.

1978. 8

6. 어록

환우(患憂)들이 나의 교사입니다.

정신 불구자 육체 불구자들의 일상생활을 보면 느낀 점이 많습니다. 세상에서는 버림받고 오갈 데 없는 이들이 모인 곳입니다. 아무 근심걱정도 없이 종일 가만히 있을 수밖에 없는 전신불구자들입니다. 이들 전신불구자나 정신무능자는 누가 상관도 하지 않습니다. 그렇지만 세 끼 식사는 거르지 않고 옷도 깨끗이 입고 있습니다. "무엇을 먹을까 무엇을 마실까 무엇을 입을까 걱정말라"는 주님의 말씀은 몰라도 그대로 살고 약속도 지킵니다.

말 못하는 이가 말은 더 하려고 합니다. 공연한 일에 간섭을 하고, 아는 척을 합니다. 또 손짓으로 감독도 합니다. 정신이 모자라는 사람일수록 누구를 이래라 저래라 더 가르칩니다. 세상의 선생, 지도자 노릇을 하려고 합니다. 세상에 어설픈 선생들, 세상의 인간상을 그대로 사진 찍은 것 같습니다. 스스로 자기가 밝혀지기도 합니다. 이런 생각이 스칠 때 "네 말은 온전하냐? 너는 어설픈 선생이 아니냐?" 고 자문자답했습니다.

남의 일에 간섭한 것은 자기 앞들도 제대로 못 가리면서 남의 일에 나서는 것이, 꼭 나 같고 세상 사람들 같습니다. 종일 웃고만 있는 정신병자, 말은 못해도 욕을 하는 아이, 손만 대든지 자기 몸 털만 다쳐도 야단나는 사람들, 이것은 거의 환우들의 공통점이지만, 자기방위 피해망상증에 걸린 사람들이 서로 자기 세계를 버티고 있습니다. 이것은 오늘날 여러 나라들, 민족들, 세상 사람들의 모습이 아닐까 싶습니다.

믿음의 말씀

▷ 자기 맘을 다스릴 수 있는 이는 천하를 다스릴 수 있습니다.

▷ 자기 몸을 지배할 수 있으면, 나라도 지배할 수 있습니다.

▷ 자기의 몸과 마음은 신의 힘이 아니고는 다스릴 수 없고 하나님의 능력을 받지 않고는 아무 것도 할 수 없습니다.

▷ 사람이 보기에는 자신이 바로 가는 것 같고, 옳게 사는 것 같고 마음이 바른 것 같아도 하나님 보시기에는 다 비뚤어져 있습니다.

▷ 하나님이 함께 하실 때만이 마음이 바로 되고 옳게 행동하게 됩니다.

▷ 하나님이 함께 하시는 것은 은총이며, 성령의 도우심도 은총입니다.

▷ 믿음으로 사는 자만이 바르게 살 수 있습니다.

▷ 하나님을 아는 것이 참 깨달음이오, 참 앎이며 지식입니다. 그 외에는 모두 거짓입니다.

▷ 하나님과 믿음으로 하나가 되면 하나님의 사랑을 알고 내 삶이 사랑이 됩니다.

▷ 완전한 삶은 사랑 안에 있습니다.

▷ 만물도 사랑이 있어야 삽니다. 이 사랑을 떠나면 사람도 죽습니다.

▷ 하나님의 사랑은 만물에게 생명을 주시고, 사람을 영생으로 이끄십니다.

▷ 영생을 사는 것이 인생의 목적입니다.

▷ 사람은 약해서 환경의 지배를 받습니다. 환경을 이기는 것은 믿음뿐입니다.

▷ 환경이란 세상입니다.

▷ 사탄을 이길 수 있는 힘은 오직 하나님의 능력뿐입니다. 믿음은 하나님의

을 얻는 것입니다.

▷ 사망을 이기신 예수님을 받아 드리는 것이 믿음입니다.

▷ 예수님을 믿고 먹고 마시고 새 생명을 얻어야만 세상을 이깁니다.

▷ 주님같이 거룩하게 진실하게 겸손하게 순결하게 순명할 수 있게 주님같이 성빈으로 살게 해 달라고 믿음으로 기도할 것입니다.

▷ 사랑에는 괴로움이 있습니다. 사랑은 항상 희생하고, 자기 부족을 느끼기 때문에 어떤 고난도 고난이 아닙니다.

▷ 사랑의 사도에게는 고난이 감사요, 기쁨이요, 은총입니다.

▷ 좋은 습관도 오랜 연습해서 얻어지고, 나쁜 습관도 오래 노력해야 끊어집니다.

▷ 내 성품의 변화되지 않고는 좋게도 나쁘게도 고쳐졌다고 믿을 수 없습니다. 고쳐지는 것은 일시적 충격 감격 결심만으로는 안 됩니다. 오직 성령님의 인격적 감화, 주님과의 일치만이 근본적으로 나를 개조할 수 있습니다.

▷ 남의 이름 너무 일컫지 말아야 합니다.

▷ 남의 이야기를 너무 하지 말아야 합니다.

▷ 내 이야기도 하지 말아야 합니다.

▷ 아는 것, 지식 자랑하지 말아야 합니다.

▷ 죄인은 겸손해야 합니다.

▷ 남의 판단 말고, 자신이 조심해야 합니다.

▷ 바로 믿은 것이 급합니다. 잘 믿어야 합니다. 믿는 일이 제일입니다.

▷ 음란은 혼란의 모체요 뿌리가 됩니다. 또 개인이나 단체, 국가, 사회, 부패의 원인이 됩니다.

▷ 음란을 두고 성령의 역사와 능력을 말함은 거짓입니다.

▷ 말씀은 생활 없이 안 됩니다. 진리는 살지 않으면 참으로 알지 못합니다. 살아보고, 맛보고, 말씀하는 진리라야 이야기할 가치가 있습니다.

▷ 무슨 일이든지 그리스도를 본받으려는 한결같은 소망을 가지고, 그의 생애에 자신의 생활을 맞추고 항상 고찰해야 합니다.

▷ 사욕이나 욕정이나 물욕이 조금이라도 있으면, 합심과 단체생활이 어렵고 개인의 심령도 평안치 않습니다.

▷ 사랑은 희생입니다. 자신의 이익을 구하지 않기 때문에 모두 희생하는 일에 속합니다.

▷ 온유나 성내지 않음은 자기를 죽이는 사람에게 속하는 성품입니다.

▷ 수도자나 성도는 버리고, 끊고, 자기가 죽는 생활을 연습해야 합니다.

▷ 세상은 가지고, 듣고, 빼앗다가 마침내 죽습니다. 천국은 버리고, 주고, 끊고, 아무 것도 없어야 합니다.

▷ 가장 큰 일을 하고 있다고 생각하는 사람이 가장 큰 과오를 범할 수 있습니다.

▷ 단체에서도 일을 많이 하고, 그 사람이 없으면 안 될 것 같은 사람이 그 단체를 망쳐 놓을 수 있습니다.

▷ 모든 것의 기초는 큰 믿음과 뜨거운 사랑입니다.

▷ 시험을 이겨야 하고, 시험에 들지 않게 기도해야 합니다.

▷ 제일 큰 시험은 음란과 탐욕입니다. 한 번 빠지면 헤어나기 어려운 깊은 음부와 같습니다.

▷ 눈과 귀를 지키고 입을 재갈을 물리고 항상 위로 들어 올려야 하며, 오관을 단속함이 모든 덕의 시작입니다.

▷ 자복이나 회개는 마음속에서 깊이 깨달아야 하고, 슬프고 아프게 뉘우쳐야 합니다.

▷ 회개는 죄 문제를 해결하지 않고는 견딜 수 없어야 하고 예수님만이 죄를

해결해 주실 수 있음을 깨닫고 전부를 자백해야 합니다.
- ▷ 사랑을 실천할 때나 희생할 때, 인생은 최상의 기쁨이 있습니다.
- ▷ 사랑한다면서 희생이 뒤따르지 않는 것은 위선입니다.
- ▷ 새 사람을 입기 위해 옛 사람은 죽어야 합니다. 그런데 나는 잘 죽지 않습니다. 여기에 슬픔이 있고 싸움이 있습니다.
- ▷ 피곤함은 죄 값이오, 늙음이요, 영적 흐림입니다.
- ▷ 인간의 결점인 타락성과 악습은 일생을 갑니다. 속히 끊지 않으면 더 어려운 일이 닥쳐옵니다.
- ▷ 어린 아이가 되어야 합니다. 솔직하고 선하고 진실해야 합니다.
- ▷ 멸시 천대를 받을수록 기뻐한 것이 은총입니다.
- ▷ 공것 물건이나 돈에 상관하지 말아야 합니다.
- ▷ 주인 노릇하지 마십시오. 주인은 주님이십니다.
- ▷ 남의 일 보듯이 하지 마시오. 책임있는 사람이 되시오
- ▷ 항상 자기를 낮추고 자신을 없이 여기시오. 언제나 남을 높이고 주님을 모시고 사시오.
- ▷ 자기 잘못을 깊이 깨닫고 남의 잘못을 보지 마시오
- ▷ 말 행동 표정 등 언제나 친절하시오.
- ▷ 화목 이행에 힘쓰시오
- ▷ 믿음 사랑 소망은 항상 있어야 합니다.

1981년 9월 25일 수양생들을 위하여

기독교는 고난의 종교입니다. 인생은 고난으로 시작해서 고난으로 끝나는 것이 인생입니다.

성경은 기왕 고난을 겪으려면 거룩한 고난을 겪고 뜻있고 값있는 고생을 하라

고 하십니다. 얼마나 지혜롭고 좋은 말씀입니까? 선을 행하다가 고난 받는 것이 좋다고 하십니다. 예수님의 죽음은 얼마나 값있고 선한 죽음입니까? 성도는 이런 죽음을 하고 이런 고난에 참여해야 합니다.

내 탓입니다

아담의 혈통을 이어받은 나
정과 욕으로 찌든 부정, 모혈로
생겨진 나
그 속에 무슨 착함이 참이 있으오리까
혈기와 거짓 덩어리
이리같이 사납고 구렁이 같은
내 속에
무슨 거룩이 있사오리까
슬프도소이다.
뉘탓도 아니고 조상이나 부모
탓도 아니오
오직 여기있는 나 오늘 이 시간의
내가 모든 문제중의 문제요
모든 죄악의 뿌리입니다.
이 내가 이 단체 사회
이 나라의 화근이로소이다
저주의 씨 성화로 불살으소서
나의 회개 나의 개조만 위해
기도하게 하소서
이 내 문제만 전념하게 하소서

1977. 7. 17

님께 가는 길

마음 길 가시는 나그네요
그대 가시는 길 첩첩도 하오
살살이 헤치고 깍고 찍고 다듬고 가시오리
고달프나 꾸준히 가시느라면
먼저 간 이 발자욱도 찾으며 기쁠 때도 있으리니
혹 잘못없나 두루 살피면서
향방도 틀림없나 배암에 물릴세라
이리에 덥칠세라
겸손히 기도하며 쉬지 말고 가오리
행여나 한 눈 팔리 피곤타 낙담말고 낮잠도 말고
그님만 바라보고 가시덩쿨 골고나 길
희생을 짊어지고 딴 짓 말고 가야하는 길
가오리 가로리다 님 가시는 길 가오리다

하나님 맘만

하나님 맘 밝고 맑고 자비의 빛 가득하고
사탄의 맘 어둡고 더럽고 사납고 악독하고
하나님 맘 겸손하고 온유하고 자기 허물 밝히 보고
사탄의 맘 교만하고 자랑하고 남의 허물만 보고
하나님 맘 주고 싶고 바치고 싶고
깨끗하고 가난하나 풍성하고
사탄의 맘 욕심 많고 인색하고
갖기 좋아하고 염치도 부끄림도 모르고
하나님 맘 모든 잘못 자신에게 돌리는
십자가 맘 항상 죽는 맘

사탄의 맘 남 탓하고 원망하고 변명하고 남 죽이는 맘
하나님 맘 좋아라 참 좋아라
오직 하나님 맘만 갖으리니

독소 품지 말고 향기롭게 살았으면
진달래 꺽지 마라 진홍빛 아쉬웁고
고사리 꺽지 마라 애연히 눈물진다
꺽는 손 무슨 손가 이여이에 때묻은 손
아픈 맘 다칠세라 어이할꼬 눈물진다.
그 맘에 흐르는 물 쉬일 줄 모르노라
고달픈 한숨 내음 어이하리 어이하리
어른님 부르시네 어린 양 흘리신 피
고쳐주마 닦아 주마 깨끗이 아름다이
그 마음 맑게 맑게 쉬임을 얻으리라
상함 없이 못 내음 없이 거룩한 향기
뿜고 살았으면

노동과 자급

몸들이 약하니 노동이 무리하고
맘들이 약하니 더욱 안쓰럽고
믿음으로 이기느니 장하기도 하지만
믿음조차 메마름을 어이할까 자급의 길
자급도 좋지만 깨닫고 힘얻고 기쁨으로 하면야 노동을 해야지오
양심과 말씀이 가라시니
'일하기 싫으면 먹지도 말라시니'
조용히 일해서 '먹으라' 하심 어이 않으리.

4.
김현봉

별명이 중 목사였다.
파리채 들고 다니며 설교하기도하고
강대상 위에 올라가 앉아
설교하기도 했다.

기도원 숙소의 김현봉목사

관악산 벧엘 기도원 집회 모습

강대상 위에 올라 앉아 설교하는 김현봉 목사

1. 김현봉

누구나 전혀 상상할 수 없는 목회로 사람들을 놀라게 한 김현봉 목사는 어려서부터 예수를 믿었고 평양 신학교를 졸업했다. 23세 때에 러시아 령 해삼위(海參威)에서 귀국하여 교회 목회를 했다. 얼핏 볼 때 인상은 뛰어난 점은 없으나 눈이 날카로워 불굴의 혼을 가진 사람이라는 느낌이 들었다. 파리채 들고 파리를 잡으며 설교하는 목사, 교인이 죽으면 리어카에 담아 화장해 버리는 목사, 김 목사에게는 그런 이야기가 많다. 그가 목회하던 아현교회에서는 해마다 여름철이면 교인을 데리고 관악산에 있는 벧엘기도원에 가서 여름 수련회를 열었다. 참석하는 교인과 추종 하는 목사들이 많아 기도원 큰 예배실도 차고 넘쳐 밖에까지 천막을 치고 참석하고 있었다.

내가 그 집회에 처음으로 참석 했을 때가 김 목사님이 나이 80여세 되었을 때였다. 김 목사는 강단에 서서 "이번은 여기까지 오는데 힘들어서 살피재를 넘는데 교인들에게 등을 밀려 겨우 넘어 왔다. "하나님께 징계를 받는구나 생각하니 눈물이 나왔다"고 했다. 이 집회 때 김 목사님은 두 시간 이나 서서 말씀하시다가 너무 힘들어 강대상 위에 기어 올라가 그 위에 앉아서 설교했다. 제자 목사 한 분이 보다 못해 "목사님! 교인들이 시험을 받습니다"라고 해도 내려오지 않았다. "꽤 세구나!" 하는 느낌이 들었다

김 목사의 일과는 초저녁 일찍 자고 한밤 중에 일어나 정신통일과 깊은 명상에 잠기는 시간을 가진다. 아현교회에는 강대상도 없다. 겨우 성경책 한 권 올려 놓는 받침대나 세워 놓았을 뿐이다. 옹고집이 세다고 할지 의지력이 강하다고 할지는 몰라도 누구에게도 굴하지 않고 모든 것이 파격적이고 개혁적이었다.

"한국에도 이런 목사가 있구나!"라는 느낌에 가슴이 뭉클하고 반가웠다.

아현교회와 김현봉 목사

아현교회 김현봉 목사는 장로교, 그리고 한국 교회에 전례 없는 개혁을 하고 가셨다. 지금도 그가 하던 방법을 따라 목회하는 이가 많다. 김 목사 세상 떠난 후 교회가 분열되어 여럿으로 갈렸지만 이 교회들이 지키고 나가는 정신은 옛날이나 지금이나 가장 힘쓰는 점은 사치를 금하는 데 있다.

김현봉 목사의 사생활은 오후 6시면 취침하여 밤 12시경에 기상하여 모든 만상이 잠든 가장 고요한 자정에 깊은 명상과 기도와 성경 연구를 하였다. 그의 교회 목회 성공의 비결은 그가 기도 많이 하는 사람, 성경 많이 보는 사람, 심방 잘 하는 사람이라는데 있다. 심방은 매일 하되 일주간에 교인전부 심방하도록 일정을 짰다.

아현교회의 새벽기도는 교인들 자유로이 하고, 새벽 5시 통행금지 해제 사이렌이 나면 김 목사는 문을 열고 나가 연세대 뒷산에 올라가서 거기 조그만 기도실을 짓고 그 마당의 커다란 나무 기둥에 등을 기대고 앉아 고요히 깊은 명상에 잠긴다. 그것은 진실로 황금 같은 시간이다. 거의 낮 12시까지 이렇게 지내고 일어설 때는 정신이 "어릿어릿 하다"고 했다. 그러고 나서 그길로 하산하여 아현동 일대에 판잣집에 사는 교인 집을 모두 심방한다. 그 심방은 문전심방이다 특별히 병이 있는 집에는 들어가 기도하고, 가난한 집에는 부엌에 들어가 연탄을 피웠나 방바닥에 손을 대 보고, 그 밖에는 문전에서 "별일 없소?" 하는 것이 심방이었다. 이렇게 하루에 70호는 심방한다고 했다.

그 교회에는 다른 교회처럼 무슨 기관이나 조직은 없다. 교회에 성가대도 없고, 피아노도 강대상도 없다. 화분 한개도 없다. 주일 예배는 아홉 시부터 공부, 10시 반부터 정식예배, 교인들이 점심을 먹고 오후 2시에 저녁예배를 드린다. 주일은 하나님의 날이니 교인들이 다른 데 못가고 그날 하루 하나님께 바쳐 온 종일 교회에서 살도록 했다.

설교

산상보훈(1962년)

"마음이 깨끗하다"는 것은 단순하다는 뜻이다. 옳고 착한 마음을 계속 기르라는 것이다. 그러면 거룩하게 된다는 것이다. 마음에 다른 것은 쉬지 말고 착한 것만 기르라. 하나님과 연락이 되지 않고는 성자의 자리에 나갈 수 없다.

"청결"은 마음에 더러운 것이 있으니 깨끗하게 하라는 말이 아니라, 마음이 어리니 장성(長成)하게 만들라는 뜻이다. 내 영혼은 날로 새로워지는 것이어야 한다. 바울의 말에 "겉 사람은 후패 하나 속사람은 날로 새로워진다"고 했다. 예수 잘 믿으면 지혜와 총명이 자라난다. 요새 교인들은 육신 중심인 고로 영(靈)이 어두워진다. 요새 교인들은 자라나는 것을 볼 수 없는데, 지혜가 자라나지 않는 것은 믿지 않는 증거이다. 지식 중심으로 사는 일은 믿지 않는 일이다. 도덕을 실천하여 자라지 않는 것은, 그가 믿지 않는 증거이다. 지식만 배워서 강론은 잘해도 이후 휴거할 때, 참 예수교인만 들려 올리려 할 때, 올라 갈수가 없다.

실행해야 예수교인이지 실행하지 않으면 예수교인이 아니다. 참 마음을 가진 사람이라면 밤낮 그 자리에 머물러 있을 수 있는가? 정신 차려 회개해야지… 아는 것이 자기 먹는 거냐? 실행해야 먹는 거지…그림자를 먹고 사는가? 아는 것 가지고 자랑하는가? 아는 것으로 주장해? …아는 것으로 구원이 되는가?

"화목케 하는 자"는 한결 같은 것, 직선일자(直線一字)로 나가는 것, 둘이 없고 하나뿐이다. 진리가 주장 되고나야 화평이 온다. 예수 믿고 기쁜 것은 예수께서 그에게 나타나심이다. 그의 영이 그대로 나타난 예수를 본 것이다. 모세가 하나님의 등을 보았다는 것은 하나님이 아니다. "마음이 정결한자가 하나님을 볼 것임이오." 영혼이 커지면 어머니 생각이 난다.

영혼이 자랄수록 신령한 것을 바라 볼 줄 안다. 귀한 줄 안다. 힘쓸수록, 양심을 쓸수록 예수님이 점점 가까워진다. 예수를 믿되 멋도 모르고 예수 믿는다고 하는 교인들을 보면 안타깝다. 불쌍한 사람이 많다. 정신 차려 잘못된 길에서 돌이키라.

성결과 영의 성장

성결은 영이 자라 나가는 것이다. 자라 나가니 옳고 착한 부분이 커지는 것이다. 온유한 자 즉, 부드러운 이는 누구나 환영한다. 나는 이번 관악산 집회에 다녀오면서 너무도 힘이 없어서 상도동 살피재를 넘는데 사람들에게 등을 밀려 겨우 넘고는 하나님 징계라고 여겨져서 눈물이 났다.

골방에 들어가서 기도하라

구약의 한나의 기도는 입술만 움직이고 속으로 기도했다. 우리나라 옛날 교인들도 소리를 안내고 기도했다. 성결교회도 초기의 예배는 기도를 조용히 했고 찬송도 순수하게 불렀으나 10여년 지나서 부터는 손뼉치고 마루를 구르고 소리를 지르는 것은 예수님의 교훈과는 맞지 않다.

우리가 어느 사람 앞에서도 그렇게 소리소리 지르는 일은 불경스럽고 불순한 행동이 아니겠는가! …찬송을 손뼉치며 흥겨워 부르니 얼마 후 다른 교회에서도 본받아 갔다. 찬송은 하나님과 연락해서 영혼으로 부르는 것이지, 자기 육체가 흥분 하자는 것은 아니다. 동네에서 방앗간 하나 놓으려고 해도 동민들의 허락을 받기 전에는 못 놓는 법이다. 우리가 기도할 때는 조용히 자기 귀에 겨우 들릴 정도로 기도하다가 나중에는 그런 소리가 없이도 기도해낸다.

과거 유대인들이 하나님 섬기던 방법을 오늘 우리들도 꼭 그대로 죄다 쫓을 필요는 없다. 그들의 예배에도 잘못이 있으니, 선택해서 써야 한다. 우리가 섬기는 하나님이 어떤 신(神)이라고, 어느 누구 앞에서 주먹 치고 마루를 두드리고 발을 구르며 기도한다는 것인가!?

미국은 우리들의 은인이라고 해도, 그들 서양 사람들이 전해준 그대로의 선교와 예배 방법을 모방할 필요는 없다. 기독교인들이 이성을 잃어버리고 남들이 싫어하는 일을 서슴치 않고 하고 다니는 것은 예수 믿는 길이 아니다. 교회 부흥회라고 해서 떠들고 헌화해서 동민의 감정을 상하게 하는 행위는 하나님도 용납하실 수 없을 것이다. 이것을 어기면 하나님의 뜻을 어기는 것이다. 힘 들이지 않고 예수 믿으려고 하는가? 그저 믿노라하면 은혜 주는 것이 아니다. "천국은 침노를 당한다"고 했다. 침노란 생명을 내 놓고 달려드는 일이다.

양심에 절대 순종하는 일은 곧 하나님께 순종함이요, 양심에 거슬리는 일은 하나님을 거스르는 일이 된다. 하나님은 내 영혼을 통해 일하시는데, 그 역사를 온전히 받아서 일하는 것이 양심이다. 양심은 우리의 지도자이다. 하나님은 직접 우리에게 이래라 저래라 하지 않고, 우리 영혼에게 그 뜻을 알게 하고 우리 영혼이 양심을 순종 할 때, 그것이 곧 하나님 순종함이다. 양심을 쓰지 않고서는 믿는 일이나, 하나님 섬기는 일이 안 된다.

마음이 청결한 사람은 하나님을 볼 것임이요

마음이 자라면 하나님을 본다는 뜻이다. 어머니 태중에 있던 아이가 태에서 나와서 곧바로 어머니를 못 본다. 며칠을 지나야 보게 된다. 며칠을 지나고 점차 자랄수록 지혜가 나오고 알아보고 하는데, 이것은 그가 성장했기 때문이다.

성경만 배워 가지고 써 먹는 것은 안 된다. 자기가 자란 후 성경을 써 먹어야 한다. 남에게 벌을 줄 때는 그 사람에게 악감정(惡感情)이 나지 않게 벌해야지, 악감정이 나도록 벌하면 그 영혼을 망친다. 벌(罰)의 정신은 그 사람을 구원하고자 하는 데 있다.

믿음은 사람을 장성(長成)케 하는 것이다. 믿으면 자라는 것이다. 지식으로 사람이 자라는 것이 아니다. 자라면 지혜가 생긴다. 교인들이 예수 믿고 천당 간다는 그것만이 아니다. 믿고 할 일이 없으니 세상 일만 한다. 예수 믿고 자기 할 일을 않기 때문에 죄만 짓는다. 예수를 닮아가지 못하고 주를 따라서 점점 자라지 못한 사람이 되니…참 자기에게 손해요, 불행이다. 양심을 기르는 것만이 자기 앞길에 좋고 영광이 된다. 누구나 자기가 스스로 만드는 대로 육체도 된다.

영혼인 나를 발전시키면 한량없이 발전하여 결국은 하나님 같이 되는 것이다. 일심정력(一心精力)을 드려야 예수 바로 믿는 것이다. 구원을 얻으려면 일심정력을 다해야 한다. 흔들리지 않고 그대로 자기 마음을 가지고 줄곧 나가는 것이 화평이다. 부귀공명에도 흔들리지 말아야 한다. 마치 시온 산이 요동하지 않는 것처럼 말이다. 신앙이 흔들리는 것은 아직 온전치 않기 때문이다. 노도풍파(怒濤風波)가 닥쳐와도 흔들리지 않는 것은 그 생명이 다른 잡된 것에 매여 있지 않기 때문이다.

화평은 믿음에서 되는 것이다. 믿음을 써야 화평이 되는데, 믿는다고 하면서도 화평이 없음은 믿음을 쓰지 않기 때문이다. 믿음은 가졌으나 쓰지 않으면 아무것도 성취하지 못한다. 큰 바다 표면에는 바람이 영향을 끼치나, 그 바다 깊은 곳에는 영향을 미치지 못한다. 세상에 환난이 있으나 믿는 자는 그런 것에 요동하지 않는다. 환난 핍박이 와도 상관 없다. 깊은 바다 속 같이 믿음에 깊숙이 파묻혀 있으면 보긴 본 것 같으나 안 본 것 같으며, 당하긴 당한 것 같으나 안 당한 것 같다. 불쾌, 불안을 내게 던져주나 내가 피동(被動)하지 않으니 여전히 상쾌하다. 화평은 그 마음에 무엇이 와 부딪친다지만 영향을 받지 않는 것이다. 믿는 일 제대로 믿는 것, 성경말씀에 순종하는 것이 예수 믿는 것이다. 힘쓰는 것이 신앙이지, 힘쓰지 않는 것은 신앙이 아니다. 사치하고 음란한 세상의 유행에 마음이 동함은 믿음 없는 증거이다.

물량비대와 팽창주의 앞에 반기를 든 교회 갱신의 선각자

김현봉 목사 하면 연상되는 것이 강단에서 파리채를 들고 설교하는 목사를 생각하게 된다. 그만큼 그는 모든 면에 있어 기인이었다. 작은 키에 땅땅한 몸매, 언제나 검정 무명 두루마기에 고무신을 신고 다니고, 머리는 중처럼 삭발하고 다녀 별명이 중목사였다. 한국교회 인물사에 있어 그런 신기한 인물도 전무후무 할 것이다. 그러나 그는 많은 사람들에게 깊은 감화와 영향력을 끼쳤다.

내가 김현봉 목사를 본 인상에서 잊혀지지 않는 것은, 그의 나이 80고령에 그에게는 마지막 집회였을 서울 관악산 벧엘 기도원에서 여름 집회를 열었을 때의 일이다. 좁은 장소에 자기 교회 교인들이 빈틈없이 꽉 차고, 그를 따르는 목사들도 많았고, 자리가 좁아서 일부는 문을 열어놓고 마당에까지 앉아서 설교를 듣는데, 언제나 두 시간 세 시간씩 그는 그의 긴 설교를 지루한 줄 모르고 듣고 있었다. 모인 군중의 모습은 나쁜 말로 거지같았다. 남자들은 대부분 머리를 삭발했고, 여자들은 파마머리를 한 사람이라곤 없었고 검정 무명치마 저고리에 보따리 안고 있는 모습이 피난민 수용소 같았다.

그때 김목사는 긴 시간 서서 설교하다가 지쳤는지 강대상 성탑 위에 올라 앉아서 강의를 하였다. 그런 광경은 생전 처음 보는 터라 모두 의아한 느낌이 들었는데, 이를 보다 못한 이 모 목사가 큰 소리로 "김 목사님! 그렇게 하시면 교인들이 시험을 받습니다"라고 소리를 질렀다. 당차고 배짱이 두둑한 김목사가 그랬다고 순수히 내려올 리가 없었다. 도리어 자기 편에서 기분이 언짢은 눈치였다. 성탑을 가르키면서 "이것이 제단이오? 제단이라면 나는 내려가겠소. 이것은 설교하는 데 편리하기 위해 만든 책상에 지나지 않소. 나처럼 나이 늙은 사람이 설교하다 지쳐 잠깐 이 위에 올라 앉아 설교했기로 시험될 것이 뭐요?"라고 했다. 그 기세에 눌려 사람들은 더 이상 아무 말도 못했다.

필자는 김현봉 목사를 따라 다닌 사람은 아니지만 내 목회생활이 어려움을 겪을 때마다 그 어른이 생각났고 그 모습이 떠올랐다. 그분의 목회방법을 본받아 보려고 경솔하게 덤비다가 실패도 했다. 그 어른은 필자가 사숙한 필자의 위대한 스승이다. 김현봉 목사가 가장 많이 강조한 교훈은 "자기를 만들어 가라"는 것이다. "자기를 만들어야 남을 지도한다"고 거듭 가르쳤다.

그는 목사라기보다 도인이었다. 김 목사의 목회와 설교 방법은 마치 어린이 기르는 어머니가 굳은 음식물을 자신의 입에 넣어 씹어 아기 입에 넣어주듯

했다. 그의 설교는 처음엔 무슨 목적으로 저런 이야기를 하나 의심이 생기기까지 하지만 여러 가지 이야기를 좁혀 가다가 마지막에 '노다지' 같은 정신을 교인들 귀에 쑥 넣어 주었다. 그래서 그를 따라 다니는 젊은 목사들끼리 주고 받은 은어는 "오늘 노다지가 있었나?" 라는 것이었다.

누가 찾아와서 젊은 제자나 교인들의 안좋은 이야기를 하면, 침통한 표정으로 "아깝지! 되다 말았지!"라고 했다. 김 목사는 이 소리를 참 많이 했다. 안길옹 목사가 미국으로 가려고 여권까지 만들었다는 소식을 들었을 때도 역시 "아깝지! 되다 말았지!" 라고 했다.

주변 이야기들

김현봉 목사는 23세 때 기독교를 믿기 시작하여 한동안 러시아령 해삼위에 가서 살다가 귀국하여 평양신학교에 신학도로 입학했다. 그때는 일제시대였다. 학창시절에는 키도 작고 말도 잘 할 줄 모르고 존재가 나타나지 않는 분이었다. 총각이었기 때문에 여학생들 중에서 인기가 있음직도 하지만, 워낙 못난 분이기 때문에 여학생들도 김현봉이라면 외면해버렸다.

졸업 후 경기도 과천 부림교회를 맡아 농촌교회에서 시무하는데 교인들이 농번기에 일하다가 예배시간 늦게 교회에 찾아오면 "예배 다 봤어!" 라고 예배도 안보고 가버렸다고 한다. 그러면서도 농촌 교인들이 병들면 세브란스 병원에 데리고 가서 무료 치료해 달라고 떼를 쓰곤 했다. 그 맛에 교인들이 따랐다.

그후 서울 공덕동에 와서 교회 일을 보다가 장로들 등살 때문에 목회에 실패하고 염리동 굴레방 다리 근처 고개에 손수 교회를 개척했다. 그때 닭장을 헐어 예배처소로 만들고 소금장사 해가면서 교회 일을 보았다. 처음 모인 교인 수는 자기 가족까지 8명이었다. 교인이 없어서 김목사는 한 길에 나서서 길가는 사람들을 쫓아 옷소매를 잡아 끌면서 "한 번 들어와보시오" 하고 사정사정했다고 한다. 그때 끌려들어간 고등학생 중에 지금 목사가 된 사람도 있다.

예배처소의 벽은 미국 잡지를 뜯어 손수 발랐는데 잡지 그림에는 서양 여자들 나체그림이 많아 차마 눈 뜨고 볼 수 없을 지경이었다. 어떤 외국인 선교사가 지나가다 보니 너무 비참해 보여 도와주겠다고 하니 김 목사는 단호히 "우리는 도움 받을 필요 없습니다"라고 거절하였다.

나이 40세가 되어 세브란스 병원 간호원으로 시집 못가고 있던 노처녀와 결혼했으나 자녀를 낳지는 못했다.

김현봉 목사의 정신은 기독교의 형식주의, 교권주의를 배격하는 동시에 교회 건물을 크게 화려하게 짓는 일에 대해서 못마땅하게 여겼다. 교인이 늘어가면 자기 손수 교회 벽을 헐고 교회를 넓히고 지붕도 벽도 손수 쌓아 놀렸다. 건물 미관엔 관심이 없고 창문을 많이 내어 다만 위생적으로 태양광선이 잘 들고 예배를 편리하기만 하면 되었다. 건물을 크게 하든가 장식은 하지 않았다. 장소가 산비탈이었기 때문에 바닥의 바위를 정과 망치를 들고 일일이 깨가며 언제 가보아도 김 목사는 일을 하고 있었다.

교회 안에 다락을 올리는 것도 손수 기둥을 받치고 마루를 깔아 그 교회는 기둥이 많고 볼품이 없어 별명이 기둥교회, 누더기 교회였다. 얼마나 기둥이 많은지 어두운 데에선 이마를 다치기 마련이었다. 교인 하나하나를 자기 손때를 묻혀 자신의 정신을 넣어 훈련시키고 길러갔는데 그것은 세속속의 수도원 같은 교회였다. 주일이면 예배 드리고 나오는 교인들을 보면 어느 피난민 수용소나 거지떼들이 흩어져 나오는 광경 같았고 서울 복판에 이런 교회가 있을 수 있는지 의심스러울 정도였다.

교회 이름은 '아현교회'라고 했지만, 그 교회는 없는 것이 너무도 많았다. 교회 간판도 없고, 종도 탑도 없고, 십자가도 없고 의자도 강대상도 없고, 성가대란 것도 없고, 장로도 없었다(교회에 조직을 두지 않다가 한 번은 장로 한명을 세웠더니 얼마 후 교인 12명을 이끌고 나가버렸다. 다시는 장로를 세우지 않았다).

사치한 옷을 입은 교인도 없었기 때문에 일제 시대 교회를 귀찮게 들볶던 시절에도 아현교회만은 숨겨줘 아무 일 없었다. 예배드릴 때는 모두 무릎을 꿇고 좌우로 정렬해 정좌해 앉아 드리는데, 보통 두 시간 이상의 설교를 필기해야 했다. 이렇듯 특수한 교회이기 때문에 교회를 개척하여 5백명 교인이 되기까지는 24년이 걸렸고 그 후 교인이 날로 증가하여 10년 후에는 1200명이나 되었다.

처음엔 존재가 없던 김현봉이었지만 이렇게 교회가 성장하고 또 그렇게 잘 훈련된 교회가 되고 보니 당시에는 전국에서 영락교회 다음으로 김목사의 아현교회 만한 교회는 없었다. 이로서 김현봉 목사는 교계의 관심을 모으게 되고 그를 배우려고 따르는 목사들도 많아졌다. 이렇게 교회 부흥 4년 만에 그는 세상을 떠났다.

김현봉 목사는 자기 목회의 땀과 노력을 회고하면서 후배에게 교훈하기를 "목회자는 장기전으로 이런 교회를 만들도록 해야 한다"고 했다.

2. 그의 교훈들

"믿음 쓸 줄 알고 양심 쓸 줄 알라"
"자기를 만들어 가라"
"일심 정력을 다하라"

이것은 김현봉 목사가 끊임없이 제자들을 가르친 그의 교훈이었다. 양심은 예수 믿는 일을 할 것이다.

성직자는 위대한 사상가이어야 하는 동시에 철저한 도덕가여야 한다. 그리스도의 도는 마음의 도이다. 그런고로 깨끗한 마음 성심을 주님께 바치는 그만큼 그가 하는 일은 되어가는 것이다.

김현봉 목사만큼 양심생활을 강조한 사람도 드물 것이다.

"신앙도 본 밑천 없이는 아무나 못믿는다. 본 밑천은 양심이다."

"양심에 순종하면 하나님께 순종함이요 양심을 거르스면 하나님을 거르스는 것이 된다. 하나님은 내 영혼을 통해 일하시는데, 그 작용을 온전히 맡아 일하는 것이 양심이다. 하나님은 직접 이래라 저래라 하시지 않고 인간 영혼에게 그 뜻을 알게 하시고 영혼이 양심을 순종하면 그것이 곧 하나님을 순종함이 된다. 힘을 쓸수록 양심을 쓸수록 예수님이 점점 가까워진다."

"하나님의 일꾼은 의인이라야 한다. 의인이라야 교역자가 되는 것이다.

원 신자는 의인이라야 한다. 불의인이 무슨 신자이냐, 성경만 잘 가르치는 것이 의인은 아니다. 그것은 성경만 가르치고 있는 악독한 사람이다."

"의인도 죄를 짓는다마는 악인은 죄짓고 애통해하지 않지만 의인은 애통한다. 죄를 깨달아 갈수록 이왕에 자기를 의롭고 착한 줄 여겼던 일들이 애통스러워진다."

"목사는 교인들에게 못할 일을 시키는 것이다. 이왕에도 예수는 믿어왔으나 회개를 모르고 예수를 믿어 온 자들이 많다. 회개하고라야 예수 믿는 것이다."

"일심 정력을 드려야 예수를 바로 믿는 것이다. 구원을 얻으려면 일심정력해야 한다. 믿음은 가만히 있는 것이 아니다. 자꾸 일하는 것이다. 천국은 침노를 당한다. 침노라는 말은 생명 내놓고 달려드는 일이다. 예수 믿고 천당간다는 그것만 알고 있으니 문제이다. 예수 믿고 할 일없으니 세상 일만 하고 있다. 바울이 '믿음을 지켰다'(딤후 4:7)라고 고백한 말은 '집지키듯' 우두커니 믿음 지킨 것이 아니다. 믿음이 하자고 하는 대로 해갔다는 말이다."

"옛날에는 우리 나라에도 좋은 신자들이 많이 있었지만, 지금은 참 한심할 뿐이다. 오늘날 이런 꼴의 사람들도 기독교인인가? 어떤 교회든지 전부터 뿌리박고 내려오는 신자들이 있는 데서는 여간해서는 좋은 신자를 만들어내기 불가능 하다."

성 생활에 대하여

김현봉 목사는 성직자들은 남녀의 성생활을 초월하는 일이 바람직하다고 강조했다. 아무리 부부라도 별거하여 살며, 육신도 깨끗이 사는 것이 신앙생활에 좋다고 가르쳤다.

김 목사 자신은 부인과의 동거생활을 10년만에 중단해 버렸다. 어떤 목사가 이북에 부인을 두고 혼자 내려와 고민하면서 김 목사에게 외로운 심정을 이야기하니 고민하는 그를 책망하면서 "아니 부인을 일부러 떼내기도 해야 할 판인데 그것 때문에 시험받는다는 소리가 뭐야!"라면서 사람을 의뢰하고 처자를 그리워하고 자기 자신을 사랑하는 것을 책망했다. 그를 따르던 젊은 목사들 중에서 부부생활을 여러 해 중단한 이들이 있었고, 여자들도 독신으로 산 이들이 많았다. 성직자만 아니라 평신도라도 성생활은 참을 수 있는 데까지 참아 끊으라고 권했다.

김 목사는 약혼식을 허락하지 않았는데, 어느 신학생이 학교를 졸업하고 결혼하려고 어느 처녀를 선보고 한 달 뒤에 결혼하기로 하고 그 사이 참지 못하여 두어 번 만난 일이 있었는데, 그 소식이 김목사 귀에 들어가자 당장 불러다 놓고 "두 번 만났다지!"라고 책망하면서 "이제는 만나지 마시오!"라고 엄명했다.

아담 부부가 무화과 잎을 엮어 하체를 가린 것은 그들이 선악과 따먹고 죄지은 뒤의 일이다. 에덴동산에서는 남녀 벌거벗고 살아도 부끄러운 줄 몰랐다. 성 프란치스코는 어느 제자와 함께 벌거벗고 알몸으로 사람들 앞에서 가장 유명한 설교를 한 적이 있다.

김현봉 목사도 어느 눈 오는 날 밖에서 소변을 보고 있는데 제자가 곁에서 무슨 말을 물어보았는데도 보던 일을 중단하지도 않고 부끄럽다는 생각도 없이 제자 쪽을 향하여 태연히 서서 용무를 끝까지 마쳤다고 한다.

그의 주장들

김현봉 목사가 일생 주장한 것은 '자기를 만드는 일'이었다. 그는 만나는 제자들마다 이것을 강조하였다.

어떤 청년이 25세에 신학교를 졸업하고 교회 일을 보려 할 때 김목사는 "좀 더 자신을 기르고 교역에 나서라"고 권면했다. 김목사 자신도 자기와의 투쟁에 전력을 다했다. 밤낮 '일심정력'을 강조하면서도 자기는 그것을 잘못한다고 늘 스스로 탄식했다. 그것을 실천하고자 매일 10시간을 애썼다.

"급한 것은 자기 만드는 일이다. 누구든지 자기가 된 만큼 밖에 남을 만들지 못하는 법이니 요는 나 하나 만드는 일이 급선무이다."

"바울 한 사람이 10만 목사보다 낫다. 하나님은 한 사람 일꾼을 바로 기르시기 위해 애쓰시는 하나님이시다. 교회보다 일꾼이 더 크다. 교회를 바로 세우려면 일꾼을 바로 세워야 하고, 그러한 일꾼을 바로 길러내기 위해 하나님은 수십 년 두고 애쓰신다."

"현대 교회는 교인들이 얼마나 양심쓰느냐, 얼마나 믿음 자리에 서 있느냐, 얼마나 진리의 사람이 돼서 사느냐에 관심두는 것보다 숫자만 높이려 한다." 이런 폐단 속에서 김목사는 물질적으로나 신앙적으로 자립정신을 길러주려고 자신을 따르는 젊은 청년들을 약간의 밑천을 대어주어 소금 장사도 시키고 목수 일도 배우게 하고 리어카도 끌게 했다.

김목사 자신이 절대 남의 신세를 지려고 하지 않았다. 그는 자기 육체의 몸도 일생동안 연단시켜 건강을 만들어 나갔다. 늘 몸을 깨끗이 씻고 목욕할 때면 자기 잔등의 때도 스스로 닦았는데, 김목사는 자꾸 연습해서 오른 팔을 굽혀 어깨로부터 잔등에 대고 왼손을 왼편 겨드랑이 밑으로 굽혀 잔등에 대면 손이 서로 맞닿았다. 그의 피부는 젊은 사람 같았다. 새벽마다 아현동 자기 집에서 연세대학교 뒷산 기도실까지 10리나 되는 산길을 하루도 빠지지 않고 다녔다. 81세에 세상을 떠났지만 자기 자신은 120년은 거뜬히 살 줄 알았다. 머리도 삭발이긴 했지만 이발소에 안가고 혼자 깎았다.

가끔 집회를 인도하러 가서 마중나온 교인들이 김목사가 어깨에 메고 있는 보따리를 받아 메려면 냉정하게 필요없다고 했다. 그의 정신에는 자립정신이 꽉 차 있었다. 그를 따르는 이들이 김목사의 생활을 세밀한 부분까지 연구하며 본받으려 애쓴 것은 자기네 사는 생활과 일일이 다르니 배우지 않을 수 없었다.

보수파의 박 모 박사와 손잡고 한동안 개혁신학교를 하려다가 교리적으로 중생 문제 등에 서로 의견이 대립되어 갈라졌다. 진리가 같지 않고 바르지 않으니 함께 할 수 없다는 고집이었다. 그러니 일생 교회도 어느 교파에 속하지 않고 철저한 독립교회였다. 그의 껍데기로부터 내장과 오장육부에는 '얼'로 꽉 차 있었다.

그의 생활

김현봉 목사의 검소한 생활은 유명하다. 교인이 천명이나 모이는 큰 교회요, 또 거의 모든 교인들이 십일조 생활을 하여 교회 재정이 풍부하고 목사의 이름으로 염리동 일대에 수십 동의 집을 가지고 있었으면서도 그는 철저히 검소하게 살았고, 또 남들에게 검소한 정신을 강조했다.

그 자신이 일생 검정 무명 두루마기에 고무신을 신고 머리는 삭발하고 다녔기 때문에 염리동 일대에서는 '중목사'로 불렸다. 그래도 이 별난 중목사에게 사람들은 예수를 느꼈다. 그가 거느린 아현교회 교인들은 목사를 닮아 남자들은 바지 저고리에 삭발한 이가 많았고 여자들은 화려한 색이나 좋은 옷은 입지 못하고 검정 치마저고리에 검정 고무신을 신고 다녔다. 머리는 식모처럼 땋아 얹었다.

"사치는 음란에서 나온다." 그는 늘 이렇게 가르쳤다.

김현봉 목사의 식사는 메모가 미리 짜 있어서 매일 다른 메뉴였다. 어느날 안 목사가 찾아갔더니 "오늘 우리는 메밀국수 먹는 날입니다. 국수 잡수시죠? 못드시면 밥을 해드리겠소. 돈이 없어서가 아닙니다"라고 했다.

　　그의 정식 밥상에는 밥 한 그릇에 무, 배추 김치하나 반찬이 세 가지 이상 놓여진 적이 드물었다. 많아서 세 가지 밥, 국, 반찬. 그는 채식위주인데 홍당무가 좋다고 해서 늘 생것을 먹는 일이 많았다. 그런 식사를 하고 어떻게 건강유지를 하는지 의심스러울 정도였다. 그는 단 것을 좋아해서 사탕을 많이 먹었다.

　　어디로 사경회 인도하러 가서도 사례금을 받는 일이 없고 집회를 인도한 교회에서 선물을 드리면 은혜 못받아서 그런 짓을 한다고 나무라고 사경회 강사라 해서 음식상을 지나치게 잘 차린 것을 보면 책방하면서 은혜 못받아서 그런다고 했다. 한 번은 부산 어느 교회 집회를 인도하러 가서는 식사 때 음식상이 차려 나왔는데 주방에서 강사 음식준비 맡은 이가 하나님께 머리 쓰지는 않고 음식 차리는 데만 머리를 쓰면서 음식상에 '김현봉 목사 음식'이라고 써 놓은 것을 보고는 호통을 쳤다. "이거 어디서 배운 버르장머리요?"

　　그는 직업적 부흥사들을 비난하면서 부흥회하게 되면 개를 잡아 놓고 개장국 먹으면서 집회한다고 비난했다. 누구 집에 가서도 꽃무늬 수놓은 방석을 내놓으면 "이것도 사치 정신이 들었군"이라고 했다. 그가 목회하는 아현교회 어느 집사 며느리가 머리를 파마했다고 그 집사가 고민하여 김목사 정신은 교인들이 사치하지 못하게 하고 파마 머리를 금했는데 자기가 교회 집사면서 며느리 하나 단속 못하고 어찌 집사 노릇을 하겠느냐고 집사 사표를 냈더니 김 목사는 두 말 없이 사표를 수리해 버렸다. 김목사는 그 후부터 시무 집사 아닌 그를 다시는 집사라 부르지 못하게 했다. 집사에서 떨어진 자를 계속 집사라 하는 것은 그 목사가 진실이 아닌 증거요 그 해당자를 겸손하게 가르치지 못하는 일이 된다. 이런 것이 인본주의라고 교훈했다.

결혼에 관하여

결혼하는 청년에게는 새 양복을 입지 못하게 하고 평상복을 입거나 광목 바지 저고리에 두루마기 차림으로 하게 했고 약혼은 금지했다. 김목사 정신을 따라 처녀 총각이 처음 선을 볼 때 서로 물어보는 것은 "거듭났습니까?"였다.

결혼식 때도 청첩장도 조촐히 몇 사람이 모인 중에서 신부 측 담임 목사께 알려 남자 손님 단 2명만 오게 하고 도합 20명도 못되게 모이게 했으며 김목사는 기도실에서 기도하다가 나와서 결혼하는 남녀에게 기도해주며 잘살라는 말 한마디로 식을 끝냈다. 드레스, 면사포 같은 것은 없었다. 다만 신부에게 옷 두 벌만 허락했다. 결혼 시간을 정각에 시작하여 5분 전에 도착하여 간단히 끝냈다. 결혼식 마치고 집에 가기까지 20분이면 되었다.

한 번은 당신 본 교회에서 사경회를 하다가 중간에 쉬는 시간인데 오후 1시 경이었다. 어느 제자 목사가 보니 김현봉 목사가 강대상 곁에 있는데 그의 앞에 젊은 남녀가 가지런히 앉아 있었다. 김목사가 그들에게 뭐라고 말을 하고 있었다. 가까이서 보니 결혼식을 하는 중이었다. 사경회 도중에 그 자리에서 결혼식을 올린 것이었다. 처녀는 어느 목사의 여동생인데 초등학교 교사였다. 신부 신랑의 옷차림은 평소 입는 옷 그대로였다.

김목사는 "신랑 신부만 있으면 결혼하는 것이지 돈이 있어야 하는 것인가?"라고 주장했다. 간단히 식을 마치고 나서는 새 신랑 신부를 보고 "가시오, 가서 믿음 잘 지키시오"라고 했다. 신혼여행이나 택시 드라이브는 없었다. 김현봉 목사 식으로만 살면 사람 사는 데 돈 몇 푼 들지 않는다.

또 한 번의 결혼식 때는 신부가 지방에서 올라와 김목사 주례를 받게 되었다. 그런데 오후 3시 반으로 정했는데 기차가 연착하여 신부가 늦게 도착했다. 김현봉 목사 사생활의 일과는 오후 5시면 취침하는 습관인데, 김목사는 신부를 기다리다가 5시가 되자 침실에 들어가 잠을 자기 시작했다.

그 후에 신부가 오니 할 수 없이 사모님을 통해 잠자리에 든 김목사에게 연락하여 양해를 구하고 김목사는 할 수 없이 일어나 침실에 그냥 앉은 채로 이불을 한쪽으로 치워 놓고 신랑 신부를 들어오라고 하여 기도해주면서 "믿음 잘 지키시오"라고 권면하고 끝났다. 서울 은광학교에서 누가 결혼식을 하던 날, 그 교회 목사가 따라와 곁에 있었더니 김현봉 목사는 그에게 "목사님은 뭐하려고 오셨습니까?"라고 하여 그 목사가 무안해했다는 이야기도 있다.

장례에 관하여

신자가 세상 떠났을 때 장례하는 방법은 다음과 같다.

운명하고 24시간 지난 뒤에 시신을 놓고 예배드리고 나서는 김목사가 손수 시신에 수의를 입혔다. 수의는 돈을 들여 새로 할 것 없이 세상 떠난 이가 평소 즐겨 입던 옷 중에서나 혹은 수의나 옷을 갈아입히지 않고 그대로도 무방했다.

비싼 관을 쓸 것 없이 송판만(칠성판) 하나 깔고 김 목사가 손수 묶었고 처음에는 교인집 어린 아이가 죽으면 시신을 김 목사가 친히 지고 가서 염리동 산에 묻었다. 후에는 리어카를 개조해서 거기다 손수 실어 김 목사가 친히 상여 리어카를 끌고 장지로 갔다. 아현동에서 서대문을 지나 화장터까지 15리나 되는 길을 끌고 갔다. 남들이 도저히 본받기 어려운 분이었다. 후에는 김현봉 목사가 바빠서 김조사나 다른 이들이 리어카 끄는 일을 대신 하기도 했다.

젊은 교역자들에게 가르치기를 교회가 커져서 장례가 자주 있고 교역자가 바쁠 때는 그런 일에 교역자가 너무 시간을 빼앗기지 말고 자기는 한 번 가서 예배를 드리고 그 다음엔 다른 사람을 보내 장례식을 하게 해도 좋으나 그 유가족들이 그렇게 하면 시험을 받을 염려가 있는 사람들이면 목사는 시간 빼앗긴다고 생각하지 말고 가서 친히 예배를 인도해 주어야 한다고 가르쳤다.

김현봉 목사는 매장보다 화장이 좋다고 화장을 장려했다. 임종할 때 곁에서 찬송가를 많이 부르게 하고 입관할 때는 김목사가 직접 하든지 그렇지 않으면 처음엔 김목사가 시작하고 "마지막으로 자손들이 하라"고 시키고 목사는 옆에서 감독을 했다. 출상할 때와 매장할 때는 예배를 드렸으나 화장할 때는 대체로 기도만 했다. 주로 화장을 많이 했기 때문에 사람들의 비난을 받아 교회에 나오지 않는 집사도 있었다. 화장을 반대하는 친척들은 그 유가족들과 단교하는 일까지 있었다.

시신에 대한 위생처리는 철저하고 면밀하게 하여 시신의 입, 코 등 구멍을 솜으로 막고 시신의 팔 다리를 주물러 팔도 앞으로 모아 맞잡게 하고 비닐을 깔고 시신을 똑바로 편안히 누이고 향은 두 대 이상 피우지 못하게 하며 조문객들이 와서 시신에 절하지 못하게 앞에 써붙이고 곁에 사람을 세워 "교회 식으로 합니다"라고 문상오는 사람에게 말하게 했다.

망인의 사진을 놓지 못하게 했다. 세상 떠난 사람을 위하여 비용을 많이 들이는 일은 남에게 칭찬을 듣고자 하는 산 사람들의 허영심으로 보았다. 장의사는 쓰지 못하게 하고 그 비용을 교회에 헌금하게 하였다. 상가집의 밤새는 것은 남 전도회에서 두 번으로 나누어 초저녁과 새벽을 담당하게 하였다. 상가집의 봉사는 여전도에서 맡아 하게 하였다.

김현봉 목사 자신이 세상을 떠났을 때는 장례식 방법에 대하여 제자들 중에 의견 대립이 있었다. 김목사의 시신을 관을 사다 입관하게 되니 일부 제자들의 주장은 관에 넣는 것은 김현봉 목사의 정신에 위반된다는 것이라고 했다. 그만큼 그를 따르는 교인들은 김현봉 목사의 말이라면 철칙으로 여겼다. 김목사의 시신도 리어카에 모시고 위에 포장을 쳐서 화장했다.

물질에 관하여

돈 문제에 대하여 어떤 이는 "돈을 보기를 돌멩이 보듯 하라"고 가르친 이도 있었고 성 프란치스코는 어떤 기부도 거절하니 누가 돈 주머니를 억지로 그의 수도원 창문 안으로 던져 넣는 일도 있었는데, 놀란 그가 다시 밖으로 내던졌다는 이야기도 있다.

이현필 선생 같은 이는 일생 손에 돈을 만지지 않았다는 이야기도 있지만 김현봉 목사의 입장은 달랐다. 그의 주장은 참된 목자는 돈이 아무리 생긴다 해도 하나님 뜻에 합당하게 쓰는 것이라면서 교회는 교역자에게 돈을 드릴 수 있는 데까지 풍부히 드려야 한다고 했다. 김현봉 목사는 교회 회계 관리를 자신이 직접 맡아서 했다. 한동안 교회 재정을 회계집사에게 맡겨보았지만 김목사 눈에 그의 재정 처리가 어딘가 눈에 거슬리고, 교회 일 해나가는데 지장이 많아서 사실 김목사의 재정처리가 능숙하고 민첩하여 집사보다 우월했으므로 집사는 회계를 가지고 와서 목사에게 다시 돌려주었다.

아현 교인 중에는 이 일에 대해 불평하는 이는 없었으나 오히려 외부 사람들이 김목사에게 독재한다고 했다. 교인들은 김목사의 인격을 절대 신뢰했고, 김목사는 고기도 안먹고 자녀 하나 없는 사람이기 때문에 교인 중 여유가 있어 돈을 유용하게 쓰려는 이는 김목사라야 돈을 쓸 데 바로 쓴다고 그에게 돈을 써달라고 맡기는 사람도 많았다.

아현 교인들은 목사님께 돈이 들어가도 사사로이 쓰는 것이 없다는 점을 전 교인들이 공통으로 인식하고 있었다. 실제로 김목사는 그 돈 가지고 가난한 교인 거처할 허술한 집들을 수십 채나 사서 교인들을 살게 하였다. 바른 일을 하고 있으니 목사가 수십 만원 들어가도 의심하지 않았다. 그의 거실 벽장 속에는 돈뭉치들이 은행 금고같이 가득 쌓여 있었다. 그리고 김목사의 한복 조끼나 저고리 안쪽은 돌아가면서 전부 주머니로 죄어 있었다. 저고리 안 주머니에는 언제나 30만원 정도의 거액이 들어있었다.

누가 와서 도움을 청하면 그가 신임할 만한 사람인 경우 김목사는 저고리 안주머니에 자신의 손을 넣어 손에 잡히는 대로 꺼내 주었다. 그런 경우 돈을 세는 일이 없었다.

교인들이 계하는 일은 내용적으로 이자놀이는 절대 금했다. 계를 하다가 실패하는 경우가 더 많고 그런 것을 하면 마음이 신앙에서 떠나는 것이라 하여 김목사는 개인의 이자놀이를 금지하였다. 에스겔18:13 "변을 위하여 꾸이거나 이식을 받거나 할진대 그가 살겠느냐 살지 못하리니…정녕 죽을지라"는 구절을 인용하여 엄히 금했다.

어떤 사업을 하기 위해서 다른 사람에게 거액의 자본을 얻어 쓰는 일은 그가 먹을 것이 없어서가 아니고 더 돈을 벌기 위한 것인데 이런 경우 사업하는 이들이 돈을 빌려 쓰는 일에 대해서는 김목사가 명확한 의견을 말한 적은 없으나, 예배당 짓는 일에 돈을 빌려서 짓지는 못하게 했다. 처음에는 이자도 주기도 하고 쓰기도 했으나 후에 깨닫고는 중지했다. 그러나 은행 이자는 성경에서도 허락되는 줄 알고 받아도 가한 줄 알았다(신 23:19; 15:1-2, 출 22:25).

안모 목사가 돈 받으러 오라는 날에 정한 시간보다 5분 늦었다. 김현봉 목사는 5시면 취침하여 12시에 기상하므로 그의 일과의 철칙인데 5분을 늦으니 주무신다고 하여 사모님이 대신 나왔다. 개척하는 교회의 일을 하다가 늦었다고 사과하며 사모님께 전달하니 들어오라고 하여 주무시는 방으로 들어갔다. 옷을 다 벗고 주무시다가 일어나 안목사보고 앉으라면서 벽장 문을 열었는데 구 안에 돈뭉치가 수두룩했다. 그 중에서 헐어 쓰던 돈다발에서 5천원을 세어 주었다. 그 후 사택을 짓다가 또 돈을 빌리러 오니 "얼마 드는가?"라고 묻고 만원이라고 하니 내어주었다.

김현봉 목사가 언제나 강조하고 몸소 주력한 것은 '똑바른 교훈', '구제하는 일에 위주하는 것', '복음 전도 돈을 쓰는 일'이었다. 그가 다루는 많은 돈은 특히 구제와 전도에만 많이 썼다.

가난한 교인이 있으면 자금을 대어 주어 고무신 장사, 소금장사, 생선장사를 시켰고 염리동 일대의 값싼 판자집이 나오면 사서 집없는 교인들에게 그냥 주어 살게 하다가도 저희들끼리 싸움하는 경우는 내쫓아 버렸다.

예배에 관하여

예배드리는 형식도 전혀 달랐다. 김현봉 목사의 아현교회 예배는 주일 오전 예배는 3시간이나 길게 드렸다. 고령에도 부목사나 전도사를 두지 않고 원고도 없이 하는 설교를 좌담식으로 하는데 설교가 그렇게 길었다. 예배를 드리다가 중간에 30분 쉬었다가 다시 계속하기도 했다. 오전 예배를 본 후 점심은 교회에서 대접했는데 간단히 국수를 먹었다. 그것은 주로 김목사 부인의 봉사로 이루어졌다. 주일은 엄격하게 지켜서 초등학교 학생들이 주일에 학교에서 행사가 있어도 가지 못하게 했다.

김현봉 목사는 자기 강단에 다른 목사를 세워 설교시키는 일이 없었다. 교회에서 부흥회를 한다든지 자기가 부흥회를 인도하는 일도 절대 없었다. 해마다 여름에 관악산 벧엘 기도원에서 자기 교인들을 총동원시켜 특별사경회를 할 때도 그가 세상 떠나기 바로 전까지 자기가 혼자 했다. 김목사의 설교에는 제목이 없었다. 대지 소지로 조직해서 하는 일도 없었다. 언제나 성경 본문을 가지고 해석하면서 차근차근 아이들 훈계하듯 해가면서 어려운 문제를 질문하는 이가 있을 때는 그 자리에서 대답하기보다 좀 더 생각해보고 해주겠다고 했다.

그가 사용하는 성경 주석은 중국판 한문주석만 사용했다. 설교해 가면서 강단 위에서 파리채를 들고 왔다 갔다 하면서 파리를 잡았는데 그것은 조금도 일부러 꾸미는 행동이 아니요, 마치 자기 식구들 앞에 놓고 앉아 가장으로 차근히 일러주는 모습이었다. 설교 도중에 울음이 나와 몇 번이나 눈물을 흘리기도 했다. 그럴 때면 교인들도 함께 울었다. 그는 분명 이 나라의 선지자의 한 사람이었다. 모든 형식을 무시하는 김목사는 위에서 말한 대로 설교를 하다가 너무 지치면 강대상 위로 올라가 앉아 설교했다.

그에게 예배당 건물이 신성하다는 개념은 없었다. 김목사는 집회 인도나 설교하는 때가 산에서 혼자 기도하는 때에 비해 자신의 영감이 가장 메마르고 피곤을 느낀다고 한 적이 있다. 김현봉 목사가 목회한 아현교회는 한창 부흥하던 시절은 교인 수가 1200명이나 되었는데 전체 교인의 80퍼센트가 십일조 생활을 하고 있었다고 한다. 그러니 교회 재정이 풍부했던 것이다.

십일조 바치는 이들 중의 최고 액수를 내는 이는 김목사 부인의 이름으로 내는 것이었다. 김목사는 헌금하는 방법은 목사가 친히 가르쳐야 한다고 주장하였다. "헌금 광고는 목사 자신이 하지 않으면 안된다. 가르치지 않으면 신자들이 그것을 모르는 것이다. 십일조를 바침으로 축복받는 법을 목사가 친히 가르쳐야 한다. 헌금하는 법을 가르쳐 주는 일은 귀하다"라고 강조했다. 그러면서 십일조 바치는 방법을 설명하기를 가령 누가 만원 수입했다면 그중 10분의 일인 천원을 떼어 그중 5백원은 봉투에 넣어 사례금이라 써서 사례금 함에 넣는다. 남은 오백원으로 가족들이 분배하여 주일 헌금을 하도록 했고, 가령 십일조 속에서 다른 감사할 일의 감사헌금이라든가 구제금을 떼어 내는 일은 부당하다고 했다.

십일조는 내 것이 아니라 하나님의 것이라는 정신을 강조하였다. '사례금'이라는 것은 목사에게 드리는 생활비 연보이니 사례금 함에 따로 넣게 했다. 목사가 사례금을 받는 것은 교인들에게서 받는 것이 아니고 하나님께 받는 것이다. 하나님께서 그 일한 삯을 주시는 것이다. 교인들은 하나님께 바치는 것이고 목사는 하나님께 받는 것이라고 했다. 김목사는 받은 사례금을 가지고 다시 양심껏 하나님께 바치고 유익된 일에 사용했다.

목사들이 헌금 광고할 때면 괜히 미안해서 "죄송합니다만 헌금을 잘 내십시오"라고 하는데 그 헌금은 내게 내는 것이 아니고 어디까지나 하나님께 내는 것이 아닌가? 미안해 하는 말속에는 내가 가지니 미안하다라는 뜻이 내포된 것이 아닌가? 그러니 그 인식이 잘못 된 것이라는 말이다.

여전도사와 심방

김현봉 목사가 돌보던 아현교회에 주일 예배 때 '안내원'이라는 것이 없다. 전도부인도 예배시간에는 은혜받아야지 안내를 하지 않는다. 아현교회에는 전도부인(전도사라 하지 않았다) 두병과 견습생 몇 명이 있었다. 전도부인은 다른 일은 하지 않고 교인 심방만 하게 했다. 그 심방하는 방법은 한 집에 가서 몇 시간씩 머무적거리며 제 맘대로 다니는 것이 아니라, 일단 집에 가면 안부부터 묻고 별일 없다면 기도도 않고 가곤 했다.

하루 최고 300가정을 심방한 기록이 있다. 그리고 그 실태를 김목사가 보고를 받았다. 전도부인에게는 쉬는 날이 없었다. 일주일 동안 계속되었다. 김목사도 쉬는 날이 없었다. 전도부인은 점심은 도시락을 싸가지고 다니면서 점심 때 교회에 들어와 점심을 먹으며 목사에게 보고하게 했다. 전도부인은 빨래도 남에게 시켜서 했다. 자원해서 전도인으로 나선 이에게 김 목사가 그의 식모를 대주기로 했다. 정식 전도부인 밑에 견습 전도인을 몇 사람 두어 심방과 노방전도도 시키면서 자격이 인정되면 전도부인으로 승격시켜 월급도 더 주었다.

심방이나 전도 다니는 일에 혼자 다니는 것을 금했다. 전도대는 여자들끼리인 경우 두세 사람으로 하고 남자들끼리인 경우는 여럿이 다니는 것을 금하고 물론 혼자도 금했다. 남자 한 사람에 여자 두 사람 짝지어 그것도 비슷한 나이가 아닌 연령의 차가 많게 해서 다니게 했다. 지나치게 많은 인원이 무리지어 심방 다니는 것도 금했다. 어느 젊은 목사가 여집사의 집에 혼자 심방가서 아랫목에 앉아 기도하는데 믿지 않는 남편이 들어와 보고 오해하여 삽으로 그 목사를 때렸다는 이야기가 있다. 김목사는 그런 일들을 참작해서 심방대를 조심스럽게 운영했다.

그의 책망과 사랑

김현봉 목사는 누가 잘못할 경우에 보통은 책망을 하지 않았다. 그러나 그냥 두기 어려운 경우는 오래 생각하다가 기도하며 벼르다가 듣는 이가 감당할 범위에서 책망했다.

교인 중에 아름답지 못한 이야기가 들려오면 그 교인을 불러 "요즘 믿음 잘지키시오?"라고 물었다. 감히 누구 앞이라고 교인은 일체 사실을 고한다. 다 듣고 나서 "그러면 어떻게 할 것이오?" 하면 "조심하겠습니다"라고 했다.

이에 목사는 "안되지 집을 팔아서 교회 가까운 곳으로 이사해야지"라고 했다. 어느 명령이라고 그 교인은 당장 집을 팔아 시키는 대로 이사를 했다. 김목사는 교인들 집을 될 수 있는 대로 아현 교회 가까이 모이게 했다.

서울 용산구 남영동에 있는 원성교회에서 김현봉 목사의 사경집회가 있었다. 김목사의 집회는 대개 월요일 새벽부터 시작한다. 그의 집회 소식을 들으면 그를 따르는 교역자들은 모두 그 교회로 모였다. 당시 A 목사도 그 집회에 참여하여 오전 공부를 끝맺고 화장실에 갔다가 김목사와 만났다. "오후 예배에 오실 것이오?"라고 묻자 이에 그러겠다고 대답했다. 그런데 그 목사는 오후에 볼일을 보러 갔다가 오후 시간에 참석하지 못하고 저녁시간에야 참석하게 되었다. 다음날 오전 공부 마치고 나서는 그 목사를 보고 김현봉 목사는 "제 방으로 좀 오시오"라고 했다. 따라가서 강사 방으로 들어가니 방에는 그 교회 어느 장로도 곁에 앉아 있었다.

김목사 거실에는 어느 때나 먹을 것이 많았다. 젊은 목사들이 들어가면 그것을 내어 함께 먹는 것이 재미있었다. 그런데 그날은 분위기가 달랐다. 김목사님은 장로를 보고 나가라고 한 뒤 A 목사에게 어제 오후 예배에 참석했는지 물었다. 그는 오후에 명수대에 가서 볼 일을 보고 그만 늦었다는 말을 하려 하자 김현봉 목사는 말을 못하게 막고는 "직업을 바꾸시오!"라며 단도직입적으로 충고하여 어찌나 호되게 책망하는지 "목사가 제 입으로 말해놓고 지키지 않으면 그 목사가 교인을 어찌 가르치겠소? 그것이 어찌 목사요? 다른 직업으로 바꾸시오!"라고 호되게 야단을 쳤다.

이렇게 책망하면서 김목사는 "내가 그 심정을 압니다. 그럴 때면 어제 내가 물을 때 예라고 할 것이 아니고 사정이 있다는 말을 해야 하는 것이오. 그런 목사 교훈은 누가 받겠소?"라고 했다. A 목사는 고치겠다고 말했다. "오늘날 교회 목사들이 책임 없는 말을 얼마나 많이 하는지 압니까? 아무쪼록 죽은 목사는 되지 마십시오"라고 했다. 그 후 김현봉 목사가 세상을 떠났다는 소식을 들은 A 목사는 뛰어가서 김목사의 유해 앞에 꿇어 앉으니 눈물이 앞을 가렸다. "아 나를 책망해주시던 어른이 돌아가셨으니 이제 누가 나를 책망해주시겠는가?"라고 통곡했다.

　김현봉 목사는 나이 80이 되어서도 사람들을 대할 때 20대 청년에게라도 반말을 쓰지 않았다. 그러나 처음에 반말을 안 쓰다가도 나중에 자신의 심복이 되면 반말을 했다. 사람따라 대우가 달랐다. 그런둥 마는둥 하는 사람에게는 좋던 궂던 무관심했지만, 책망해야 할 사람에 대해서는 어찌나 호되게 책망하는지 그 사람이 그 교회에 다시 나올 마음이 없어지리만큼 책망했다.

　그러나 그 후 다시 불러서 위로해 줄 때는 얼음 녹듯 다 녹고 다시 나오게 된다. 순종할 때는 자신의 간이라도 빼 먹일 만큼 지극한 사랑을 베풀었다. 김목사의 사랑을 받는 비결은 순종이다. 그 교회 교인들은 목사님께 사랑받는 경쟁을 했다. 그것은 첫째는 잘 믿는 일, 그리고 순종하는 일이다. 그래서 성현능지 성현(聖賢能知聖賢)이라는 말을 자주 사용했다. 목사들과 장로들도 아현교회에 많이 출석했는데 김목사는 양만 잘 거느리는 덕량보다 이리도 거느리고 양을 만드는 덕량을 갖추어야 빠져나가지 않는다고 가르쳤다.

　아현교회에서는 김목사의 말 한번 떨어지면 아무도 한 마디 말을 하지 못했다. 신자들 중에선 김목사를 하나님같이 여길 정도였다. 김목사는 들을 만한 사람에게만 충고했다. 충고해도 듣지 않을 사람에게는 아예 말을 꺼내지도 않았다.

　예배를 드리는 시간에 어린 아이들이 떠든다든지 울면 벼락이 떨어지나 새로 나오는 교인의 어린 아이가 울 때는 아무 말씀도 안했다. 그의 목회는 능수능란했다. 개개인의 처지를 잘 알아 그 처지에 알맞게 사랑도 하고 책망도 했다. 그렇게 하니 사람들은 그에게 심복하여 자신의 머리도 깎고 전적으로 그를 따랐다.

　아현교회에 다니던 교인 한 가정이 김목사를 버리고 안식교회로 간 일이 있었는데 그 때 김목사는 가난한 그에게 8만원을 주어 보내고는 그 교인이 자신을 떠난 것이 아쉬워 가끔씩 "아깝다" 하며 못 잊었다. 목사 사택을 찾아간 사람에게는 언제나 먹을 것을 내놓았다.

크리스마스가 되면 교회에서 특별한 행사는 없지만 김목사는 털신, 목도리를 몇 궤짝을 사다가 교인에게 선물로 주었다. 교인들은 존경하는 목사님께 선물받는 일이 기분 좋은 일이지만 다 일제히 준 것은 아니고 주일날 예배보고 나서 김목사가 교회 문 앞에 서 있다가 목사 앞으로 지나가는 교인에게 눈짓을 하면 그가 목사 방으로 들어가서 자기에게 알맞은 신을 골라서 선물로 주었다. 못받은 교인들이 불평도 했으나 목사님이 골라 선물주는 상태는 가난한 사람들이 아니라, 믿음 좋은 사람을 골라주는 듯 싶었다. 그밖에도 자신을 따르는 젊은 목사들 중에서도 김목사가 사랑하는 이가 있었고 되는 대로 대하는 이로 그 차별이 있었다. 자기가 알뜰히 사랑하는 이들에게는 만날 때마다 "장가져 가거라, 쌀 가져가거라"며 선심을 썼다. 교회 처녀들도 만나면 사과도 주고 병들면 약도 사주곤 했지만, 교회에서 월급받는 사찰에게는 그러지 않았다.

김현봉 목사는 교회 재정을 자신이 직접 관리하면서 아현교회가 있는 염리동과 연세대학교 뒤 골짜기에 거의 200채나 되는 판자집들을 가지고 있었다. 교인이 와서 어디에 집 팔려고 내 놓은 것이 있다고 하면 곧 사도록 하였고 교인 중에 목수를 시켜 수리하게 하고 큰 방은 중간에 칸을 막아 두어 세대가 살 수 있도록 하였다. 그리고는 집없는 교인들을 입주시켰다. 그들은 의무적으로 아현교회에 출석할 수밖에 없었다. 그런 교인이 400명은 되었다고 한다.

김현봉 목사가 세상을 떠난 후 아현교회는 분열되면서 이런 판자집 이주자들도 거의 반반으로 갈렸다. 이 모 목사 측이 더 많이 장악한 듯 하지만 양측에서 대표 3인을 뽑아 서로 협상하여 돈을 물어주기도 했다.

김목사 생전에는 지방에서 새로 이사 온 사람들이나 가난한 교인들에게 이 집들을 무상으로 빌려 준 것이다. 그러면서도 소행이 나빠 아내를 때리고 못되게 구는 이들이 있으면 두세 번 타일러 훈계하다가 정 안 들으면 쫓아내고 말았다. 이런 많은 교회 소유의 집이 김목사가 세상 떠난 뒤에 교회가 분열하면서 화근이 되고 말았다.

그의 일과

김현봉 목사의 일과는 시계 바늘 같이 규칙적이었다. 매일 오전 중에는 사사로운 기도와 독경생활 위주로 보내고 오후는 교회 일을 보았다. 오후 5시에 잠자리에 들고 한밤 중 12시에 일어나 명상하다가 새벽 통행금지 해제와 함께 집을 나서 아현교회에서 도보로 연세대학교 뒷산까지 가서 자신의 기도실에서 오전을 보냈다. 그 산은 김목사를 존경하는 어느 사람이 김목사에게 내어 주어 맘대로 쓰게 한 것인데 그 곳에 조그마한 기도실을 지었다. 그러나 김목사가 세상을 떠난 뒤 아현교회가 분열하여 싸우는 것을 본 산의 주인은 철조망으로 울타리를 치고 출입을 금했다.

김목사는 그 산 기도실에 앉아 정좌하고 깊은 명상에 들어갔다. 길고 긴 명상이었다. 그 앉아있는 모습은 지금 하나님 영접하는 듯한 엄숙하고 보기에 감동스러운 모습이었다. 아침 해가 떠오르면 김목사는 기도하던 움막에서 나와 떠오르는 태양을 향하여 정면으로 마주 보며 실로 오래 깊은 황홀경에 잠겨 앉아 있었다. 그럴 때면 김목사는 옛날 프란치스코가 자연을 통해 하나님을 느끼며 태양의 노래를 지어 부르듯 김목사도 똑같은 감격에 사로잡혀 지금 만물이 하나님을 찬양한다는 표현을 "만물이 어리어리하다"라고 했다.

이 기도하는 움막과 거기서 보내는 명상시간이 김현봉 목사의 설교 영감과 그의 모든 활동의 산실이었다. 충분히 자기 내적 생활을 충실히 다지고 자기 완성을 위하여 애쓰는 시간이었다.

김목사가 스님 같은 솜 넣어 누빈 두툼한 두루마기를 입고 그 산 숲에 나무 기둥에 의지하고 정좌하는 것을 보고 그를 따르던 많은 사람들도 본을 받아 그렇게 했다. 마치 어미닭 날개 밑에 병아리들이 모여 앉듯 많은 제자들은 저마다 큰 나무 하나씩 택해서 뿌리 언저리에 돌로 좌대를 만들고 그 위에 앉아 흉내냈다. 그 산의 나무마다 그런 자리가 되었다.

김목사는 그들의 명상을 지도하며 소리 내어 기도하는 것을 금하고 절대 정적하도록 했다. 김목사는 정오까지 하고 하산해도 남아있는 이들이 많았다.

낮 12시가 지나면 하산하여 교인들 집을 심방했다. 그 심방은 문전 심방이다 교인 집집의 방문을 열어보고 가난한 교인집 방바닥이 따듯한지 손으로 짚어보고 부엌에 들어가도 보고 어려운 사정이 없는가 묻고 별일 없으면 그냥 지나가는 것이었다. 나이 80세의 고령에도 그의 일과는 그대로 계속했고 오전 중 산기도실에서 정좌하다가 집에 돌아와서는 너무 힘들어 쓰러지듯 자리에 누웠다가 다음날 또 다시 계속했다.

주일은 아침 일찍이 주일학교로부터 공부와 대예배 인도, 그리고 오후 2시 예배까지 무려 7시간 반이나 자신이 도맡아 했다. 김목사는 세속 교육의 효과를 높이 평하지 않았다. 세속적 교육에서의 중점은 육신이 잘살고 돈을 벌기 위한 것이라고 결론 짓고 신도들이 육신적 축복을 장려하는 방향으로 나가는 것을 계속 배격했다.

마지막 사경회

1964년 12월에 김현봉 목사는 아현동 집에서 목욕을 하다가 쓰러지면서 머리를 땅에 부딪혔다. 그때 마침 홍암교회로 사경회 인도차 떠나려던 참이었는데 곁에서 몸이 불편하니 집회를 연기하도록 전보를 보내려 해도 아니라고 예정대로 가겠다고 고집하며 떠났다. 그때 홍암교회 내에는 교회 노선 대립으로 내분이 있었는데 김현봉 목사는 그 교회 김조사에게서 그 이야기를 다 들으시고 저녁 집회 후에 밤늦게까지 김조사에게 훈계하고 어려워도 그 교회에 더 있으라 권면하며 함께 부둥켜 안고 울었다.

밤에 잠잘 때는 방문마다 안으로 문걸이를 걸고 잤다. 김목사 몸에는 언제나 저고리 안주머니에 수십만원의 거액을 넣고 다녔기 때문이다. 이튿날 새벽 3시 반 김조사가 방문을 두드려봤지만 숨소리만 들리고 대답이 없었다. 문을 겨우 열고 들어가 보니 요 위에 앉아 베개를 의지하여 기도하다가 쓰러졌는데 코에서 피가 흐르고 있었다. 그 교회 문제를 걱정하여 철야기도를 하다가 그렇게 된 듯했다.

　김목사를 시중하기 위해 늘 따라 다니며 간호하는 처녀를 불러 응급주사를 놓고 약을 쓰며 한 사람을 시켜 고장난 자전거를 타고 20리 밖에 있는 의사를 불러 주사를 놓으니 숨이 순조롭고 가래가 나오나 눈은 뜨지 못하고 말도 한 마디 못했다. 반나절 그런 상태가 계속되었다. 할 수 없이 김조사가 목사를 업고 택시 타는 곳까지 찾아갔다. 목사님의 몸이 어찌 무거운지 간신히 차에 태우고 "안녕히 가십시오"라고 하니 김목사는 손을 흔들고 있었다.

　서울 아현동 사택에 돌아오니 문병객이 계속 찾아들었다. 도저히 안정할 수 없어 세브란스 병원에 입원했지만 김목사를 아버지같이 따르는 교인들은 거기도 계속 찾아왔다. 할 수 없이 아무도 모르는 곳으로 옮겨 면회사절을 시키고 비대한 몸의 살이 빠지도록 계속 치료하니 좀 회복이 되어 그 후 사람의 부축을 받으면서 강단에 올라가 앉아서 설교를 하게 되었다.

　처음 홍암교회에서 쓰러졌다가 혼수상태에서 의식이 깨어났을 때 아직 피를 흘리면서도 "참 기쁘다! 예수 잘믿으라"고 세 번이나 되풀이 했다고 한다. 측근의 추측으로는 그때 김목사는 혼수상태에서 낙원을 구경한 것이 아닌가 했다. 김조사는 그때 김현봉 목사가 기도하다 쓰러져 흘린 피를 볼 때 성경에 그리스도의 피에 대한 뜻이 깨달아지더라고 소감을 말했다. 그는 자기를 위해 김목사가 피를 흘린 것 같이 느꼈다.

　홍암교회 집회는 흐지부지 되고 말았으나 김목사의 피흘려쓰러지심을 보고 교회 문제는 저절로 해결되었다. 홍암교회 집회 후 3개월이 지나 1965년 3월 12일 오전 9시 50분 김현봉 목사는 기어이 세상을 떠나고 말았다. 그 석달 동안 그의 몸은 살이 다 빠져서 임종한 그의 시신은 얼굴도 몸도 작은 소년같이 되어버렸다.

　장례식은 그를 따르던 이병구 목사 집례하에 거행되었고 시신은 생전 김목사 정신을 따라 리어카에 실어 끌고 갔다. 김목사는 평소에 교훈하기를 예수 믿는 사람은 장례 때 울지 말라고 가르쳤지만 1200명의 교인들은 리어카 뒤를 따르며 통곡을 했다. 다시 누가 이런 지도자를 만나겠느냐는 아쉬움에서였다. 시신을 화장을 했다. 그것이 평소 김현봉 목사의 정신이었기 때문이었다.

그의 죽음과 후배들

생전에 김현봉 목사는 자기 건강에 대해 지나치게 자신했었다. 어느 좌석에서는 자신이 120까지는 살 수 있다고 농을 한 적도 있다. 그러므로 그는 아마 자신이 그렇게 빨리 세상을 떠나리라 짐작하지 못했을 것이다. 그래서 그는 80세가 되었어도 자신의 후계자에 대해 전혀 생각하지 않고 있다가 뜻밖의 죽음을 맞게 되었다. 결국 아현교회는 큰 혼란에 빠졌다. 평생 심혈을 기울여 특별한 교회로 세운 아현교회는 사분오열이 되고 말았다. 세상 떠날 때가 가까워졌을 때 김목사는 자신의 정신을 바로 이해하는 이가 없는 것과 교회 앞날을 염려하면서 "하나님 나를 불러 가옵소서"라며 기도했다고 한다.

그는 후배를 기르는 일에 무척 애썼다. 그의 감화를 받고 그를 따른 이는 많았다. 지방에서 고등학교를 나오고 신학교를 졸업한 k씨는 처음 김현봉 목사를 만났을 때 작은 몸에 검은 한복을 입고 삭발한 그 모양이 종같기도 하고 옛날 사람 같았지만, 그 설교를 들어 본 후 다른 교회는 다니지 못하고 김목사의 충실한 제자가 되었다.

B목사는 부산에서 교회 봉사 하면서 김현봉 목사에게 서울 가고 싶다고 하니 "본교회 목사가 서운해할것"이라며 한마디 하시더니 얼마 후 편지하기를 오고 싶으면 오라고 했다. 서울로 상경하니 그렇게 반가워하실 수 없었다. 벌써 방도 준비해놓고 기다리고 있었다. 그는 대학원도 그만 두고 김목사를 따랐다. 그러나 결과는 그들 중 다수가 자신의 고집 대로 하고 김목사 정신을 바로 안 배우고 바로 안따르니 김목사는 실망 속에 그러한 기도를 한 것이라 본다.

이 말은 김현본 목사의 심정을 가장 잘 아는 이의 증언이다. 김목사는 임종하기 얼마 전에도 "하나님께서 자꾸 나를 징계하시는데 이 교회가 앞으로 어떻게 될런지?"라며 걱정하였다고 한다.

　평소에 김현봉 목사는 이기주의로 예수 믿는 것은 죄악이라고 강조했다. 자기를 위해 믿지 말고 남을 위해 믿어야 한다고 늘 강조했다. 어느 교회가 분규가 있을 때는 나를 반대하는 사람에게 말로도 행동으로도 대항하지 말라고 가르쳤다. 교역자가 아무리 나빠도 그를 쫓아내는 일은 하나님이 하실 일이지 교인들이 할 일이 아니라고 훈련시켰다.

　김목사님이 살아있는 동안은 제자들이나 교인들은 목사님을 신같이 여기고 그의 말은 신의 말처럼 여기고 순종했다. 그럴 수밖에 없는 것이 사실 김현봉 목사는 지혜롭고 엄격한 분이었다. 김목사 스스로가 자신을 그렇게 우상화시키려고 노력한 것은 아니지만 교인들이 그렇게 여겼다. 그러나 김현봉 목사가 세상을 떠나자 즉시 교회는 분열되고 말았다. 그가 평생 애써 가꾸어 놓은 교회는 4조각으로 갈라지고 말았다.

5.
이용도

목이 메어 손수건만 흔들어도
모든 군중이 통곡했다.
"하여간 미치자! 미치자! 크게 미치자!
예수를 위하여 미치는 것만이 우리 소원이로다!"
라고 했다.

生의 勝利

一、 위로의 王 그리스도

리도를 물니려과 당압에 물님을 모을소
빌사록 슴게삼을 쌔앗나이다
보아라 쳐리 서신이는
그리스도 병고레 하시며
「두려워 하지마라 、、、 」
「숙여지실도 한울은 이일것 것호면」
임의 압호로 죽어간 쿰을 덥살녀주읍소서
하고 간졀한조기
즘행고레 하시명의
그저는 주저 만있나이하 、、、
말슴과 갓치 그거미 갈소것이었가.

이용도 목사 친필시 「生의 勝利」 중에서.

1. 이용도 목사

이용도 목사 세상 떠나기 3일 전 그는 모든 사람을 불러 모으고 "내 눈을 보십시오. 죽는 사람의 눈이 이런 것을 보았습니까? 사람이 영생 한다는데, 왜 모두들 죽는 이야기들만 하니 이 무슨 어리석은 생각들입니까" 하면서, 눈물을 흘리면서 형을 향해 "주님은 생명을 사랑하십니다. 형님의 손발을 자르면서라도 생명을 구해주십시오"라고 하고, 이호빈 목사를 향해서는 "형님 처자를 없는 듯이 생각하고 주님만을 위해서 살아 주십시오 제가 하던 일을 형님이 뒤 이어 주세요. …조선 기독교를 위해 죽도록 일하여 주세요"라고 했다.

저녁 4시가 지나자 그 얼굴이 환하게 광채가 나며, 눈을 번쩍 뜨더니 찬송을 부르자고 하면서 "아름다운 내 본향을 목적 삼고 한 찬미를 불러 보세"를 부르면서 손으로 박자를 놀리는 형용을 하면서 흔들다가 이용도 목사는 운명했다.

전국을 휩쓸던 열정적 대 부흥사였지만, 임종에 조전(弔電) 두 장이 있었을 뿐이었다. "용도야 너는 가고 말았는가!"

어느 부인이 베옷을 지어 입히고 널(棺)이 하나 생겼으나 상여는 임시로 나무 쪽 몇 개를 매여 상여를 삼았다. 남녀동지 몇 사람이 상여를 메고 꽃 몇 가지를 꺾어들고 찬송을 부르며 뒤 따랐다. 안장할 자리를 파는데 어떤 힘상궂은 사람이 나타나더니, 그 땅은 개인 산이라면서 묘를 못 쓴다고 호통을 쳤다. 사정사정하며 빌어서 겨우 평토장을 했다.

이용도 목사는 협성신학교를 졸업하고, 1929년 집회 인도 중 성령의 불이 모인 군중을 태우는 환상을 보고 이때부터 전도운동에 완전히 헌신했다. 그는

33세에 세상 떠났다.

'지금은 명상할 때요 묵상할 때니 고요히 있어 주의 임하심을 기다리라'. 피가 다 마르고 살이 다 떨어졌건만 그는 숨지는 순간까지 사랑과 진리를 나타내시었다.

> 나의 생명 드리니 주여 받아 주셔서
> 세월 지나갈 동안 찬송하게 합소서
> 나의 음성 드리니 주여 받아 주셔서
> 주의 말씀 밖에는 하지 말게 합소서
> 나의 시간 드리니 주여 받아 주셔서
> 평행토록 주위해 봉사하게 합소서(457)

이용도 목사의 특징

(1) 자기를 완전 버리고 오직 주님께 심신(心身)을 완전 헌신
(2) 기도에 아주 미쳐 버림 너무 하늘 에만 미친 용도광(龍道狂)
(3) 시간과 형식의 제한 없는 설교: 2시간, 3시간도 계속하고 어떤 때는 성경만 읽고 그만 두기도하고 또 어떤 때는 기도만 3~4시간 하고 마는 때도 있고, 기도를 밤낮 며칠 계속하는 집회도 있었다. 설교하다가, 기도하다가 찬송 부르기도 했다.
(4) 불철저한 신앙, 속화된 신앙을 공격하였고 특히 교역자들을 공격했다.
(5) 극단적 말세 신앙에 열광했다.

이용도 목사의 부흥 운동의 영향으로 (a) 큰 책가방에 성경 찬송가를 넣어가지고 대낮에 큰 길로 활보하며 찬송 부르고 음식점에서도 그러는 이들과 산기슭이나 냇가에서 밤을 새며 기도가 진동했다; (b) 기도 동지, 기도단이 생김; (c) 20대 남녀가 학교 등 하던 일을 버리고 신학교에 감; (d) 그의 집회에서

은혜 받은 이들은 그의 신앙에 열광; (e) 영감 있는 설교와 기도 도취; (f) 말세적 신앙, 순교 신앙, 후일 환난 대비

이용도의 영향

"아버지 저의 혼을 빼어버리소서. 그리고 예수님께 미쳐버릴 혼을 넣어 주소서. 예수님께 미치기 전에는 주님을 온전히 따를 수 없고 또한 마귀와 싸워 이길 수 없나이다."

오로지 예수님만 사랑하고 전국을 다니며 하나님의 복음을 증거했던 이용도 목사! 이 목사는 우리나라가 정치적, 영적으로 위기의 국면에 맞은 1930년대를 풍미했던 분이다.

이 목사의 학창 시절은 고민과 눈물의 시기였다. 다른 친구들이 공을 차고 놀 때도 그는 쉬지 못하고 노동을 해야 했고, 끼니를 굶을 때도 많았다. 그러나 부모님들에게 조금도 피곤한 기색을 보이지 않고 구차한 살림을 도맡아 꾸려갔다. 이 목사님이 이렇게 강인할 수 있었던 것은 오로지 신앙에 굳게 서 있었기 때문이었다.

평소 남달리 애국심이 투철했던 그는 1919년 3.1 운동이 일어나자 독립운동에 가담하여 네 번이나 투옥당하고 3년 이상 감옥 생활을 하였다. 학교 당국에서는 1925년 출옥한 그를 격리 추방시키기 위해 협성 신학교로 입학시켰다. 처음에는 마음에도 없는 신학 공부를 하는 것이 고역이었지만, 하루 이틀 하나님의 거룩한 말씀을 들으면서 점차 신학생다운 면모를 갖추기 시작했다. 하나님께서는 이러한 이용도 목사를 한국을 깨우기 위한 하나님의 나팔로 쓰시기 시작하였다.

1925년 폐병 3기라는 진단을 받고 요양을 하기 위해 강동에 내려갔을 때

인근 교회로부터 부흥회 요청을 받게 되었다. 떨리는 마음으로 부흥회를 인도하게 되었는데 집회 초두에 놀랍게도 성령님의 강한 역사를 체험하게 되었다. 그 후 하나님의 기적으로 폐병도 치유받게 되었고, 기도로서 점점 하나님과의 깊은 교제가 이루어져갔다. 한밤중이나 새벽이나 때와 장소를 가리지 않고 기도에 전념하였다.

그의 일상생활은 기도로 점철되었기에 기도에 대한 어록이 많다.

> "기도 없이는 살수 없고 죽을 수도 없고 말할 수도 없고, 잠잠할 수도 없으니 그저 기도하라. 가뭄이 오래되면 바닥이 갈라지듯 기도의 가뭄이 오래면 마음 밭은 갈라지고 터져 영은 아픔을 느낀다. 마귀는 교묘해서 기도하나를 빼앗으면 모든 것을 빼앗는 줄 알기에 기도를 빼앗고자 한다. 이루어 주시고 안주시고는 주님의 일이고 나는 기도의 향을 피우는 일을 그치지 아니하련다."

그의 예배실에서 밤을 새워 기도하는 모습은 많은 성도들의 귀감이 되었다. 이러한 기도 때문인지 목사님이 가서 증거하는 곳에는 마음을 찢는 통회의 역사가 일어났고 은혜를 받은 성도들은 주님의 뜨거운 사랑에 도취되어 자리에서 일어날 줄 몰랐다.

당시 간도의 한 목회자의 증언에 의하면 그가 다녀간 뒤부터 예배실에는 밤을 새워 기도하며 통회하는 일이 계속되었고 산으로 벌판으로 금식하며 기도하는 성도들이 수없이 많아졌다고 한다. 나중에는 그 열기가 지나쳐 시기 질투하는 사람들에 의해 문제가 생길 정도로 이 목사님이 남기고 간 성령의 자취는 너무나 뚜렷했다.

이 목사님의 설교의 핵심은 '회개하라'는 것이었다. 혼신의 힘을 다하여 증거하는 말씀을 듣는 성도들은 누구나 양심의 가책을 받아 참회의 눈물을 흘리게 되었다. 회개하지 않으면 금방이라도 천벌을 받을 듯하여 십년 전에 훔친 것도, 어렸을 때 훔친 참외도 주인에게 다시 돌려주고 사죄의 편지를 쓰게 되는 경우도 있었다. 무엇보다 중요한 것은 목사님의 삶 자체가 설교 내용을 그대로 반영해 주었다는 사실이다.

거지가 오면 거지와 겸상을 해서 같이 식사하고 양말이 없는 사람을 보면 양말을 주고 내의가 헤어진 사람이 있으면 즉시 본인의 것이라도 벗어 주었다. 고학생이 있으면 데려다 먹이고 재우고 하여 목사님의 좁은 집에는 언제나 식객이 많았다. 목사님이 언제나 바라던 바는 주님의 밝은 빛을 온전히 따르는 생활이었다. 어떻게 해야 예수님과 같은 고귀한 생활을 할 수 있을까? 그래서 그는 어떤 사람이든 자기보다 나은 사람으로 여겼고 구르는 돌맹이 하나에서도 진리를 터득하려고 애썼다. 정신 이상자와 어린 아이의 말에도 주님께서 내리시는 교훈이 있지 않나 하여 겸손한 자세로 귀를 기울였다.

이러한 목사님의 덕행과 능력은 전국에 알려져 곳곳에서 집회 인도를 요청 받았는데 가는 곳마다 은혜를 사모하는 이들로 인산인해를 이루었다. 이 목사님의 영적 부흥 운동이 교계의 주목을 끌게 되자 그 명성을 시기하는 무리들이 생기게 되었다.

때마침 일어난 소위 HCM 사건은 반대자들에게 좋은 비방자료를 제공했다. HCM은 원산 출신의 예언자였는데, 그의 예언이 교회의 물의를 일으키고 있었다. 시기하는 무리들이 이 목사님을 그와 한 패라고 몰아 붙였다. 사방에서 온갖 험구, 욕설, 공격, 박해가 조수처럼 밀려들었으나 이 목사님은 끝까지 그들을 용서하고 주님의 사랑으로 감싸 안았다. 그러자 그들은 목사님의 부흥사직과 목사직을 박탈했다. 그때 이용도 목사님은 이렇게 기도하셨다.

"나의 앞에는 죽음 밖에 없노라. 십자가! 나는 그 후에 오는 부활을 믿노라. 내 능으로는 죽을 수도 없고 더구나 순도(殉道)하는 그런 영광을 얻기 감당치 못하노라. 오직 성의(聖意)에 있을 뿐이로다. 나는 세상을 위하여 있지 않고 다만 하늘을 위하여 있으며 육(肉)을 바라고 있지 않으며 다만 영만 위하여 있다. 하늘의 것, 영의 것을 위해서는 곤고나 빈핍이나 수치나 죽음이나 무엇이든 달게 받게 해주소서."

숨은 시절

이용도는 1901년 4월 6일 황해도 금천군 서천면 시변리에서 이덕흥 씨의 셋째 아들로 태어났다. 그의 출생에 특별히 뛰어난 사실이 없었고, 그의 어린 시절에 또한 특별히 기록할 만한 사실이 없다. 그저 평범한 인간으로서 나서 평범한 소년으로 자라났다고 할 것 밖에 없다. 어려서 잔병을 많이 앓고(특히 학질을 언제나 앓았고) 신경이 과민한 편이었고 울기 잘하는 등 보통 이하의 변변치 않은 아이였다. 그래서 부형들은 초저녁에 죽을 아이라고 보았다고 한다.

그런데 보통 학교(초등학교)에 다니게 될 때부터 몸도 좀 건강해지고 두뇌도 발달된 듯하여 학교 성적은 중간 이상이었으며 선생님의 총애도 받았고 친구들도 잘 사귀어 항상 여러 친구를 거느리고 다녔다. 이야기를 재미나게 한다고 친구들이 늘 이야기 좀 들려달라고 줄줄 따라 다닌 일이 있었고 친구들을 많이 모아가지고 시냇가로 가서 군대놀이를 하는 데 항상 대장이 되어 지휘를 했다고 한다.

이렇게 자라나는 아이 용도의 가정 환경을 그리 좋은 편이 아니었다. 부친은 대주가였고 모친은 독실한 기독교신자였음으로 집안은 항상 편안하지 못했다. 불신 대음의 부친은 신앙의 모친을 항상 박해 압제하였다. 그래서 그 모친이 어린 용도의 눈 앞에서 양잿물을 마시려고 한 적도 수차례 있었다. 이렇게 살고 있는 모친은 자녀들을 위해서 눈물의 기도를 항상 드리고 있었다. 이 기도는 여러 자녀들을 다 위해서 올리는 것이었지만, 특히 모친의 기도에 깊은 감화를 받은 아이가 용도였다. 13세 때에 그는 벌써 기도생활을 하였다. 부형들의 말과 용도의 간증에 의하면 13세 때부터 예배당 종각에 올라가서 여러 시간, 혹은 밤새도록 기도를 한 일이 있었다고 한다. 이렇게 기도를 드릴 수 있는 용도는 그 나이 비록 어리나 그 신앙은 벌써 상당한 터 위에 서게 되었다.

1913년경은 우리의 국권이 빼앗긴 지 3-4년째 되는 해였다. 국권을 빼앗기도 또 우리 동포에게서 민족혼을 말살하려는 침략자는 기독교 압박에 갖은 수단과 방법을 이용했다. 특히 교육기관에서 그랬다. 공립학교의 모범 교장이라는 시변리 공립 보통 학교 교장은 기독교를 믿는 집 어린이들을 학대하기로 유명했다. 어느 저녁 용도가 울며 들어와 하는 말이 내일부터는 학교에 안가겠다는 것이었다. 그 이유는 교장이 억척스럽게 믿는 집 아이들을 억압함으로 견딜 수가 없다는 것이었다. 그래서 하는 수 없이 그 형님이 학교에 가서 교장에게 용도의 퇴학원을 내었다. 물론 용도가 학교를 그만 두는 이유도 말하였다. 그랬더니 몇 일 후에 교장이 찾아와서 하는 말이 이제부터 용도에 대해서만은 신앙 문제로 아무 압박을 주지 않을 테이니 학교에 보내라고 해서 학업을 계속하게 되었다. 이것은 용도가 모범 학생이기 때문이었다.

두뇌가 명석하고 예리한 용도는 필요한 때에 필요한 일을 잘 꾸며내었는데, 일을 꾸미는 데 미쳐서 밥도 안먹고 잠도 안자고 그저 미친 사람처럼 생각에 열중하였고, 안이 완성되어 운동에 착수하게 되면 필요한 활동을 주의 깊고 쾌속하게 전개하여 벼락같이 실천하였다. 선전문 등사와 동지 연락 등에 어찌도 민속하고 확실하게 하였는지 후에 알게 되는 부형, 경찰, 법관 등이 모두 혀를 둘러 놀라는 것이었다.

일을 꾸며내거나 어디서 지령을 받아가지고서 대중 앞에 선전을 하는 데 있어서는 그 열변과 그 웅변이 만인을 감탄시키고 도취시키는 것이었다. 그래서 그는 애국적 웅변가로서 알려지게 되었고 경찰에 잡히니 문초를 당하는 것이 아니라, 요령있게 활동해온 보고를 하고 형사들을 권면하고 훈계하는 데 그 말이 어찌나 조리있고 지당한 말인지 형사들이 얼빠진 사람처럼 멍하게 경청하곤 한다는 것이 형사들 입에서 나온 말이다.

그는 언제든지 죄를 혼자 뒤집어쓰고 벌을 혼자 받기를 진심으로 원하였다. 그래서 동지들이 벌을 받지 않게 하기 위해서 결사적으로 노력을 했다. 모 사건에서 이용도와 김종필이 서로 자신이 한 일이라고 혼자 벌을 받으려고 고집하고 경쟁한 일은 한 때 개성 거리에 아름다운 이야기 거리가 되었다.

그는 경찰관과 사법관을 감동시키고 그들에게 칭찬을 받았다. 진실하고 정성되고 뜨거운 웅변가였으며, 오히려 취조하는 입장에 있는 사람이 용도를 동정하고 아끼고 우대하게 되었다. 담당 형사가 잡아 가면서도 감탄하며 특대하기도 했고, 어떤 때는 비밀히 내통하여 도망갈 기회를 만들어 주기도 했으며 개성 경찰서장이 '아까운 학생'이라고 칭찬하였고 검사가 구형하며 울었으며 판사가 언도하며 탄식할 정도였다.

서대문형무소에서 복역할 때에 아름다운 행적이 많았다고 하나, 알 길이 없고, 후일에 같이 있던 죄수의 입에서 말이 퍼지게 되어 알려진 것이 한두 가지가 있다. 겨울이 오니 철갑을 두 손에 밤낮 채워두는 사형수의 손목에는 얼음이 맺혔다. 이 철갑과 얼음에 얼어붙은 손목을 용도는 가끔 자신의 뱃속에 넣어 품어주어서 녹여주기도 했다. 그리고 배고파하는 죄수들에게 자신의 밥을 주고 자신은 고요히 기도하기도 했다고 한다.

기도의 사람

서대문 형무소를 나온 이용도는 곧 송도 고등 보통학교를 찾아갔다. 다시 취학하여 졸업을 하려는 것이었다. 이때 교장은 한층 더 곤란에 빠졌으니 용도는 받을 수도 없고 안 받을 수도 없었기 때문이었다.

그래서 연구하고 애쓴 결과 용도를 신학교에 보내기로 하였다. 이것은 용도를 상급학교를 진학시켜 주는 것같이 보이기도 하지만 사실은 처치 곤란의 학생·전염성 악질 애국병자를 멀리 격리 추방하는 것이었다. 그래서 용도에게는 신학공부를 권면하고 신학교에는 부탁하고 애원하여 용도를 신학교에 입학시켰다. 오직 애국심에 불타고 독립운동에만 열광한 용도는 아직 신학교에 간다는 것은 생각하지도 못하고 있었다. 조국이 독립을 하고 민족이 자유를 얻어야 살지 신학공부 같은 것으로 어찌 나라와 민족을 구할 수 있을 것인가 하는 것이 용도의 생각이었다. 그저 만세를 불러 목을 터지고 찢어버리고 매를 맞아 맞아 살이 다 찢기우고 피를 다 말리우고 뼈가 부서져 가루가 되면서라도 독립운동을 하여 민족의 독립을 달성하는 것이 자신이 할 일이요, 또 그것만이 조국과 하나님이 명하시는 일이라고 생각하고 있었다. 그래서 처음에는 신학교에 가기를 단호히 거부했다. 그러나 교장과 선생들이 하도 권면하고 있고 또 곰곰이 생각해보니 그 끓는 가슴을 촌 구석 어디 가있어서도 식힐 도리가 없으니 '내 주요 뜻대로 행하시옵소서'를 고요히 부르며 눈물의 걸음으로 서울의 신학교로 들어갔다.

산기도

통천읍 백정봉에 들어가 10일간 금식 산기도를 했는데 집에서나 교회에서도 알고 있었으므로 궁금하기는 하나 다른 큰 염려는 하지 않고 있었다. 교회가 일어나서 찾아다니다가 두 사람이 엎드린 것을 발견하였으나 기도를 올리고 있는 것이 확실함으로 누구나 건드리지 않았다. 그래서 10일간의 불식불음 절대 금식의 산기도를 무사히 마치고 하산하였다.

10일간의 산 기도를 드린 후부터의 용도는 전과는 아주 다른 사람이 되었다. 신앙에 자신이 끓고, 전도하여 다른 사람을 끓게 하는 열의있는 전도인이 되었다. 이에 그는 생활하는 사람이라기보다 기도하는 사람이 되었고 말하는 전도자이기 전에 기도하는 기도꾼이 되었다. 그래서 이때부터는 예배당 근처에서 용도를 만날 수 없을 때는 시외로 나가면 산기슭이나 시냇가에 엎드려 몸부림치며 기도드리는 용도를 찾아볼 수 있었다. 이리하여 이때부터는 신앙의 열이 기도 생활을 채찍질하고 기도생활이 신앙의 열의를 대량으로 공급하는 것이었다. 그래서 그는 기도하는 신앙가 능력있는 전도인으로 알려지기 시작했다.

기도에서 예측 못할 힘을 얻은 용도는 그 힘을 다 바쳐 일에 면려하였다. 교우의 가정심방, 노방전도, 우물을 파고 예배당을 자신이 수리하고 병약자를 병원에 업도 다니고 거지를 집으로 데려다가 대접하는 등 복음 전파와 육체노동을 겸해서 심신이 아울러 최대한의 일을 해내는 것이었다.

마귀의 격퇴

모든 일에 최선을 다하는 용도는 기도 생활에 더욱 열중하였다. 산기슭과 시냇가에 엎드리는 용도는 예배당 안에서의 기도에도 더욱 치중하였다. 그래서 용도는 초저녁이나 새벽이나 그 언제든지 때를 가리지 않고 그저 나가 엎드리는 것이었다.

하루를 새벽 3시쯤 되어 자신의 규칙대로 용도는 성전으로 갔다. 이때에 문득 깨달은 바가 있는 용도는 기도하기를 '아버지여 나의 혼을 빼어버리소서. 그리고 예수에게 아주 미쳐버릴 혼을 넣어주소서. 예수에게 미쳐야겠나이다. 미치기 전에는 주를 온전히 따를 수 없사옵고 또한 마귀와 싸워 이기지 못하겠나이다' 라고 하는 것이었다. 이렇게 몇 시간을 지내고 있을 때 크고 까만 몸뚱이에 수족에는 삼지창 같이 검고 날카로운 손톱 발톱이 있고 눈방울은 사발같이 큰 것이 둥글거리고 이빨은 사자의 이빨처럼 앙상하게 드러나고 머리에 큰 뿔이 둘이 있는-사람도 아니고 짐승도 아닌 생전 보지 못하던 무서운 것이 나타나서 머리맡에 서서 용도를 굽어보며 기도를 방해하기를 혹은 웃는 형상도 하고 무섭고 흉측스럽게 우는 형상도 보이며 그 무서운 눈망울을 부릅뜨고 위협도 하고 그 무서운 손을 내밀어 용도를 잡으려고 하는 등 가슴이 서늘하고 소름이 끼치도록 농락하였다. 이것이 용도에게 나타난 마귀였다.

용도는 무섭기도 하고 보기에 끔찍하여 몸을 돌렸다. 그러자 그놈은 또 몸을 움직여 용도의 눈앞에 와서 마주섰다. 그래서 용도는 이리저리 몸을 돌려보았으나 괴물은 계속 와서 마주 서있는 것이었다. 그래서 용도가 움직이면 움직일수록 마귀는 기도를 방해하며 집어 삼킬 듯이 덤볐다.

세상에서 이런 험하고 무서운 것을 처음 보는 용도는 필사적으로 '아버지여 아버지여 아버지여' 라고 울부짖었다. 그리고 마귀를 향해서는 사탄아 사탄아 물러가라고 고함을 지르며 두 주먹을 굳게 쥐고 마귀에게 대들었다. 이때 자세히 보니 이런 마귀들이 성전에 가득 차있고 또 밖에도 많고 그 머리를 창문으로 넣고는 용도를 노려보고 있었다. 용도는 주먹을 들어 마귀들을 쫓느라고 덤벼

들었다.

정열의 부흥사

　요즘 한국교회의 교역자들을 보면 애국심이란 것을 조금도 없으면서 기독교를 전하고 교회를 목회한다고 하지만 이용도는 3.1 운동으로 네 차례나 감옥에 갇혔던 애국자로서 신학교에 가게 된 동기도 애국 운동 하노라고 너무 덤벼 가게 된 것이다. 신학교시절부터 그는 애국심이 신앙심으로 바뀌어 복바쳐 신학생 때부터 부흥회를 인도하며 다니기 시작했다.

　그가 33세에 세상을 떠났으니 오랜 기간을 활동한 것은 아니지만 5년 동안에 100교회 부흥 집회를 인도했고, 한국 뿐만 아니라 두만강 넘어 만주에까지 부흥의 선풍을 일으키고 다녀 소위 용도풍이란 바람을 일으키기까지 한 한국 개신교 역사상 전무후무한 정열의 부흥사이다. 그는 동양적이고 토착적 신비조의 경향으로 개인적으로 하나님 현존과 그리스도와 일치하는 데 깊이 들어가는 체험 신학으로 환상을 본다든지 영음을 듣는다든지 주님의 영적 지시를 느껴 집회 인도와 설교 내용과 말년에는 자신이 오고 가는 출입까지 주님 지시에서 움직였다. 기차다고 여행하다가도 하나님의 지시가 어느 역에서 내리라 하시면 그대로 내렸다.

　그는 또한 넘치는 사랑의 사람으로 고아에게 옷을 벗어 주고 가진 돈은 어려운 사람들에게 나눠주곤 했다. 기도와 설교는 거의 열광하는 사람이었다. 그의 설교 내용이나 편지, 어록에는 '모든 것을 버리자', '미치자', '미치는 것이 우리의 사명이다', '내게 눈물을 주소서', '피 흘리자' 등 극한의 말로 가득하다. 독사 우글거리는 강변에서 기도하다가는 그 길로 강단위로 올라가 미리 준비한 원고도 없이 그 순간 쏟아져 나오는 즉흥적 영감으로 부르짖었다.

　폐병 3 기라는 진단을 받은 죽어가는 몸이지만 강단에 올라가 울려 주먹을 흔들며 소리소리 질러 목이 쉬어 소리가 안 나오면 울며 손수건만 흔들어도 그날 모인 전교인들이 통곡했다.

　신학생들은 이용도 집회에 못 가게 하면 기숙사 창문을 뛰어넘어 집회에 달려갔고, 이용도 집회 새벽 기도회에 참석하려고 사리원에서 해주까지 12명의 젊은이들이 밤새 170리를 걸어와 발바닥이 터지고 물집이 생겨 쉬는 시간에 성냥 찜질을 해주는 광경도 있었다.

　어떤 교회에서는 이용도를 강사를 청해 놓고 집회 날 기차시간에 정거장에 마중 나갔으나 못 만나고 저녁집회에 주인 목사가 나서서 오늘은 강사가 오지 않아 우리끼리 예배를 봐야겠다고 하면 청중 제일 앞에 앉았던 이가 강단에 올라와 제가 이용도입니다 라고 하는 일도 있었다.

　영국 퀘이커파 창시자 조지 뮬러가 설교할 때에도 큰 성경책을 안고 강단에 올라가 영감이 올 때까지 10분도, 20분도 설교 못하고 왔다 갔다 하다가 영감이 내리면 그때는 폭포수 같은 설교를 퍼부었다고 한다. 이용도 목사 설교도 그 시간 하나님의 영감이 임해야 그대로 하고 영감이 내리지 않으면 찬송만 부르다가 그냥 내려와 기도만 한 적도 있었고, 어떤 때는 영감에 도취되어 7시간씩 설교를 계속 하여 집회 인도 도중에 어린 딸이 죽었다는 소식이 와서 못하고 후에 애처로운 시를 쓴 것도 있다.

　　딸 영숙이 사망한 날
　　네가 성하였을 적에 끊어다 놓았던 감으로 수의를 지으니
　　살아서는 못입어 본 옥양목 새감 너 죽을 줄 알았더면
　　숟가락을 팔아서라도 새 저고리 바지
　　그도 안되면 옥양목 새 버선이라도 한 켤레 신겼을 것을

　이용도의 자택은 서울 현저동 산 12번지에 있었는데 이 목사는 집회인도를 마치고 집에 돌아와서는 방문을 열고 가방만 방에 던져놓고는 그길로 인왕산에 올라가 가마니를 쓰고 밤새도록 기도했다. 겨울에 눈이 마구 쏟아져 뒤덮이면 사람이 있는지 없는지 분간하지 못할 정도였다.

이용도의 영향으로 각처에 기도단이 생겼는데 1931년 평양 기도단이 조직이 되고 목회자들 중에도 여기 가담하는 이가 있었으며 이용도 목사 추종세력이 주동이 되어 강력한 영향을 끼쳤다. 이용도의 신학은 그리스도를 중심으로 한 '체험적 신학'(Theologic expermetulis)이라 할 수 있는데 그 최고의 이상이 신비주의자의 그리스도와의 일치 융합에 있다.

이용도 목사에 대한 사모와 칭찬도 대단했지만 그 반면에 이 목사를 중상모략하는 여론이 점점 많아지면서 1931년 3월 재령읍 집회 이후부터 노회와 총회가 시비와 문책을 걸어오기 시작하여 이 목사는 어찌 변명할 도리는 없고 그저 기도와 눈물로 보내는 중 1933년 1월 말에 해주 남보성 교회 집회 인도 중 설교를 끝내고 강단에서 내려와 엎드려 기도하고 있을 때 뒷문이 열리면서 청년들이 달려들어 이 목사를 끌어내어 구타하였다. 사람없는 기도실로 끌고 가 때렸으니 얼마나 맞았는지 알 수 없다. 기도실 밖에서는 여자들이 서서 울기만 하고 이 목사의 벗어진 흰 고무신은 갈기 갈기 찢어져 마당에 내던져져 있었다.

주님의 지시에 의해서만 가고 멎고, 오직 주님이 주시는 말씀을 받아서만 입을 열어 전하고, 오직 주님의 명령에 따라서만 부흥회에 가고 안가는 것을 정하는 것이었다. 이것을 만주의라고 부르기도 한다. 그래서 청중이 많이 모였는데도 주님이 말씀을 주시지 않으면 성경만 낭독하고 단을 내려가서 기도하고 기도만 4-5시간 드리고 집회를 끝내기도 하며 일주일간 작정했던 집회를 말씀이 안오시면 3-5일간만 하고 집회를 끝내기도 했다. 이런 일들이 세상 사람들이 보기에는 별스럽고 노적이나 연극 같고 상대방을 우롱하는 것같이 보이기도 했으므로 세상은 그를 가리켜 괴상한 자, 무례한 자, 독단행동자, 교만한 자라고 하는 것이었다.

그보다도 그런 실천은 자신들은 할 수 없는 일이었으며 내가 못하는 것을 하는 사람을 세상 사람들은 좋아하지 않는 것이었으므로 말하자면 시기와 질투에서 미워하는 것이었다. 세상 다른 것은 다 문제 삼지 않고 오직 주님의 뜻, 오직 주님의 지시에 의해서만 따르고 살고 행동하니 이 세상의 사정과 경우에 따라서 살고 움직이는 이들과는 화하지를 못하고 합하지 못할 것은 당연한 일이었다. 그런데 이용도 목사는 오직 주님과 더불어 살다가 주님에 미쳐 죽었으니 세상이 그를 이해하거나 좋아하지 않고 미워하고 구박한 것이었다.

세상과 갈라서 주님 편에 붙고 오직 사랑, 오직 기도만을 생활의 동력으로 삼은 이용도목사는 이 세상에서 사는 그날까지의 생활을 오직 주님의 뜻에 의해서만 살기로 생활 방침을 다시 한 번 재확정 하였다.

그래서 아침에 일어나서는 주께서 살라고 하시는 대로 그 하루를 살기에 힘쓰고 밤에도 자라하시면 자고 자지 말라시면 자지 않고 밤새도록 기도하는 것이었다. 그래서 그의 이 땅에서의 마지막 해인 1933년은 치욕의 해인 동시에 영광의 해였다. 그는 일동 일정 일거수 일투족을 온전히 주님의 지시에만 절대 복종하는 생활을 했다. 이 세상적 생활 방식이 아닌 이생은 이단이라고 했다.

1932년 말부터 원산에 있어서 담벽도 못보고 천정도 못보고 그저 엎드려 기도만 드리던 용도 목사가 일어나 앉으며 얼굴을 드는 날이 왔으니 그것은 주께서 평양 방면에 가서 전도를 하라고 하는 지시가 있었기 때문이었다. 그래서 1월 말에 그는 평양에 도착하였다. 이때 신양리 교회에서 3일간 회중교회에서 10일간 집회를 인도하였으니 평양으로 가라고 하신 주님께서 이 두 교회의 강단에 서라고 하셨던 때문이었다.

어느 저녁에는 목사님이 기운이 다 빠지신 듯한데 안수 받으려는 사람이 너무 많이 모여들기에 내 가슴이 아파서 목사님께 '오늘 밤은 안수기도는 그만두고 돌아가자'고 하니 엄연한 태도로 '이거 내가 하는 것이 아니올시다. 주께서 하시는 일이니 주님의 지시나 명령이 있는 한 내가 숨지는 순간까지도 하다 죽어야 한다'고 했다.

평양에서 이렇게 집회를 인도하신 목사님은 곧 이어서 안주읍에 가게 되었으니 이것도 주님이 가라고 하시는 지시에 의한 것이었다. 용도 목사에게 가라고 명하시는 주님께서는 용도 목사를 불러 오라는 지시를 안주 사람에게도 내리셨다. 그래서 갈 사람은 가게 하시고 부를 사람을 부르게 하신 역사가 그를 안주에 오게 하셨다.

　안주에서 기차를 타신 용도 목사는 어디에서 내릴 것을 생각하지 않고 있었다. 그런데 차중에서 기도하는 중에 '용도야 이번에는 한번 고향에 가서 부모님께 인사를 드려라' 라는 지시를 받게 되었다. 그래서 금교역에서 내려 시변리 본가로 갔다. 부모님 곁에서 하루 밤을 잤는데 이것이 용도 목사가 이 세상에서 마지막으로 고향을 방문한 것이 되었다.

　부모님 곁에 누워 이용도 목사는 밤새 여러 가지 생각에 잠겨 역시 기도로 밤을 새웠다. 어찌 이날 밤의 그의 감상과 감회를 이 세상의 붓과 종이가 충분히 기록할 수 있겠는가? 그는 새벽 일찍 일어나서 또 길을 떠났다. 이번에도 해주 방면으로 가서 집회를 열라는 하늘의 지시가 있었기 때문이었다.

　내가 나서 자란 고향집을 마지막으로 왔다가는 용도는 집 문을 나설 때 눈을 감고 기도하며 나섰다. 다시 뒤를 돌아보지도 않고 눈을 뜨지도 않았다. 눈을 감고 기도하며 자동차에 올랐다. 금교역에서 서울행의 기차를 탈 때와 서울역에서 경의선 북행차를 탈 때도 눈을 감고 탔고 토성역에서 행주행의 기차를 탈 때도 마찬가지였다.

"주여!" 사건

　이렇게 항상 주여 주여 하며 부르던 이용도 목사에게 한 문제가 생겼으니 '주여 사건' 이란 것이다. 혼자서 주님께 올리는 기도의 말씀이 사건이 되고 그것이 말썽이 되고 많은 사람의 입에 오르내리게 되었다는 것은 우스운 비극이었다.

　1932년 가을 용도 목사는 동해안(금강산) 방면에 집회 인도차로 갔다가 돌아오는 길에 원산에 들렀다. 이때에는 금강산 동쪽에 여행을 하려면 경원선 철도로 원산까지 가서 거기서 보도로 동해안 노선을 통과하는 길밖에 없었다. 원산에 들른 용도 목사는 원산에 있다는 기도의 동지들을 찾아보기로 했다.

어떤 집에 이르니 기도의 동지라는 이들 7-8인의 남녀가 모여 있었다. 용도 목사의 방문을 받은 동지들은 예배를 드리기로 했다. 찬송을 부른 후 기도가 시작되었다. 통성기도가 한참 진행되었을 때 음성이 들렸다. 용도 목사 곁에 앉았던 여자의 입에서 "용도, 너는 주님을 위하여 교회를 위하여 좀 더 충성하고 좀 더 고생을 당하여라"고 했다. 이 때 용도 목사는 울음을 터뜨리며 "주여! 저는 죄인이로소이다. 주님을 섬긴다고 하면서 가식 밖에 없어 복음을 전한다고 하면서도 게으름과 대접 받는 일 밖에 없었나이다. 이 죄인을 용서하시고 눈물과 땀을 주시어 주님과 교회를 위하여 죽도록 충성하게 하소서"라며 울음 섞인 기도를 계속했다.

이 날 이 기도회의 이 사실이 문제가 되고 사건화된 것이다. "용도 목사는 여자보고 주님이라고 했다. 사람 앞에 엎드려 주님이라고 했다. 정신이상자다. 이단이다" 등, 별의 별 비평과 험구와 망담으로 욕하고 때리는 것이었다. 여기서 긴 말로 논평이나 해명을 하지 않고 성경과 교회 사상의 예를 한 두 가지 들기로 한다.

임종

세상을 떠나기 3일 전에 모든 사람을 불러 모아 "내 눈을 보십시오. 죽는 자의 눈이 이런 것을 보았습니까? 사람이 영생한다는데 모두들 죽는 이야기만 하니 이 무슨 어리석은 생각들입니까? 영생을 믿으시고 죽는다는 말은 그만 둡시다"라고 하였고, 곁에 있던 형님 용채씨에게 "주님은 생명을 사랑하십니다. 그러니 형님, 형님의 손발을 자르면서라도 생명을 구해주세요. 주님은 영원한 생명을 사랑하시니깐요"라고 하였다. 그리고 호빈 목사에게는 "형님 처자를 없는 듯이 하고 주님만을 위해 사십시오. 제가 하던 일을 뒤이어 해주세요"라고 했다.

저녁 4시가 지난지도 오래였다. 환하게 그 얼굴에 광채가 나타나며 눈을 번쩍 뜨시더니 목사님이 함께 찬송을 부르자고 하며 손으로 박자를 맞추었다. 잠깐 후에 다시 고요히 눈을 감더니 목이 마르다고 표시를 하였다. 그래서 각 사람이 모두 한 모금씩 떠 입에 넣어드렸다. 마지막 숟갈이 물을 그 입에 넣을 때 그것을 겨우 받으신 목사님은 벌써 마지막 숨을 거두시는 것이었다. 1933년 10월 2일 오후 5시 주의 사자 이용도 목사는 33세에 천국을 향하여 이렇게 세상을 떠났다.

  조국과 동포를 사랑하여 일생동안 눈물과 땀을 한없이 쏟고 주님과 죄인을 사랑하여 모든 것을 바치고 다 빼앗기신 애국 성도 이용도 목사는 33년, 그의 나이 33세에 세상을 떠났다는 것은 그 33인과 그 33세를 연상하면서 그들의 생애를 길이길이 명상하고 본받으라는 그 어떤 교훈이 내포되어 있음을 알려주는 듯하여 가슴을 두근거리게 하는 바가 있다.

2. 어록

I

오! 형제여 나는 죽기를 오래 바랐으나 아직 죽지 못하였나이다. 나는 아직도 세상 편에 살아 있나이다. 내가 미쳐야겠고 내가 죽어야겠나이다. 주만이 나의 힘이요, 위로요, 소망이요, 수단이요, 방법이요, 생명이외다. 죽으라면 죽고 살라면 살고! 이렇게 되기를 원하나이다. 주를 모르고 사는 것보다 주를 알고 죽기 원하나이다. 주는 곧 길이요 진리요 생명이올시다. 이것을 모르고 삶은 저주요 이를 알고 죽음은 곧 영생이니이다.

오! 형제여 나를 칭찬하지 마소서. 적은 마음의 소유자, 악성의 소유자가 교만하여 떨어질까 두렵소이다. 나는 다만 죄인 중에 하나외다. 나는 다만 주를 위하여 미치려고 하는 마음 하나 밖에 없는 말세의 종이외다.

그리하여 흠뻑 미쳐 가지고 세상에 나와야지 지금 꼴로는 도무지 주의 도를 전한다고 거리에 나다니기가 부끄럽습니다. 아주 미칩시다. 예수에게 아주 꼭 미쳐 물불을 헤아리지 않는 성광(聖狂)을 이룹시다.

보는 눈, 듣는 귀, 말하는 입, 글 쓰는 손, 느끼는 맘 다 주를 빼놓고는 사각이요 화석이었노라. 다만 주를 위하여 움직여서만 하늘을 흔들고 땅을 주름잡나니 그 가운데서 인간들도 옛 사람에서 죽고 새 사람의 탄생이 있었느니라. 모름지기 너는 주님만이 너의 전체가 되라. 너의 이것 저것은 주님을 위하여 쓰여야만 의미가 있었고 생명이 있었느니라. 시를 지으려는 노력을 그만 두고 주를 섬기고 진리를 사랑함에 미치라. 그리고 네가 일찍 그 시제를 주께 바쳤으면 네게 진리를 주어 시로 지어서 바치라 할 것이었느니라. 주께서 받아 주께 드리는 그것만이 참된 생명있는 시였으니 주는 곧 진리요, 생명이요, 인간이 밟을 바 도이었음이라. 진리와 생명과 정도를 떠난 시의 무용아. 구역질나는 것이었노라.

세인이야 욕을 하든 바보라 하든 '시대에 뒤진 자'라고 하든 탓하지 마시고 이제야 찾을 길을 향하여 미쳤다는 소리를 듣기까지 돌진하소서. 거기서 천국이 무엇인가를 알게 되리이다.

형님을 생각할 때 바울과 선다싱을 연상하게 됩니다. 미치도록 철저히 영과 진리의 나라로 쑥 들어가사이다.

더 들어가고 더 들어가 아주 광인의 지경까지 들어가서 바울 베드로, 스데반의 뒤를 따라 죽음, 박해도 달게 받고 모든 난관을 헤치고 새로운 주의 빛, 곧 봉화를 들고 일어서기 바라나이다.

원컨대 너는 시인이라기보다 진리의 파지자, 예수 숭배자, 천적광인이 되라.

하여간 미치자! 크게 미치자! 그 후에 쓰게 되면 쓰고 부르짖게 되면 부르짖고 침묵하게 되면 돌같이 고요할 것이요! 어쨌든 진리에 미치는 것만이 우리의 급무였나니 무엇을 나타내려고 함은 이곳 허영이니라.

형제들이여! 주께서 허락하신 영을 '아멘' 받으소서. 오! 이 영을 받으소서. 그리고 미치소서. 세상에서는 미친 사람이 되고 주의 앞에는 똑똑한 사람이 되사이다. 세상과 우리는 주검과 주검의 관계로 지내고 주님과 우리와만 산 관계를 맺읍시다.

내가 욕을 먹어도 주를 위해서요, 아편장이 광인의 천대를 받아도 이는 주의 이름을 단함이오니 축복이올시다. 골고다의 길! 이 길이 나의 길이었으나 나는 아직 초학입덕지문에 있는 자올시다. 어서 의에 돌진하여 욕과 주검을 벌어야겠습니다.

II

나는 앞에 죽음 밖에 없노라. 십자가 나는 오직 그 후에 오는 부활을 바라노라. 이 육에 속한 채(体)는 온전히 죽여버리고 영에 속한 채로 바꾸려 하노라. 이것도 성의를 기다릴 뿐이로라. 내 능으로 죽을 수도 없고, 더구나 순도라는 그런 영광을 감당치 못하노라. 오직 성의에 있을 뿐이로다.

III

그런 고로 만일 나의 본업, 신앙에 상함이 된다고 하면 상업도 버릴 것이요, 농업도 버릴 것입니다. 다 잃고 다만 신앙만 붙들고 죽어도 좋으니 이것이 영생이 되는 까닭입니다. 전도도, 기도도 이것이 신앙의 도움이 되지 못하는 것이면 이는 무익할 뿐 아니라 유해한 것이 되는 것입니다. 그런고로 그런 것을 신앙을 기인하여 가지고 하지 않으면 이는 죄요, 신앙을 위하여 하지 않으면 이는 무익한 것이올시다.

IV

아! 주는 나의 오묘요, 신기입니다. (오래동안 집회인도에) 목은 꼭 잠겼으나 통역을 세워 토화하게 되니 성신의 맹렬한 역사가 일어났다. 나는 말을 할 수 없노라 입 밖으로 나오지 않는 하나님의 말씀-곧 나의 설교는 나의 중심에 가득히 서리어 있노라. 중심에 있어서 나를 괴롭게 하노라. 나는 말로 할 수 없어 괴로워하노라. 나는 말로 할 수 없어 눈물만 흘리노라. 이 눈물은 오늘의 나의 설교라. 나는 중심에 있는 말을 다 하지 못하여 전신의 힘을 모아 쥔 손을 드노라. 들은 손은 곧 나의 설교로다. 나는 말할 수 없으매 엎드려 기도하노라. 이는 곧 나의 설교로다. 나의 등에서 흐르는 땀은 여러분을 위한 나의 진실한 설교로다.

보라 말이 없는 예수를! 그러나 그 말없는 위대한 설교를 들으라. 겟세마네 동산에서 흘릴 피땀과 더운 눈물은 모든 인간의 영에 호소하는 예수의 진실한 설교이다. 골고다에서 지고 있는 그 십자가는 예수의 설교, 곧 모든 인간에게 외치는 하나님의 설교로다. 가시관을 쓰고 흘리는 이마의 피와 땀은 예수의 진실한 설교가 아닌가? 아! 이 설교를 들으라. 나의 말은 귀에 호소하는 설교지만 예수의 십자가는 인간의 영에 외치는 설교로다.

김인서(金麟瑞) 씨에게

10월중

인형의 편지는 참으로 혜서(惠書)로소이다. 문서 전도 실현을 기뻐하며 이에 주의 축복이 더욱 더 많이 있기를 바랍니다. 영화란(靈化欄)에 대한 책임은 너무 무거운데요.

형이여, 나를 어느 시기까지 용서해 둘 수 없나이까? 나는 이 문서 전도 운동의 필요를 절실히 느끼면서도 그 지면에 정명 진출에 있어서는 나는 문제입니다. 지명이 맘에 폭 들고 삼강도 잘되었습니다.

차지(此誌)에 대하여 ①너무 굉장하기를 기치 말고 단순에 착안 할 것; ②너무 이론 투쟁에 기울어지지 말 것; ③면수도 많지 않음이 좋을 듯; ④지대는 십 전 내지 십오 전이 가할 줄 압니다.

인형의 수고가 많을 것을 아오매 주께 간구치 않을 수 없나이다. 황해 노회의 나에 대한 처분설은 일변 놀랍고 일변 우습고 또 감사한 일이외다.

나의 무교회주의설에 있어 나는 변호하고 싶지 않습니다. 변명할 여지 조차 없지요. 교회 안에 있는 자는 벌써 무교회주의자는 아닐 줄 압니다. 나는 내 교파의 상부에서 파송하는 대로 순종하기로 하고 또 지금도 그래도 하는 사람입니다.

1. '재령교회의 불영접을 훼방한다'는 것이 흠을 잡으려는 편에 말거리가 된 듯도 합니다. 나는 그 교회를 훼방하는 데 본의가 있지 않고 오늘날 온 세상의

교회가 외형으로만 사람을 보는 것과 형식에는 능하되 의와 인에는 먼것을 경계하여 거지라도 주님과 같이 아희라고 선지자 같이 대접할 겸비에 들어가서 진실로 의와 인에 움직여 살기를 바라서 한 예를 드는 데 불과한 것이었습니다.

2. 사리원 자매들의 무고 평양 집회와 서신 왕복에 관하여는 잘 알 수 없고

3. 소등 기도! 이는 큰 문제가 될 것이 없지요. 무교회주의자는 소등기도 하나요? 대게 강설을 마치고 은혜에 대하여 간절함이 없는 자는 다 가게 되고 특별히 열의 있는 이가 남아있어 각개가 기도할 때에 흔히 그러하였던 것인데, 그것은 기도자리에 남아있는 자 중에는 체면상 돌아갈 수 없어서 앉아서 시간이나 채우려고 하는 자가 있었는바 그들은 그냥 꼿꼿이 앉아서 남의 기도하는 모양만 보고 또는 이야기하고 기도하는 태도에 대하여 비평거리를 찾고 있는 것이 있었음에 그들을 위하여 차라리 그 눈에 아무 것도 볼 수 없어지면 혹 눈을 감고 기도를 하게 될까 하는 바람에서 그러하였고 또는 연약한 자들은 옆에서 가람이 보고 이야기하는데 끌려서 용감스럽게 기도하지 못하는 것 같은 때가 많이 있었음에 저희에게 도움이 되기 위하여 그리하였고 또 나는 나의 경험상 어두운 가운데 나가서 늘 기도하는데 그 어떠한 기괴한 공포와 싸우다가 이를 이기는 성령의 힘을 얻는 경험 또는 눈감고 기도하는 데서 더울 주님을 일심으로 바라 볼 수 있는 것, 나는 눈을 감고 기도합니다. 대게 일반이 그렇습니다. 소등은 눈뜨고 겉으로만 도는 자로 하여금 눈감고 암실에 들어가게 하는 일이었던 것입니다. 그러나 이 모든 이론도 지금에 와서 이유를 말하라니까 이런 듯 하다는 것이지 그때는 그저 즉각적 어떤 움직임에 따라서 그리했던 것밖에 아무 것도 없으며 무슨 계획적 나의 방법은 아니었습니다. 그래서 이것이 나에게 있어서는 조금도 문제가 안됩니다. 그러나 소등하고 한다고 해서 무교회주의라고 하는 그 미련함에는 일소와 일루가 없지 못합니다,

예수다!

예수다! 우리의 신앙의 초점은 예수다!
소망에도 예수요 인내에도 예수요.
기도에도 예수요 찬송에도 예수다
떠들어도 예수요 잠잠하여도 예수뿐이다.
생시에도 예수! 꿈에서도 예수! 잠꼬대에도 예수!
먹어도 예수요, 입어도 예수요
자도 예수요, 일하여도 예수다!
우리 생활의 중심 초점은 예수뿐이다.

오- 예수는 곧 우리 모든 것의 모든 것이요
또 우리의 생명이다. 만일 사람이 온 천하를 얻고도 이 생명을
잃어버리면 아무 이익도 없게 되는 것이다.
우리의 생명이신 예수여
당신이 없이 우리는 살지 못합니다.
우리의 진리이신 예수여
당신이 없이 우리는 알 수 없습니다.
우리의 길이신 예수여
당신이 없이 우리는 행할 수 없습니다.
우리의 길이요 진리요 생명이신 예수여!
영원히 우리와 같이 하여 주옵소서.

하여간 미치자

원컨대 너는 시인이라기보다 진리의 파지자 예수의 숭배자 천적광인이 되어라. 그 후에 너의 너 됨이 시에 나타나든지 사진술에 나타나든지 그것은 문제 삼을 것이 아니니라.

本來淸狂終無改 夜月鐵窓且歌

이 시가 아름다운 것이 아니라 이렇듯 나타낸 그 영의 광증이 기묘한 것이 아닌가? 하여간 미치자! 크게 미치자! 그 후에 쓰게 되면 쓰고 부르짖게 되면 부르짖고 침묵하게 되면 돌같이 고요할 것이요, 어쨌든 진리에 미치는 것만이 우리의 급무였으니 무엇을 나타내려고 함을 이 허영이었느니라. 생명은 나타나는 것이니 나타냄을 받는 것이 아니니라.

형제들이여 주께서 허락하신 영을 '아멘' 받으소서. 오, 이 영을 받으소서. 그리고 미치소서. 세상에서는 미친 사람이 되고 주님 앞에서는 똑똑한 사람이 되사이다. 세상과 우리와는 죽음과의 관계로 지니고 주님과 우리와만 산 관계를 맺습니다.

아주 미칩시다. 예수에게 아주 꽉 미쳐 물불을 헤아리지 않는 성광을 이룹시다. 하루는 새벽 3시쯤 되어 자신의 규례대로 용도 목사는 또 성전으로 나갔다. 이때에 깨달아지는 바 있어 그는 '아버지여, 나의 혼을 빼어 버리소서. 그리고 예수에게 아주 미쳐버릴 혼을 넣어 주소서. 예수에게 미쳐야겠나이다. 예수에게 미치기 전에는 주를 온전히 따를 수 없사옵고 또한 마귀가 싸워 이기지 못하겠나이다' 라고 기도하는 것이었다.

형제에게 권하노니

이제 나는 나의 형제에게 권하노니 너는 아무것도 되려하지 말지어다. 네가 무엇이 되어 필요할지 아니 무엇을 만들어 달라고 요구도 세우지 말지어다.

나님은 벌써 너에게 대한 충분한 설계와 심산이 있었나니, 너는 다만 전체를 그에게 맡기고 다만 그가 부절히 너에게서 일하시기만 기다릴 것이었나니라. 주께서 충분히 주무르시어! 무엇이든지 너는 되지 않지 못하리니, 그때에 무슨 일들이 명명될지 알 자가 없었느니라. 그럼에도 불구하고 무엇이 될지 알지도 못하는 흙덩이를 갖다 놓고 스스로 이름을 지어 붙여가지고 나는 이것이 되겠다고 하는 자여! 네 얼마나 어리석은 자임을 알지 못하겠는가? 너는 될 대로 되리라. 무엇이든지 하나 되리라.

주께서 완전히 맡겼으면 주의 그 정신을 나타낼 무슨 그릇 하나는 분명히 될 것이니라. 혹은 목사 장사꾼, 직공, 걸인, 미치광이, 전도자, 아무개 아버지, 혹은 아무개 어머니, 최권능, 무교회주의자, 이단자 등 그 외에 많은 이름들! 무엇이든지 주께로부터 너에게 오는 이름 하나를 허락하시고 그 이름을 통하여 당신의 영광을 드러내실 것이라.

나의 노래가 있음은

나의 노래가 있음은

나의 노래가 있음은 그를 위함이요

나의 눈물이 있음도 오로지 그를 위함이로다.

나의 전체는 그를 위하여 있어 비로소 생명이 있음으로써이외다.

보는 눈, 듣는 귀, 말하는 입, 글쓰는 손, 느끼는 맘,

다 주를 위하여 움직이어서만 하늘을 흔들고 땅을 주름잡나니

그 가운데서 인간들도 옛 사람에서 죽고

새 사람의 탄생이 있었나니라.

모름지기 너는

주님만이 너의 전체가 되라

너의 이것저것은 주님을 위하여 쓰여져서만 의미있었고

생명이 있었나니라.

6.
다산 유영모

우리가 뉘게로 가오리까
공자에게로 가오리까?
석가에게로 가오리까?
우리가 돌아갈 곳은
예수의 품 밖에 없나니

왼쪽으로부터 현공완, 유영모, 김흥호, 함석헌

1. 유영모

사상

　유영모 선생의 사상은 그가 너무도 아는 것이 많은 대학자인 고로 불교와 유교에도 진리가 있다고 지적하면서 그들(석가나 공자)도 소선지역(小先知役)이나 된다고 너그럽게 불교를 이해하고 있다. 그러면서도 불교인의 질문을 받을 때에는 극구(極口) 기독교를 변호하고 있다.

　유영모 선생의 사상은 타력주의(他力主義)와 사람은 신이라는 불교 사상은 자력(自力), 내가 곧 부처다(自燈明). 이 두 가지는 결국 일치할 수 있지 않겠느냐는 것이 유 선생의 의견이다. 그러나 말년의 유영모 선생의 사상은 기독교로 돌아서면서 "우리가 뉘게로 가오리까? 뉘게로…불교로? 유교로? 아니다. 그리스도에게로 밖에 돌아갈 데는 있을 수가 없다"고 했다.

　유영모 선생은 광주 방림의 동광원에서 두 달 동안이나 계속 머물며 히브리서 강해를 하면서, 그가 옛날에는 잘 안 부르던 찬송가도 수녀들 보고 부르라고 했으며, 좋다고 하며 더 부르라고 했다. 그의 신앙에는 전에 보다 많은 변화가 왔다. "이 세상 것은 다 허무요 주님만! 그리고 오는 세상만이 참이라." 매우 복음적 신앙, 절대자에 대한 열렬한 신앙을 갖고 있었다.

　80 고령에도 여전히 일일식(日一食)이오, 종일불와(終日不臥), 차를 안타고 수 십리 길을 다녀와도 물 한 모금도 마시지 않는다. 성모경이나 봉헌경도 좋아하지만, 주기도는 기도 중의 기도로 암송했다.

유영모

유영모 선생을 모르는 사람이 없을 줄 알지만, 더 재미있게 표현한다면 함석헌 선생님의 선생님이라면 좋을 것 같다. 정주 오산학교의 교장이었다는 것만으로도 그럴 수 있지만, 함 선생 같은 훌륭한 선비들이 유 선생님을 선생님이라는 분이 수두룩하니 선생님의 선생님이란 말이 조금도 어색하지 않은 것이다.

나는 열아홉 살에 삼각산 향리원에서 '이' 철학을 강의하시는 유영모 선생님을 처음 만났다. 신의주에서 이기선 목사를 평양 모란봉에서 김린서 장로(당시)를, 그리고 서울 삼각산에서 유영모 선생을 만나 봤을 때, 이제 지도자는 그만 구하고 이분에게 무엇이든 좀 배워야겠다고 생각했다.

한번은 방수원 씨가 망우리에 문둥병 환자를 수용하고 유 선생님을 모시려고 했을 때, 처음으로 트럭에 타면 타신다고 자기의 주장을 굽혔던 일이 있었다.

"자, 이 안으로 들어오세요. 이 안으로…운전대 가까이로 들어오시라니까."

"자동차에도 윗목, 아랫목이 있나?"

아랫목 때문에 얼마나 절감하게 토론했던지 모른다.

"그는 아직 생존해 계시니까." 그가 신앙을 고백한 것은 불경과 사서삼경을 다 탐독한 후 성경을 읽으시고 비로소 주님이야말로 "한나신님"이라고 무릎을 치고 입신하셨다니, 그 신앙이야 말로 완전무결하게 관념적이 아닌 것은 물론 하나님 사상의 또 하나의 표현 "한나심님"은 한국산 기독관으로는 유일한 것이리라.

그의 이 철학 강의는 하늘에서 땅에까지 드리운 진리여서 무척 길기도 했었다. 그러나 그의 교훈은 가루속의 누룩이요, 포도넝쿨의 줄기여서 씹고 또 씹어도 그 감미는 다할 줄 몰랐으며, 그의 생활은 하나에서 열까지가 교훈이어서 진퇴기복의 그 어느 하나도 진리 아닌 것이 없는 진리주머니라고 해서 과장일까? 광음을 아껴서는 하루 한 끼를 잡수시며, 40년 기계문명에 반함해서는 어딜 가나 걸어가셨고, 70 평생을 나이를 년수로 계수하지 않고, 하루하루 날짜를 계수하였고, 항상 공부하시어 천문지리는 물론·동서양 철학과 성경에 무불통달한 정말 이른 바 그를 석학이요, 현자라고 해야 할 분이다.

하루는 고아원을 경영하는 어떤 여사의 초청으로 유 선생님과 단둘이 식객이 되었던 일이 있다. 진수성찬은 상다리가 부러질 정도였다. 새벽마다 지구를 사타구니 밑에 깔고, 우주를 한 바퀴씩 산책하시는 지가 벌써 내가 듣기에도 20년이 넘으니, 우주시대 전에 우주 산책을 시작하신 명상인이며 산이란 산, 바다란 바다는 이름과 높이와 깊이를 기억하시는 위대한 지구인 유 선생은 또한 가장 작은 우리네의 애끓는 모임에도 편상화 끈을 졸라매시고 몇 시간을 걸어서 찾아와 주시는 사랑의 순례자이기도하다.

그는 현동완 씨를 사랑했다. 그리고 한국의 프란시스 이현필 씨를 사랑하였다. 지금도 함석헌 씨를, 김용기 장로를, 이일헌 목사를, 이루 헤아릴 수 없는 지도자들을 사랑하고 있다.

어떤 날 나는 그 분을 난지는 소년 촌에 최남선 씨와 함께 모셨던 일이 있다. 밤이 새도록 한방에서 두 분이 주고받으신 말씀은 아까워서 혼자 갖고 있기가 두렵다. 그러나 그날 밤 두 분이 어찌나 코를 지독히 고는지 함께 자던 사람들이 모두 이불을 둘러지고 쫓겨나던 일도 잊을 수가 없다.

최남선 씨는 벌써 갔다. 유 선생님의 날수도 삼만 일이 가까워 온다. 당신은 범신론자가 아니냐고 철없이 대들던 과거를 청산하고 그의 밑에서 좀 더 포근히 말씀을 들을 기회를 가지고 싶어 하는 것은 나 혼자의 욕심만은 아닐 듯하다.

그의 모습

유영모 선생을 가장 잘 이해한 이는 이현필 선생이었다. 그가 한국에서 나지 않았더라면, 간디같이 위대한 분이 되었을 것으로 보였다. 동정(童貞) 사상에 있어서도 유 선생의 주장이 이현필 선생께는 흡족했다. 이현필이 평소 존경하는 김상돈이나 김재준 이상으로 존경했다.

정인세 선생은 23세에 예수를 믿고, YMCA에 유도 배우러 다닐 때, 유선생이 노자(老子) 강의하는 것을 듣고 반해서, 그 이후로 계속 스승으로 모셨다. 더구나 한글 학자인 유 선생을 애국심에 불타던 정 선생은 더욱 존경했다. 그 때 중앙Y 총무인 현동완도 유 선생을 몹시 존경하고 서로 늘 손잡고 연애하듯 따른 사이였지만, 때론 서로 격론을 벌이기도 했다. 유 선생 보고 성경을 읽으라고, 성경을 강해하라고 늘 꾸중한 것은 현동완이었다.

유 선생 기행(奇行)이 많은 중 자기가 살아온 나이를 날수(日數)로 계수하는 분들이 있었는데, 장성군 소록 이신(里申) 공도 그런 분이었고, 유 선생도 그런 분으로 현동완 총무도 같은 그룹이었다. 한번은 유 선생을 만나 그 동안 서로 살아온 날수를 계수 한다는 것이 서로 알려지자, 서로 손잡고 반가워했다. 현동완도 같이 기뻐했다.

유 선생이 동광원에서 강의할 때면 이현필 선생은 곁에서 열중해 듣다가 어려운 데는 다시 해 달라고 부탁했다. 그러나 동광원의 식구들의 평은 너무도 어려우니 "그건 선생들의 강의"라고 했다. 이 선생은 찬송도 곡조가 틀리면 꼭 지적하고 시정시켰다.

세종대왕이 "훈민정음"을 내실 때, 그는 얼마나 애썼는지 침식을 잃었다. "백성이 제 글을 갖지 못한" 안타까움에서 그는 이 글을 내신다고 했다.

세종대왕과 이순신은 비록 예수는 몰랐으나, 성인에 가까운 분 들이었다. 특히 한글의 기본은 '•', 'ㅡ', 'ㅣ' 3자를 기간으로 해서 됐는데, "•"는 하늘, "ㅡ"는 땅, "ㅣ"는 사람, 즉 "天地人"이란 사상 속에서 시작된 글이다.

유영모 선생은 "•"발음을 [이오]로 했는데, 사실은 분명한 발음보다 목 속에 그 기분 먹는 자세이다. 그리고 십자가 풀이를 하실 때는 십자가란 말은 적당한 우리말이 아니니 "十"자가 고추와 가르니 [고춧가루](맵다)라 하던지 [ㅡㅣ•]로 하던지 해야 할 것으로 의견이었다.

하나님 앞에서는 우리가 어린아이처럼 놀아야하고 기도하는 형식은 엎드려 말하는 자세는 시정해야 한다고 했다.

정음(正音)

一空放能得而其貴
本意見出不言旨
日過成歲日目明
課致至誠耳聖
正音說敎何必宗

요란하게 떠드는 것이 아니다. 마귀가 떠드는 것이지, 성신이 계실 수 없다. 떠드는 것뿐이지 뜻이 없다. 정음(正音)이 아니다. 종지(宗旨)가 무슨 종지인가! 종지를 내세우는 것도 우상이다. 꼭 바른 소리 설명만 하면 된다. 하나님 뜻으로 볼 수 있는 기본의 見「本意」에는 불언지(不言旨), 맛이 어떻다고 새콤하다던가, 달콤하다던가 말할 것 없다. 밑 둥의 뜻이 나오는 데는 불신지(不言旨)이다. 날짜가 지나가면 해(歲)를 이루어 그러는 동안 자기도 모르게 눈이 밝아진다. 예수께서 "너희가 본다 함으로 죄가 그저 있다." 보는 눈, 속에 있는 눈, 課(꼭 꼭), 致(할 것을 하면), 지성(至誠)한다. 속에 말 듣는 귀가 점점 더 거룩하게 된다. 알자고 하는 것이 시작이니 " · "(아)가 시작, 아버지는 "알고 보자는 것."

삼만 일(三萬日)

유영모 선생은 26세 때 23세 신부와 결혼했다. 유 선생 82세가 되어도 두 분 다 무병 건강하였다. 유 선생의 문중에 그렇게 장수하는 사람은 없었다.

83세 살고 50일을 더 살면 날 수로 3만 일을 산다. 모세의 기도에 자기 날 수를 헤어보면서 살라고 했다(시 90:12). 영원한 생명에 들어가려면 지상에서 자기 날짜수를 따져봐야 한다. 이 세상에서 나서 3만 일 구경하기란 쉽지 못한 일(강의하던 때 기준)이다.

29735일(어제까지 산 것) +265일 = 3만 일을 채운다. 이제 남은 날짜 수 265일이다. 해(太陽) 떠오르는 것을 3만 번째 봅니다. 하나님께 감사한 것뿐입니다.

작대철학

해방 직후 1946년 경 내가 서울 어느 신학교에 재학 중이었는데, 한번은 학생회에서 특별강사로 작대철학자니 한국의 공자니 별명 듣는 이를 초청해 신학교 강당에 모였다. 그날 강당에 나선 강사는 보기에 키는 작고 허름한 옷을 입고, 인품이 초췌한 분이었다. 그는 칠판에 작은 선(線)을 그어 놓고는 연방 "(이- 이-)" 하고 있었다.

신기하기는 하지만 무엇을 말하고 있는지, 그날에 내가 들은 소리가 무슨 이야기였는지 나는 하나도 모르겠다. 그것이 내가 유명한 작대철학자 다석(多夕) 유영모(柳永模) 선생을 처음 본 날이다. 그 후에 어느 친구 말에 유영모는 기도할 때에 "아버지"(아바디)란 이름만을 반시간이나 부르는 것으로 기도했단 이야기도 듣고 한번은 친구와 함께 삼각산 비봉 밑에 유영모 선생 댁을 방문해 봤는데 안 계시고 마당에 기르는 양봉에 친구가 팔을 쏘이고 되돌아 나오는 길목에서 유 선생을 만났다.

아마 서울 YMCA에 강의하러 갔다 오시는 길인 듯했다. 바지저고리에 도보로 걸어오고 있었다. 인사만 하고 헤어졌다.

청소년 시절

유영모 선생 어렸을 때 이야기는 자세히 알 수 없으나, 어머니는 삯바느질로 집안 살림을 도왔다 하고, 삼형제가 있었는데, 동생이 "영철"이요, 여동생이 하나 있었다.

예수 믿기 시작한 것은 1905년 15세 때 서울연동교회에서 세례를 받았다고 한다. 일본으로 유학가서 동경 물리학교에 1912년 9월부터 1913년 6월까지 1년간 다녔다. 이 학교는 정칙학교(正則學校)로 대학에 들어가기 전에 준비하는 학교다.

일본에 있는 동안에 그 때 한국 학생들이 많이 따라 다니던 일본이 예언자라고 유명한 무교회주의자 우찌무라간죠(內村鑑三)의 모임에 가서 그의 성서강의를 들었다. 우찌무라는 일본 기독교인의 대표자라 할 수 있고, 일본 천황의 사진에도 배례하지 않아 학교 교수직에서 쫓겨나고 불경사건으로 여론에 국적으로 몰렸고, 반전론을 부르짖어 일본 군국주의 침략과 한국점령도 반대한 위대한 거목이었는데 그의 신앙은 정통인데 유영모의 신앙은 그렇지 못하여 위대한 인물이란 것은 알았으나 다른 사람들처럼 큰 감명을 얻은 것은 아닌 것 같다. 우찌무라를 따라다니던 함석헌이나 김교신은 그렇지 않았다. 심취해 있었다.

결혼

1910년 10월(22세) 정주 오산 학교에 교사로 초빙되어 강의하는 첫 시간부터 기도하고 성경 읽고 하여 학생들을 놀라게 하였으며, 그 때 함께 일하던 교사 이광수도 술 마시러 다니면서도 성경을 가르쳤다고 한다. 설립자 남강 이승훈은 그 때까지는 아직 예수 믿지 않았으나, 유영모 하는 일을 말리지 않았고 함석헌의 모임에도 참석하다가 후에 장로가 되었다.

23세 때 김필성 목사의 중매로 김효정과 결혼했는데, 결혼식을 마치고 신부는 신방에 그냥 내버려 두고 유영모는 바로 서울역으로 나가 호남선 열차를 타고 목포에 있는 처가에 찾아가 장인 장모께 인사드렸다. 장인 장모를 뵙기 전에 신부 방에 들 수 없다는 이유 때문이었다. 그리고는 곧 집에 돌아오지도 않고 여기 저기 들렀다가 일주일 만에 돌아왔다.

교회적 신앙에서 떠남

톨스토이가 러시아 정교회로부터 이단으로 몰려 제명됐는데, 유영모는 톨스토이의 영향을 많이 받아 23세 때부터 교회적 신앙은 버리고 교회 출석은 하지 않았다. 후에 유영모의 맏며느리가 기독교인이어서 교회 출석하니 목사가 유영모 집 대문에 교회 표를 달아놨는데, 유영모는 표를 떼지는 않았으나 표 위에 덮개를 만들어 버렸다.

2세 어린 동생 "영묵"이가 세상 떠났다. 유영모의 신앙이 달라진 전기는 톨스토이나 간디의 영향뿐만 아니라, 성경만 읽을 것이 아니라, 노자도 불경도 읽어야 한다며 그리스도관이 달라졌다. 예수 믿기 시작한 것이 1905년이요, 그 나름대로 중생했다는 날짜가 1942년 1월 4일이다. 그러니까 예수 믿기 시작한지 39년 만에 예수를 재발견했다는 것이다.

오산학교

나이 30세에 도산 안창호(安昌鎬) 선생의 뒤를 이어 오산학교 교장으로 취임했다. 취임 첫 수업 시간에 "學"(배울 학)자 풀이로 두 시간동안 강의해서 학생들을 놀라게 했다.

교장실 교장 의자의 등받이를 톱으로 잘라 버렸다. 1922년 32살 때 오산학교 교장을 그만두면서 오직 한 사람 제자 함석헌이 전송해 주면서 함께 걸으며 유 선생은 "어둠이 빛보다 크다"는 교훈을 해 주셨다. 밤(夕)은 바램(望)이다. 빛이 아닌 어둠에서 절대와 교제할 기회를 찾고 저녁(夕)을 찬송하게 되었다. 그래서 유 선생은 아호를 "多夕"이라 했다.

훈민정음

유영모는 슈(數)의 신비와 아름다움을 느꼈다. 수는 하나뿐이다. 이 하나는 절대를 의미한다.

유영모는 훈민정음과 숫자와 한자 풀이를 묘하게 잘하는 특징이 있는데, 자기 나이도 햇수로 몇 살이라 계산하지 않고 나이를 산 날수로 계산했다. 92세로 세상 떠나기까지 일생 산 날수는 33,200일이 된다.

누구나 유영모처럼 되어야 한다는 말은 아니지만, 선생은 특별히 우리 훈민정음에서 신비를 느꼈다. 우리 훈민정음만 가지면 우리는 구원받을 수 있다고 하셨다. 훈민정음은 하늘이 문을 열고 우리에게 계시해 준 하나님의 소리이다. 'ㅅ'(시옷)는 한 단 올라가면 'ㅈ'(지읒)이 되고, 더 한 층 올라가면 'ㅊ'(치읓)이 된다. 시옷은 생기요, 삶이요, 사랑이요, 사람입니다. 지읒은 좋음이요, 잠이다. 치읓은 참이요, 처음이요, 차림이다.

사람은 어떻게 참 사람이 될 수 있는가. 그 방법은 잠입니다. 잠이란 무위자연(無爲自然)입니다. 아무 것도 하지 않는데 가장 강하게 불사르는 것이 잠입니다. 정신적인 생각은 정신의 잠입니다. 이 잠을 깨어날 때 사람은 모든 개념에서 벗어나 실존이 되는 것입니다. 말씀은 하나님의 잠입니다. 몸의 잠과 마음의 잠과 하나님의 잠을 통해서 우리는 참에 도달할 수 있습니다.

유영모 선생을 극진히 아끼고 사랑한 이가 서울 중앙 YMCA의 현동완 총무인데 그는 평화주의자요, 몸에 가죽 끈이나 구두를 신지 않았다. 현동완 총무와 유영모와 맨발의 성자 이현필은 서로 존경하고 사랑하는 특별한 사이였다.

한번은 유영모 선생이 광주에 왔을 때 이현필 선생과 함께 길을 걸어가면서 유 선생은 연방 [아-아-] 하고 있었다. 그 때 이현필은 바싹 다가서서 "선생님 '이'가 아니라 '아 •'가 아닙니까?"라고 했다. 두 사이 서로 "이-"니 "아"니 하는 것이 선문답 같아서 남 보기엔 알 수 없는 이야기였다.

유 선생의 "이" 소리는 "ㅣㅣㅣㅣㅣㅣㅣㅣㅣㅓㅣㅓㅣㅓㅣㅓㅓㅣㅓㅣㅓㅣㅣㅣㅣㅣㅣㅓㅣㅣㅓㅣㅕㅣㅡㄹㅣㅓㅣㅣㅓㅓㅓㄹㅏ." 선생은 이것을 늘 콧노래처럼 읊고 다녔다.

기인(奇人)

유영모 선생은 깊은 인생관을 가지고 살았고, 그것을 그 날 그 날의 자기 삶속에 구현시켰다. "생명"이란 도장까지 새겨 가지고, 제자들에게 찍어 주며 생명의 영원성을 강조했다. 그 도장은 옛날의 엽전처럼 원주에 중앙이 정방형으로 된 것이었다.

유영모 선생은 여러 해 전부터 자기는 1956년 4월 26일에 죽는다고 예고했다. 자기 목숨은 67세라고 정했다. 그래서 자기가 죽을 1956년 4월 26일 부고(訃告)를 신문에 내고 장례식은 종로 YMCA에서 치르기로 하고 그날이 목요일이었는데, 유 선생은 말없이 YMCA까지 혼자 걸어가서 자기 장례식 주례를 자기가 했다. 죽은 사람도 자기요, 주례자도 자기였다. 자기 죽을 날짜를 미리 알았던 것은 무슨 계시를 받아 그런 것이 아니고, 자기 존경하는 사람의 죽은 나이와 죽은 날짜를 계산하여 자기 나름대로 숫자풀이를 하며 정한 것이었다.

이런 기인이 또 한 사람 있었는데 전남 광주의 최홍종 목사다. 최 목사는 자기 남근을 거세해 버리고 나서, 아는 사람들에게 부고를 돌렸다. "최홍종이 죽었다"고 말이다. 자신이 죽었다며 부고를 돌리고 장례식도 하고도 아직 살아 있는 자신은 옛 나가 아니고 부활한 "나"라고 했다. 이것은 또한 인간에게 죽음은 있으나 멸절은 있을 수 없다는 것을 의미하기도 한다. 이 분들은 모두 상식으로 사는 보통사람은 아니다.

김교신

김교신(金教臣)은 동경고사(東京高師)를 1927년에 졸업했고, 일본 무교회 주의자 우찌무라(內村鑑三)의 영향을 강하게 받은 분으로, 자기도 "성서조선"의 주필이 되어 종교적 바른 신앙과 애국심으로 기성교계에 큰 영향을 끼친 분인데, 김교신은 유영모의 독특한 사상과 영감적인 성경 풀이에 감동받아 사귀었고, 유영모 선생은 김교신의 "성서조선"에 계속 원고를 싣다가 일제의 탄압으로 15년간 출간되던 『성서조선』이 158호로 폐간되고 김교신이 체포되고 함석헌, 송두용 등 잡지 동인들이 체포되고 유영모도 체포되었다가 57일 만에 풀려났다. 감옥에서 풀려나온 뒤, 유영모는 구기동 자기 집 앞마당에 돌로 "囚"자를 박아 놓았다. 인간에겐 가정도 나라도 자기 몸도 우주도 "囚"(갇힐 수)다.

유영모 선생은 현대 문명의 상징인 기차나 자동차를 타려고 하지 않았다. 미국의 철인 "도로-"가 그랬던 것처럼 말이다. 늘 걷기를 좋아했다. 자택이 삼각산 비봉(碑峯) 밑 세검정 굴다리 위에 있었는데, 거기서 종로 YMCA 까지 45년간 성경 강의하러 언제나 걸어 다녔고 한 번도 시간을 어긴 일이 없었다. 종로만이 아니라 인천까지도 걸어갔다. 걸어오고 그 다음날 젊은이들 거느리고 백운대로 등산했다. 도시락을 두 개를 싸서 등산했으나, 하루 한 끼만 드시는 유 선생은 도시락을 젊은이들에게 주셨다. 제자들은 유 선생의 몸은 기체라고 불렀다. 언제나 기운이 넘쳐 팔팔 날아다녔다.

유영모 선생은 매일 아침 냉수마찰을 하고 자기가 창안한 자기 나름대로의 맨손 체조를 끊임없이 계속했다. 손님하고 대화를 하면서도 앉은 채 두 팔로는 체조를 하고 있었다. 요가와 비슷한 것이었다. 한번 무릎을 꿇고 앉으면 10시간도 까딱 없이 그대로 앉아 지냈다. 그것이 그의 건강 비결이었다. 자기의 아랫배는 주먹으로 쳐도 까딱없이 딴딴하다면서 제자들보고 쳐 보라고 했다. 제자 중에는 함석헌이 무릎 꿇고 한 시간 정도는 앉아 있을 수 있었다.

제소리

유영모 선생의 일과는 언제나 새벽 3시에 기상해서는 명상에 잠겼다. 깊이 생각해서 거기서 깨달은 것을 적어 두었다. 그것이 제소리다. 그런 내용을 보관한 것이 "다석일지"(多夕日誌)다.

제소리는 언제나 새소리였다. 같은 말을 되풀이 하는 일이 없었다. 대우주는 쉬지 않고 변해 가는데, 사람만이 변하지 않으면 끝장이다. 유 선생은 언제나 새 문제를 찾아 파고들었다. 동광원 여름 수련회 때마다 와서 강의할 때도 요한복음을 펴 놓고는 맹자를 말하고 주역을 가르치고 불경을 설명하고 박학다식에 자유자재였다.

45년간 YMCA에서 금요강좌를 했는데, 많이 모여야 15명 정도, 정해 놓고 나오는 이는 7-8명 정도였고, 어떤 때는 한 사람도 없어서 선생이 한두 시간이나 기다리다가 가기도 있었다. 그러나 선생은 "나는 사람이 반쪽이 온대도 언제나 강의를 하겠다"고 했다.

동광원 수양회 때 어느 날 쉬는 시간에 마당에 유영모 선생과 동광원 원장 정인세 선생 두 분이 마주 서서 이야기하고 있었다. 나도 그 곁에 서서 듣고 있었다. 유 선생은 어조를 높이며 "그게 짐승이지 뭐요"라고 했다. 정인세 원장도 맞장구치면서 그렇다고 했다. 내가 들으니 남녀 부부의 성생활의 말하고 있었다. 유영모 선생은 사람의 본능은 대표적 식욕과 성욕 두 가지 욕망에 대하여 절제가 아니라 금욕을 강조했다. 이 두 가지 본능적 욕망에 매여 사는 한, 아직 짐승이라고 했다.

해혼(解婚) 선언

1941년 2월 17일부터 하루 한 끼씩 먹기로 결심하였고, 다음 날 아침에는 온 가족을 한 자리에 모아 놓고, 유 선생은 아내에게 해혼(解婚)을 선언했다. 해혼은 이혼(離婚)이 아니라, 한 집에 같이 살면서도 부부 방사(房事) 생활을 끊겠다는 선언이다. 이것은 유 선생이 마하트마 간디의 영향을 받은 것이라 본다. 간디는 식욕과 성욕을 금욕했다. "입맛을 절제하는 것이 금욕 맹서를 지켜나가는 데 가장 요긴하다"고 했다. 간디도 해혼했다.

가정생활을 해오다가 이혼은 아니지만, 일방적으로 아내에게 대해 해혼을 선언한다는 것은 잔인한 일이 아닐 수 없다. 그러나 이것은 의논해서 합의해 낼 일도 아니고, 일방적으로 잔인하게 선언하는 수밖에 없다. 톨스토이나 간디도 그랬고 우리나라선 이세종, 이현필이 그랬다. 간디는 젊어 30대에 결심했는데 얼마나 어려웠는지 두 번이나 실패했다고 한다. 이세종은 부인이 밤에 방에 들어오면 내쫓았다. 이현필은 부인과 숨바꼭질했다. 부인이 앞문으로 들어오면 뒷문으로 도망쳤다. 간디는 부부가 각각 다른 방을 쓰는 것이 금욕생활에 좋다고 했다.

참을 찾아

유영모 선생의 또 한 가지 기행은 백년 묵은 잣나무 널판을 본디 관(棺)으로 쓰려던 것을 사서 자기 침대로 삼았다. 두께 3치, 폭 3척, 길이 7척의 널빤지였다. 방안에 그것을 들여 놓고, 처음에는 담요도 깔지 않고 누웠지만, 후에는 얇은 담요 한 장 깔고 둥근 목침을 베고 잤다.

영하의 추운 겨울에도 머리맡의 물그릇이 얼어붙을 때도 방에 불을 때지 않고 지냈다. 사람의 몸은 악기와 같아서 조율을 잘 해야 병이 생기지 않는다면서 잣나무 딱딱한 바닥에 잠도 반듯이 누워 송장 잠을 자야 한다고 했다. 겨울엔 담요 두 장을 이불삼아 덮었다. 한 번 누우면 깊이 잠들어 칼로 찔러도 모를 지경이었다. 그래서 꿈을 잘 꾸지 않았다.

유영모는 일생을 진리를 찾아가는 참 사람이었다.

> 참 찾아 예는 길에 한참 두 참 쉬잘 참가 참참이 참아 깨 새 하늘 끝 참 밝힐 거니, 참든 맘 찬빈한 아침 사뭇찬 참 찾으리.

그는 하늘 끝 진리를 찾기 위해서 일생을 오르고 또 오른 사람이었다. 참되게 살기 위해서 말씀을 고르고 골랐다. 말씀을 고르는 것은 수(修) 라고 하여 "主忠信 修其 하여 立其誠" 함을 평생사업으로 삼았다. 그는 "금이 영원히 불변하듯 참 말씀은 절대 없어지지 않는다"고 했다.

유 선생은 진리를 탐구하는 데 그치지 않고 진리로 사는 데 한없는 법열을 느꼈다. 선생은 가끔 강의하다가도 손으로 둥실 둥실 춤을 추는 때도 있었다. 선생은 인간의 본질을 기쁨으로 생각했다. 기쁨이란 화덕에서 불기가 뿜어 나오듯이 기가 뿜어 나오는 것이다. 그 때가 진리이다. 인간의 모든 기쁨은 하나님과 만남에서 이루어진다. 매일 매일이 하나님과 만나는 날이 될 때 그것이 하루살이다.

선생은 "유존(有存)"이란 말을 좋아하였다.

> 한 순간에도 깨달음이 있고, 한숨 속에서도 발전이 있다. 그 때에 사람은 하루살이요, 기쁨이 충만하다. 기쁨은 진리에서 나온 기쁨, 법열이어야 지 그 밖의 기쁨은 기쁨이 아니다.

선생은 왜 말씀을 골라 적고 또 적었을까? 그것이 선생님의 기쁨이었기 때문이다. 우리는 그의 말에서 선생님의 한없는 기쁨을 본다. 선생님의 참은 진리의 참이요, 기쁨의 참이었다. 선생님은 언제나 기쁨이 넘쳐 그 얼굴색은 언제나 환하였습니다. 선생님은 영광을 "환빛"이라고 번역하였다. "하나님께서 나에게 환빛은 비쳐 주셨으니, 나도 하나님께 환빛을 비쳐드리겠다"는 것이 그의 신앙이었다.

그는 주기도문을 다시 편집했다.

> 하늘에 계신 우리 아버지여, 우리도 주와 같이 세상을 이기므로 아버지의 영광을 볼 수 있게 하옵시며, 아버지 나라에 살 수 있게 하옵시며, 아버지의 뜻이 길고 멀게 이루시는 것과 같이 오늘 여기서도 이루어지이다. 오늘날 우리에게 먹이를 주옵시며, 우리가 아버지의 뜻을 이루는 먹이도 되게 하여 주시옵소서. 우리가 서로 남의 짐만 되는 거짓 살림에서는 벗어나서 남의 힘이 될 수 있는 참삶에 들어 갈 수 있게 하여 주시옵소서. 우리가 세상에 끄을림이 없이 다만 주를 따라 위로 솟아남을 얻게 하여 주시옵소서. 사람 사람이 서로 널리 생각할 수 있게 하옵시며, 깊이 사랑할 수 있게 하옵소서. 아버지와 주께서 하나이 되사 영삶에 계신 것처럼 우리들도 서로 하나이 될 수 있는 사랑을 가지고 참말 삶에 들어가게 하여 주시옵소서. 아멘

선생님의 성경 강의는 40년 간 계속되었다고 한다. 선생님의 성경책은 붉은 줄이 그어지지 않은 데가 없다. 선생님은 성경을 읽고 또 읽고 그것을 완전히 자기의 살과 피로 만든 다음에 그것을 자기 식으로 다시 재구성했다. 그러기 때문에 선생님의 말씀을 특이한 것이었다. 그러나 우리에게는 그 말씀이 참이었다.

독특한 신앙

유영모 선생은 톨스토이의 영향을 받아 교회를 떠나 교회 출석을 하지 않았다. 따라서 그 신앙도 교회적 정통신앙이 아니었다.

믿음에 대해서는 믿는다는 것은 예수나 선지자를 믿는 것이 아니라 하나님이 보내신 이. 내 속에 와 있는 하나님의 씨. 하나님의 밭할(性)을 믿는 것이다. 불교에서 자기 속의 불성을 믿듯이 내 속에 와 있는 하나님의 씨, 하나님의 밭할(性)이 곧 독생자이다.

예수는 자기 속에 와 있는 이 독생자를 믿는 이다. 우리도 그와 같이 내 속에 와 있는 독생자를 믿어야 참 믿음이다. 이 독생자는 어느 시대 어느 곳에 국한된 것이 아니라, 시간 공간을 떠나 전시대로 전우주로 오신다.

십자가에 대해서는 교회에서 말하는 대로 예수가 모든 인류를 대신하여 십자가에 못 박혀 피 흘리신 것을 믿으면 구원 얻는다고 믿는 것은 나와는 상관없다. 화락능실(花落能實) 꽃이 떨어지고, 열매가 열리는 것이 십자가와 부활의 뜻이다. 예수는 죽음을 꽃이 떨어지는 것으로 생각했다. 죽음이 삶에 삼키운 바 되는 것이다. 정신이 육체를 극복하는 것이다. 모든 의인들이 흘린 피는 꽃다운 피(和血)다. 예수의 피도 그런 피다.

대속의 교리는 너무 소극적이다. 적극적으로 진리되시는 하나님께 나아가야 한다. 우리 살림은 서로가 대속하면서 살아가는 것이다. 서로의 수고와 희생으로 살아가고 있다. 음식을 먹고 사는 것도 대속이다.

영생에 대해서는 우리 몸은 가짜요, 생명 탈을 쓴 것이다. 이 몸을 버리고 하나님 아버지께로 가는 것이 영생이다. 영원한 기쁨이다. 아버지께로 간다는 것은 죽는다는 뜻이다. 이 몸을 벗어버리고 아버지께로 가면 한량없는 기쁨이 있다고 하는 것이 예수 믿는 것이다. 몸이 죽는 것이 멸망이 아니다. 벗어질 것이 벗어지고, 멸망할 것이 멸망하고, 영원한 생명의 씨는 자란다. 성경의 기적은 나는 부인하지도, 믿지도 않는다. 가만히 내버려둔다. 예수가 동정녀 마리아에게서 났다는 것도 왈가왈부 문제 삼지 말고 내버려 두라.

유영모 선생은 정통 신앙으로 돌아오려 하지 않았다.

예수가 예수된 점은 하나님을 아버지로 아는 데 있다. 예수처럼 하나님을 아버지로 실감하여 실천한 이는 없다. 예수가 이 신앙을 터득하였을 때 이 우주에 가장 큰 일이 일어난 것이다. 물론 예수는 단숨에 이 높은 자기 긍정에 도달한 것은 아니다. 그러나 그는 처음부터 하나님과 자기를 아버지와 아들의 관계로 보고 있었던 것 같다. 여기에 그의 독창적 위대한 행위가 있다.

예수의 하나님은 우리의 아버지다. 우리는 우리 속에서 "아버지!" 하고 소리지르는 가벼운 숨결을 들을 때 하나님의 음성을 듣는 것이다. 아버지를 찾고 보니 언니(예수)도 찾게 되었다. 아버지의 가장 으뜸 가는 효자인 예수를 거울(스승) 삼아 사는 것이다. 예수를 주(主)라 한 것은 선생님이라는 뜻이다. 주(主)를 "남"으로 옮겨 쓰는 것이 좋다. "우리 주 예수"라고 하기보다 "우리님 예수"가 좋다.

예수는 우리와 동격이지만 우리의 본보기가 되는 스승 자격을 갖춘 분이시다. 예수가 하나님 아들이면 우리도 하나님 아들이고, 예수가 신(神)이라면 우리도 신이고, 예수가 사람이면 우리도 사람이다. 하나님과 예수를 혼동하면 안 된다.

> 나의 의중지인(意中之人), 내가 잘못할 때 책망해주시는 이, 내가 영원히 잊을 수 없는 분은 예수 그리스도이시다. 내게 선생이라고는 예수 한 분밖에 없다. 예수를 선생으로 아는 것과 믿는다는 것은 다르다.

지극히 높은 데 계신 완전한 아버지께로 가자는 게 예수의 인생관이다. 나도 이러한 인생관을 갖고 싶다. 이런 점에서 예수와 나와 관계가 있는 것이지, 이 밖에는 아무 관계가 없다. 이것을 신앙이라 해 넣지 어떨지, 예수 믿는다고 할지 어떨지는 모르겠다.

뉘게로 가오리까(말년의 신앙)

이러면서 유영모는 『우리가 뉘게로 가오리까』에서 "노자신(老子身)도 아니고,…공자가(孔子家)도 아니고, 인자(人子) 예수다"고 했다.

자기가 오산학교 교장이었으면서도 말년엔 "교육의 효과가 무어냐?"라고 탄식하며 "이것, 저것 다 해 봤지만, 일평생의 체험에서 믿을 건 예수 그리스도 밖에 없다"고 했다. "우리가 뉘게로 가오리까, 예수 밖에 없다"고 했다.

유영모 선생은 말년에 광주 동광원에 두 달이나 계속 머물러 있으면서, 히브리서 강해를 했다. 그 때 유 선생은 옛날에는 잘 부르지 않던 찬송가도 수녀들 보고 부르라 하고 찬송 부르면 좋다고 더 부르라 하며, 그의 신앙에는 전에 보다 많은 변화가 있었다. 이 세상 것은 다 허무요, 오는 세상만이 바랄 소망이라 말하며, 매우 복음적 신앙에로, 절대자에 대한 열렬한 신앙을 가지고 있었다. 가톨릭의 성모경이나 기타 경문에 대해서도 감동하여 암송하며, 주기도 다음으로 기도 중 기도로 외우고 있었다.

2. 어록

예수는 죽음을 앞에 놓고 나는 죽음을 위해서 왔다고 한다. 죽으러 왔다. 예수께서는 죽음을 깸으로 본 듯하다.

정신은 죽음을 넘어설 때 드러난다. 죽을 수 있는 것이 정신이다. 사람은 때와 터와 탑(이유)을 알아야 한다. 죽을 때 죽어야 하고, 죽을 터에서 죽어야 한다.

예수의 얼을 씨라고 하면 하나님의 얼은 나무다. 씨가 어디서 왔는가 나무에서 왔다. 나무는 씨의 근원이다. 예수는 하나님으로부터 왔다. 그리고 씨가 터나오면 또 나무가 된다. 이것이 하나님께로 돌아가는 것이다.

자기를 보는 이것이 정견(正見)이다. 자기를 보아야 한다. 자기를 알아야 한다. 자기의 참나(眞我)를 알게 하기 위하여 예수가 오신 것이다. 예수를 믿는 것은 내가 죽지 않는 생명임을 알기 위해서 예수를 믿는 것이다.

이 육체는 나가 아니다. 참나(眞我)를 실은 수레라고나 할까. 참 나인 얼, 나는 보이지 않지만 있다는 것을 알아야 한다. 예수도 보이지 않지만 예수가 있다. 하나님도 보이지 않지만 하나님도 있다.

정신은 죽음을 넘어설 때 드러나는 것

얼의 나는 보이지 않지만 얼의 나가 있다는 것을 알아야 한다. 이 얼의 나는 예수의 얼의 나, 하나님의 얼의 나와 한 생명이다. 눈은 눈 자신을 보지 못하지만 다른 것을 봄으로서 눈이 있는 것을 알 수 있듯이, 얼의 나는 얼을 볼 수 없지만 생각이 솟아나오니까 얼이 있는 줄 안다. 생각하는 것이 얼의 나가 있다는 증거이다. 얼나가 없다는 것은 자기 무시오, 자기 모독이다. 얼나가 있으면 하나님도 계시는 것이다.

말씀 살음이 영생이다. 육체가 숨이 막히면 죽듯이 정신은 말이 막히면 죽는다. 하나님의 말씀 살음 이것이 영생이다. 마치 비가 와서 샘이 솟듯이 말씀 살음이 영원한 생명으로 사는 것이다.

우리는 믿음에서 아무 것도 바라는 것은 없다. 무엇을 바라게 된다면 그야말로 그것은 우상이 되고 만다. 보이지 않는 하나님을 우리는 만족하지 않으나 하나님의 자리는 보자는 자리가 아니다. 영원한 가운데서 그분(하나님)을 만나는 것이 우리의 믿음이라고 하지 않을 수 없다.

사람은 맨 처음을 잘 모른다. 그것은 온통 하나가 되어 그렇다. 사람은 전체를 알 수가 없다. 사람은 완전을 그리워한다. 그것은 완전이 하나님 아버지가 되어서 그렇다. 하나님 아버지를 그리워하는 것이 참 삶이다.

내가 아버지께 영광을 드러낸다는 것은 무엇일까. 아버지께서 나에게 주신 아버지의 본성을 완성하는 것이다. 그것이 진리다. 본성(밑바탕)의 완성(옹글차기)이 진리다. 진리를 깨쳤다는 것은 본성이 완성되었다는 것이다. 성숙한 인간이 되었다는 것이다. 스스로 설 수 있는 누구의 도움도 받을 필요가 없는 자족할 수 있는 사람이 되었다는 것이다. 자기가 넘치게 될 때 남도 넘치게 된다.

식물로 치면 꽃피는 것이다. 꽃은 하늘의 태양이요, 태양은 풀의 꽃이다. 꽃이 꽃을 보고 태양이 태양을 보는 것이 내가 나로 되는 것이다. 내가 나가 된다는 것은 얼이신 하나님 아버지와 같은 얼나가 된다는 말이다.

최고의 님 부르는 기도로 생명의 얼나를 세우자

하늘을 옛날에는 "ᄒᆞᄂᆞᆯ"이라고 썼다. 이렇게 써놓고 보면 크나 큰 문제가 걸린다. 자기의 말처럼 쓰기 좋아하는 말은 드물 것이다. 그냥 말로만은 안 되는 일에 하늘을 가져다 붙인다. 이 점에 문제가 있다.

이름은 만물을 분간하는 데 없어서는 안 된다. 만물의 분간은 이름으로써 가능하다. 이름에는 반드시 거기에 "이루움"이라는 이루었다는 뜻이 내포되어 있다. "이루움"에 들어가야 이름은 이름대로 살고 이룰 것을 이룬다. 무작정 이름을 부르는 것은 그 이름과 아무 상관이 없는 것이다.

요새처럼 이름을 함부로 부르는 시대는 없으리라고 생각된다. 우리는 가끔 하나님, 쥬(主)님을 마구 부른다. 이것은 자기의 몸을 거기에 가져다 놓으려는 것이 아니라 자신은 그대로 땅 위에 있으면서도 자기로서는 하기 어려운 일을 하나님에게 심부름 시키려는 것이다. 이름이란 이처럼 제멋대로 함부로 부르는 것이 아니다.

"이루움" 이라는 뜻의 "이름" 은 함부로 부르면 안된다

우리의 몸은 점점 자라다가 어느 한계에 이르면 자라기를 멈추고 노쇠하기 시작한다. 그러나 맘은 보이지 않게 무한히 자랄 수가 있다. 맘이 무한히 자라는 것이 곧 길이며 이치이며 진리의 정신이다.

삶을 가진 자는 영원히 사랑을 추구해 나간다. 그 사람이 올바르게 사느냐 못 사느냐는, 이 세상이 제대로 되느냐 안 되느냐는, 사랑의 님을 갖느냐 못 갖느냐에 달려있다. 하나님은 맘과 뜻과 힘을 다하여 사랑할 님이요, 그 못지않게 사랑해주시는 님이다.

물건이 중요하면 우리는 머리에 이고 간다. 참고 받들어가는 것이다. 머리에 이고 가는 것을 임(님)이라고 한다. 님이라고 할 때는 아주 정중히 섬기는 것을 말한다. 님이 문제가 되는 것은 생각이 있어서다. 님을 생각하는 것을 상사(想思)라 한다. 님을 아는 데는 반드시 생각이 있다. 생각 없이 님은 없다. 우리는 하나님처럼 님을 붙여놓으면, 그 깊은 뜻이 절로 우러나오는 것을 알 수 있다. 내가 하는 기도는 바로 최고의 님을 부르는 것이다.

이 세상의 모든 것은 하늘 아버지께서 영광을 받으라는 것이다. 이 세상의 모든 것은 그 분의 영광을 위해 있는 것이다. 그러나 하늘이 아무리 영광을 받으셔도 또 아무리 존귀하게 계시더라도 우리가 아버지께 이르지 않으면 아무런 상관이 없는 것이 되고 만다.

처음부터 생명의 말씀 줄을 이어오기를 온전히 했더라면 지금쯤은 이상국가가 되었을지도 모른다. 그러나 잘 이어오지 못하여 토막 난 시대가 되고 말았다. 한줄기 이어 내려오는 영원한 생명의 줄을 올바르게 이어온 시대가 좋은 시대이고 그 시대를 올바르게 지도한 이가 훌륭한 지도자이다.

성신이 '충만하다' 라는 말을 흔히 쓰는데 우리의 정신에 성신이 충만하려면 정신과 마음이 위로 끌리는 것이 있어야 한다. 위로 끌린다는 것은 몸을 초월하고 세상을 초월하는 것이다.

예수가 가르쳐준 기도문에서 나라는 얼의 나라, 얼의 나이다. 얼에는 나라와 나가 다르지 않다. 얼이란 유일절대하기 때문이다. 땅 위에서 이루는 나라는 좇아갈 필요가 없다. 세상의 나라를 좇아간 것이 오늘날 이러한 나라를 만들고 말았다. 온 생명의 자리인 얼나를 세워 나가야 한다.

그만하라는 뜻의 "고맙다"

"고맙다"라는 말에도 뜻이 있다. 고만하다, 고만이라는 뜻이다. 자꾸 더 받아서 될 일이 아니라, 그만하라는 뜻이다.

하나님께 감사를 드리는데 너무도 능청스럽게 한다, 너무나 말을 많이 한다. 그것은 감사하는 것이 못 된다. 하나님께서 주시는 것에 대해서 무엇을 말하려고 하지만 할 말을 모르는 것이 사실이다. "어째서 이것을 나에게 주시냐"라고 하게 된다.

이상한 말을 찾지 말라. 가장 평범하고 일반적인 것을 찾으라. 여기에 내놓는 말도 어려운 말이 아니다. 이 사람을 괴변만을 말하기 때문에 점점 알 수 없게 되는지 모르겠다.

내가 66년 동안 인생에 참여하면서 본 것이 있다면 그것은 말씀(로고스, 성령)을 알아야 한다는 것이다. 이것은 6.25 동란을 겪으면서 거듭 알게 된 중요한 교훈이기도 하다. 사람을 알려면 그 사람의 말을 알아야 한다. 반대로 그 사람의 말을 알면 그 사람을 알게 된다. 사람으로서 꼭 들어야 할 말을 들으면 죽어도 좋다(朝聞道夕死可矣)는 것이다. 말을 알자는 인생이고 말로 듣고 끝내자는 게 인생이다.

인생의 총결산은 그 사람이 한 말로서 한다는 것이다. [마지막 날에 너희들이 말한 말이 너희를 판단한다]고 하였다. 말이란 우리 입으로 늘 쓰는 여는 말이다. 여느 쓰는 말이 판단에서는 온통(전부)이 된다. 많은 말을 가지고 우리를 판단하지 않는다. 우리가 쓰는 한두 마디의 말이 우리를 훌륭하게 심판(판단)한다.

하나님이 계시느냐고 물으면 나는 (없다)라고 말한다. 하나님을 아느냐고 물으면 나는 [모른다]고 말한다. 그러나 사람이 머리를 하늘에 두고 산다는 이 사실을 알기 때문에, 사람의 마음이 절대를 그린다는, 이 사실을 알기 때문에 나는 [하나님을 믿는다]. 몸의 본능인 성욕이 있는 것이 이성(異性)이 있다는 증거이듯이, 내 마음에 절대(하나님)를 그리는 형이상학적인 성욕이 있는 것은 하나님이 계시기 때문이다. 우리들이 바라고 흠모하는 거룩한 존재, 이 존재를 나는 하나님이라고 한다.

1956년의 어록 중에서

제사(예배): 평생 동안 하나님의 뜻을 이루려고 노력하는 것

조상에게 올리는 제사는 종당에는 하나님께로 간다. 하나님께 제사 지낸다는 데서 개인적인 조상 제사의 우상숭배가 지양된다. 제단에 차려놓는 제물은 하나님과는 상관이 없다. 음식 차리는 제사, 사실 이것은 없어져야 한다. 그것이 있고서 우상숭배를 하지 말라는 것은 말도 안 된다. 제사는 성신을 통해 알아야 한다.

조상의 제사를 우상숭배와 같은 것이라 하여 부모가 죽은 날짜까지 잊어버려야 한다고 선전하는 목사가 있다. 세상에 이런 말이 어디 있겠느냐. 그런가 하면 한편에서는 추도회 때 제상에 차릴 것 다 차려 놓고 절만 안하면 된다고 하는 교인도 있다. 제사는 생전에 계시듯이 정성을 다하여 정을 나타내면 된다. 살아 있을 때는 약 한 첩, 과일 한 톨도 대접 안한 주제에 논 밭 팔아 제사 지낸다고 법석이다. 삼년상을 치는 동안 온 집안이 말이 아니게 된다. 제사 때문에 예수 믿는다는 사람이 생겼다. 교회가 이것 하나 구원해 주었다.

나는 초상집에 갈 때는 금식을 하고 간다. 돌아간 분을 추도하기 위하여 금식을 한다. 대접하고 대접받고 하는 것이 무슨 추도인가.

옛날 중국의 천자가 제사 지낼 때에는 우리나라의 사직공원과 같은 교사(郊社)에 가서 천제(天祭)를 지냈다. 그것은 제왕만이 드릴 수 있었다. 천자(天子)는 하늘의 아들이라고 생각했기 때문이다. 지금 기독교에서는 누구나 기도할 수 있다. 이것은 모든 사람이 다 하나님의 아들이라고 생각했기 때문이다. 하나님의 아들만 자유를 누릴 수 있다. 하나님의 아들이 아니면 자유가 없다. 동양의 전제시대에는 자유는 오직 제왕만이 가지고 있었다.

조상에게 제사를 드리는 것이 효요, 하나님께 제사를 올리는 것이 경(敬)이다. 모두 정성을 쏟는 것이다. 마치 햇빛을 렌즈에 모으면 불이 붙듯이 우리의 정성을 쏟아 정성을 통일하면 위로부터 계시를 받고 눈이 열린다.

제사는 정성이 문제지 형식은 문제도 아니다. 기독교의 예배도 마찬가지다. 진실이 담겨야지 형식적인 예배는 예배가 아니다. 옛날 사람이 정신을 통일하기 위하여 목욕재계한 것처럼 요새 예배를 보는 사람도 준비에 준비를 하여 정성을 쏟고 정신을 통일하여야 한다.

이상(理想)을 실현한 사람만이 위대한 인물이다. 제사는 결국 위대한 인물이 되는 길이다. 잠깐 절하는 것이 제사가 아니다. 평생 동안 하나님의 뜻을 이루려고 노력하는 것이 제사이다. 제례는 사람되는 것의 상징일 뿐이다. 사람 되면 모든 사람들이 좋아 사람이 된다. 그것이 정치다. 내가 사람이 될 때 모든 사람이 사람이 된다. 그것이 제정일치(祭政一致)다. 그렇기 때문에 제사의 참 뜻을 알면 백성 다스리기가 손바닥을 들여다보는 것처럼 쉬워진다는 것이다.

인생은 적어도 이 성(誠)의 지경에 이르러야 한다. 벌에 쏘여도 모를 정도가 되어야 한다. 뒤에 보니 퉁퉁 부어 있음을 알 정도가 되어야 한다.

정성 성(誠)은 말씀(言)이 이루어진(成)다는 글자이다. 말씀이 이루어지고 예언이 이루어진 것이 그리스도라고 한다. 그리스도를 통해서 신(神)에 도달하는 것이 기독교다. 유교에서는 말씀을 이룬 지행일치(知行一致)의 사람을 성인(聖人)이라고 한다.

주 기도 (주기도)

하늘에 계신 우리 아버께 이름만 거룩한 좋은 숨이니이다.

이에 때에 숨이는 우리 붉는 속을에 더욱 날 찾으며 지이다.

우리에 숨이 힘씀으로 새힘 솟는 샘이 되옵고 진짐에 짓눌림은 되지 못하여라.

우리가 이제 땅에 부닥친 몸이 되었아오나 오히려 님을 따라 흫으로 솟아 날을 믿습니다.

오늘날 우리에게 먹이를 주셨아오나 우리에 오늘은 아버님의 뜻을 일우는데 먹이위 지이다.

슬픔 슬픔이 서로 바꿔 생각을 깊이 할수 있게 하옵시며 모든 생명을 널리 할을 알게 하며 주지 옵소서

아버지의 님께서 하나이 되시 늘 숨에 계신 것처럼 우리도 하나이 될수 있는 맘을 가지고 좋은 숨에 들어 갈수 있게 하여 주지옵소서

거룩하신 뜻이 하늘에서 이루어진 것 처럼 땅에서도 이르어지이다.

— 아 멘 —

븓들이 (봉헌경)

하늘님 계 계셔 놀 니셋스니 니 놀
기되 계 븓드러 성김 십흡으로 이데 니
속을 파 슬픔 목숨과 니 느위 힘과를
계 븓드러 드리

니볽 곌음. 니몸듸 곌음. 니곌 성언
뵤 고믐.

니 눈 계 좀밖 니 귀 계 울을 듣고.
니 혀 계 그룩을 기리웁고. 니 소리
계 옴 듬음 느러.
니 손 하늘 일에 쓰며 니 발 하늘 길을
거면 하오니.

니 몸의 싱곡과 니 입에 물과 니 몸의
짓과 니 못 느는 어려움과 니 븐계
되는 업시 됨과 틀됨과 니 스는 둥은
히들 놀덧 놈즉 걱정 그믐을
께 계로 븓드러 드러

일지거는 흙뵝 낮에서 춫던 것을 인앤
욘 틍 계 좀 뷧게 도르거기로 꼭 범
이 옵지. 므슨 계 그셔 열 등 오려 고
놓질 있기?

하우님 들으시고 하우님 물숨쉬에 나와
모든 사람속을 누의임에 더욱 되기문
기중 비나이다.
하우님 우리이 조임술의 조임이크고.
본진 모질이 무기움 더듬 몰되오느
계 불숭을 브르며 계 싱김을 기되어
비오니
느 드리
데 게음
음.

굿눈에며 나를 사랑으로 내시고 나에게 영혼
육신을 주시어 다만 눈을 위하고 사랑을 도우라
하시었나이다. 대비록 죄가 많사오나
눈께 받은 몸과 마음을 온몸이 도로 받혀
흔게오 봉사 의 례물을 드리오니.
어여비 여시어 받아들이소뎌. 아멘

3. 강의

이것은 동광원 수양회에서 계속 강의한 것을 필자가 기록한 것이다.

요한복음을 중심한 철학적 사고

"하나님은 이 세상을 극진히 사랑하신 나머지 당신의 외아들을 보내 주셔서 그를 믿는 사람은 누구든지 멸망하지 않고 영원한 생명을 얻게 해 주셨습니다."(요 3:16)

나는 16세 때 기독교에 입교하면서 그 때 산 성경책을 60년 지금까지 쓰고 있는데 종이 한 장 떨어지지 않고 있다.

본문의 옛 번역에 "독생자" 즉 외아들을 "한 나신 아들"이라 번역하면 좋겠다. 다른 아들들은 억억만만(億億萬萬)이라도 다 멸망할 "못난이"들이다. 특별히 난 아들 "한 나신 아들"이 다. "못난 자식" 운운은 나지 않았단 말이다. 멸망할 이가 무슨 생명이라 하겠는가. 괴로운 가운데서 나서, 괴로운 가운데서 자라, 괴로운 가운데서 살다가, 괴로운 가운데 죽는 것. 일생을 고생하다가 멸망하는 것…그러니 암만 나도 못난이오!

법(法)이란 "진리"란 말이다. 사람은 좋은 마음 가지고 났는데 흐려져서 사나운 꼴이 되었다. 정법(正法)을 몰라본다. 깊이 있는 나가 깨자는 것이 불법(佛法)이다. 깨닫자. 잠 깨자는 것. 진리를 찾자는 것을 불교에선 바른 법 "정법"(正法)이라 한다. 붓다(佛陀)란 "깬 이"를 말한다. 날마다 깨기를 생각해 정법(正法)을 모르는 미망(迷妄)에서 깨어나라는 것이다. 그런 의미에서 석가모니는 큰 선지자다. 붓다(갠 이)를 우리말로 변형해서 "부처"라 한다. "염불"(念佛)은 생각하자는 것이다. " 깨기를 생각합시다. ~합시다"가 염불이다.

"한 나신 아들." 이것은 영원히 있을 아들,. 지극히 높으신 생명의 근원되신 아버지의 아들이다. 그는 처음부터 진리 충만하고 충만한 진리였다. "오르고 또 올라 영원한 생명을 믿읍시다"라는 것, 그것이 믿음이다. 가장 힘 있는 아드님이 오셨다. 오실 까닭이 없는데 오셨다. 믿으라. 믿지 않으면 멸망한다.

세상에 있는 아버지 어머니는 생명의 근원이 아니다. 생명의 근원은 지극히 높은 데 계신 아버지다. 사내하고 여편네 살몸둥이 속에서 나오니 멸망하는 것이다. 영원한 생명세계는 아버지의 아들이지, 어머니가 있어 난 아들이 아니다. 그러면 그 생명은 영원한 생명이다. 이 세상 부모가 자식을 낳아도 거죽을 낳지 속은 못 낳는다.

염(念) 자는 이제금(今) 밑에 이 마음(心)이다. "깹시다. 더 깹시다"라고 하는 것이 염불(念佛)이다. 예수 같이 하나님 생각하며 올라가는 것, 영생 얻기 전에는 그치지 못하는 것. 인생은 생각하는 존재가 기껏 생각하는 것이 그것이다.

나는 예수교인인지 불교인인지 몰라. 나는 훌륭한 불교인이다. 왜? 깨기를 생각하니. 예수님, 하나님의 아들이 깨지 않았는가? 깨기를 생각하라고 하지 않았는가? 예수님과 석가모니가 같은 시대에 낳았다면, 가장 가까운 사이가 되었을 것이다, 잠시도 떠나지 않고 복음을 위해, 진리를 위해 깨기를, 솟아 올라가기를 힘썼을 것이다. 한 사람은 깼다고 나서고, 한 사람은 하나님의 아들로 나섰다. 하나님의 아들이 깨닫지 않고 되었겠는가? 天上天下無如佛. 서로 다르지 않은 똑같은 정신이다. 깨자, 올라가자!

"기도", 나는 안해요, 싫어요.. 공 예배 때 기도하는 사람들은 지금처럼 하지 말고, 기도문을 낭독하면 어떻겠는가? 예수께서 손들고 하늘을 우러러 보시며 기도하시 듯이 말이다. 식사 때 감사기도는 먹고 나서 "하나님 과(過)히 먹지 않아 감사합니다"라고 하라. "주기도"는 골방에 들어가서 기도하라.

기도할 때 몸을 구부리고 얼굴을 찡그리는 것은 잘못된 것이다. 찬송 부를 때도 꼭 펴들고 부르자. 펴는 것이 좋다. 기도 마지막에 하는 "아맨"은 우리말의 "암"이나 만트라의 "옴"이나 "아맨"은 같은 뜻이다. 인사하는데 악수, 입맞춤, 합장(合掌)은 조금 차이가 있으나 모두 인사하는 표현이다.

사람 얼굴의 눈도 입도 뚜껑이 있으나, 콧구멍과 귓구멍은 뚜껑이 없다. 잠시도 쉬면 못쓰는 것이기 때문이다. "능력"(能力)이라는 것은 위로부터 오는 것, 우리말로는 "나위"가 능력을 의미한다. "더할 나위 없이"란 말도 위에서 내려온 것을 의미한다.

사람은 누구나 한 고집은 있어야 한다. 고치고 변하는 건 자연스럽게 해야 한다. 예수 믿어도 한 고집이 있어야지, 고집이 없으면 숨이 풀어지고 만다. 풀어지면 결단난다. 예수 그리스도는 고집쟁이, 석가모니는 고집쟁이였다. "기니디리미비시이지치키티피히, 아야어요오요우유으이?"는 훌륭한 글이다. 이와 마찬가지로 한글이 나타난 것은 하나님 계시오, 하나님 진리이다.

십자가(┼)는 "고추가루"(으이아우 ●ㅡㅣ).

하나님의 말씀. 그 소리 그 말 속에 있는 뜻이 아직 내 뜻이 되지 못했다. 헛되고 헛된 것을 알았으면 확실한 것을 붙잡아야하지 않겠는가. 확실한 것은 뜻에 있다. 실상 아버지의 존재는 뜻 속에 있다. 왜 이렇게 쭈그러집니까. 그것은 죽으러 들어가는 표시야. 이 세상에 살잔 것은 운동하자는 것이다. 고목사재(枯木死灰). 흙 살로 된 목숨의 결국이다.

목숨이란 것은 영원한 존재인데 목숨이란 어디 있는가? 숨이 들어가고 숨이 나오는 것, 사람의 고동이란 것은 숨이 들어가고 나오는 것을 말한다. 그러기에 목숨 쉰다고 말한다. 하루 적어도 2만 5천 번 들이쉬고, 내 쉬고 하는데, 할딱할딱하는 것을 보고 살았다는 것이지, 그것이 꺼지면 고목사재(枯木死灰)이다. 백년 산다고 하면 9억 4천여 만 번 할딱할딱하는 것이다.

82세가 되는 나는 6억 이상 숨 쉬고 사는 것뿐이다. 백년을 산다고 해도 10억 이상은 못하는 것이다. 숨 쉴 때 한 번 산소를 흡입하면서 탄산가스는 뿜어 내보내고, 그것 멈춰지면 그만 그것을 목숨이라고 할 수 있겠는가?

영원한 목숨이 그것이 아닌 것을 깨닫는 것이다

"우리님"을 한자로는 主라 쓰는데, 主님이라 쓰는 것은 안 된 말이다. 主는 主고, 님은 님이다. 님 찾아야지, 주님 주님은 안 된 것이다. 말씀이란 것은 참 생명의 고동이다. 말씀이란 바로 되어지는 것이 아니다. 말씀이 바로 되어지기를 우리가 간절히 바라는 것이다.

요한복음 1:1 "맨 처음에"(太初)라 번역한 것은 얼마나 반가운지…태초(太初)는 더러운 것이다. 더러운 것 다 버려! 태초란 말 없애고(번역에) "맨 처음" 둔 것은 대성공이다. 아멘! 그래도 그 밖에도 잘못 된 데가 있다. 그러나 그런 것들이 단번에 고칠 수 있는 것이 아니다. 잘못된 데는 우리 아버지께서 고쳐 주셔야지. 괜히 성급히 그럴 것 없다.

요한복음 3:16: "독생자"(獨生子)는 우리말의 "외아들"이라 해야 한다. 독(獨)이면 독(獨)이고, 자(子)면 자(子)이지, 생(生)자를 더 붙일 필요는 없다.

요한복음 3:3: "진실로 네게 이르노니 사람이 거듭나지 아니하면 하나님 나라를 볼 수 없느니라." 예수께서 니고데모와의 대화에서 "거듭난다"는 이치를 교훈하였다. 한 번만 거듭나는 것이 아니라 자꾸 거듭나고, 거듭나고, 또 거듭나야 한다. 철이 들어가야 자꾸 철이 들어가야 하듯, 어머니 모태에서 10개월 있다가 출생하여서는 모든 지저분한 것을 제하고 영생에까지 들어가야 한다.

부활을 믿는다면 육체까지 부활하는 것 믿느냐가 문제다. 주님께서 육체까지 부활했으니, 예수는 부활하여 천국에 들어가셨다.

"남"이 되시더라도 그 창 자리, 못자리, 그냥 그대로 가지고 있는 것일까? 이 세상 상처도 나아야 하는데, 천국서도 상처를 그냥 갖고 계실까! 죽음이 없는 영생의 나라에 들어가서까지 그런 다친 흔적을 갖고 계시겠는가? 우리

님께서 예수께서 2천 년 전에 나타났을 때의 그 얼굴과 같을까? 같지 않을 것이다. 완전하신, 목숨의 근원되시는 아버님과 같을 것이다. 머리, 옆구리 흔적 보고 싶다는 사람이 있다고 그 흔적을 그냥 가지고 계시겠는가? 그러니까 이 문제를 깨쳐야 한다. 이 세상 떠나 아버지 나라에 들어 갈 때는 상처, 병은 다 벗어 버려야 한다. 헛되고 헛된 것! 그런 것 다 떼고 가는 것이다. 사람이 하는 것은 밤낮 어린애 짓이다. 다 벗어던지고 구름 위에, 하늘 위에 올라가 영원한 생명의 님을 맞아야 할 것이다. 그것은 사실 우리 속에 있다 볼 수는 없게 마련이다. 내 눈을 내가 보지 못하듯, 내가 가지고 있는 것을 내가 보지 못하게 생긴 세상이다.

"맨" 처음, 어디나 언제나 있는 것이 "맨"이다. 그 따위를 "맨"이라고 "맨 처음"이라 하는가! 아버지 계신 그 때가 "맨"이다. 생명의 근원되시는 아버지는 몸, 얼굴이 있다는 말 못 들었다. 아무 것도 없는 목숨의 근원 되신 아버지, 시간도 공간도 천지만물도 모두 다 그 어른 마음속에 있던 것을 나타낸 것이다. 천지만물의 창조는 다른 것이 아니다. 아버지 마음속에 있던 것을 내놓는 것. 그것을 보라고 아담을 만든 것 당신이 만들어 내신 데를 보고 듣고 알라고 그런 몸뚱이 가진 사람을 만든 것이다. 눈은 보라고, 귀로 들으라고 이목구비(耳目口鼻) 가진 인간을 창조하였다. 없던 것 천지만물과 이목구비 가진 것을 창조하셨는데 이것은 언제까지인가? 영원히 이러는 것 아니다. 잠깐이다. 우리가 영원한 생명에 온전히 들어가면 아버지와 아들이 각각 떨어질리 없다. 예수께서 아버지와 나는 하나라 하였다. 하나 되는 것이다. 우리는 아버지보다 부족한 것이 무엇인고 하니 "가지고 있는 것"―이 몸뚱이 갖고 있는 것이다. 아버지는 하나도 가지고 있는 것이 없다. 아버지께서 온전하신 것 같이 나도 하나도 안 갖고 있었으면, 이것이 소원이다.

그러니 "맨"은 여긴 있고 저긴 없는 것이 아니다. 죄다 있는 건 "맨"이라야 영원히 있고 가장 아름다운 것이다. 이 세상에서 제일 큰 것은 아무것도 없는 것, 허공 공간이다. 그것은 한량없이 큰 것, 땅도 하늘도 허공 공간에 떠어놓았다.

성경엔 모든 것은 없던 것인데, 창조주께서 창조해서 되었다고 한다. 하늘도 넣어둘 공간이 있어야지, 땅도 떠서 띄어둘 공간이 있어야지, 없으면 있을 수 없다.

남의 차지한 터에는 발 하나 들여 놓을 수 없는 것이 공간과 물건의 이치이다. 시간이나 공간에 "맨"이란 소리 붙는 것, 맨 소리는 아무 쓸 데 없는 것 같은가? 다른 것을 모두 안 해도 "맨"이라는 데는 참여해야 한다. 가장 공평한 것이 "맨"이다. 누가 욕심내지 않는다. 온전한 생명에 들어가자는 것, "맨"에 들어가자는 것, 모든 존재들이 모두 같이 "맨"을 가졌다는 것, 그것처럼 고마운 것은 없다. "맨" 그대로 영생이면 얼마나 좋겠는가?

"맨"이란 말은 순전한 그것을 의미한다. 아무것도 섞이지 않은 물(水)이 있다면 그 따위 물은 "맨"이 있다. "맹물"이다. 너무 온전하고 순전한 것은 "맹"이라고 한다.

"맨 처음"—진실로 참말로 맨 처음이 뭘까? "처음"의 뜻은 "참"이다. 가득 찬 것, 도무지 빈틈없는 것이다. 맨 끄트머리로되, 맨 처음, 맨 꽁무니, 맨 꼭대기, 맨 꽁무니가 되어서 맨 꼭대기로 올라가야 한다. 맨 꽁무니란 아무것도 안 가진 것이다. 이 세상 아무것도 안 가졌다는 것이다. 가지긴 가졌어도 마음으로 안 가진 것이다, 그것이 맨 꽁무니이다. 이 육(肉)도 안 가진 것이다. 이것마저 죄다 맘에 두지 않는 것이다. 이 세상에서 맨 꽁무니가 되어서 맨 꼭대기에 올라가야 한다. 생명의 근원은 맨 꼭대기에 있다. 그 분을 우리 님께선 "아버지", 생명의 근원을 아버지라 부르신 것이다. 영원한 무궁의 근원은 아버지시다. 이 시간엔 비는 시간 즉, 기도시간인데 기도는 하지 않는다.

"하나님"이란 말은 대단히 잘 된 것이다. 기독교에 들어오기 전부터 저 하늘 거기 존경사를 붙여 "하나님!" 한 것이다. 그것이 많은 사람의 입 열어 말한 것을 그대로 취한 것인데 제일 순하고 잘 된 것이다. 한분 뿐이라 해서 "하나님"이라 한다는 것은 말이 안 된다. "하늘님"이라 말하기 불편하니 "ㄹ"이 떨어지고 "하나님" 하는 것이다.

앞서 학자들이 "ㆍ"자를 없애자는 것은 큰 잘못이었다. "ㅏ"와 "ㆍ"("아"와 "ᄋ")는 차이가 있다.

"나"가 이 세상에 나오기 전엔 "나"가 아니다. 본시는 "저"이다. 이 세상에 나오면서 "나"가 된 것이다. "나"라고 나왔다고 하고, 저 쪽보고는 "너"라고 한다. "너"란 너 줄 것이 있다는 것이다. 하나님께서 이것 갖고 나가 줄 사람에게 주어라, 넣어주라, 복음을 넣어주라는 것이다. 넣어주는 것은 "귀"가 달려야 한다. 넣어주자고 "너" 한다. 낼 것 있으니 나왔고, 너 받으라는 "너"다. 이 세상 사는 데는 "나" 아니면 "너"다. 영생에는 내가 들어간 것이 아니다. 이 세상에 나오기 전에 있던 데로 돌아가는 것, 저 제대로 있던 대로 돌아가는 것이니 "저"다. "저"로 돌아가는 것이다.

우리가 가려는 곳이 어디인가? "개"다. 예수께서 목숨의 근원 되시는 "아버지께" 가겠다고 했다. 아버지 계신 데가 어딘가? "개"다. "개" 계신 줄 알아야 한다. "개"란 곳에 우리말은 오묘하다. "개" 계신 영생의 아버지 되신 계신 그이 존경하려니까 "계신"이다.

"성잔"은 성소(聖所)라는 말이다. 우리 걱정 "시골"이 없어지는 것 고향이다. 없어진다 "故"는 "까닭"이다. 까닭이 있어 지나가는 것이다. 까닭과 까닭이 죄다. 산 까닭, 죽은 까닭이 모인 데가 "시골"이다. 거기에 왜 존칭을 붙였는가?

"계시"(啓示)의 "示"자. 시골이 없어진 세상인데 다시 "계시골"로 가잔 것. 절대 아버지 계신 그 시골에 가자고 땅의 시골 없애지고 절대자 맨 처음부터 계신 "계시골" 가자, 계시곳 찾자, 하늘나라 찾자.

人心精

生心 出生世
人心 克死精

意見 常識
人間時間生
空中意中命

생심출생세(生心出生世)

말씀 듣자고 하는 세상이기 때문에 입을 가지고 말을 해야 하리라. 입을 왜 가졌느냐? 먹자고 가졌다. 입을 가진 사람은 먹고 봐야 한다. 안 먹으면 죽는다는 것이다. 그러나 입은 말하자고 가졌다고도 할 수 있다. 이 세상 것은 먹는 것이 간단치 않다. 그저 집어넣으면 되는 것이 아니다. 또한 말하기만 하면 되는 것도 아니다. 정말 답답하고 귀찮은 것은 벙어리 귀머거리만 아니다. 말 많은 세상이다. 말 많은 세상을 어떻게 하면 조용하게 살아볼까 하는 사람도 많다.

"난 그런 일을 도무지 생각도 못했다"는 말을 "생심(生心)도 못했다."고 한다. 그런 마음이 나오는 것이 생심(生心)이다. 좋은 생각이 나지 못하는 마음 감감한 마음이나 불쑥 불쑥 나오는 마음도 곤란하다. 얌전한 사람은 "난 그런 마음 생심(生心)도 못했습니다"라고 한다.

마음 안 나오려거든 뭘 도무지 보지 말아야 한다. 뭘 보면 마음이 나온다. 좋다든 싫다든 먹고 싶다든 먹고 싶지 않다든 견물생심(見物生心)이라. 마음 나지 않으려거든 물건 보지 말아야 한다. 봐서 좋다고 마음이 나왔으면 정말 좋은 건 봐서 자기에게 유익하고 재미있다는 것도 안다. 그것이 영원히 좋은 것이라면 물라도, 그렇지 않은 것을 보고 그러면 그 생각(못된 마음) 때문에 다른 생각은 못 나오게 되어 그 못된 마음에 매여 종살이를 하고 만다.

웬만한 것은 생심(生心)도 않는 것인데 복된 것도 있다. 생심한 결과가(없든 사람이) 이 세상에 나오게 된다. "生心出生世"(한 세상이 30년이다. "열 십(十)자 세 개를 매어 놓은 것이 세상 世자이다). 30년 살면 인간 일생 살 것 다 산 것이다. 60년, 90년 사는 건 자꾸 세상을 겹쳐 사는 것이다. 우리 님도 30년 세상 살고 더 세상에 있지 않았다. 세상을 구원하러 오신 하나님 아들도

30년 세상에 나타나고 돌아가셨다. 인생 한 세상은 30년이라 생각하는 것이 좋다.

입심 극사정(入心 克死精)

입심(入心)은 마음으로 들어가는 것이다. 그것은 무엇을 의미하는가? 남의 마음으로 들어가려고 애쓰는 것을 말한다. 즉, 남의 마음에 들도록 하는 일이다. 어떤 사람이 마음에 잘 들어갈 것인가? 마음이 무엇인지 잘 아는 사람이라야 한다.

자기가 자기 마음에 잘 들도록 해야 한다. 내 마음에 들도록 해야 한다. 내가 내 마음에 들어갈 때, 마음이 말하기를 "주인된 내가 참 내 마음에 든다"고 말한다. "참 내 주인이 된 당신, 참 내 마음에 든다"고 하는가? 먼저 내 마음에 꼭 드는 내가 되어야 한다. 내 마음에 못 드는 사람이 남의 마음에 들겠는가? 마음에 드는 것을 생각해 봐야 한다. 내가 내 마음에 들도록 살면 영생, 천국, 구원을 얻는다. 불교는 깨달음 얻는 일이다. 생심(生心)하는 것은 다른 물건을 쫓아나가는 것을 말한다. 먼저 내 마음 속에 내가 들어간다. 내가 주인인데 마음이 나를 어떻게 하겠는가?

"다른 데 가실 것 없어요." 마음에 그럼직한 주인이 되면, 다른 데 갈 것 없다. 먼저 내가 내 마음에 드는 사람이 되어야 한다. 생명의 주인은 마음이다. 그 마음의 근원되신 이가 하나님이다. 목숨의 주인 노릇 잘 하는 것은 아드님 노릇을 잘 해야 한다. 아드님으로 나왔다고 분명히 말하신 것이 우리 님 예수시다. 영원한 아버지가 계신데, 그 아버지가 우리를 내셨다는 것이 예수님의 인생관이다. 예수 믿는다는 건 예수의 인생관을 내가 가지면 구원 얻는다는 것이다. 우리가 싫어하는 죽음을 쳐 이긴다. 죽어서도 다시 살고 다시 살아서도 영생, 천국 간다는 것이다. 그것이 마귀를 이기는 일이다. 마귀가 없어지는 것, 다시 죽음을 보지 못하는 것이다. 마귀가 없어지고, 남은 것이 무엇이겠는가? 그건 생명의 나라에 가는 것이오, 그것이 정말 사는 일이다. 우리가 지금 여기(금세 今世)

에 난 것은 상대적 죽음을 두고 사는 것인데, 이것은 원(元) 사는 것이 아니다. 죽음, 병, 악(惡), 마귀, 죄 없는 목숨을 사는 것이 참 목숨이다. 그 목숨을 살리는 것이다. 그것을 표시한 것이 입심정(入心精)이다.

"精" 자(字)는 쌀 깨끗하게 어백 미(米)를 정미(精米)하는 것이 정(精)이다. 그것은 좋은 것 아니다. 겉 부분이 없어지면 인체에 부족하다. 정하게 닦인다는 것은 좋은 일이 아니다. 쌀 부분이 조금 남은 것을 정미(精米)라고 하는 데 가중된 것이다. 정말 정한 것은 우리 정신이란 것이다.

정말 정(精)

벼(米)를 분석해 보면 "十" 자에다 벼가 다닥다닥 붙어 있는 것이 "米" 자이다. 벼가 열리는데 "靑" 파란 잎사귀가 우리를 위로해 준다. 푸른 것은 우리 마음을 위로해 주지만, 여기서 붉은 것은 배출하는 것이 좋다. 불을 붙혀 떨리는 것이다. 시퍼런 것이 모여 정신이란 "精" 자 되고, 정신은 불을 내 보내는 것 "네 불을 내 뿜으라"는 것이다. 깨를 볶으면 김이 나오고, 그것을 우리는 고소하다고 한다. 하늘의 빛과 땅의 물을 받아 자란 초목과 과실을 말끔히 숯 덩어리 쌓는 것, 천년 묶은 나무라도 좋단 숯 덩어리 쌓아놓은 것이다. 하늘의 명령이 내려 네가 불을 내라 할 때 내지. 숯 덩어리는 더러운 것 고약한 것이다. "뱃대기가 숯 덩어리 같은 놈." 그러나 숯은 땅에 묻어놔도 썩지 않는다. 하늘이 낸 그대로 있는 것이 숯이다. 숯 색시. 숯 스러운 물건, 그것이 불덩어리인줄 모른다.

시퍼런 그게 모여 정신이란 "精" 자가 되고 정신은 불을 내보내는 것인데 "너 불을 내뿜으라"는 것이다. 사람의 정신, 사람의 정력은 어디 있는가. 콩팥에 있다. 신장이다. 정신이 부스러지면 "어이! 허리아파!"라고 하는데, 정력이 부실하면 허리에 통증이 온다. 일생 정력이 튼튼하게 살아야 한다.

"神" 자 풀이

"二"는 위(上)라는 뜻이오, "小"는 빛 광(光)인데, 내려보인다는 보일 시(示)자가 된다. 대개 하나님을 생각하던지, 빈다고 하든지, 복이나 재앙 등은 다 이 글로 나타낸다. 신이 하늘 높은데 계신 것을 표시한다. "申"은 사람이 꼿꼿이 선 것, " ㅣ "는 한글의 "이-" "이 양반 말 보라." 일본어 "さま"이나, 영어로 미스터(Mr.) 보다 "이-"를 찾아야 한다. 이것이 가장 좋은 것이다.

"이-"라고 부를 때는 "양반" 소리보다 더 좋게 들어야 한다. 그때 비로소 독립하는 것이다. 여러분도 나보고 "선생"이라. 뭐라 부르지 말고 "柳 이-"라고 해주세요. 자기께 가장 가까운 것이 "이-"다. "아, 이를 어떻게 해!" (이런 실수야 어떻게 해~라는 뜻)

"精"과 "神"이 합쳐서 "정신"(精神)이 된다. 정신 차립시다! 정력제 자꾸 먹고 자꾸 많이 먹어야 사는 줄 아는데, 너무 먹으면 죽는다. 덜 먹는 것이 좋다. 맑은 정신이 좋다. 새벽밥이 더 좋다. 외국에서는 아침은 조금 먹는 데 비해, 우리는 아침밥을 착실히 먹는데 이건 좋지 않다. 나는 30년 동안 하루에 일식을 하고 지냈다. 점심 먹는 것을 "日中"이라 하는데, 나는 낮에 도시락 싸 가지고 다니는 게 귀찮아서 저녁에 몰아서 먹는다. 하루 24시간 동안 한 번 먹으면 된다. 식전, 식후가 없이 자신에게 꼭 알맞게 먹으라. 그리하면 병이 나지 않는다. 병은 지나치게 과식하는데서 생긴다. 군것질도 할 필요가 없다. 국도 많이 먹을 필요 없다. 물도 먹을 때 넉넉히 먹으면 다시 먹을 때까지 그것이 그대로 작동한다. 나는 물 생각 없다. 남들이 다 땀을 흘리며 물을 찾아도, 나는 말을 새벽부터 어두울 때까지 해도, 새벽부터 밤까지 해도 입술이 마르지 않는다. 말할 때 침이 툭툭 튄다. 입술이 터지고 마르는 것은 과히 먹은 죄로 그렇게 되는 것이다. 소화불량이다.

가끔 강연하는 사람들이 좋은 물 한 그릇 떠다 강대상 위에다 놓고 강연하는 사람을 볼 때면 속으로 "저기 속이 말라서 저런 모양인데, 무슨 말로 남을 가르치겠다는 건가?"라고 한다.

군것질은 다 없애버리면 좋은데, 왜 못 버리는가? 군것질하면 긴 것 잃는다. ("가" 란 좋은 것을 의미한다.) 군 것 다 버려요, 떼버려요, 군 것 다 떨어버리고, 진리로서 서둘러가자. 그게 예수 믿는 일이다. "성령"은 "가"(氣), 하나님의 "가"를 쫓아가고 김이 내려온다. 위에서 주신 그 김, "가"를 받아 "감"을 내 보내는 것, 이것이 우리가 살림하는 것이다. 하늘과 땅 사이의 좋은 것은 햇볕 같은 기를 발(發)하는 일이다.

우리 단군의 자손은 "검"(儉)의 자손이다. 영검한 자손이다. 신(神)의 자손 이다. 김(氏)도 검에 가깝다. 일본 사람 가미사마(かみさま)도 검에 가까운 말이다. 말짱 검이 되자는 것, 정신, 알짜가 되자는 것이다. 마음에 들어가서 죽음을 익혀 알짜가 되자는 것이 입신극사정(入心 克死精)이다.

"克"자의 "儿"은 앉은 사람의 모양이다. 앉은 사람이 "儿"이 귀한 것을 얻어 받으면 "兀"이 된다. "克"은 넓은 것(一), 높은 것(丨) 모두 상하십방(上下十 方) 빠진데 없이 죄다 일러 내려오는 것이다. 그가 종단(終端)에 이기는 사람이 "克"이다.

성경만 읽는 분들은 말하기를 성경에만 온전한 말이 있다고 하고, 혹은 구약 보다 신약에만 있다고 하고, 혹은 불교에는 무엇이 있겠는가? 그러나 그게 정 말 잘하는 일이 아니다. 금(金) 모래를 쓸 때는 먼지까지 쓸 듯이 성경 외의 다른 경전에도 진리가 들어 있는 것이다. 이기려면 죄다 쓸어 모아서 사서삼경 에도 진리가 담긴 것이어서, 성경에 도움이 되면 되지 방해가 되는 것만 있는 것이 아니다. "올라 간다"는 말은 "옳다"는 말과 같다. 올라가는 것이 옳다.

"人間時間生"

사람 사이에 산다. 사람 틈에 산다. 외살이가 없다는 것, 단 둘이라도 짝이 있어야 산다. 사람과 사람 사이에서 산다. 그래서 "間" 자가 붙는 것이다. "세 상"(世上)이란 말은 "세간살이"(世間) 사람 사이에 살고, 시간 사이에 사는 일이다. 사는 데 어떻게 사는가? 속정신이 산다. 생각하며 산다. 정신을 써서 생각이 일어나는 그것이 사는 것이다. 원(元) 사는 쥬(主)는 생각이다.

하늘은 어디에 있는가? 그 중 넓은 데 있다. 제일 큰 것이 하늘이다. 그 중 넓은 데는 아무 것도 없다. 아무것도 없는 데가 아무리 작을지라도 존재하는 물건이 공간을 차지한 그곳에는 다른 것은 차지하지 못한다. 그것이 신성불가침(神聖不可侵)하다는 것이다. 물동이를 거꾸로 반듯이 해서 눌러보라. 물한 방울도 못 들어간다. 큰 힘을 줘서 눌러도 왜 안 들어가는가? 빈 그릇인데 말이다. 이는 보이지 않지만 공기가 물동이 안을 가득 채우고 있기 때문이다.

"意" 자 풀이

마음(心) 위에 소리(音)이다. 소리 음(音)자가 있고 소리 "성"(聲) 자가 있는데, 소리 "성" 자는 울림이 있는 소리요, 소리 음자는 소리가 없는 음이다.

그건 "아"다. "아"는 울림이 있는 소리다. 소리음(音) 자 근원, 언(言) 자 획을 들어내고, 거기다가 뜻만 담아놓은 그 소리, 그것이 소리음(音)자이다. 인간이 생겨났을 때 제일 처음 낸 소리는 "야" 소리였다. 살자고 해서 사는 것은 생각하는 일인데, 생각은 모든 것의 뜻을 알아보자는 것이니까 "아" 소리가 먼저 나올게 아닌가?

요즘 성명서란 것을 잘 내는데 그건 자기 변명서이다. 그건 안 된다. "음명서"(音明書)를 내야 한다. 진리가 담겨있는 글을 내야지, 마음속에 울리지 않는 소리가 담겼다는 것, 그것이 우리 뜻(意)이다.

"意識", 세상 떠나느냐 마느냐는, 의식이 있느냐 없느냐이다. 많이 들어 상식을 가지고 있는 것이 "識"(알 지)이다. 많이 들었는데, 곧 진리가 담겨 있는 소리, 바른 소리 바른 뜻, 바른 소리 담겨 있는 말을 낼 것이냐를 경계하고 주의하는 것이 "言—音—戈 즉, 識이다. 소리 음(音)자는 복음(福音), 복된 소리에 적당하다. 소리 음자는 복음이란 데서 나왔다. 음악(音樂) 정말 온전한 음악이라면 윤리도덕에 극치인(極致人)이 동시에 음악에 통한다.

바른 음악, 절대자의 뜻이 들어 있는 온전히 울릴 수 있는 음악이란 훨씬 풀어주는 것이다. 너무 풀어주면 정신이 음악가 따로, 윤리가(倫理家) 따로, 도덕가(道德家) 따로 있게 된다.

생명의 원(元) 도덕이 의식인데 신자의 영혼이란 말과 같다.

공중의중명(空中意中命)

"天"자 풀이: "一"아래에 큰대(大) 제일 큰 것, 예수 외에 여호와의 증인이 누가 있어? 아버지를 알아서 아버지를 바로 섬기라는 것이 예수교이다. 어떤 의미에선 유교와 아주 가깝다. 유교는 부모 사이에 효도하면 하늘에도 유교의 맨 꼭대기는 정심(正心)에 가야 한다는 것이다. 마음에서 뜻이 생기고 의식에서 나오는 의견으로 사는데, 뜻은 마음에 바른 소리가 담겨 있는 것이다. 그것이 창조주 되신 아버지의 뜻이다.

하늘도 땅도 우리 영혼도 우리 속 알도 온통 공중에 있다. 공중이 온통 우리 영혼이 소요(逍遙), 드라이브 할 곳이다.

우리 아버지의 뜻은 허공이다. 허공(虛空) 그대로가 아버지의 마음이다. 하늘 그대로가 아버지 마음, 허공 그대로가 우리 아버지의 마음이다. 우리보고 아버지의 마음속에 들어가 살라는 것이다. 주님의 말씀에 일곱 번씩 70번(70×7), 무한히 용서하라는 그런 말은 세상에 없다. "恕"(용서할 "서" 자)도 깊은 뜻을 내포하고 있다. 한문, 동양 것, 공맹(孔孟) 것이라고 그 속에 진리가 없다는 말인가?

나는 16세 때 산 신약전서를 82세까지 책장 한 장 찢어지지 않은 채 들고 다닌다. 나는 신학교 문턱에 들어가 보지도 못했다. 그러나 60년 가지고 다녀 손때 묻은 성경과 씨름하고 있다. 나는 공맹(孔孟)의 말도 조금 본다. 성경을 보니 공맹이 더 확실히 알게 된다. 전보다 성경 보니 더 밝히 안다.

우리 의식 그것 가운데 공중의중명(空中意中命), 숨이 돌아가 살고, 말이 돌아감으로 산다. 요한복음 1:1에 "맨 처음에 말씀이 있으니…" "말씀"—우리 말 정말로 하려면 말씀이라 말고 "일름"이라 해야 옳다—으로 천지창조 아니라, "일름"으로라 해야 옳다. "일름"과 "말씀"은 다르다. 맨 처음 하나님께서 일렀음이다. 말씀한 것이 아니다. "빛이 있으라!" 일렀다.

"말"이란 "말라는 것"이다. 말 많은 세상이니 말라는 것이다. "일른다"는 것은 말한 것을 또 하게 한다는 것이다. 말 안 들으니 말이다. 그 속에 심판이 들어있다. 바른말, 뜻이 담긴 말은 말씀이 아니요 "일름"이다. "맨 처음에 일름이 있으니…" 이렇게 바로 되는 일은 참 어렵다. 그러는 날이 오면 할렐루야! 숨이 막히면 죽는다. 말이 막히면 죽고 싶다. 말씀이 제대로 돌아가야 사는 것이다.

신자들이 기도할 때든지 "간절히 간절히" 잔소리를 섞으면 거기 공상이 섞이지 않을 수 없다. 하나님 나라 백성이 되려면 힘 있게 살아야 한다. 꺾어다 꽂아 놓은 꽃처럼 되어서는 안 된다. 이 사람은 공자, 맹자도 구약과 같이 생각한다. 동양에 공맹(孔孟)이 없었다면 하나님 말씀 깨달을 수 없다. 공맹 속에도 진리가 많다. 공맹 대접하기를 구약 대접하듯 해야 한다. 마음을 죄다 쓰면 종단(終端) 하나님 주신 천성(天性) 내원 바탕을 다 안다고 했다. 이건 놀라운 말이 아닌가!

"性" 요사이 말로는 암컷, 수컷의 의미이다. 천성(天性)을 잃어 버렸으니 망할 것인데, 그러나 마지막 암컷, 수컷 그것이 남았다. 요사이 나오는 책을 보면 천성(天性)은 다 없어지고 성적(性的)으로 암컷, 수컷 찾는 남녀의 성만 찾는 성전(性典)이 나온다.

천성(天性), 하늘로 올라가는 성은 잃었다. "典" 자는 "曲"(책상) 위에 책(冊)을 올려놓은 것이다. 성문제를 책상 위에 괴어 올려놓은 것이다. 모두들 미쳤다. 다 죽게 되었는데도 성(性) 문제만 다룬다. 나는 남성이다. 여성이란 것만 치켜들고 있다.

이 사람도 생각은 하는 사람인데, 성 문제에 대해선 꽤 안다. 궁금한 것이 있다면 나에게 와서 물으라. "孟子"의 진심(眞心) 편에 보면, "마음은 사람의 신명(神明)이다"고 했다.

"그 마음을 다 쓰는 사람은 그 천성(天性)을 안다. 그 천성을 다 쓰면 하늘을 안다"고 했다. 이것이 바로 진리입니다.

중국 사람들이 하나님 믿는 여부는 나는 잘 알지 못하나 신명(神明)을 의지한다. 신명(神明)은 최고의 것이다. 사람의 마음속에 있는 것이 신명이다.

옷을 바르게 입고, 책상에 향 불 피우고 고요히 성경 읽듯이 신명께 정성 바치며 신명 앞에서 생각한다. 사람의 마음은 사람께 있는 신명이다. 사람은 생각을 하고 사는데 생각은 신명(神明) 밑에서 한다. 이것이 유신(有神) 생각이냐, 무신(無神) 생각이냐?

신(神)은 상제(上帝)

재(帝) 자는 모든 것을 단속한다는 뜻이다. 단속한 법칙대로 되리란 자다. 신명(神明)께 식전(食前)에 정성을 드릴 뿐이오, 다시 다른데 점(占) 치듯 하진 못한다. 바깥을 표시하는데 "夕" 변에 "卜", 占 치는 것, 저녁에 점치는 법은 없다. 그건 과외(課外)다. 그럴 법이 없다는 것이다. 이것이 하늘을 믿고 사는 국민이다. 7억 민족 "卜"자는 무슨 물건이 요긴해서 손으로 꽉 잡고 있는 것. " ·"은 잡은 모양이다. 말(馬)에 짐을 싣는 다는데 짐을 "卜"이라고, 짐이란 "卜"자 良馬卜 즉, 요긴해서 꼭 붙잡는 것이다.

사람의 의견으로는 결정을 못 할 때는 제비를 뽑아야 한다. 그 제비 뽑는 그 짓이다. 주역에 점(占)친다는 것은 다른 것이 아니다. 바로 제비 뽑는 것이다. 기독교인들이 성신을 받았더라도 전화기에 대고 말하듯 하는 것이 아니다. 문제에 대해 곧 대답을 받는 것이 아니다. 결정을 못할 때는 할 수 없이 제비를 뽑아야 한다.

"가룟 유다는 빠졌으니 대신 아무개를 사도로 세워라!"고 하는 성신은 아니다. 물론 기도하고 뽑는데 전화 걸고 묻는 성신은 아니다. 둘이 공교롭게 천거되니 할 수 없이 제비뽑았다(행 2:23-26). 그렇게 한 일이 나로서는 성신 받았다는 제자들이 안할 일을 한 것이라 본다. 주님이 어떻게 하실지 모르겠다.

우리들 경우에도 무슨 일을 처리할 때 동서남북 방향도 모르겠고 있을 수도 없고 가자니 방향을 알지 못할 경우, 그런 때는 제비 뽑을 생각을 한다. 지팡이나 연필을 던져 점쳐 보던지 하는 마음으로 던져서 그 방향으로 간다. 그런 때는 점(占)을 바로 쳐서 가는 것이 아니다. 가지 않을 수는 없고 가긴 가야 하니 그런 짓을 한다. 그런 때 바로 가면 하나님 뜻이고, 바로 안 되면 마귀의 장난이다. 이 세상은 그런 세상이다.

주역은 일종의 점치는 방법인데 주역의 괴는 비과학적이라면 그렇다. 그러나 놀라운 것은 보통 과학을 가지고는 생각할 수 없는 것이 거기 있다. "計"자는 턱 내걸어 놓는 것, 걸어 놓고 생각한다. 맨 처음 8가지를 걸어 놓는다. 8개가 위 아래로 겹쳐 64가지다. 거긴 말도 없고 글자도 없다. 64가지 걸어 놓은 거기에 말을 붙인다(端書). 여덟 가지는 하늘, 땅, 불, 물, 높은 산, 깊은 바다, 바람, 전기, 그 중 큰 것 여덟 가지를 선택해 걸어 놓는다. 여덟 그림 그리는데 힘찬 획 "⚊" 약한 획 "⚋" 전(前)자가 양(陽)이오, 반(半) 토막이 음(陰)이다. 그것을 각기 세 번만 써 그려보라. 먼저 하늘을 그려보라. 하늘은 높고 크고 기운이 쎈 것이라고 생각한다. 그래서 "⚊" "⚊" "⚊" 그어 이 강한 획 긋고 이것으로 "하늘"은 "☰" (강하고 강하고 강하다 그게 하늘이다)이다. "땅"은 하늘 생각하니 부서지는 것, 약한 것, 그래서 짧은 "-"을 세 번 가지런히 긋는다.

"불"을 그릴 때는 불의 이치를 그 때 사람은 꼭대기 뽀족한 데가 제일 뜨겁다고 생각해서 꼭대기에 강한 획 "⚊" 긋고, 셋째 획도 강한 획 "⚊"을 긋고, 가운데가 그 중 약하다고 한다.

"물"은 아주 약한 것으로 생각해서 거죽 획은 죄다 부드러운 것으로 그리나, 물이 모두 합쳐 통으로 내밀 때는 강하다고 보아서 물은 가운데는 강한 획이요, 거죽은 약하게 끊어진 획으로 그린다.

"산"은 밑이 넓고 가운데도 넓다. 그러나 그 속에 바위, 굴도 있어 약하다. 맨 꼭대기는 뽀족하고 강하다.

"바다"는 물결 위 부분만 약하고 밑은 강한 획, 강한 획이다.

이름 붙이는 데 산(山)이 있고 그 앞에 깊은 못이 있어 모래 한 알이라도 떨어지면 손해니 손괘(損卦)는 알아야 한다. 성경을 읽는 이는 주역(周易)도 함께 봐도 좋다. 성경처럼 겸손을 가르치는 책이 어디 있나? 그것을 구체적으로 가르치는 것이 주역이다. 학사 박사를 다 가졌다고 해도 하나님 앞에서는 아무 소용없다는 것을 깨달아야 한다.

"참"이란 것은 크게 말하면 "돌아가는 것"이다. 그러나 우리 처지는 돌아가면 안 된다. 돌아가는 것은 다음에 해야 한다. 지금 돌려고 하면 널쩍하게 돌지 못한다. 바늘구멍만하고 정말 돌아(再力)가게 되는 것은 우리가 아버지 품에 들어가야 가능한 것이고, 지금은 올라가야 한다. 올라가고 올라가야 자꾸 애써서 찬송가 "주 앙모하는 자 올라가…"하며 지금은 "올라가 올라가" 할 때이다. 그때는 진리로 돌아가는 생명이다. 그때는 "돌아가 돌아가" 할 것이다.

마음은 사람에게 신명(神明)이라고 맹자는 말했다. 동양 사람들은 점잖고 사람은 지극히 꼭대기에 신명이 계시다고 한다. 마음은 사람의 신명이라 한다. 내 속에 있는 신명은 곧 내 마음이다. 우주를 지배하시는 신명은 아닌지 몰라. 마음을 다할 것 같으면 천성을 안다. 신명이 곧 신은 아니나, 신에 가깝다. 그 신명이 우리에게 왜 필요한가? 무엇에 쓰는가? 모든 진리, 모든 이치를 말한다.

우리말에 "올"이란 말이 있다. "실올" (바느질하는 아낙, 네가 제일 잘 안다) 목수(木手)가 잘 안다. "올"을 바르게 해야 세상 산다. 올바로 해야 된다. 진리를 찾아 진리로 나가야 된다. 똑같은 말이다. 올바로 하면 올을 잘 풀어간다.

모든 진리는 "줄"이다. 겹살을 동아줄 까지 만들어 종단 줄이 되는 것인데 "올"을 가져야 한다. 그것은 옳게 하는 것이다. 진리를 깨닫는 것은 "올"을 깨닫는 일이다. 영원한 목숨 줄이 되는, 목숨이 매달린 줄을 그런 동아줄을 그것을 가져야 한다. 그것을 써야 한다. 올라갈 데 까지 다 올라가면 그 때는 돌아간다. 지극히 높은 곳에 올라 영원히 돌아가는 "돎"에 갈 때 거기는 게으름이란 생길 수 없다.

마음은 신명이다. 그것을 가지고 그 속에는 모든 올이 들어있다. 그 "올"을 가지고 무슨 일을 처리할 수 있다. 이 말씀이 진리의 말씀이 아닐까! 공맹 사서 삼경은 기독교 성경구약 대접을 꼭 해야 한다. 우리 동양 사람은 사서삼경을 모르고는 성경도 모른다.

"성품"(바탈)은 인간이 이 세상에 나올 때 그대로 받아 가지고 나온 것이다. "바탈"은 노정(路程)이다. 우리 살 길이다. 걷기 전에는 그것을 내버려선 안 된다. 목적지에 달하도록 그대로 갖고 가야 한다. 그 "바탈"(성품)이 무엇이고 하니 우리 마음속에 모든 올이란 올이 다 들어가 쌓는데(학문적 많은 지식을 가졌다는 것. 많은 올) 우리 마음, 모든 올이란 올, 진리란 진리를 다 가졌다. 올의 근원이 마음이 아니다. 다른 데 있는 것을 받아 넣은 것이다. 올의 근원은 하늘이다. 지금도 올을 더 받으려면 하늘로부터 오는 올을 더 받아야 한다. 하늘은 올이 좇아 나온 곳인데, 좇아 나온 곳을 알지 못하는가? 모든 올을 다 갖고 마음이란 것, 그 "마음" 속에 우리 전체가 들었을까? 어떤 부분만 들었을까? 그것이 문제다.

올이란 올은 전체 가 아닐 수 없다. 그러나 올을 풀어 쓸 때, 잘 순전하게 건사하지 못하면 실이 헝클어지듯 모조리 엉켜 버리게 된다. 학문이 많아도 멸망하는 심령(心靈)이 있다. 사람이 이 마음 가졌으면 그 올을 잘 보전해야 한다. 아니면 다른 욕심이 가려서 점점 캄캄하게 되고, 더 어지러워져서 본래 마음이란 것이 한량없이 하늘의 것을 받았으나 그 지경이 되면 그 마음의 분량을 다할 수 없다. 이것이 "진심(眞心)편"에 있는 말이다.

"천성(天性)을 안다"는 말은 "하늘을 안다"는 말이다. 그러나 능히 그 가진 마음을 극진히 다한 사람은 자기가 깨달은 것을 "올바로" 다하지 않은 이가 없으며, 그 지경이 되면 능히 그 진리를 다할 것이다. 그렇게 평생을 다하면 종단에는 올의 근원되는 하늘나라에 들어간다는 것이다. 이런 동양 성현의 교훈은 마땅히 성경 구약에 있지 않겠는가? 구약 선지서에 있을 법한 말씀이 아닌가! 진리란 것은 여기는 있는데 저기에는 없을 진리가 있을 수 있는가? 올의 근원을 더듬으니 그것이 하나님이 되고 만다. 이제는 올을 알았으니 그 올이 나온 곳을 알아야 한다. 틀림없이 그렇게 된다면 하나님까지 알게 되지 않겠는가! 하나님께 감사합니다. 일찍 우리 동양에 맹자라는 선지자를 주셔서 맹자가 와서 "올"을 많이 풀었습니다. 아멘! 감사합니다.

존심(存心)을 양성하고 마음을 보전해야 한다. 하늘에서 받은 바탈은 마음에 근거를 두고 속알(天性)이다. 속알은 길러야 한다. 그래서 "존심"(存心)이다. "存"은 있다는 것인데, 세 가지가 있다. "有" "在" "存"이다. 가졌다는 것, 내 가진 바 소유(所有)란 것이다. 절대적 무신자(無信者)는 세상에 없다. 우리가 몸뚱이를 가졌으니 하늘, 해와 달은 공동 재산이고 땅을 가지고 네 것, 내 것 하는데 우리도 벌레나 금수들과 같이 다 하늘 공동소유인데 그 공동수유를 어디겠다 주었나?

하늘이 내 소유권에 있다. 땅이 내 소유권에 있다. 그것을 모르면 안 된다. 어디다 두었나? 허공에다. 허공은 아버지의 마음이다. 아버지의 마음은 너무 넓어 전체를 볼 수 없다. 종일 돌아다녀야 다 뵐 수 없다. 아버지께서는 내가 만든 것이니 내 것이라 하지 않는다. 아들도 아버지를 닮아야 한다.

우리 말 인사에 "안녕히"란 한문자는 "宀" 밑에 "女" 있다. 집 밑에 주인이 있으니 평안하다. "寧"자도 " " 밑에 아무 일 없이 그대로 세간이 있다고 해서 寧이다.

재(在) 자는 나무 기초 그린 것, 어디 있는가 할 때 쓰는 자이다. 땅바닥에 소재지(所在地), 그래서 "土" 天, 人, 地 세 재주가 맨 처음 나온 재주다.

존(存) 자는 "생명이 어디 있느냐" 할 때, 여기 있다는 것이다. 그래서 月, 土가 아닌 자(子)를 둔 것이다. 우리는 하나님 앞에서 아들이다. 하나님은 딸이 없다. 아들이다. 그것을 모르면 안 된다. 주님의 비유에 부활한 사람은 천사와 같다고 했다. 천사가 여자란 말이 없다.

제(祭)자는 "夕"(몸뚱이) " "(손) "有"와 같은 자기 몸뚱이 들고 있음이다. "二"는 위 상자(上, 二) "光"은 빛 광자. 우리 몸뚱이 들고서 위에서 무엇을 보여 주시나 기다리는 것이 제사(祭)이다. 성경에 "몸으로 산제사 드리라"는 말씀도 내 몸뚱이 들고 위에서 무엇을 보여 주실까 하고 기다리는 것이 산제사이다.

바탈은 "속알"(영혼)을 받아 나온 그대로 말고 자꾸 길러야 한다.

지덕(知德)이라 하는데 "닥"(德)을 보이려 하지 말고, 덕은 남이 모르게 자꾸 길러야 한다.

마음을 보전하고 "바탈"(영혼)을 길러야 하고, 그렇게 해서 하늘을 섬긴다. 종단(終端)은 하늘을 차지하는 백성이 되고자 하는 것이다.

존심양성(存心養成)해서 사천(使天; 하늘을 섬긴다)한다. 이렇게 하면 온전하게 된다는 것이다. 존(存)은 조(操; 잡을 조), 체조한다(체조는 자기 몸뚱이 보전하려고). 잡는 것, 손질하는 것, 손질해야 환한 것이다. 몸뚱이를 받았는데 존심양성해야 한다. 즉 조심(操心) 손질해야 한다.

나는 8세 때 호열자 병을 앓고 20세 전에는 많은 병 앓았다. 그러나 지금까지 82세 동안 무병했다. 손질했기 때문이다. 마음을 손질하는 데 철학인(哲學人)은 정조(情操)란 말을 쓴다.

중용에 가는 것이 없으면 오는 것도 없다. 가는 것은 오려고, 오는 건 가려고, 그 중간에 "가고 오는 나"가 있는 곳이 가운데이다. 불교의 진리다. 가고 오는 것이 둘이 아니고 하나이다. 떠날 때는 "간다"고 여겼으나, 거의 다 가서는 "이제 다 왔다"고 말한다. 결과는 "다 왔다"이다. 정말 말하자면 가는 중(中; 가는 가운데)에 있고, 오는 중에 있다. 자꾸 가고, 자꾸 오고 있지 "가만히 있다"는 말은 없다.

"어디서 사느냐?"

"예 여기에 삽니다."

이것이 참이다. "가운데" 있다 함이 정자(正者; 가고 오는 데)가 가운데(中庸)이다. 용(庸)이란 말은 쓴다는 말은 "알맞게 한다"는 뜻이 아니라, "바로 쓰라"는 말이다. 중용은 젊어서 읽지 말고 노년에 읽어야 한다. 중용은 큰 바탕이라도 중용자(中庸者)는 천하지대본(天下之大本)이다. 화야자(和也者)는 천하지달도(天下之達道)이다. 찾아가서 그 집에 들어가 꼭 만날 사람을 만나야 달(達)이다. 걸어서 그 집을 찾으면 들어간다. 만날 일이 있다면 꼭 만나야 達이지, 그렇지 못하면 未達이다. 아무것도 아니다.

칠정(七情), 감정은 그냥 내 놓으면 안 된다. 손질해서 내보내야 한다. 그것이 정조(情操)이다. 손질 하지 않으면 나의 희노애락(喜怒哀樂)이 남에게 손해를 끼치고 만다. 감정을 낼 때는 곱게 나가게 반드시 손질해야 한다. 너무 좋아서 기쁘다가 그대로 졸도하는 사람도 있다. 손질하는 것이 화(和)이다. 화해자(和解者)는 천하지달자(天下之達道)이다.

이렇게 성경과 대조(對照) 해 보면 성경 구약을 보는 유익과 같은 유익이 있다.

性命

上主趣旨承命嗣
天父意中 人子息
承旨使命 天地間
神心去來 物我識

하나님 말씀, 숨을, 말대답 잘하라는 것이 성명(性命)이다. 하나님께 가는데 하나님의 뜻(趣旨), 그 명령을 받으려면 하나님 아버지 뜻 속에서 사람의 아들 노릇해야 한다. 대개는 우리 뜻을 받들고 거기서 시키시는 명령대로 받아 뜻을 받드는 사명은 하늘과 땅 사이에서 되는데 그건 어떤 때인가? 하나님하고 나 사이에 마음이 왔다 갔다 하는(거래가 무수하게) 때이다.

8.

김교신

성서로 돌아가라.
제도화된 교회는 타락한다!

1. 김교신

일본의 예언자라고 불리던 무교회주의자 내촌감삼(內村鑑三)이 일어나 "I for Japan. Japan for the world; The world for the Christ ; and all for God."란 유명한 말을 하며 일본의 젊은 지식층을 풍마하던 시절, 그 무렵 일본에 유학하던 한국 학생들도 우찌무라간쪼의 성서연구모임에 참여하여 큰 감동을 받고 있었는데 그중에서도 김교신, 함석헌, 양인성, 유석동, 정상훈, 송두용 6명은 무교회주의는 마틴 루터의 "만인사제론"(萬人司祭論)과 "성서지상주의"의 성서로 돌아가자는 종교개혁정신과 일치하는 것이라고 느껴 이 6명 동지 중심으로 "성서조선"이란 동인지(同人誌)를 내기로 했다. 얼마 후에는 그중에 김교신이 주필이 되어 "성서조선"을 자기가 맡아 월간으로 출판하게 되었다. 김교신은 진실한 기독 신자이고 또 애국심이 뜨거운 인물이어서 그가 쓰는 성서조선을 통해 한국기독교사상의 획기적 종교개혁자란 평을 들을 만한 참된 애국자였다.

김교신은 6척 장신의 건장한 체구를 가진 사람으로 중거리 선수요, 농구코치이며 손기정의 마라톤 지도도 하였고 별명이 면도칼이었다. 또한 사리를 냉철하게 처리하면서도 눈물이 많은 사람으로 성경을 읽다가 모세의 이야기가 나오면 눈물을 흘렸다. 그는 평생 교사였는데, 커닝하는 학생을 보면 눈물을 흘렸다. 그 자신의 말대로 눈물로 밥을 말아 먹을 정도로 눈물의 사도였다. "성서조선"을 집필할 때면 추우나 더우나 깨끗한 냉수로 전신을 씻고, 골방에 들어가 정좌하고 오랜 시간 기도와 명상하며 원고를 썼다. 잡지 이름을 "조선"이라고 쓴 것은 그의 애국심의 표출이었다. "조선을 성서에 바치는 것이 아니라 성서를 조선에 바치려는 것이다"라고 했다.

　김교신이 태어난 같은 해에 한국 기독교계의 유명한 인물들 함석헌, 김재준, 이현필이 태어났고, 같은 시대 함께 활동한 인물로는 유영모, 현동완 등이 있다. 김교신의 뒤를 이어 한국 내 무교회주의의 명맥을 이어간 분은 송두용, 노평구가 있다.

　한국의 무교회주의는 1920년대 후반 시작돼 이래 3세대에 걸쳐 발전해 왔다. 제1세대는 김교신, 함석헌, 송두용 등의 '성서조선' 그룹이다. 이들은 매주 일요일 성서연구 모임을 개최했으며 겨울에는 전국의 '성서조선' 독자들이 한자리에 모이는 성서집회를 가졌다. 김교신이 먼저 세상을 떠난 후 함석헌은 점차 무교회주의에서 멀어졌으며 송두용은 해방 후 '성서신애' 등 잡지를 발간하며 활동을 계속했다. 지금도 서울 오류동과 인천에는 송 씨의 영향을 받은 무교회주의 모임이 활동하고 있다.

　제2세대는 노평구씨가 50년 넘게 발간한 '성서연구'를 중심으로 활동한 그룹이다. '성서조선'을 읽고 무교회주의자가 된 노 씨는 김교신을 찾아가 제자가 됐으며 1936년 일본으로 건너가 무교회주의를 연구했다. 해방 후 귀국한 그는 1946년 11월 스승의 뒤를 이어 무교회주의 월간지인 '성서연구'를 창간했다. '성서연구'는 1999년 12월 500호로 종간될 때까지 한국에서 무교회주의 신앙의 보루 역할을 했다. 유희세, 임능빈, 김형철 씨와 주광호 전 공사교수, 이기백 전서강대교수 등이 노 씨를 도운 사람들이다.

　제3세대는 2000년부터 격월간 '성경연구'를 발행하고 있는 40~50대 인사들이다. 임세영 한국기술교육대교수, 최정일 법제처 국장, 한병덕 서울 석관고 교사, 박상익 우석대 교수, 장문강 성균관대 강사, 황연하 바른 식품 대표 등 노평구씨의 제자들이 주축을 이루고 있다. 노 씨는 서울 YMCA에서 성서연구모임을 가지면서 후배와 제자들을 지도했다.

　현재 우리나라에 무교회주의자들이 얼마나 되는지는 정확히 집계되지 않는다. 전국 곳곳에서 소규모 모임으로 활동할 뿐 전체적으로 하나의 조직을 갖고 있지 않기 때문이다. 그러나 김교신 때부터의 전통을 이어 여름과 겨울에 열고 있는 연합 성서집회에는 100여 명이 참석하며 「성경연구」는 약 400부를 발행했다.

믿음의 전기(轉記)

일제가 마지막으로 탄압의 독수를 뻗친 것이 1942년의 성서조선사건이요, 1943년의 조선어학회사건이었다. 성서조선사건이 한민족의 얼의 씨를 말리자는 것이라면 조선어학회사건은 한민족의 언어의 씨를 말리자는 것이었다.

성서조선을 내는 김교신도 병신자식이라도 죽는 것 보다는 사는 것이 낫다는 생각으로 마음에 없는 타협을 하였다. 책 겉표지에 "皇國民誓詞"를 싣기도 하고 "銃後生活と奢侈生活"이란 일본에 협조의 글도 실었다. 최후의 선까지 양보하면서 버티어왔다. 조선어학회도 일제 관리의 비위를 맞추어가면서라도 조선어사전을 만들고자 얼마나 애썼는지는 조선어학회사건으로 옥고를 치룬 한 사람의 말을 들어보면 안다.

"1936년 4월부터 줄곧 사전편찬을 위한 기초정리를 하면서 왜놈들에게 한 가지라도 트집잡힐 구실을 주지 않기 위해 당시 회원들은 누구나가 총독부가 하라는 근로봉사 궁성요배(宮城遙拜) 신민서사(臣民誓詞) 국방헌금 등을 꼬박 꼬박 이행하였지요. 어디 그 뿐이었나요. 그네들의 국경일엔 선물로 인사치례까지 해가며 수집한 어휘를 밤새워 코피를 흘리면서 정리하고 넉넉지 못한 자료를 죄다 동원해서 주석을 달았습니다."

신앙지(信仰誌) 「성서조선」은 육당 최남선, 춘원 이광수를 비롯한 한국의 지성인들이 25시의 극한상황에서 방향감각을 잃은 짐승처럼 어찌할 바를 모르고 헤매며 비틀거릴 때에 이 겨레의 앞길과 앞날을 비춰 주는 등대였다.

일제관리들에게 그것이 밉지 않을 수 없었다.

1942년 3월 30일 개성 송도고등보통학교로 아침 출근길에 성서조선 주필이자 발행인인 김교신은 일제 경기도 경찰부 고등계 형사들에게 끌려가 구속되었다. 함석헌, 송두용, 유영모 등 성서조선 집필자를 비롯하여 유달영(柳達永), 박동호(朴東鎬), 김석목(金錫穆), 장기려(張起呂), 박석현(朴碩鉉) 등 나라 안팎의 수백 독자들이 한 때에 각지 경찰서에 잡혀갔다. 유영모는 아들 의상(宜相)과 함께 잡혀갔다. 의상은 성서조선 독자이며 김교신의 성서모임에도 나갔다.

일제 경찰은 너희들은 성서조선 잡지를 통한 신앙 활동을 가장하여 지하조직을 만들어 암암리에 독립사상을 고취하고 조선독립을 꾀하였으며, 지하조직의 우두머리는 1930년에 돌아간 남강 이승훈이고 그 다음이 유영모요 그 밑에 함석헌 김교신이 주동이 되어 전국 성조지 독자를 핵심으로 독립 운동을 위한 비밀조직을 만들지 않았느냐는 것이 유영모에게 심문한 요지였다.

직접 필화(筆禍)를 가져온 문제의 글은 성서조선 158호 폐간호에 실린 김교신이 쓴 권두문(卷頭文) '조와'(弔蛙)였다.

'조와'는 김교신이 내 나라와 내 겨레를 사랑하는 지극한 마음이 투사된 은유문이다. 모진 겨울 추위를 이겨내고 살아남은 개구리를 반기고 모진 겨울 추위를 못 견디어 얼어 죽은 개구리를 조상(弔喪)한다는 내용이다. 모진 추위는 일제의 포학이요, 개구리는 겨레이다. 동아일보사가 선정한 근대 한국 명논설 33편 중 한편으로 뽑힌 바 있는 '조와'(弔蛙)를 양정고보에서 김교신의 제자이던 유달영은 이렇게 말하였다.

"이것은 물론 단순한 개구리 이야기가 아닙니다. 무서운 제2차 세계대전 중 수난의 우리 민족을 상징한 함축 있는 글입니다…선생은 개구리가 무서운 엄동에도 죽지 않고 남아 있어 다시 퍼져나갈 이 민족의 앞날을 본 것입니다."

「성조지」 사건은 「성조지」를 없애지 않을 수 없을 만큼 일본의 처지가 급박해진 것 또 그 유골의 표본조차 두려워한 남강 이승훈과 김교신이 접촉한 사실에 성조지에 공개된 것 또 성조지는 진리(조욱)에 입각한 민족정신을 지닌 무서운 존재임을 알게 된데서 사건화 되었다.

유영모는 일제 경찰과 검찰의 신문에서 성조지에 기고된 글 이상도 이하도 없다고 하였다. 그러나 일제 경찰은 유영모를 종로경찰서 이층으로 끌고 갔다. 그곳에서는 온갖 고문기구가 갖춰있었다. 순순히 자백하지 않으면 사정없이 고문하겠다고 위협하였다. 그곳은 많은 애국지사 독립투사들이 피를 뿌린 곳이요, 한을 남긴 곳이다. 그러나 무슨 이유에서인지 유영모에게 고문은 하지 않았다.

종로 경찰서에서 입건대어 서대문 형무소에 수감되었다. 유영모가 수감된 감방은 국치(國恥)를 당하자 「황성신문」에 "시일야방성대곡"이란 사설을 써 겨레의 분노와 비애를 대비한 장지연이 25일간 수감되어 있던 방이었다. 그 사실을 알고 보니 유영모 자신도 26일만 있으면 풀려날 것 같은 생각이 들더라고 하였다. 그러나 25의 곱도 더 되는 57일 만에 풀렸다. 아들 의상은 49일 만에 풀렸다. 아버지보다 8일 앞서 풀려나온 의상에게 담당검사가 아버지 유영모가 석방되는 날짜를 엽서로 알려주었다. 마지막으로 김교신, 함석헌, 송두용 등은 1년 만에 불기소로 풀려났다.

성지서조선사건과는 달리 조선어학회사건은 이윤재, 최현배, 이희성, 정인승, 김윤경, 권승옥, 장지연 외에 수십 인이 투옥되었고 이둘 중 이윤재, 이희승, 한징 등 열 사람은 공판에 회부되었으며 이윤재, 한징 두 사람은 고문과 추위와 주림에 못 견디어 끝내 옥사(獄死)의 한과 분을 남겼다.

부인 김효정은 그 때 일을 이렇게 회고하였다.

"그 때 함선생 부인은 신의주 고향에 있어서 못 오고 김교신 부인 송두용 부인과 함께 종로경찰서 서대문형무소로 다니며 면회를 하고 사식을 차입하였어요. 아버지 아들 두 사람을 함께 면회신청을 하면 경찰이나 간수들이 당신의 남편과 아들은 나쁜 사람들인데 왜 이런 남편과 아들을 두었느냐면서 빈정거렸어요."

성조지 사건이 검찰의 불기소로 끝날 수 있었던 것은 피고인들이 하나 같이 진리와 사랑의 화신(化神)이라 하리만큼 인격적으로 훌륭하였고 이름은 안 알려졌지만 담당 일인 검사가 그것을 어느 정도 아는 안목이 있는 것이 크게 영향을 끼친 것 같다. 김교신도 그런 뜻으로 말하고 있다.

"검사국에 넘어가서 담당 검사가 유리하게 조서를 꾸며줄 뿐 아니라 이번 당신들 덕분에 공부 많이 하였다고 했으며 종로경찰서 형사들도 기독교에 대해서는 김교신, 함석헌에게 물어보면 제일 잘 알 수 있다고 하고 기독교가 그런 좋은 종교인 줄 처음 알았다고 하였다."

함석헌도 비슷한 뜻으로 말하고 있다.

"성서조선 사건으로 서울에 붙들려 와 서대문 형무소에 한 해 동안 있다가 마지막에 불기소 처분으로 나오게 되던 때 일본 검사의 말이 재미있었다. 젊은 이었는데 그는 말하기를 만일 조선역사가 고난의 역사라면 세계역사도 결국 고난의 역사라고 해야 하지 않소? 하기에 그렇소. 한즉 그런 입장에서 일본 역사를 써보면 어떻소? 해 나는 그저 빙긋이 웃었을 뿐이었다."

한국 사람이 한국 사람으로 살려는 것이 더 없이 큰 죄가 되는지라 무거운 형을 주어도 말할 곳조차 없었다.

광복 전이나 후에도 성서조선 사건을 기억해 주는 이가 별로 없었지만 성서조선 사건에 대해서 기리는 말을 한 이는 아이러니컬하게도 그 때 일제경찰이 해주었다.

"너희 놈들은 우리가 지금까지 잡은 조선 놈들 가운데 가장 악질의 부류다. 결사니 조국이니 해 가면서 파득 파득 뛰어다니는 것들은 오히려 좋다. 그러나 너희들을 종교의 허울을 쓰고 한국민족의 정신을 깊이깊이 심어서 백년 후에라도 아니 오백년 후에라도 독립됨을 있게 하려는 터전을 마련해 두려는 고약한 놈들이다."

그 누구도 이보다 나은 표창의 글을 지을 수 없을 것이다. 이래서 원수를 사랑하라고 하는지 모른다.

김교신이 이때 불기소로 풀려나지 않았으면 흥남 질소비료공장에 가서 발진티프스에 걸려 죽지 않았을지도 모를 일이다. 인간만사 새옹화복(塞翁禍福)이라, 사람의 머리로는 헤아릴 길이 없다. 오직 내 뜻대로 마옵소서라고 기도할 뿐이다.

유영모는 1942년 5월 25일 감방에서 저녁 먹을 시간에 간수가 사물(私物)을 들고 오라고 하여 갔더니 석방되었다. 집으로 오면서 유영모는 성경에 "각각 집으로 돌아가고"(요한 7:53)를 생각하였다. 다음으로 생각나는 것은 일본의 서정시인 다꾸보꾸(琢木)의 시(詩) 한 구절이었다.

사람마다 집을 가졌다는 설움이여

마치 죽은 사람이 무덤으로 들어가듯

모두 자기 집으로 들어간다.

지긋지긋한 감옥을 나와 제 가정으로 가는 유영모의 마음이 기쁜 것만은 아니었다. 이 세상에 어디에도 자신의 가정만한 곳이 없다는 것인데, 유영모는 오히려 가정으로 돌아가며 인간으로서의 슬픔을 느낀 것은 가정도 어떤 의미에서는 감옥이기 때문이었다. 유영모는 구기동 집 앞마당에 돌로 수(囚) 자를 박아 놓았다. 울타리에 갇힌 사람이 바로 죄수이다. 몸이 수의(囚衣)이다. 사람의 이름이 죄수의 번호이다. 克己歸天인데 克己復天인데 극기는 克家庭 克家國 克宇宙를 해야 참 극기가 된다. 가정 나라 우주가 감옥이다.

유영모가 감옥생활을 하면서 깨달은 것은 감옥에 있으면서 새로 들어오는 이를 보고 잘 오라고 반길 수 없었다. 또 감옥을 떠나가는 이를 보고 헤어지게 되어 서운하다고 말할 수 없었다. 오히려 잘된 일이라고 반가워해야 인사가 된다. 결국 이 세상은 감옥인데 새로 나는 이를 반기는 것이나 죽는 이를 슬퍼하는 것은 참 예의가 아니라는 것이다. "오는 이 섭섭히 맞으며, 가는 이 반기세"가 참 예의다.

유영모는 성서조선 사건으로 감옥에 있었던 57일과 아들 의상(宜相)이 옥살이 한 날수 49일을 합하니, 유명근 3.1 운동 때 105일 동안 감옥살이 한 날짜와 같았다. 그리고 유명근의 아버지가 옥에 있을 동안에 집안에 고모가 별세하였는데, 유영모가 감옥에 있는 동안에 사촌 형수가 돌아갔다. 유영모는 웃으면서 이렇게 말을 맺었다. "사람은 한번 우연의 일치를 보면 또 그렇게 되지 않을까 하는 생각이 들게 되는 것이지요."

신앙잡지 「성서조선」은 1927년부터 1942년까지 15년 동안에 158호의 잡지를 내었다. 마음의 진주를 꿰어 놓은 목걸이요, 마음의 꽃을 꺾어 만든 꽃다발이다. 영원한 임에게 바친 것이다.

개신교가 우리나라에 처음 들어온 것이 1884년인데 빨리 전파된 반면에 제대로 자리지도 않은 채 늙는 조로(早老) 증세를 보였다. 「성서조선」은 거기에 새로움을 불러일으켰다. 기간은 짧으나 업적은 컸다. 그런데 일제는 성조지를 십자가에 못 박고 말았다. 성조지가 영원한 정신으로 부활하라는 크신 임의 뜻인지도 모른다.

유영모는 성조지에 11번 글을 실었다. 그것도 마지막에서 5년 동안의 일이었다. 마지막에는 거의 매달 기고하였다. 마지막 호에도 "우리가 뉘게로 가오리까"가 실려 있다. 작은 제목으로 시조 "開城當日往復"과 "이것이 나의 기도요, 나의 소원이다"가 있다.

　예수의 주기도문을 유영모가 고쳐 쓴 것이다. 후에 더 고쳤지만 여기에는 성조지 158호 폐간호에 실린 것을 옮겨본다. 교회에서 예배순서로 마지막에 주기도문을 외우는데 성조지 폐간호에 유영모의 주기도문이 실린 것이 우연으로만 보이지 않는다.

　"한울에 계신 우리 아버지여 우리도 주와 같이 이 세상을 이기므로 아버지의 영광을 볼 수 있게 하옵시며, 아버지의 뜻이 길고 멀게 이루시는 것과 같이 오늘 여기서도 이루어지이다. 오늘날 우리에게 먹이를 주옵시며, 우리가 아버지의 뜻을 이루는 먹이도 되게 하여 주시옵소서 우리가 서로 남의 짐만 되게 되는 거짓 살림에서 벗어나서 남의 힘이 될 수 있는 참 삶에 들어 갈 수 있게 하여 주시옵소서. 우리가 세상에 끄을림이 없이 다만 주를 따러 옻으로 솟아남을 얻게 하여 주옵소서. 사람사람이 서로 널리 생각할 수 있게 하옵시며, 깊이 사랑할 수 있게 하옵소서. 아버지와 주께서 하나이 되사 영 삶에 계신 것처럼 우리들도 서로 하나이 될 수 있는 사랑을 가지고 참말 삶에 들어가게 하여 주시옵소서. 아멘"

　성서조선 사건으로 개성 송도고등보통학교를 물러난 김교신은 1944년 7월 흥남질소비료공장에 들어갔다. 한국인 3천 노무자의 복지를 위하여 애쓰다가 1945년 4월 18일 자신의 생일 음식도 못 먹은 채 배가 아파서 누웠다. 앓으면서도 하는 말이 "묘향산 깊은 골짜기의 바위에 걸터앉아 낚시질이나 한번 해보았으면 좋을 것 같다"고 하였다. 자리에 누운 지 일주일 4월 25일 4시 40분에 44세를 일기로 숨을 거두었다. 병명은 법정 전염병인 발진티푸스였다. 그렇게도 사랑한 이 강산 이 겨레를 두고 어이 눈을 감을 수 있었는지! 1945년 4월 26일 저녁 오류동 송두용으로부터 유영모에게 김교신의 승천 소식이 전해졌다.